Virtual Economies

虚拟经济学

威利·莱顿维塔（Vili Lehdonvirta）
爱德华·卡斯特罗诺瓦(Edward Castronova) 著
崔 毅 译

中国人民大学出版社
·北京·

译者序

19 世纪时，英国经济学家阿尔弗雷德·马歇尔（Alfred Marshall）曾经说过："经济学是一门研究人类一般生活事务的学问。"两个世纪后的今天，人们生活的物质世界发生了翻天覆地的变化，但是对经济学的这一定义却依然准确。既然经济学研究的是人们的生活事务，它就必然与我们息息相关，无论你从事的是什么行业，多了解一些经济学知识总是有好处的。

也许你会认为，经济学理论都是在实践中总结出来的，因此，经济学也离不开真实存在的物质世界，那么它又怎么会与"虚拟"这个词发生关联呢？在看过本书之前，我也有同样的困惑。然而，随着翻译的进行，两位作者用平实简单的文字为我呈现出了一整套清晰明了的框架，解释了什么是"虚拟经济学"。在这个高速发展的时代，互联网的出现改变了人们对事物的认知，但是，即便是在数字化的虚拟世界中，"看不见的手"依然在发挥着至关重要的作用。虚拟世界的设计者们是如何利用非稀缺的计算机代码创造出了稀缺的虚拟商品？为什么网络游戏的玩家会对实际上并不存在的虚拟商品趋之若鹜？在虚拟世界的市场中，供给与需求这样的经济学经典概念是否还承载着原本的含义？这一连串问题的答案就隐含在本书的字里行间。

为了更加清晰地阐述自己的观点，作者在本书中介绍了一些基础性的经济学知识，例如：边际效用理论、均衡理论、外部性理论等。作者认为，当我们的生活被各种先进的信息技术所影响时，虚拟经济将会重塑我们的观念、影响我们的选择，它将发挥与今天的实体经济同样重要的作用。

需要指出的是，在介绍经济学理论时，作者使用的并不是晦涩难懂的语言，面对的也不是拥有深厚经济学基础的读者，因此，本书的第一类目标读者应该是那些对经济学感兴趣的互联网用户。作者希望他们能够读懂这本书，并能从中获益。

在社交网络和在线游戏大行其道的今天，互联网已经成为了年轻人生活中必不可少的元素，然而，很少有人发现，自己正在玩的游戏中也遵循着经济学规律。而作为设计游戏的开发商，只有熟谙这些规律，才能设计出具有吸引力的游戏内容，得到玩家的关注，从而实现盈利。本书从介绍构建虚拟经济的不同元素（虚拟商品、市场结构、虚拟货币等）出发，结合虚拟经济运行的方式（交易方式、二级市场），创新性地提出了设计虚拟经济体系的“车轮”与“管道”模型。从这个角度来说，本书实际上同样可以作为网络游戏设计者们的操作指南，指导他们创造出更具吸引力的游戏与虚拟服务。

此外，作者的思维并没有仅仅局限于单独讨论虚拟经济体系，而是进一步将其与现实经济相结合。他们希望对虚拟经济现象的心理和社会基础进行讨论，通过思考它们对于全球现实经济的启示，进而帮助读者运用本书中提及的虚拟经济知识去理解全球经济未来的发展趋势。作者敏锐地发现，尽管与现实世界相似，在虚拟世界中，人们同样追求快餐式的消费主义，追求享乐与虚荣心的满足。然而，需要特别强调的是，“新的虚拟商品被创造出来、被使用，在其象征价值消失之后，被丢弃——所有这些几乎都不会对环境产生影响”，这才是问题的关键所在，即在虚拟经济体系中，人们第一次实现了“经济增长与环境恶化的分离”。虚拟经济创造了实实在在的价值，却没有过度地损耗有限的自然资源，在未来，这也许是人类社会解决目前面对的经济发展与环境保护无法实现统一的希望所在。这也正是本书真正的价值所在。

或许你是一位喜欢玩网络游戏的大学生，希望通过这本书了解一些基础的经济学知识；或许你是一位游戏开发商，希望通过这本书掌握一些设计虚拟经济体系的方法，以便吸引更多的玩家；又或许你也和我一样，对这个时代资源消耗型的经济发展模式心存忧虑，希望通过这本书获得一些新的启发——无论出于什么样的目的，希望这本书可以为你带来不一样的收获。

最后，我希望占用一点篇幅，感谢中国人民大学出版社的费小琳老师，是她满怀信任地给了我翻译这本书的机会，我希望自己的工作能够不负所托。另外，我还要感谢在翻译过程中为我提供了帮助的家人——我的母亲郑琳女士和我的父亲崔瑞刚先生，以及我的研究生同学杨阳小姐。此外，由于本人对经济学知识的驾驭能力尚有欠缺，加上每天只能利用工作后有限的业余时间进行翻译，虽已努力呈现作者希望传递给读者的内容，书中仍难免存在些许偏差，希望读者谅解。

崔毅

目录

第 1 章
介绍

莱昂内尔·罗宾斯（Lionel Robbins）——前伦敦政治经济学院经济学系的系主任——对经济学做出过这样的定义："经济学研究的是人类的行为，它将之看作是有多种效用的有限的方式与最终目的之间的联系。"

稀缺性是经济学中的核心概念，它意味着某种事物的数量过少，以至于无法满足外界对其的需求。并不是所有人都可以得到自己想要拥有的一切事物，因此人们需要做出选择。经济学所研究的正是这些选择以及它们之间的相互作用。一组稀缺的资源与生产、贸易、消费这些人类的经济活动结合在一起，便形成了我们所说的经济。

在数字世界中，事物看上去出现了一些不同。"比特"（Bits）并不稀缺，因此信息可以被无限地复制。你不需要再为无法决定要购买哪一张专辑而苦恼，只要在网上将自己想要的下载下来，就可以轻易地和朋友们分享。正因为无须再做选择，也就不再需要经济学了。网上互动的真谛可以很充分地被一些社会学与心理学领域的概念加以解释，比如地位与身份。在数字世界中，一组资源与合作结合在一起，不能被称为经济，而只能被称为一个"社区"（community）。

但有时也会有异常的情况出现：某种数字商品也会变得稀缺。试着考虑以下这个例子，这是一个很早的例子。1996 年时，有一个被称为 ICQ（其英文读起来就像是"我找你"）的即时通信系统被推出。它并不依靠昵称来识别用户，而是为每一位用户提供了一组数字——就像是人们彼此之间留下的电话号码。最初使用这一系统的人们得到了一组五位数的号码，后来五位数号码用光了，ICQ 就开始发放六位、七位甚至八位的号码。到 2001 年为止，已有超过 100 万的用户注册了账户，而 ICQ 已经开始使用九位数的号码了。现在，那些最早的五位、六位号码变得非常稀有——一百个账号中仅有不到一个。通讯录里能有一位六位账号的好友甚至可以成为你向朋友吹嘘的资本。声称自己和一位拥有五位账号的人聊过天，就像是声称你和明星吃过饭一样。

接着，更奇怪的事发生了：人们开始买卖 ICQ 号码。这也许是在偶然中开始的，某个人也许只想卖掉自己的旧电脑，而把账号作为一个小赠品；或者某个人用账号作为换取朋友帮忙的小筹码。但是，它却迅速发展为一个完全成熟的市场，ICQ 账号被放在 eBay 上，用美元交易。半专业的交易人给六位数账号的标价从几美元到几十美元不等。而五位数账号——只有在极罕见的情况下才能买到——会被标价几百美元。三位数账号或者其他一些著名的账号，则会更贵。我曾见过“11111111”这个账号被标价 3 000 美元。一个定制的 ICQ 账号就像是一个昂贵的车牌，让它的所有者变得出众。它让人们能够在数字世界展现自己的价值，特别是当身边的一切都可以被迅速复制时。

在意识到市场对 ICQ 账号的巨大需求后，半专业的交易人开始“培育”大量的新账号。值钱的账号被放到 eBay 上出售，而普通的账号则被储藏起来等待之后慢慢地升值。换句话说，人们在 ICQ 构建的网络中生产、储藏、交易和消费稀缺的数字资源。这里不再是一个“社区”，并且已经转变成了经济。地位与身份构建出的数字世界的核心，已经与从古代便存在的那种由给予和索取共同构建的核心交织在了一起。

我们用虚拟经济这个词来代表建立在稀缺的数字资源之上的经济，用虚拟商品这个词来代表稀缺的数字资源本身。大部分针对虚拟商业和虚拟经济学的研究关注的都不是稀缺性，而是盈余与共享所带来的影响。目前的趋势是预测一种终结稀缺性的方法，并找出一种适合后稀缺性时代的商业模式。从 ICQ 的例子不难看出，即使是数量无限的账号同样会变得稀缺，因此，在 21 世纪这样一个数字时代，稀缺性仍然拥有一席之地。事实上，虚拟经济正在扩张。当 ICQ 最初被推出时，用真实的货币购买虚拟商品这样的行为还是闻所未闻的。但是如今，世界上最大的数字传媒公司正在将这种行为转变为一种盈利模式。事实证明，现在需要一门研究稀缺性的科学。

了解虚拟经济不仅仅对于设计者和生意人是重要的，它对于社会学家、研究文化与交流的学者以及政策制定者同样重要。虚拟经济的发展——无论是自然而然的还是有计划的、是公开的还是隐蔽的——都对数字传媒领域的版图产生着至关重要的影响，而后者恰恰拥有巨大的力量和话语权，具有非凡的价值，并且可以为参与者提供丰厚的奖励。因此，对于虚拟经济的研究，无疑为在社会科学和文化领域对于数字传媒的研究提供了一个新的维度。本书所面向的读者首先是那些创造和管理虚拟经济的人；其次是学者和政策制定者；最后，笔者同样希望这本书，可以为那些希望对自己所玩电子游戏进行更深入探寻的玩家提供一些帮助。

虚拟商品中的真实商业

ICQ 账号变得热卖仅仅是出于偶然，设计者从没有预期到大众会对它如此着迷，以至于愿意支付真实的货币来购买它。今天，在 ICQ 系统被推出 15 年后，其账号仍然在 eBay 上热卖，但是这个系统本身的影响却已经因为激烈的竞争而日益衰弱，虽然它仍能通过广告赚取微薄的收入。

ICQ 系统不乏后继者，其中之一便是中国的一款即时通信系统——OICQ，它所走的是一条不同的成功之路。OICQ 的设计者们从账号交易中学到了一个道理：即使是在数字世界里，人们也乐于为那些能够彰显个人或社会身份的商品支付金钱。这样的行为就如同在现实世界中，人们乐于为某个有着吉利数字的车牌照或是昂贵的时尚奢侈品支付金钱一样。明白这一点后，OICQ 的设计者们开始着手建立一种商业化的虚拟经济。

他们明白即时通信系统在年轻人中很受欢迎，于是他们让每一位用户都扮演一个虚拟的角色，也就是用户在虚拟世界里的化身。然后，设计者们又为这些用户提供了虚拟的服饰、配饰和礼物，当然，这些都是要收费的，并且收取的是真实的货币。OICQ 系统因此获得了现象级的成功，也在中国的互联网历史上写下了浓墨重彩的一笔。2010 年，OICQ 正式更名为腾讯 QQ，该软件宣称自己拥有超过 6 亿用户。它的发行方——腾讯公司——每年可以从收费的配件、增值服务中获得 20 亿美元的收入。以市值计算，腾讯是世界上第三大互联网公司。

几年之后，Facebook 和苹果在西方世界引领了又一次类似的虚拟商品的成功。这一次，它们走得更远，不再仅仅向用户销售虚拟的商品，而是建立了一个相对更为开放的虚拟经济，在这里任何第三方开发者都可以参与进来，出售自己的虚拟商品。但是，这些第三方开发者必须从销售所得中抽取一部分利益划给最初的开发者。这样的方式创造了一批价值数十亿美元的公司，它们的收入几乎全部依靠虚拟物品、插件、地图包甚至虚拟相机镜头这类商品的销售。环顾周围，你可以很容易地发现，这些数字开发商正在从人造的虚拟稀缺商品中赚着大把的钞票。

然而，销售虚拟商品仅仅是冰山一角，是它背后的社会变革或文化环境使得针对虚拟商品的销售取得了理想的结果。与此同时，还必须产生一种机制以确保稀缺性，进而保持商品的市场价值。除此之外，还需要有一种与之配套的货币或者小额支付系统使得交易行为成为可能。换句话说，每一种虚拟商品都是虚拟经济的一部分。设计者们需要做的再简单不过，只要找到一种具有价值的商品，然后确保它不会被复制，再准备一家“店面”即可。当然，也有复杂的做法，设计者们要找到一个合适的虚拟商品的“投资组合”，使用者们则被允许根据一开始便制定好的规则生产这些商品，之后商品便可以在使用者之间自由地流通。

在一些例子中，虚拟经济最初的目的并不是直接赚取收入，它的目的更加微妙，但却具有同样的价值：吸引、抓住、保持大众的注意力；谋取一种激励性的回报；分配资源；将用户攥在手中。这些机制不仅出现在电子游戏和互动娱乐服务中，还广泛地出现在在线聊天工具、在线知识库、网店、支付系统这些地方，并且它们还在向着商业软件领域发展。如果说虚拟商品买卖是这座冰山那可见的一角，那么深嵌在我们的数字空间的虚拟经济本身就可以被称为这座冰山不可见的那一部分了。当越来越多的软件被使用时，当我们的生活被各种先进技术所影响时，虚拟经济将重塑我们的观念、影响我们的选择，就像今天的实体经济一样。

虚拟设计的新工具

即使在虚拟经济是被有意地创造出来，而不是自发地产生的情况下，它仍能遵循出人意料的轨迹发展，这也恰恰是它的魅力所在。但是，对于那些希望借助虚拟经济达到某个特定目的的人来说，也许这并不是一个很好的机会。为了说明虚拟经济所具有的这种不可预测性，让我们一同继续了解那个中国的在线即时通信系统——OICQ。

当腾讯公司准备开始运作自己的虚拟商业时，它面对着当时中国所有在线商业所必须面对的一个问题：信用卡或是其他在线支付工具的缺失，这一点会导致潜在消费者的流失。腾讯公司找出了一个很好的方法来解决这一问题：2002 年，它创造并推出了一种虚拟货币——Q 币。[①]这是一种存在于用户系统中的货币。通常，用户可以在街边那些真实存在的店铺中购买这种虚拟货币，然后再到网上使用。在广告商支持的在线游戏中，玩家也可以赚取 Q 币。对于那些经常使用腾讯 QQ 软件的用户，这种虚拟货币就像真实的货币一样有用。而腾讯公司自然也很乐意成为这种虚拟货币的“铸币厂”。

随着在线即时通信系统的发展，一些意想不到的事又发生了：那些与腾讯公司本无业务往来的网上企业也开始接受 Q 币作为一种支付手段来换取它们的服务。某家网上企业会注册一个 QQ 账户，要求自己的

① 中国的这种 Q 币经济正是 Lehdonvirta 和 Jiaping Xu 在 2007—2008 年的研究对象，部分研究成果以前曾在虚拟经济的研究网络（Virtual Economy Research Network：http：//virtual－economy. org）上发表。在亚洲——特别是韩国和中国——虚拟经济出现了一些重要的发展，但是，由于语言上的障碍和研究者之间联系的薄弱，这方面的消息传播得很慢。这其中存在着一些显而易见的机会，多语种的学者和分析者们可以利用这些机会来探讨亚洲与西方世界在过去以及将来的创新情况。

客户添加这个账户为好友，然后接受Q币作为支付手段。这是一个非常便捷的支付系统。这样的行为相比于建立一种官方的支付系统更加简单，成本也更低，并且能为更多的用户所接受。使用一种虚拟货币作为支付手段，还可以避免有关当局的审查。赌博和成人娱乐网站——这两者在中国都是违法的——也很快接受了Q币作为支付手段，并以此来开展业务。

那么，这些网上企业又能用Q币做些什么呢？在某种程度上，它们可以从另外一些接受这些虚拟货币交易的供应商那里购买商品和服务。但是，一旦真实存在的店铺拒绝继续销售这些虚拟货币，那么这些网上企业则必须寻找另一种能够在全国通用的通货作为替代品。因此，网上企业会将自己手中所积累的Q币卖给那些私人交易商，后者则会在本地的市场或者电子商务网站将这些Q币再卖还给广大用户。由此，Q币在商业公司和用户之间不停地循环起来。截至2006年，Q币——原本被发明出来当作一种提供给用户以购买腾讯公司的商品和服务的媒介——最终演变成为一种在全中国通行的在线虚拟货币。你可以使用Q币去购买从光盘到《魔兽世界》游戏等多种物品。

随着这种非官方的虚拟货币被越来越多地接受，甚至在某些场合取代了中国官方发行的纸币，中国人民银行开始对此感到担忧。腾讯公司所发放的每一枚新Q币，一旦进入流通，都会增加这个国家的货币供给——从现金到银行存款再到其他正在流通的货币等价物。如若对此情况放任不管，在理论上，这种货币扩张最终将导致通货膨胀。中国的中央银行有工具可以控制和管理流通中人民币的数量，但是，对于虚拟货币，这些工具完全派不上用场。其他的政府机关开始表现出类似的忧虑，比如，怎样才能针对虚拟货币创造的收入征税呢？

2007年，中国人民银行与其他14家国家机关联合发布声明，表示中央银行将针对本国内的虚拟货币实施管理。根据这项声明，开发商发行的和用户购买的虚拟货币数量都将被严格限制。任何虚拟物品的交易都必须与电子商务相区别，虚拟货币不能被用来购买真实商品。某一种虚拟货币的适用范围仅限于购买发行该虚拟货币的公司所推出的商品和服务。另外，任何试图以高于虚拟货币原始价格购买该货币的行为都将被禁止。据该声明称，任何违反以上内容的行为，都将根据中国银行业法律的细则被起诉，并被视为商业犯罪行为。

但是，尽管受限于如此严苛的规章制度，Q 币经济仍在持续地蓬勃发展。游戏的参与者们很快就找到了能够合理规避一些法规的方法。比如，他们找到了一种方法打破了对于 QQ 账户之间转移 Q 币数量的限制。用户可以不再使用礼物的性质在账户间传递 Q 币，而是采取一种完全不同的方法：付款人可以将自己账户的密码发送给收款人，而该账户中将存有交易所需数量的 Q 币，从而，后者将完全接管这个账户，双方以此达到了交易的目的。在一些时候，甚至会出现同时有多个账户被接管的情况。这一行为带来的影响：账户成为了一种新的货币，即使在账户间转移 Q 币的行为被禁止的情况下，人们也可以以此来进行交易。2011 年 7 月，一家电子商务网站——淘宝网——进行了800 000单用 Q 币支付的交易，相较于 2007 年 4 月的 20 000 单交易，出现了巨大的增长。淘宝网一共进行了 300 万单与 QQ 软件相关的虚拟商品交易，其中包括 QQ 秀头像、配饰、QQ 宠物、某些游戏中的奖励和游戏货币。

但是，另一方面，中央银行的干预政策也并不是毫无用处，由于害怕被起诉，主流的网上商店和电子商务网站都放弃了将 Q 币作为支付手段。这一电子货币更像是一种非正式的（有时甚至是不合法的）通货，在数字化的“影子经济”领域流通。但是，如果没有中央银行的干预，中国的网民恐怕会更支持使用这种虚拟货币而不是实实在在的人民币。

这个真实的故事展现了伴随虚拟经济而来的一个关键性的挑战。游戏参与者为了获得经济利益和利己行为所聚集的力量可能会将整个系统移向一条完全不同的轨道，这条轨道与其设计者原本所构想的完全不同。有些情况下，这一轨道甚至会过于激进，以致让这一系统与权力机构发生剧烈的碰撞。Q 币的故事并不是本书中唯一的例子。这是一个关于设计的问题，可是当你连自己的决定会导致什么结果都不知道时，你又如何去设计呢？创造一种在精神领域毫无影响力的事物甚至算不上是设计，只能算是一场实验。

为了预见到虚拟经济是如何运作的，你需要理解那些帮助经济学运行的原理。并且，在做出任何一种有效的、针对经济进行的干预之前，政策制定者都必须首先了解目前的经济形势。因此，在这本书中，我们尝试着介绍经济学这一学科，让它成为一种数字设计和游戏设计的工具，而这一角色正在被其他学科扮演着。对于那些早已熟悉经济学的读者，本书尝试着教会他们如何利用经济学去分析基于稀缺性的虚拟活动和商业行为。在我们的经济学模型中，同样包含着一些来自于游戏设计领域的其他社会科学和实用知识。①

虚拟空间经济学

本书并不是第一本提出运用经济学知识来设计游戏的书籍，事实上，许多年前，一些受人尊敬的经济学家已经开始设计“游戏”了。我们这里所说的游戏，并不是指类似囚徒困境类的博弈游戏，而是指那种具有真实用途的真实的游戏。当政府需要在几家电信公司之间分配无线电频率时，或者某个国家间组织打算减少温室气体排放时，就需要经济学家来设计“游戏”了。通常情况下，这样的设计任务包括创造一些新事物，比如光谱带和碳排放额度。之后，一些公司会被邀请参与到这场“游戏”中来，为的是让类似的“游戏设计”得出一些成果，无论是好是坏。例如，由经济学家普雷斯顿·麦卡菲（Preston McAfee）、保罗·米格罗姆（Paul Milgrom）以及罗伯特·威尔森（Robert Wilson）共同设计的光谱拍卖游戏［也被称为“同步增价拍卖”（simultaneous ascending auction)］，自从1994年在美国首次亮相以来，已经在许多国

① 游戏设计者已经写了一些有关虚拟经济设计的见解深刻的文章，他们能够熟练地使用在实践中得来的技巧。Richard Bartle是世界上第一款MUD（多用户网络游戏）的联合设计者，他在2003年所写的书是虚拟世界设计领域的经典教材，其中也包括一些经济学见解。Raph Koster是20世纪90年代开创网络时代的精神导师，他在网上发表的一些文章也颇具引导性。我们也敦促读者多读一些关于游戏设计方面的一般性文献。以下是笔者的推荐：Crawford（1984），Salen and Zimmerman（2003），Rollings and Morris（2003），以及Schell（2008)。Koster（2004）提出了一个易于理解的关于娱乐的理论。Fullerton（2008）以及Braithwaite and Schreiber（2008）提供了一些可以边学边实践的方法。

家取得了成功。

如果经济学家已经知晓了如何设计一个复杂的游戏并使之能够良好地运行，那么我们为什么还需要这样一本书呢？读者为什么不直接去随便挑选一本经济学的教科书来读呢？又或者在传统的经济设计领域和虚拟经济设计领域是否存在着一些困难？人类行为方式的基础从未改变，它们在这两个领域中的表现是一致的，这一点我们将在下文中予以讨论。无论是在线游戏还是我们刚刚提及的光谱拍卖游戏，参与者都在依照自己的偏好追寻有利的结果。因此，经济学的基础理论必然对这两者都同样有效。但是一些情况让我们明白，情况似乎没有想象的那么简单。让我们一起来思考一下以下这个例子，将一个在线游戏刻画出的经济环境作为传统的经济环境进行分析，看看会得到什么。

在一款名为《星战前夜》（*EVE Online*）的大型多人参与网络游戏中，成千上万的玩家在区域性市场中交易着矿石、飞船组件等各种各样的商品。这些市场高度复杂化，类似于现实世界中的商品现货市场，交易者可以提出购买或销售的价格，一旦有人接受这个价格，交易就可以立刻执行。

如果一位醉心于理论的经济学家被要求对《星战前夜》这款游戏中的经济环境做出一番评论，那么他必然会马上指出一些可以让这个虚拟经济环境变得更加有效的地方。比如，现在玩家只能看到自己所在区域市场的商品价格，一个更有效的设计是让玩家能够看到临近的区域市场的商品价格。然而，如果一位玩家想要利用这样的交易机会，他就必须与远程好友交换有用的信息或者自己亲自“前往”另一个区域。每当玩家为了购买某一件商品而支付了一个原本不必要的、更高的价钱时，他就失去了一个好的交易机会，我们通常可以将这种情况视为市场缺乏效率的表现。

理论经济学家了解这些问题，对于其他相关问题，他们同样了如指掌。向交易的参与者提供更多的信息可以让市场变得更加有效。因此，他们也许会提出建议，希望可以对游戏进行适当的调整，让玩家可以获得全银河系的每一个市场中每一种商品的即时价格。这样，玩家便可以轻易地定位市场，并且利用附近的机会进行更好的交易。这样有助于玩家利用不同区域市场的差价，从而最终达到提高整个银河系市场有效性的目标。在现实生活中的市场，商品的价格可以立即传播到世界上的任何角落，这样一来，就不会出现在东京购买的黄金比在纽约购买的价格高的情况。

当然，这一调整对于那些专门收集并出售价格信息的玩家是一个不小的打击。这一调整同时还会减少套利者的机会，这些套利者搜尽整个银河系去寻找那些价格被低估了的商品，并把这些商品运送到可以牟利的区域市场上贩卖。这类职业将不再被需要。不过玩家却可以一直扮演搬运工的角色——太空中的卡车司机。快速增长的市场有效性必然会带来大量区域间的贸易往来，这为这些搬运工玩家提供了无限的商机。

但是，先等一下，在意识到这个具有无限延展性的虚拟经济后，理论经济学家恐怕会决定干脆将区域市场取消掉。所谓距离，在经济学家的眼中意味着运输成本，如果不再需要将货品运来运去，任何一个经济系统都必将变得更加有效。在现实世界中，距离是客观存在的障碍，物流师竭尽所能地将这一障碍缩短。然而，在虚拟世界中，没有必要让经济受到距离的拖累。因此，理论经济学家会建议将游戏调整为这个样子，即任何物品都将能够被瞬间传送到需要它的地方，或者直接将整个银河系折叠为一个简单得不能再简单的点。有了这些改变，虚拟经济的有效性无疑会被大大提高：任何人都能在一瞬间就得到自己想要的任何东西。但是，还会有人愿意参与到这样的经济系统中来吗？当然，如果为了在游戏中获得这样的特权，要支付一笔额外的费用，那情况就会大不相同了！

虽然虚拟经济设计和现实经济设计是基于同一个基础的，但是这二者的目标却截然不同。政府官员竭尽所能地建立一个有效的经济体；数字发行者则试图设计出那些能够吸引并满足玩家要求的产品，以此赚取利润。因此，对于真实经济有效的解决方法如果被生搬硬套地挪到虚拟经济中去，恐怕效果会是破坏性的，尽管必须承认这二者具有同样的人类行为基础。

虚拟经济设计可以带来什么？

有许多原因都可以成为创造虚拟经济的理由，举例来说，可以是虚拟经济作为一个用于研究的“实验室”，也可以是作为真实经济的补充，又或者仅仅作为某人的爱好。然而，大多数当今的虚拟经济都是由那些发行数字产品和服务的公司来创造并运营的，特别是一些电子游戏公司。在这一部分，我们将概述那些能够被用来实现虚拟经济的事物，特别是在电子游戏和数字发行产业。我们要做的并不是给读者一张能够让虚拟经济变得有用的事物清单，但却的确能够帮助读者理解这些事物是如何在特定产业中产生效果的。

数字发行者通常是那些追求利润的公司，它们的目的就是赚钱，而其中一个方法便是向消费者提供数字产品。从一个比较抽象的层面上来看，这些公司的做法可以分为三个步骤：首先要创造数字内容，然后想办法吸引使用者，最后通过这些内容实现盈利。对于虚拟经济的设计——正如此类公司的其他职能一样——首先要为以上这三个步骤服务。在下文中，我们将从更加具体的层面来检验这些步骤，并概述它们是怎样通过虚拟经济设计实现的。

创造数字内容

当数字设计者谈论数字内容时，他们通常指的是文本、图像、音乐和视频，而当电子游戏设计者谈论数字内容时，他们通常指的是 3D 模型、图像纹理、动画、音效、地图和游戏情节。游戏的内容不同于游戏平台或是游戏引擎，后两者提供的是游戏中的物理效果，也就是负责管理游戏中每一个物体相互之间的作用以及玩家如何去操作这些物体。这种区别反映了一个典型的游戏工作室内部是如何分工的：编程员负责创造游戏引擎，而艺术家则负责用内容来充实游戏。

在本书中所讨论的内容的切入点正是这种传统意义上的分工，这些内容不仅对于参与游戏设计的艺术家和编程员有意义，对于那些希望掌握虚拟经济的发行商、营销人员，甚至是律师和政策分析者都是有效的。因此，在本书中我们使用的“内容”（content）这个词的含义是非常宽泛的，它指的是一切可以用数字化的方式传递给用户并令之满意的事物。

任何一个电子游戏的内容都必然包括有吸引力的画面、绝妙的音乐以及引人入胜的故事情节。但是，更为重要的是，它还必须包括从有趣的游戏机制中衍生出来的快乐：提供给玩家一个快速的神经反馈，让他们体验到那种与肾上腺素的分泌密切相关的兴奋感；提供给玩家那种通过实验一步步发现未知的喜悦；提供给玩家在打败强大的敌人后的那种成就感。大多数内容——无论是在电子游戏中还是在其他的电子服务中——都是艺术与编程相结合的产物。在多玩家游戏和在线社区中，玩家同样可以参与到内容的创造中来。由玩家创造的最简单，也是最普遍的内容便是玩家之间的社会化互动：讨论、交流、维系关系。这些内容并不是由数据度量的，而是由经验度量的（见框 1—1）。

框 1—1

从商业的角度出发，好的内容就是那些可以成功地吸引用户的内容。但是，要做到这一点并不仅仅是让内容变得有趣或令人满意这么简单。通常，我们回应某个论坛中的帖子，不是出于兴趣，而是出于恼怒。有时，我们登录游戏去给我们养的虚拟植物浇水，更多的是出于责任感而不是成就感。换句话说，虚拟内容中的经济价值市场也会伴随着道德价值。对于开发者而言，偶尔停下来想一想他们设计的内容是否唤起了人类内心中积极正面而不是消极负面的精神是值得的。

重要的是意识到这些“内容”都是消费品，也就是说，当一个人已经看完一部电影或是读过一本书之后，基本上不会再去看第二次，因为那会很没意思。对于游戏来讲，情况很类似。当玩家得到新的等级或是进入新的领域时，他们会期望看到新的地形、单位、故事情节、事物和游戏机制。正因为玩家所体验的是全新的内容，因此我们才将之称为消费，这些内容会因为已被使用而消耗掉自己的“新颖价值”。当所有

“内容”都被消费掉时，它们也就不再具有价值，这也正是玩家离开的时候了。用增大所有数值的方式重新使用旧的内容，或是直接改变原有的等级计算方式，这些方法都无法真正恢复内容的“新颖价值”。在虚拟世界中，内容是很少几种原本就具有稀缺性的资源。

数字内容的发行商必须要不断地推陈出新，为的就是不断地吸引玩家。当2004年《魔兽世界》被推出时，里面的游戏人物可以达到60级，开发这个游戏花费掉了大约6 300万美元。当玩家达到60级并完成所有场景时，就没有新的领域供他们探索了，于是就有一些玩家不再玩这款游戏了。2007年，暴雪（Blizzard）推出了新资料片（新扩充的游戏内容）“燃烧的远征”，在全新的内容中玩家可以达到70级。在开始发售的第一个月，这款新资料片就大卖350万份，并且还成功地将已经退出的玩家吸引了回来。从那时起，暴雪公司还发行了另外三款资料片。每一部资料片的设计都花费了数百万美元的成本，然而，没有这些新资料片，这款游戏是不可能吸引并保持住如此之多的玩家的。

显然，创造内容是虚拟经济设计的重要目标之一。实现这个目标最简单的方法就是让虚拟经济自身的特性成为一种“内容”。一些经济过程——比如生产、物流和贸易——并不是为了达到最终目的的简单方式，它们本身也可以变得非常有趣。在《魔兽世界》中，收获自然资源，将它们提炼为原始材料，生产商品，管理存货，在市场中交易商品，这些都是游戏体验的核心部分。在资料片中，开发者加入了更多的经济过程以提供给玩家去感受。这说明，电子游戏的内容并不仅仅从冒险与战斗中获取灵感，也可以从贸易和工业中得到启发。

用户创造的内容

因为创造内容需要大量成本，一些电子游戏和数字服务同样寻求通过让用户自主创造内容的方式，使他们感到快乐。在大型多人游戏中，一个令人瞩目的、利用这一策略的例子就是《星战前夜》这款游戏。它的玩家在自己创建的公司和联盟中追求事业上的成就感，而不是随着由设计者创造出的剧情的发展去不断地冒险和练级，这些由玩家自己创建的公司和联盟有时甚至会有数千名成员。这些玩家组织相互竞争以得到领土和资源的控制权，它们彼此发动战争、进行贸易、建设基础设施。

这种玩家对玩家的方式为谈判、尔虞我诈和史诗般的太空战斗提供了机会。到目前为止，没有设计者为这出完美的太空歌剧支付过成本，它是由玩家自己创造的。

当然，这并不意味着游戏开发者没有参与到《星战前夜》的设计中来。相反，正是这些开发者最初将这款游戏设计为玩家对玩家的互动模式，并将之发挥到了淋漓尽致的地步。最明显之处莫过于对《星战前夜》中虚拟经济系统的设计，该系统着重强调玩家与玩家之间的交易。这款游戏的大部分产品并不是打败由电脑控制的敌人或是从非玩家人物手中获得的。扮演“实业家”角色的玩家会从开办矿物原料公司的玩家手中购买原材料并将之制造成产品以供其他玩家购买，而专门从事贸易和物流的玩家会将这些产品运往银河系的每一个角落，使用的是由玩家自己经营的运输飞船，并且会由玩家自己经营的安保公司负责安全。扮演“海盗”角色的玩家则会试图抢夺这些货物并将它们卖给出价最高的人。换句话说，这个虚拟经济系统可以无限地为玩家提供新“内容”，而这些内容就是由这个玩家互动模式创造出来的。

鼓励贡献

社交媒体几乎完全依靠用户的贡献，Facebook、Twitter、Quora和Pinterest这些网站完全依赖用户和第三方所创造和上传的信息。一些电子游戏和虚拟环境同样使用由用户创造的3D影像和标志。在这方面，为人们所熟知的例子是网络虚拟游戏《第二人生》(*Second Life*)，在这款游戏中，从建筑物到衣服的所有事物都是由玩家或者第三方开发商设计的。而最近的一个成功案例则是《军团要塞2》(*Team Fortress 2*)，这是一款第一人称射击游戏，其中所有的武器和物品都是由玩家设计的，并且它们还可以在游戏的虚拟经济中循环流通。

在有些情况下，积极的关注、商业信誉、自我表现获得的乐趣可以很好地激励游戏的玩家和第三方开发商去积极地贡献自己设计的内容。但在另外一些情况下，需要提供一些具体的奖励。最简单的激励系统使用同一种奖励来鼓励每一种贡献，但是这种方式同时还会鼓励一些无用的或一些粗制滥造的贡献。更为复杂的激励系统包括建立一个市场，在这个市场中，所有贡献会根据自身的价值获得回报。创造一种合理的激励系统对于虚拟经济设计来说是必不可少的。

有效地分配资源

即使是在虚拟经济中，也会出现天生就稀缺的资源。前面所提的“内容”便是其中之一，另外还有其他两种：游戏资源和用户的注意力。当我们大力鼓励用户参与创造“内容”时，我们还需要确保这些天生就稀缺的资源能够被更加有效地利用，从而为用户提供最好的体验。这是虚拟经济设计可以产生贡献的另一个领域。

在《第二人生》这款游戏中，土地被分为许许多多 256 米×256 米大小的区域，每一个区域都由一个独立的电脑服务器所控制。电脑技术上的规范性限制着该区域所有活动的规模：一个标准区域最多可以同时容纳 100 名用户和 15 000 个原始品。原始品就是构建该游戏中事物的基础组件。这一限制并不是人为制定的，它是《第二人生》开发者确定的目前的服务器所能可靠地处理的最大负荷。想要打破这个限制，首先必须更新硬件。因此，原始品便成为这款游戏中天然的稀缺资源。出于类似的原因，《军团要塞 2》中多边形的数量也是一种天然的稀缺资源。对多边形的需求超过了供给，因为每个人在设计自己创造的物品时，为了增加该物品的吸引力，都需要大量的多边形。

为了协调供给与需求上的巨大差距，这两款游戏的开发者采取了截然不同的解决方法。《军团要塞 2》的开发者——维尔福软件公司(Valve)——采用了配给制：它要求玩家在设计帽子时使用不超过 800 个多边形，而在设计武器时则不超过 8 000 个。配给制导致的问题是，无论一个物品有多么高端、多么无价，它们所分配到的资源是一样的，这不符合优化配置的原则。如果好的设计者能够比坏的设计者使用更多的多边形去设计物品，那么游戏的体验将更好。

《第二人生》则采用了完全不同的方法——市场机制——来分配原始品的供应。玩家可以在一个公开市场上出售或购买土地。与此同时，土地带来了另一项权利，那就是决定有多少原始品将在这块土地上被使用。理论上，这可以确保原始品被运用到那些可以为玩家和游戏本身创造最大价值的建设中去。在游戏中，那些为大众带来欢乐的、受欢迎的景点可以通过收取入场费或者销售纪念品来支付当时购买该土地所支付的成本。那些不受欢迎的景点则将被出售或重建，因为所有者会希望用更好的方式来投资。即使为了获得关注，原始品被浪费在一些没有吸引力的项目上时，厂商也会以市场价向这款游戏支付所需费用作为一种弥补的手段。实际上，《第二人生》的虚拟经济系统并不是完美的，但是它的确很好地说明可以利用市场更好地分配游戏中稀缺的资源。

除了游戏资源，另一种天然的稀缺资源就是用户的注意力。当用户创造了大量的内容后，这一点就变得更加显而易见了。玩家很难从大量滥竽充数的内容中挑选出真正有价值的事物，市场机制和其他一些虚拟经济设计中的元素都可以被利用以解决这种问题。

注意：吸引并留住用户

免费发放内容

当数字发行商找到了一种获取“内容”的策略时——无论是从用户那里获得还是由专业设计者设计——都需要找到一些受众。数字内容的营销就是在一种被称为“体验产品”的行为出现时形成的。在没有真正体验过产品前，消费者不可能很好地对产品做出评估。不能像对待一个硬件组件一样，仅仅简单地将产品的特性列在一个小本子上。为了让消费者消除盲目购买的感觉，你必须要让他们亲自体验一下你的产品。

展示厂商的数字产品并不是什么新鲜事物，但是它的确变得愈发重要了。20 世纪 90 年代，电脑游戏的开发商会将自己的游戏刻录到软盘上，并将软盘附赠在游戏杂志中，以此向玩家做出一种展示。在 21 世纪最初的十年中，任何一款网络游戏在正式发行之前，开发商都会向玩家提供游戏的“公众测试”版本，这已经成为一个标准化的流程，这类“公众测试”将持续几周，直到正式版本的游戏开始发售。今天，大量的新游戏在从手机到网络的不同平台同步发售，它们的运营全部遵循一种被称为“免费增值”（freemium）或“免费玩”（free-to-play）的模式。这类模式意味着玩家可以无限期地使用这款游戏。

这种免费提供游戏中很大比例的内容的趋势是由两个因素共同造成

的：激烈的竞争和数字产品消费行为日益明显的社会化。数字发行的发展很大程度上降低了新的游戏开发商进入市场的壁垒。这种情况导致了在许多平台上，电子游戏和数字娱乐产品的供给出现了爆炸式的增长。另外，小的游戏开发商没有雄厚的资本作为支撑，还要付出营销的成本，这就使得这些小开发商必须将自己游戏的核心部分作为免费内容提供给玩家，以便吸引他们的注意。与此同时，互联网、社交网络、可连接的移动设备的广泛运用都使得用户越来越倾向于社会化的数字体验。想要发展相当数量的、可以为数字产品提供社会体验的用户，必须采取免费的方式。免费化的进程不仅仅局限于电子游戏领域，书籍、音乐、电影以及其他一些数字产品正在经历着相似的过程。①

但是，开发商越是将自己的数字产品的内容免费送出以吸引用户，它们所剩下的可供销售的内容就越少。让我们用图 1—1 来更好地了解

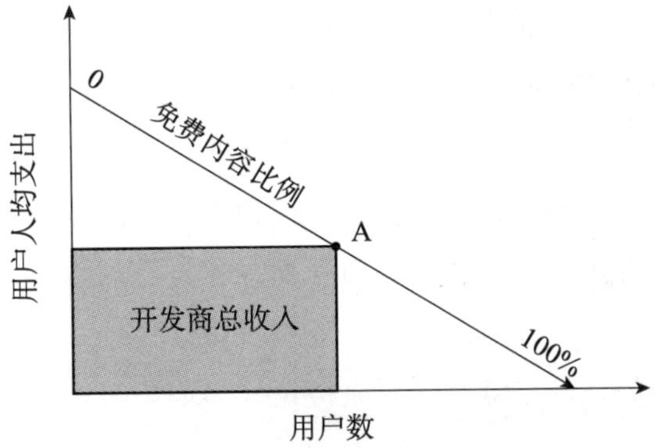

图 1—1　开发商的收入最大化问题

一下它们面对的问题。图中斜线即为开发商产品的预算线，此图表明了它们所面对的选择，两种极端的情况为：第一，将全部的产品内容设定为收费，那么开发商将得不到任何用户；第二，将全部的产品内容设定为免费，那么开发商将得不到任何收入。这里，我们将被迫观看广告也视为一种向用户收取费用的表现，因此，如果出现用户被迫观看广告的情况，那么就不能算作是将全部的产品内容设定为免费。点 A 的位置

① 现任 *Wired* 杂志的编辑 Chris Anderson，写了一些关于数字时代产品价格降低这一话题的文章。他在自己的著作 *Free*（2010）中，建议商界的领头人应该将自己的产品免费送出，他认为这也许才是最好的（唯一的）赚取利润的途径。

代表着一个特殊的选择，它的横纵坐标所限制的长方形灰色区域的面积即为总收入。①

一种颇为有效的划分收费和免费内容的方法就是合理地利用虚拟经济。虚拟经济的特性可以帮助调整（点 A 的）最优位置。一种比较常见的方法是在游戏中创造两种货币：一种可以免费获得的“软通货”和一种需要用真实货币购买的“硬通货”。与此同时，还要创造两个与之对应的市场。从而，游戏的内容就转变为了虚拟的货物，包括虚拟的物品、可用的人物、免解锁的关卡等，它们会被合理地分配到不同的市场中。

对用户的推荐和忠诚给予鼓励

向用户提供免费的数字内容仅仅是数字内容市场营销的第一步，开发商仍然需要想方设法将免费提供内容的消息宣传给潜在的用户。传统的广告宣传自然是方法之一，但是对于有些产品类型来说，利用社会媒体的口碑营销则更为重要。例如，一些所谓的社交游戏会利用一切机会要求玩家邀请好友加入到游戏中来。的确，一些游戏原本就适合好友一起玩，因此，玩家会得到一种隐形的激励去邀请好友。然而与此同时，许多开发商也会对向好友推荐自己的游戏的用户提供直接的奖励，例如一些虚拟商品或是虚拟货币。另外一种更为微妙的奖励措施是这样的，一些游戏甚至直接设计为如果与好友一起玩就能成长得更快的模式。无论是采用哪一种激励方式，虚拟经济设计都是必不可少的一环。

虚拟奖励和虚拟经济结构作为一个整体，通常还被用来鼓励其他一些厂商希望看到的用户行为，比如坚持每日登录游戏，或是参与到玩家社区中。这些措施的目的在于黏住并挽留用户，增加他们对于虚拟产品的依赖度。如果不能吸引用户、玩家再来使用产品，或者使之成为一种常态性的行为，那么即使吸引再多的用户、玩家也是毫无用处的。

---

① 擅长数学的读者将会发现，能够使收入最大的点的位置是由斜线的斜率和截距所决定的，这二者取决于产品的受众和收入模型，并且在现实世界中，这条斜线更有可能是一条曲线而不是直线，因此，这幅图的作用更多是解释性的而不是理论性的。

“锁住”用户

留住用户的最后一招就是不要让他们转而使用一个与开发商自己的产品有直接竞争关系的产品。向用户赠送极其稀少珍贵的虚拟产品，能够让他们产生一种自己已经对目前正在使用的这项服务做出了“投资”的感觉。舍弃这种投资就不得不从头开始的感觉，能够有效地阻止用户放弃目前正在使用的这项服务。另外，真正聪明的虚拟经济设计还要能够减少用户从其他有竞争关系的虚拟服务转投新服务时所花费的成本。

盈利

价格歧视

一旦开发商创造了一系列的虚拟内容并且发现用户会掏钱去消费这些内容时，就只剩下一个问题了，那就是如何把这笔钱赚到自己手里。直到最近为止，数字内容的营收模式还是主要依靠实体零售、虚拟零售、点卡费和广告收入。所有这些模式都能够并且也的确被用来通过包含在虚拟经济中的服务赚取利益。此外，虚拟经济还在这张营收模式的清单中加入了一条全新的选择：销售虚拟产品并将收入变成真正的货币。这种全新的模式通常被称为小额收费（micropayments）或者应用内购买模式（in-app purchases model），这取决于数字内容所在的平台及其种类。

这种虚拟商品的营收模式与之前便存在的传统营收模式相比，具有一个明显的优势：它能够根据用户的支付意愿向不同的用户收取完全不同的费用。我们可以称之为消费者的自主选择。开发商向用户提供多种不同的费用选择：用户既可以选择完全免费的服务，也可以选择任意数量的由虚拟产品和增值服务组成的套餐。用户根据个人的时间价值、货币价值偏好以及他们对自己属于哪一类消费者的自我鉴定，选择不同的消费数量。有些用户选择支付极少费用或直接选择免费服务，根据这种收费模式，他们中的大多数根本不能被称为消费者，因为他们选择不支付费用的服务。另外一些用户则会选择支付大笔的费用以换取更好的服务。一旦这种价格歧视模式成为现实，它会导致一种情况，即该模式的总收入远远高于固定费用模式的总收入。这一点可以从图 1—2 中看出。

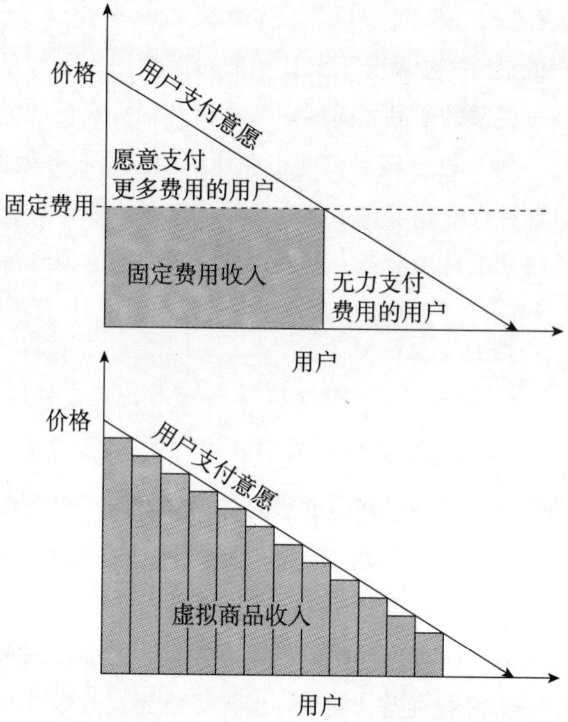

图 1—2　用户支付意愿与总收入

管理内容配送的比例

不管是哪一种营收模式，当开发商向用户卖出了一些内容时，它们就必须配送这些内容。配送内容的数量必须既足以让用户感到满意，又要尽可能地少。请记住，内容是一种消费品，因此，今天每多送出一份内容，明天可以卖的内容就少一份。正确的配送数量就是开发商承诺要送出的数量。这一数量在不同的营收模式中是有天壤之别的。

实体零售是一种既缓慢又昂贵的营收模式，所以，当一个开发商选择这种模式的时候，它就要在一个零售套餐中放入尽可能多的内容。花费了一整年时间开发的游戏被打包进了一个盒子中，作为 AAA 级的游戏，将使用最好的销售策略加以宣传。① 其提供的是一份可以供玩家紧张刺激地玩 15～25 个小时的游戏大餐，他们可以毫无限制地玩。

① “AAA 级”的说法在游戏行业被用来宽泛地代指那些由大的开发商在常用平台推出的大制作游戏。这里，我们借用这种说法来特指一些被包装为产品出售的单机游戏。

虚拟零售则是一种近些年才开始兴起的模式，它更便捷，同时成本也更低。更新版本可以在网上发布，而用户可以通过信用卡支付费用。这种模式使得将一个花很长时间开发出来的游戏分层次地发行成为了可能。这一点使数字内容转变成为一种可订购的服务，比如经典的大型多人在线游戏，它同时还意味着将虚拟产品和广告转变为真实货币的可能。无论如何，开发商只能从数字内容的销售中获取很小份额的收入，因此，这种模式下，开发商倾向于先将内容分割为小份再出售。它们不会让自己煞费苦心设计和开发出来的游戏在 15 个小时内就被玩家全部摸清，这种情况只会发生在实体零售的模式中。如果它们真的将游戏转变为了一种可订购的服务，那么下个月它们能提供给玩家什么呢？再下一个月呢？未来呢？随着时间的推进，可订购的服务会将数字内容一点一点地放出。一方面，不能每次只放出一点点内容，那样的话，用户会觉得无聊而选择退出；另一方面，也不能表现得太慷慨，免得在开发商收回成本前，所有的内容就都被发布完了。对于游戏而言，随时间发布内容更多地体现了一种重复性，例如一些游戏会选择在某一区域发行一定数量的虚拟货币，然后才转到另一区域。

虚拟经济的特点使得它可以成为一种用于管理发行内容比例的工具。一些参数，比如价格、税收、生产率、有效率和折旧率，这些都直接影响着玩家完成任务并推进剧情的速度，这也就是开发商需要发行新内容的速度。这些参数大部分情况下很好控制，但也有一些情况下，设计虚拟经济时造成的一些游戏中的漏洞会导致玩家通关速度的加快，这可不是开发商希望看到的。

对于那些依靠虚拟商品零售作为营收模式的服务来说，管理发行内容比例是一件既重要又有趣的事。现如今，开发商要好好保持发行内容与保留内容之间的平衡，其比例既要足够多以吸引用户持续使用，还要足够少以保持用户对新内容的饥饿感，而这种饥饿感要用付费购买的内容才能得到缓解。在现实生活中，这种要求会导致内容被分割为很小的部分再进行销售。在一个免费的 Facebook 游戏中收获一个南瓜作物所付出的时间，足够玩家将通过实体零售模式发行的 AAA 级游戏通关两次。这种循序渐进的内容发行模式将在框 1—2 中加以讨论。

框 1—2　免费游戏发展过程中的经济学

虚拟商品的营收模式允许将内容分割成小份，然后再一份一份地卖出去。免费游戏的开发商可以围绕这一模式来构建产品的开发过程，它们会发现两大经济优势：运营成本的减少和风险的降低。

思考一下这个例子，一个AAA级游戏（实体零售）和一个大小相似的免费游戏（虚拟零售）都取得了1 100万美元的收入，而它们的成本则都是1 000万美元。AAA级游戏的开发商必须在游戏开发阶段就一次性投资1 000万美元，那时游戏还远没有开始销售，因此它的回报率是10%。与之相反，免费游戏的开发商则可以在每一小份内容被开发完毕后，便将之发售。新内容的销售将持续一整年，而之前的每一笔销售额都可以被用来投资于之后的开发中。虽然后者的开发成本也是1 000万美元，但是，每一阶段的开发成本仅为100万美元，因此，我们可以将回报率看作是100%。

因为必须要一次性投入所有成本，AAA级游戏的开发商需要承受非常大的风险，一旦游戏的销售面临困难，它们可能血本无归。很多游戏工作室都曾面临过类似的危机。而免费游戏则风险更小，如果发售后销量不理想，开发商只需要停止进一步的开发进程就可以达到止损的目的。

当然，我们这里的分析是在纯理想化的环境下，忽略了一些现实世界中的影响因素。比如，大多数用户实际上更偏好一次性地购买某项数字内容，而不是将之作为一种被储存在云端平台中的数据。然而，我们也必须认识到，现在的市场形势更加鼓励免费游戏和将游戏作为一种服务进行出售，这也是游戏业和其他虚拟产业的发展方向。可为什么这种情况发生在今天呢？为什么不是发生在十年前呢？数字资源的分布和免费游戏所要求的盈利方式其实在十年前就已经出现了，唯一欠缺的就是虚拟经济的相关知识，除了一些在这一领域起步较早的强行者，比如铁域娱乐公司（Iron Realms Entertainment）的马特·米哈里（Matt Mihaly）、苏雷克公司（Sulake Corporation）的杉博·卡尔亚莱宁（Sampo Karjalainen）、苏卡·哈罗（Sulka Haro）。西方的开发者还没有了解到虚拟商品和货币能够换来真实的金钱，更不用说是在盈利的同时提供好的游戏体验了。虚拟经济是一种创新，它可以让免费游戏成为可能，就如同网络让网上销售成为可能一样。

当用户真正决定要在免费游戏中大肆购买付费商品时，虚拟经济必须被设计为能够及时地发放适量内容的模式。如果用户真的这么做了，那么理论上，他们应该可以一次性地购买并体验整个游戏的全部内容。他们一次性支付给开发商的费用必须与他们期望得到的价值相匹配。在现实生活中，在一个多人游戏中，设计者还必须要考虑，如此一来，其他用户的游戏体验会不会受到侵害。

我们在这里讨论的，关于不同游戏类别的内容发放模式和与之匹配的营收模式（零售、点卡费、虚拟商品），列示在图 1—3 中。对于免费游戏，本图描述了针对那些一分钱也不打算支付的玩家的内容发布模式。

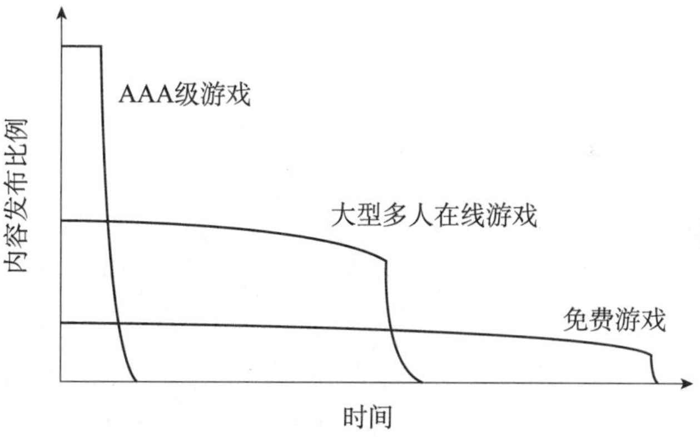

图 1—3　不同游戏种类内容发布比例

虚拟经济设计的目标

总的来说，想要构建任何与虚拟经济相关的特性，无论是在多人游戏、虚拟环境或其他数字服务中，都必须至少达到以下几个目标中的一个。

创造内容

虚拟经济的特征可能部分地来自于有趣的单机游戏内容，或者，它也可以作为生成玩家自主创造内容的框架。对于这两方面来说，都要将人为创造的稀缺资源引入可以带来挑战与竞争的经济体系中。虚拟经济特征还可以被用来作为一种激励手段，鼓励玩家和第三方设计者创造出新的内容。所有数字服务都依赖于那些天然就有稀缺性的计算机资源和用户的关注度。虚拟经济特征，特别是被恰当地定义为虚拟产权和虚拟市场的特征，可以保证资源能够被最有效地使用。

获得用户关注

根据虚拟经济的特征可以向用户发放一些免费的内容以获得他们的关注，与此同时，另外一部分内容则应被保留下来，给予那些愿意支付费用的用户。实现这一目标最简单的方法就是创造两种虚拟货币，其中一种可以被免费获得，另外一种则需要使用真实的金钱来购买。同时，虚拟商品和虚拟货币还可以被用来奖励那些自主提供虚拟内容并忠实于游戏的玩家。虚拟商品还有一种特性，那就是它可以被用来“锁住”玩家，防止他们转而使用另外一款具有竞争力的游戏，因为如果他们这样做了，那么就意味着他们必须放弃对目前这个游戏的投资，无论是时间上的还是金钱上的。

赚取利润

对于赚取利润，虚拟经济特征最为明显的贡献在于，它可以让开发商通过销售虚拟商品和虚拟货币来赚取真实的货币。相比于其他的营收模式，它可以有效地利用价格歧视：根据不同用户的支付意愿收取不同的费用。即使游戏和服务使用了其他的营收模式，通过调整玩家获取新内容的速率，虚拟经济同样可以对盈利做出贡献。对于分批发布内容的游戏，内容的发布速度要快一些，以便继续吸引那些愿意支付费用的玩家。对于那些纯粹依赖广告收入支持的游戏，内容发布速度则可以放缓，这样做的目的在于尽可能长地让玩家沉迷其中。

目前为止，我们已经详细地审视了虚拟经济设计的目标，现在让我们回过头来看一看本章开头提出的问题。虚拟经济设计的目标和现实经济设计的目标有什么不同之处？尽管二者都是建立在人类行为的基础上的，但是现实经济设计的关注点在以下几个方面：天然的稀缺资源以及如何更加合理有效地分配它们。现实经济设计不关注人造的稀缺资源，这些资源被创造出来的目的就是吸引关注度并将经济学的概念嵌入到游戏的内容之中。因此，由真实经济学家设计的同步增价拍卖，可以很好地帮助天然的稀缺资源（比如无线电频率）的合理配置，但是这些设计无法带来兴奋、乐趣和忠诚。一些被要求去分析游戏《星战前夜》的理论经济学家搞错了一个问题，那就是他们没有分清什么是真实的稀缺资源，什么是虚拟的稀缺资源。他们并不将这些虚拟的稀缺资源看作是“内容”，而将它们看作是成本与费用，因此他们得出结论，认为应该将这些内容从游戏中移除，但是，这就相当于移除了虚拟游戏中最吸引人的东西。

经济学作为一门成熟的学科，起源于对农业、制造业和商业的研究。它的发展由一种需求所推动，即寻求解决饥饿与就业这些人类所面对的真实问题的方法。但是今天，至少是在在线游戏和虚拟服务领域，最为稀缺的资源不再是实物或是住所，而是人类的关注度。从这种意义上说，经济本身也要顺应潮流，成为一种消费性的商品。

本书概要

那么，要如何将虚拟经济设计付诸实践呢？这个问题的答案存在着无限种可能性。一些虚拟经济会模仿现实世界的状态，而另一些虚拟经济则会被深深地嵌入到无形的虚拟服务中。虚拟经济中的每一种虚拟物品或虚拟货币单位都是以某种方式被生产或发行出来的，它们可以是用真实的货币购买来的，也可以是作为奖励得来的，还可以是在游戏过程中创造出来的，甚至会是玩家在不经意之间发明的。一些虚拟商品可以在玩家之间被交易，而另一些则只能从开发商手中购买。在一些交易中使用的是虚拟货币，而在另一些交易中则会使用真实的金钱。一些虚拟商品会在市场外被转手，可能是作为礼物，也可能是通过盗窃。一些虚拟商品可能会在使用中被消耗掉，一些可能存在有效期的限制，而另一些则永远不会过期。在本书中，我们会以一个结构化的方式谈论到所有这些内容，解释不同的选择会产生怎样不同的结果，并且对如何选择提供指导。为了达到这些目的，我们要介绍一些经济学的基本概念和理论。最终，本书会成为一本将基本经济学原理介绍给广大网络用户的作品，即使这些网络用户不是专修经济学的学生，他们同样能从中获益，因为本书的目标读者就是那些电子游戏玩家。

经济学家认识到了许多构成经济学的基础概念，这些概念就像积木一样，最终可以搭建成一个整体。其中之一就是经济主体的概念，它们是经济的组成部分，它们作出决策，拥有价值。另一个基础概念就是商品，没有商品就没有经济。第三种基础概念是生产。还有其他的一些经济学基础概念，比如市场、制度和货币。虚拟经济同样是由这些基础概念搭建而成的，只不过方式可能不同于真实经济。本书余下的内容将松散地围绕这些基础概念展开。针对每一个话题，我们将介绍在其背后的经济学理论知识，同时，还将介绍虚拟经济的建立者所要面对的问题。然后，我们会展示如何利用这些经济学理论知识做出合理的决策，分析设计行为本身。本书中还将包含一些与如何管理、运行虚拟经济有关的话题。下面，我们来简单地对本书后面章节将探讨的话题做一个简单的浏览。

在第 2 章中，我们将主要的注意力放在对经济主体的讨论上，我们将介绍经济主体如何运用理性选择模型来做出合理的决策，并且，我们要讨论一下，还有哪些人类行为可以被模型化。我们将思考在虚拟经济中会出现哪些经济主体，并得出最后的结论，即在虚拟经济中扮演主要角色的通常只存在两大主体：用户和开发商。另外一些经济主体，包括广告商和第三方开发商，出现的机会并不多。

第 3 章内容将主要关注商品。我们将针对不同的商品做出解释，比如：材料商品、信息商品和虚拟商品。通过深入社会学和文化学层面，我们将介绍一系列关于人们为什么可以掌握这些无形的、价值不菲的商品的原因。一些关于无形商品的例子将会出现在这部分内容中。

在第 4、5、6、7 章，我们将关注市场——这定义了现代经济的机构——它对于虚拟经济的作用依然不容小觑。在第 4 章，我们将简要地介绍供给、需求、竞争市场下的市场均衡，并展示这些概念对于虚拟经济设计的价值。在第 5 章，我们将检验有关法律规定是如何规范基础竞争市场的，市场又是如何追求娱乐与盈利这些目标的。在第 6 章，我们将关注市场势力，即定价能力。我们将检验可以为开发商所利用的理论，这些理论可以帮助它们获取市场势力，并指导它们为自己开发的商品制定合理的价格以追求更高的利润。在第 7 章，我们将研究市场中买卖双方交易的具体机制，比如：商店、拍卖和交易所。在这部分内容的结尾，我们将举一些关于用户如何规避市场设计中的规定的例子。

第 8 章的焦点放在那些虚拟经济中的不可预测行为：为什么事物的运转方式与设计者的初衷并不一样？我们将介绍经济学中的外部性概念：交易过程导致的第三方成本或收益。我们将利用这一概念来研究二级市场交易的情况，在这个市场中，用户在没有开发商批准的情况下，交易虚拟商品以换取真实的货币。我们将进一步分析二级市场交易的结果，并用外部性理论来为解决这一问题提供一些建议。

在第 9 章中，我们会观察经济中那些非市场化的财富，比如合伙制、犯罪和慈善。这里将引进制度的概念：具有自我强制力的社会形态，比如公司、公会、司法系统，它们一起共同形成了对市场的制衡。我们将考虑虚拟经济的设计者如何促进制度的发展，并利用它们达到设计目标。

在第 10 章中，我们关注的是货币，解释什么是货币、它们的作用是什么以及它们的种类。我们会思考有效货币的属性及其带给我们的启示，还将展示如何设计一种有效的货币并使其在虚拟经济中运行良好。我们还将讨论一些宏观经济层面上的货币问题。

第 11、12、13 章将涉及宏观经济涉及和虚拟经济管理。在第 11 章中，我们将介绍非常重要的“水龙头”与“污水槽”问题：将新产品和新货币加入到经济循环中所具有的特性和将它们剔除出循环所具有的特性。我们将展示如何将“水龙头”与“污水槽”和其他的经济学基础概念结合在一起，以建立一个完全虚拟的宏观经济环境。第 12 章将侧重于如何管理宏观经济环境。我们将介绍一些经济指标，运用这些指标可以监测经济运行状况和政策杠杆的效果，然后调整政策以达到预期目标。在第 13 章，我们将关注虚拟经济的政策制定：如何归集用户的兴趣以调整政策；如何实施政策；政策的效果如何。

在第 14 章，我们将思考虚拟经济设计中获得的经验是否可以被运用到真实经济中，让这些经验来帮助我们解决目前全球经济所面对的困境。这将是本书的结束内容。

尽管本书前面的一些章节写成于较早的时期，但是读者没有必要按照一个严格的章节顺序来阅读。如果你已经对电子游戏和数字服务了如指掌，并且希望通过一些比较特殊的例子来快速了解一下微观经济学，可以选择阅读第 2、4、5、6、8 章。而如果你已经非常精通经济学了，并且希望了解一下虚拟经济的概念，可以从第 3、8、10、11 章读起。如果你只是想很快地获得一些设计虚拟经济的灵感，可以看一看第 3、7、9 章。

第 2 章

人类行为理论

尽管经济层面的讨论通常关注的是一些没有生命的东西，比如商品、货币，但是从根本上说，经济学是一门社会科学，其研究的是人类行为。所有的经济学理论——即使从表面上看，它们讨论的是一些如市场和供给曲线之类的事物——都是关于人类在不同情境下，所发生的互动行为的基本理论。在这一章，我们要介绍的是一些基础要点，从经济学家和其他一些社会学家的角度出发，看看他们是如何思考人类行为的。在之后的章节中，我们要用这些要点来理解市场和整个虚拟经济环境是如何运行的。

大多数经济学理论的基石都是同一个关于人们如何做决策的模型，我们称之为理性选择理论。它假设在任何的决策情境中，人们都会根据自己的偏好做出最合理的选择。在本章中，我们会用简单的方法解释理性选择模型，并向读者说明如何使用这一模型去预测人们在简单的情境中的行为方式。在这个过程中，我们也会列举一些最基本的、在经济学分析中很常见的概念。

理性选择模型并不是一个关于人类行为分析的、非常完备的理论，因此，经济学家通常需要在模型中添加一些附加条件和说明，以使其更贴近现实。另外一些学者创造出了许多完全不同的模型用于分析人类行为，这些模型可以很好地补充理性选择模型，有些情况下，甚至可以取而代之。举个例子，研究游戏的学者开发出一些可以解释我们为什么喜欢玩游戏的理论，在文中我们也会讨论到这些新的理论（见框 2—1）。

框 2—1 理论和模型

在经济学中，所谓人类行为的模型，就是在给定的情境下，可以说明人类行为的一系列规则。用清楚明白的语言来表达一个模型的含义，即“当有两份类似的工作摆在一个应聘者的面前时，他必然会选择那个报酬更高的”。当然，模型也可以用数学符号来表示，又或者用图形来展示。一个模型可以聚焦于一个非常特殊而具体的情境，比如选择工作；又或者一个模型也可以适用于非常宽泛的情境中，比如理性选择模型，它被设计出来，就是为了从大体上解释所有的人类行为决策。

所谓理论，经常可以和模型互换使用，但是它也可以表示一个更为宽泛的概念：一系列相互关联的模型，放在一起可以解释一个范围更大的概念。例如，微观经济理论将理性选择模型与其他一些模型捆绑在一起，来解释公司、行业、市场的运行方式。

理性选择

理性选择模型的理论核心是偏好性：人们对于一些事物的喜好高于另一些事物。比如，一些人更喜欢越橘[①]，而不是草莓，但是他们对于草莓的喜好可能又高于其他水果。当被提供了一些选择的机会时，人们会根据自己的偏好做出最佳选择。如果一家冰淇淋店提供了三种口味的试吃品，一个人可能会选择越橘口味的。听上去很简单不是么？但是从这样一个极其简单的点出发，我们可以推导出所有微观经济学的基础理论。

效用和边际效应

效用这一概念被用来衡量某一事物相较于其他事物为什么是更好的。当某一事物对于我们有一个给定的效用，并且其他事物的效用都低于这一事物时，就意味着我们会偏好这一事物。再具体一些的解释可以

① 越橘是一种深蓝色的水果，野生的越橘生长在欧洲北部的山区中。人们常常将它与蓝莓弄混，而后者的香味不如前者。

是这样的：越橘的效用可能是3，草莓是2，其他水果是1。效用的概念并不同于有用性，它实际上是描述偏好的一种方式。无论我们是否因为某一事物的有用性、味道，或是其他一些原因而偏好它，这些都不会影响效用的概念。效用，就像偏好一样，是一种个性化的概念：同一事物对于不同的人，其效用不同。

假如提供给一些人——就将他们假设为一群学生——另一种口味的试吃冰淇淋，那么他们还会选择越橘口味吗？如果又有新口味出现呢？也许，这些学生会对越橘口味那种芳香的味道产生疲劳，转而选择普通的草莓口味。向人们提供的某一事物的份额每提高一点，人们对这一事物的偏好就会降低一点。这一情况被称为边际效用递减。现在，让我们将这一概念分为几个部分，逐一地研究一下。

边际的概念类似于书页的边缘或是利润率。在经济学分析中，对边际这一概念有着非常精确的、技术性的定义：它代表着一个增量、一个附加。如果一个人做出了100个动作，每一个动作都有自己的效果，那么每一个动作的效果就是该动作的边际效用。因此，当我们说越橘口味冰淇淋的边际效用递减时，我们的意思是，每增加的一份冰淇淋对我们所产生的效用都不如上一份（见框2—2）。

框 2—2　边际分析

假设一家公司以卖船为生，已经卖出3艘船，获得了3亿美元的收益。不难理解，这家公司的总收入为3亿美元，每艘船的平均价格为1亿美元。然而从经济学家的角度出发，可以引入另一个概念——边际收益，也就是每卖出一艘船所增加的收益。设第一艘船的售价为1.3亿美元，第二艘为9千万美元，第三艘为8千万美元，每艘船的边际收入如下表所列：

船只	边际收益
1	1.3亿美元
2	9千万美元
3	8千万美元

经济学家眼中边际的概念代表着某一项行动的附加效应，即“第二艘船的边际效用是赚取附加的9千万美元”。

经济学家通常更加关注边际量，而不是总量和平均量。原因很简单，边际量可以告诉你应该做什么。在我们的例子中，这家造船公司必须做出决策，是否继续生产并出售船只。公司的CEO早上醒来，可能会说："我们的公司肯定能盈利。"但是这仅仅是他的愿望，并不是做出决策的依据，真正的决策出现在关键的时刻，取决于时间因素和空间因素。每卖出一艘船，公司都要做出决策是否继续生产下一艘船。于是，决策的决定因素变成了收益和成本。CEO必须了解"公司是否可以从下一艘船的生产和销售中赚取更多的利润？而其成本又会提高多少？"如果边际成本（也就是再建造一艘船需要付出的成本）比边际收益高（也就是再销售一艘船所获得的收入）高，那么这家公司就不应该继续生产船只。从本质上来说，边际分析就是帮助CEO做决策的，如果可以赚钱就执行计划，"如果再制造一艘船不能增加收益，就不要去造它。"

图形

经济学领域通常利用图形来说明和分析变量之间的关系。让我们一起将上面的冰淇淋问题做成图，来认识一下什么是图形吧。

通过类似于图2—1这样的图形，我们希望可以说明，Y的大小取决于X的大小。而就这幅图本身而言，如果X的值（吃掉的份数）变大，Y的值（边际效用）将变小，这恰恰说明了我们以上提到过的一段话：学生吃掉的份数越多，他们从每一份冰淇淋中获得的效用就越小。

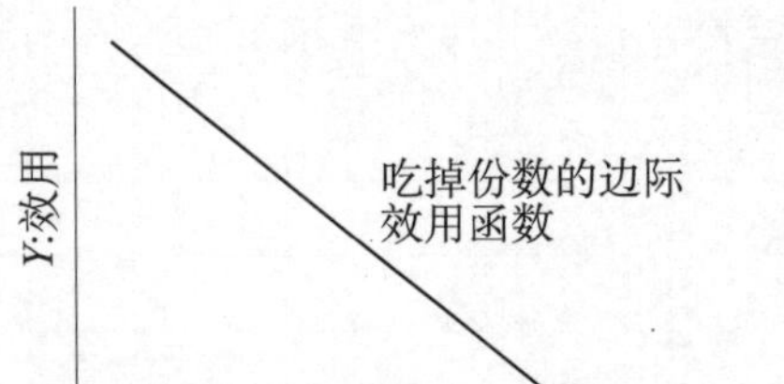

图2—1　冰淇淋问题边际效用图

现在，我们再画一幅图来说明一下同一情境，只不过这一次Y轴代表的是总效用。边际效用指每一份冰淇淋的效用，总效用指所有冰淇淋效用的加总。在图 2—2 中，吃掉的冰淇淋的总效用已经标出。如图，学生吃掉的第一份冰淇淋会导致他的总效用快速上升，然而，随着他吃掉冰淇淋份数的增加，每份新吃掉的冰淇淋所产生的效用对总效用的影响逐渐减弱，其原因在于（随着吃掉份数的增加）学生越来越不喜欢吃冰淇淋。

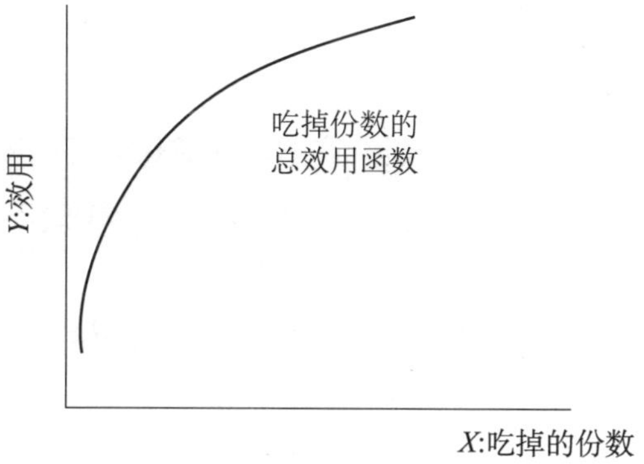

图 2—2　冰淇淋问题总效用图

从数学的角度出发，这两幅图是相互联系的，因为总量与边际量是相互联系的。这意味着我们可以利用其中任何一幅图来推导出另一幅。只需要一点点的数学知识，我们就可以理解，在第二幅图中的任何一点，都可以在第一幅图中推导出相应的一点。用第二幅图中曲线上某一点的斜率可以得出第一幅图中的某一点。它们只是用不同的方式解释同样的数据。

通常，经济学上的分析要求读者从一幅图跳到另一幅图，也就是说，要求读者的关注点从一种关系转变为另一种关系，或是从一个角度转变为另一个角度。在一幅图中使用很多条线去说明不同的事物相互之间的作用是非常常见的。读者将在后面的内容中体会到这一点。

预测行为

如果冰淇淋不再是免费的，情况会怎么样？如果学生必须花钱去购买它们，情况又会怎么样？获得某个事物是否需要支付一定的费用，将会改变人们的选择。是购买冰淇淋还是将这笔钱用在别的地方，人们必须在二者之间做出选择：这笔钱可以用来购买其他东西，也可以当作储蓄存起来。如果学生认为相比于将钱用在其他地方，购买冰淇淋能够让他们获得更大的满足，那么，根据理性选择模型，他们就会用这笔钱购买冰淇淋。但是，他们通过购买冰淇淋获得的满足感会被部分地抵消。因为，他们会因此而丧失用这笔钱购买另一样东西的机会。我们将这种情况称为机会成本。即使某一个做法不需要耗费任何金钱，同样存在机会成本，因为，做这件事花费的时间可以用来做另一件事，也许后者更加有趣，或更加有利可图。这就解释了我们为什么会对“免费”的机会和幸运的意外趋之若鹜。这些机会和意外并不是真正免费的，他们会花费掉我们的机会成本。只有当收益大于成本时，我们才会抓住并使用机会。

现在我们可以继续讨论理性选择模型可以回答的最重要的问题了：学生愿意花钱购买多少份冰淇淋？要回答这个问题，我们需要上文讨论过的所有概念和工具：边际效用、图形分析和机会成本。我们从机会成本开始讨论。让我们假设一份冰淇淋卖 3 美元。那么，吃掉一份冰淇淋的机会成本就是“学生可以用 3 美元去做的另一件事”。我们简单地将机会成本计为 3 美元。如果他们购买并吃掉另一份冰淇淋，那么机会成本仍然是 3 美元。如果这家商店不对批量购买提供折扣的话，第三份的机会成本也是 3 美元。因此，我们可以将购买冰淇淋的边际成本始终保持在 3 美元。图 2—3 表示了购买冰淇淋的边际成本。

因为，边际成本保持不变，因此，在图 2—3 中它被表示为一条直线。请注意外轴表示的是效用而不是成本。付出机会成本实际上意味着损失一定的效用，因此，二者可在一条轴上表示。现在我们在图中加入吃掉冰淇淋的边际效用函数（已在图 2—1 中显示），从而我们得到了图 2—4。

在图 2—4 中，直线表示边际成本，向右下方倾斜的斜线表示边际效用，两线的交点的横坐标为 2。该数字——两份冰淇淋——是我们得到的均衡点，即在同一个系统中两种相对的力量达到平衡，并使该系统暂时保持静止状态。在这个例子中，这两种相对的力量分别代表学生吃冰淇淋的意愿与为实现其他目的而存钱的意愿。他们每多吃一份冰淇淋，都会发生两件事：他们从中得到一些效用，同时，他们为此支付一定的金额。这两件事会通过边际效用曲线和边际成本曲线表现出来。

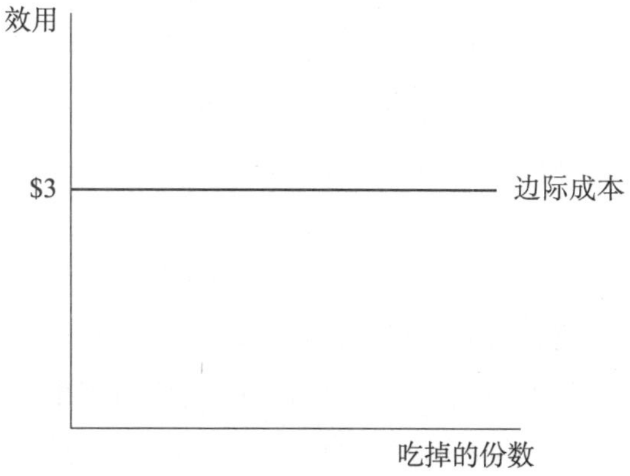

图 2—3　冰淇淋问题的边际成本

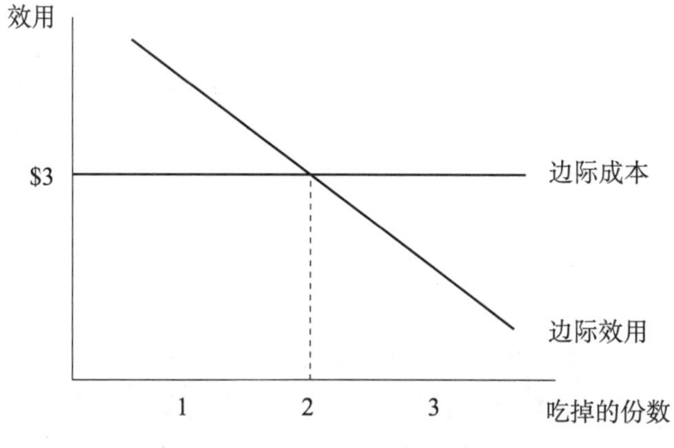

图 2—4　吃掉冰淇淋的边际效用和边际成本

现在让我们来看一看为什么两份是均衡点，考虑一下少于两份的情况。比如，当学生吃掉第一份冰淇淋时，图中的边际效用曲线显示这份冰淇淋给学生带来的价值高于 3 美元。这意味着学生从这份冰淇淋中获取了净收益，也就是收益高于成本。因此，吃第一份冰淇淋是一个不错的选择。因为收益超过成本，所以，学生们被利益驱使着去购买冰淇淋。综上所述，吃掉一份冰淇淋时，无法达到均衡状态，学生会选择继续吃下去。

现在让我们来考虑一下吃掉的冰淇淋大于两份的情况，比如，学生吃了三份。图中的边际效用曲线告诉我们，吃掉第三份冰淇淋给学生带来的价值低于3美元。这意味着吃掉这份冰淇淋给学生带来了净损失。第三份冰淇淋吃起来也不错，学生们仍然会很享受它，因为学生同样可以从中获得边际收益。但是，问题在于第三份冰淇淋不再值得花费3美元去购买。它所能带来的收益低于3美元的成本。在这里因为成本超过了收益，学生们的购买欲不再强烈。综上所述，吃掉第三份冰淇淋也无法达到均衡状态，学生不会选择继续吃下去。

因此，第一份冰淇淋值得吃，但第三份不值得。那么，第二份冰淇淋呢？第二份冰淇淋的边际收益与边际成本相等，因此，我们可以得出结论，它就是最佳的选择。如果学生吃掉的冰淇淋多于两份，哪怕只多吃一小口都会造成边际成本超过边际收益的情况。相反，如果学生吃掉的冰淇淋少于两份，哪怕只少吃一小口都会造成边际成本小于边际收益。当做一件事所花费的成本大于收益时，选择做这件事并不是明智之举；而当做一件事所花费的成本小于收益时，选择做这件事是明智之举。综上所述，如果你是一个明智的人，就会选择吃两份冰淇淋。当学生吃掉两份冰淇淋时，对食物的渴望与对支出的厌恶达到了一个平衡点。

在这个平衡点上，我们可以称整个系统处于一个均衡状态。我们可以预测在这种情况下，任何一个理性的人都会选择吃掉不多不少的两份冰淇淋。再者，我们同样可以预测冰淇淋价格的提升将会抬高边际成本，同时，预期冰淇淋的销售量将会降低。为什么？因为当你提高边际成本线时，如果边际效用曲线保持不变，二者的交点将左移，也就是说均衡状态下的冰淇淋份数将会降低。从而系统将达到一个新的均衡状态，此时，均衡点的冰淇淋份数将不再是两份。所以，我们可以预测提高冰淇淋价格将导致销量的下降。

相似地，如果出现了一些新的冰淇淋口味，它们将更受欢迎，此时，边际效用曲线将上移，因为相较于过去，新的冰淇淋口味可以给我们带来更多的快乐。由于边际效用曲线上移，它与边际成本线的交点将向右移动。因此，我们可以预测冰淇淋销量将上升（真实的例子参见框2—3）。

框 2—3　《星战前夜》中的虚拟导弹消费

在游戏《星战前夜》中，导弹发射舰的拥有者有两种选择：他们可以携带鱼雷和巡航导弹中的任意一种。从长期来看，这两种导弹同样受欢迎。2007 年 12 月，游戏开发商改变了鱼雷的性质，使之变得更具杀伤力，但其射程却变短了。玩家立即就对这一改变作出了反应，大部分玩家变得更加喜欢巡航导弹而不是鱼雷。结果巡航导弹的需求迅速上升，而鱼雷的需求却直线下降。这一情况在图 2—5 中有所体现，图中画出了这两种武器的价格在两年内的变化情况。鱼雷性质改变的当天，巡航导弹的价格就上涨了一倍，与此同时，鱼雷的价格则下降了 80%，在此后的两个月中，武器的价格重新稳定在了一个新的均衡状态下。

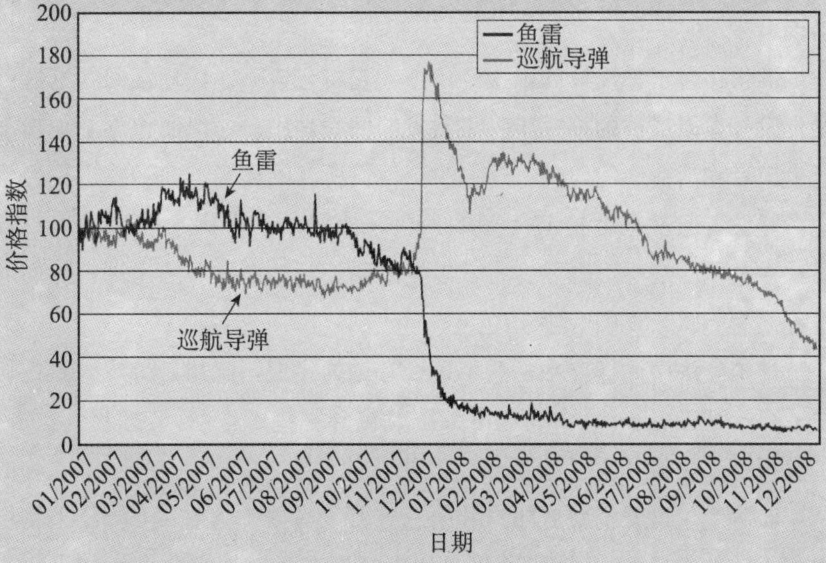

图 2—5　导弹价格

如果按销量计算，巡航导弹的平均日销售量从改变做出前的大约 1 000 发，迅速上涨改变做出后的 1 800 发，在 2008 年的晚些时候，其销量达到了 3 000 发。鱼雷的平均日销售量则从改变做出前的大约 1 000 发，下降到了改变做出后的 500 发，在 2008 年的晚些时候，随着经济形势的好转，其销量反弹到了每天 1 500 发。玩家对于游戏改变作出的反应很好地体现了他们的偏好，即大多数人喜欢从远处射杀敌人。

经济学家利用此类边际分析来指导不同情况下的决策制定以寻找均衡状态，同时，有效地预测决策所导致的结果，从而判断决策是否正确。我们的目标是教会虚拟经济设计者们利用这种分析方法来辅助设计的过程。[①]

虚拟经济中的代理

在继续讨论更加复杂的人类行为模型前，让我们先讨论一下虚拟经济的组成因素之一：代理。这是一个经济学术语，在理性选择模型和其他类似的模型中，决策制定者就被称为代理。在一些例子中，代理可以是某个人，也可以是一个家庭、一家公司或者任何一个决策机构，只要我们需要将其放入模型中加以分析。代理这个概念经常在经济学中出现。

谁将存在于你设计的虚拟经济中？它将包含哪些代理？回答这些问题是设计虚拟经济的第一步。最常见的回答是用户，他们将逐渐地扮演起生产者和消费者的角色，这取决于他们所处的环境。在一些虚拟经济中，开发者通常也会扮演代理的角色，他们以一个固定的价格出售商品，在电子游戏中，开发者常常以受电脑控制的商人形象出现，我们通常称之为 NPC（即非玩家角色）。

虚拟经济中同样存在一些不那么常见的代理，比如，游戏《野性切线》（*WildTangent*）中的经济系统就包含一些广告商，它们会购买一些虚拟货币并将其支付给玩家，以便让他们观看广告。在 Facebook 的信用经济中包含着消费者账户和第三方开发者账户。在线的 3D 人物场景聊天软件 IMVU 拥有普通用户和内容创造者，后者会设计并出售一些虚拟产品。列举会出现在经济中的不同代理种类是非常重要的，因为我们通常需要给不同的代理下不同的定义。在第 5 章中我们将谈到如何设计市场，并将市场中不同的角色分配给不同的代理。要识别不同代理

① 如果读者希望更深入地探究到目前为止本章所讨论过的话题，如理性选择模型、边际分析，可以阅读一些微观经济学教科书，推荐的有 Mankiw（2011）、McConnell，Brue and Flynn（2011）。由于所有的经济学教科书在谈到这些问题时，都会颇具深度，因此，推荐的几位作者的著作的作用类似。大多数作者在解释这些问题时会采取类似的方法，甚至连顺序也会相同。并且，随着时间的推移，这些书的内容变化并不大。

种类的另一个原因是：对于不同种类的代理，我们需要用不同的模型加以分析，因为它们的选择、动机和决策制定流程是不同的。

理性选择的修正与替代

在很多情况下，人类的真实行为会偏离根据理性选择模型预测的结果。此类偏离预测结果的行为有时被称为“非理性”。在经济学中，理性与非理性的概念可以被理解为一种标记性的概念，而不是一种针对人类行为合理性的公正判断。有些情况下，那些完美地符合理性选择模型预测的行为反而会产生荒谬的结果，比如人类对自然环境的破坏。

非理性行为的偶尔出现，并不意味着理性选择模型的有效性存在问题，因为它们对市场和其他机构均衡状态的影响很小。即使它们经常出现，理性平衡中的随机偏差也不会影响我们预测结果在整体上的正确性。然而，在许多可识别的情境下，人类的系统性行为的确与理性选择模型预测的结果相反。下面的内容中，我们就要来谈一谈这类情境，然后介绍一下究竟是哪些问题导致了这一结果。

其中一个人们总是做出非理性选择的情境是与时间相关的。① 人们总是习惯将未来贴现到现在，现在就拥有一个苹果比等到一年后再拥有更有价值。今天，一个人需要支付 1 美元来购买一个苹果，而一年后，这个苹果只能卖到 75 美分。这的确是有意义的。但是，当一个人被问到愿意现在还是一年后再获取某项奖励时，时常会表现出不一样的态度。这取决于这个人将未来贴现到现在所采用的贴现率。想象一下，是在 10 年后使用手中的 100 美元还是在下个月使用这 100 美元并没有什么太大的区别，因为无论在哪一种情况下，这 100 美元都没有被马上使用。如果这样的想法是对的，那么当某个人可以选择牺牲现在的一些利益以换取将来的回报时，他不会计较究竟是在将来的何时能获得回报。

---

① 与时间相关的选择是经济学和心理学存在交集的领域，通过阅读 Frederick，Loewenstein，and O’ Donnel (2002) 的论文和其他一些论文，读者可以了解经济学家和心理学家在这方面的合作。

然而，这样的想法并不对，因为越早获得回报，其价值越大。

另一个违反理性选择模型的是非相关选择悖论。举个例子，我们提供给某人两个选项：一个鸡肉三明治和一个奶酪汉堡，并且观察到这个人选择了前者。现在，我们加上一个条件，在吃鸡肉三明治的时候必须戴上一顶蓝色或红色的帽子。看上去这个人的选择不应该出现变化，但事实上，根据实验的结果，当一个不相关的条件被加入时，实验参与者的选择会出现变化。这看上去讲不通，戴什么颜色的帽子不应该对食物的偏好产生影响，然而，我们的意识的确会使用不相关的因素来决定最终的选择。一个真实的实验结果证明了这一情况的确存在。候选人的顺序似乎不应该影响其获得的票数，但事实却并非如此。[①] 另一种情况是现状偏见（status quo bias），选项 A 目前是有效的，但选项 B 目前是无效的，这看似不会影响最终的选择，但事实上，它确实会影响。

另一个非理性的例子是自我控制。我们的意识常常会出现冲突，一部分意识可能觉得某一个选择是正确的，而另一部分意识却认为另一个选择是正确的。[②] 这方面的证据不仅来自于理论研究，还来自于那些致力于为自我导向型行为提供修正服务的所有市场部门。过于痴迷的行为当然是经济非理性的一个重要诱因（香烟真的值 10 美元一包吗），但其他强迫行为、恐惧和不着边际的期望同样会引起大脑暂时性的空白，奥斯卡·王尔德（Oscar Wilde）说过："除了诱惑，我什么都可以抵抗。"很显然，逻辑——我们自主的判断——并不总是行动的诱因。我们明知道一些选择会使我们偏离自己的目标，但是我们仍然会做出那样的选择。

说到恐惧，经济学家很早以前就已经了解，与风险有关的选择总是被非理性所困扰。对于与时间有关的选择，我们有着一种感觉，那就是经济学的理性选择应该是建立在数学的最优理论之上的。在商业实践

---

① Rubinstein and Salant (2008).

② Kahneman (2011). Daniel Kahneman 是一位心理学家，他和另一位同事 Amos Tversky 是将行为转变这一概念引入经济学的关键人物，尽管他从未上过一堂经济学课程，但是仍然获得了 2002 年的诺贝尔经济学奖。

（如保险公司）中，这一点得到了证实，如果你没有一个有效的风险模型，则很容易出现意外。反复的研究已经证实，人们一般不会做出与谨慎的承保人一样的选择。举个例子，对某一张彩票的偏好不应该受到另一张不相关的彩票的影响，但事实却不是这样的。① 又或者，人们似乎应该对增加 100 美元和失去 100 美元有同样的关注度，但事实上，人们更加关心失去的 100 美元。②

有限理性

在最近几十年，经济学家开始认真看待人类的非理性行为，并且开始寻找可以解释这类行为的模型。可以观察到非理性行为是一件好事，而更好的结果是可以找到一种模型对这类行为进行预测，了解它们会在什么时候，以什么形式出现。这一领域被称为行为经济学。③ 在行为经济学中经常用到的一个总体模型与理性相关。一个观点认为人类的理性行为受到几方面因素的限制：一个人所能掌握的信息、一个人意识的认知能力、做出决策所需时间和精力。我们下面简单介绍一下这三方面因素。

显然，你无法期望某人可以在不正确或不完全的信息条件下，做出正确的决策。因为在这样的情况下，一个人在做出决策时更多地依赖虚拟的预期而不是真实的结果。你无法期望某人可以在缺乏经验的情况下，正确地判断自己行为的结果。举个例子，我们无法快速适应一个复杂的、包含发生概率极低的意外事件（如飞机失事、彩票中奖）。如果一个事件会持续到未来的很长一段时间，那么判断事件的结果将非常困难，因为我们经验有限。

人类并不是计算机，我们的认知器官以一种非常复杂的形式在运转。许多非理性偏差都可以归因于认知性偏差，我们的大脑会系统性地偏爱一种事物，同时厌恶另一种。利用实验和观察，行为经济学家和行

① Allais (1953).

② Kahneman and Tversky (1984).

③ 行为经济学代表着经济学新的发展方向。希望更深入地了解行为经济学的读者，可以参阅 Ariely (2009) 以获得一个简单的介绍，以及 Akerlof and Shiller (2009) 对宏观经济学的介绍。Hamari (2011) 在游戏设计中检验了行为经济学的作用。

为认知专家已经发现了许多关于人类行为决策中的偏差。例如，我们通常认为某个项目的潜在损失会大于潜在收益，尽管二者实际上是相等的。他们尝试着设计一种模型来解释人类意识造成的偏差。一个非常重要的认知性偏差被称为框架偏差（framing）：即人类做出不同选择的依据，在很大程度上受事物的架构方式影响。例如，面对一个致命的疾病，可以拯救600名病人中的200名的医疗计划，被认为优于会造成600名病人中的400名死亡的医疗计划，但是，实际上从数学角度看，这两项计划的结果是一模一样的。①

人们不能指望在决策制定上花费更多的努力，因为这会与结果的价值相违背。人们也不需要优化自己的行为，也就是说，不需要一味寻求最佳选择。相反，人们可以选择一种更好的方式。他们可以制定一个可以接受的最低标准，然后为之努力，并最终获得与这一标准相匹配的结果。由此发展出的模型被称为满意度模型（satisficing），其名字来源于满意（satisfy）和满足（suffice）两个词。举个例子，当人们看到一张列满选项的清单时，他们通常会选择第一个选项。另一个满足降低决策成本要求的模型是启发法（heuristics）：认为人们做出决策时所遵循的是经验法则，他们会根据自己的经验来面对不同的情境。经验法则的一个表现就是人们会倾向于选择自己熟悉的事物而放弃不熟悉的。举个例子，人们会根据广告来选择品牌，即使他们根本不确定这一品牌的产品是否真的像广告中描述得那么好。

进化心理学

有限理性将理性选择作为基础理论，并利用丰富的阐述来完善它。其他研究人类行为的科学模型都是建立在完全不同的基础上的。进化心理学家声称，因为人类的意识是进化的结果，所以我们的行为模式在某种程度上也必须遵循自然选择。他们断定，我们的进化达到了一个高度，在这一高度上，我们的决策围绕着两个至关重要的问题制定：生存

① Tversky and Kahneman (1981). 尽管在最近一段时间，框架这一概念才被引入经济学分析领域，但是在社会学、语言分析、文化分析领域，这一概念已经存在了很长时间。详见 Bauman (1975)。

下去以及如何最大限度地继续传播我们的基因。在一些情况下，这两条准则的结果是我们的行为与理性选择模型预测的结果一致，比如我们会选择食用新鲜的而不是腐烂变质的食物。但是，当我们面对可能造成损失的情况时，自然选择会促使我们倾向于更加安全的方式，这就最终导致认知偏差，我们的行为将不再遵循理性选择的模式。

之前提到过的启发法可以理解为一种行为策略，即从自然选择进化而来的一种帮助人类做出快速决策的能力。当我们遇到某一个情境时，会试图从启发法的工具箱中寻找之前遇到过的相似的情境，同时找到适用的解决方法。通常情况下，我们都能找到可以解决相关情境中问题的方法。人类从进化中获得的这种动态的能力不仅仅是为了帮助我们停好车，更是为了帮助我们控制自己的身体。在很久以前，这种能力帮助我们投掷长矛、砍伐木材或划船。当我们需要驾驶汽车时，这种能力又出现了，它在现实中运行得非常好。

在现代世界，进化工具箱中的其他工具运转得并不那么顺利。我们在进化中获得的一个经验是：不要放过高盐、高热的食物，吃掉它们。这类史前经验和后工业时代现实的不匹配，是造成系统性非理性的原因之一。[①]

社会心理学

到目前为止，上文介绍的所有模型都有一个共同的假设，那就是所有的决策都是以个人为单位做出的。但是，这一点并不是完全正确的。显然，当人们在市场中、公司内以及其他涉及经济活动的场所互动时，他们必然会相互影响。本书的其余部分正是关于这些情况的。那些专门深入研究人类间相互作用的社会学家，已经发现了一些人类会相互影响决策机制的微妙现象，无论是有意识的还是无意识的。其中一个现象是一致化，也就是人类的行为和思考方式会与身边的人趋于一致。另一个现象是社会证明，也就是人类趋向于认为，针对某一个特殊情境，社会上大多数人所做的决策是正确的、最优的。因此，当面对两个非常相似

① Rubin and Capra（2011）.

的选择时，我们一般情况下会跟随大多数人的选择，即使我们本身根本不知道为什么要这样选。通常，用一个有关进化论的理由来解释社会心理影响机制是可行的。试想你正在一个史前的丛林中，你个人选择走哪条路当然是没有意义的，因为无论如何，跟随大多数伙伴前进是最安全的。

游戏理论

到目前为止，我们讨论的是关于人类决策制定的一般性理论。现在，在本章即将结束的时候，让我们一起来看一看人类行为理论与虚拟经济相交汇的特殊领域：娱乐与游戏。为什么人类需要娱乐？理性选择理论告诉我们，一个人之所以愿意做某一件事，其原因在于相比于其他事，他更喜欢这一件。但是，人们又为什么喜欢进行娱乐多过做其他事呢？这个问题就不是理性选择理论可以解答的了。我们心中都有一个直觉上的答案，之所以喜欢娱乐是因为我们可以从中获得快乐。然而，为什么娱乐可以得到快乐呢？追寻这一问题的答案，将有助于理解设计一个优秀的虚拟经济的意义所在。

从古代起，探寻娱乐和游戏的本质就一直是哲学家的兴趣所在。今天，在游戏研究的学术领域，它同样是最具活力的话题。回顾所有从这一领域衍生出来的所有有趣的、关于娱乐与游戏的理论超出了本书的范畴，但是，笔者将挑选其中一些相关见解加以诠释。一些游戏界的学者将注意力放在规则制定上，这一点体现在正式的游戏机制和免费游玩的规则中。这一领域的一个理论是，人们天生喜欢接受并战胜挑战。游戏通常都以提供人们人造的挑战作为自身的表现形式。另一个理论是，人们喜欢奖赏，即使是虚拟的奖赏。这些机制结合起来的效果最佳。一个有关采集黄金的游戏相对温和，一个关于逃脱恶龙追逐的游戏亦是如此。然而，一个有关获取由恶龙看守的金子的游戏就完全不同了，它将非常有意思。另外一些游戏界的学者关注的是叙事元素：游戏的主线故事是什么样的；它传达的信息是什么样的；玩家自己为游戏构建了什么样的意义，等等。从这个角度说，是情节让游戏变得更加有意思。①

在游戏研究领域之外，生物学家和行为学家在动物身上研究娱乐。他们从进化的角度出发，希望探究娱乐所具有的功能。娱乐行为不仅要耗费宝贵的能量，甚至会使年幼的动物陷于危险的境地。因此，既然在进化过程中，这一行为被保留了下来，那么它就一定具有某些功能，这就是生物学家和行为学家的理论出发点。对娱乐行为作用的识别出乎意料地困难，但是最近已经发现了一些证据，它们可以证明娱乐有助于动物的存活和繁殖。实际上，娱乐行为可以被看作是一种训练方式，它可以帮助动物获得战斗和逃生的能力。

让我们一起跳出现有的视野，从进化论的角度来分析一下人类的娱乐行为。人造的冒险，特别是那些将会为获胜者提供奖励的冒险，无疑可以被很好地设计成一种训练方式。在玩游戏的过程中得到的快乐，将以一种进化论的方式鼓励我们接受这类训练，以接受更多的娱乐。那么，游戏情节呢？它的作用又是什么呢？许多的游戏情节至少是以隐喻的方式与现实生活中的生死攸关的情境建立了一种联系。之前提到的黄金与龙的游戏情节，在一定程度上，就与在危险的环境中采集物品类似。如果再向情节中加入一个公主，那么这个游戏又会变得与爱情有关。的确，好的情节可以让玩家感受到身临其境的刺激，从而让训练变得更加真实，因此，也就相当于提高了最终奖励的价值。

如果我们接受了这种与进化论有关的解释，那么电子游戏，在某种程度上，就变得与更加安全的性行为类似了，它可以为我们提供一种精神上的满足，同时又不会真的使我们身临险境。在这里，我们所提及的、电脑游戏所能提供给人们的“训练”并不是针对我们身体机能的训练，而是针对我们智能的训练。但是，即使是从功能化的角度出发，电子游戏真的只是起到了训练的作用吗？在一个存在 20 亿网民的世界中，电子游戏联系着整整一代人。恋人们在网上进行远程交流；一些人依靠

① 关于游戏的规则制定，可参见 Aarseth (1997) 和 Eskelinen (2004)。关于游戏的情节设计，可参见 Murray (1997) 和 Atkins (2003)。关于规则和情节设计两方面的最近的文献，可参见 Juul (2005) 和 Bogost (2006)。所有这些文献的作者都具有文学和电影方面的相关知识背景，他们都相信数字游戏已经成为一种需要严格监督的、非常重要的文化现象。

着出色的游戏养家糊口。电子游戏仅仅是一种训练，还是一种对现代人来说必不可少的东西，在本书的最后我们将回到这一话题。现在，让我们先来谈谈虚拟经济吧！

虚拟经济为什么可以带来快乐？

从最初起，虚拟经济就成为了多玩家数字空间的核心。即使是在电脑出现之前，有关经济的游戏也是很受欢迎的。世界上最畅销的游戏是《地产大亨》（*Monopoly*），这是一款不免有些许恶毒的游戏，玩家的目标是用尽手段摧毁自己的商业对手。①

当学生们普遍（笔者根据自己的经验）认为经济学是人们可以学习的最无聊的学科之一时，你不免会觉得这样的事实有些难以理解，即经济学方面的内容成为了游戏中最受欢迎的部分。大家也许觉得商科学起来更有意思一些，尽管它同样围绕着经济学展开，但是，至少学生可以从商业课程中学到如何为自己赚钱。与之相反，经济学是在一个宏观高度研究货币和市场；它所研究的是学生们不可能指望建立或拥有的理论上的垄断企业；它所研究的是围绕乏味的、抽象的假设做出决策。不仅如此，经济学课程还是令人沮丧的，只有一些单调的概念：没有免费的午餐；即使有利可图也是短暂的；你只能得到你所购买的；买者自负；管理无效。托马斯·卡莱尔（Thomas Carlyle）曾经对经济学有过一个非常著名的评论："沉闷的科学"。那么，一个沉闷的、令人沮丧的、无聊的学科，怎么能够让游戏变得有意思呢？

针对这个问题的研究很少，但是我们可以得出一个粗略的答案。经济学不仅仅关注经济实践，还分析最优产出并预测行为。要想理解经济如何运行，这些知识都是必不可少的。并且，对于那些希望尝试设计经

① 与这一类型的其他游戏相比，《地产大亨》甚至算不上是优秀的、与经济学相关的游戏。它将经济错误地描绘成一个赢家通吃的情境。如果真的是这样的话，那么将不存在经济增长，我们也将仍然住在洞穴中，并且只有一个人拥有全部洞穴。显然，现实生活中的经济不是这样的。与《地产大亨》同一时期的其他经济学类游戏，如《电力公司》（*Power Grid*）和《卡坦岛》（*Settlers of Catan*），在这方面做得更好，它们更好地呈现了经济的本来面貌。在这些游戏中，市场允许任何人从交易中获得财富，每个人获得的收益都在增长，因为总收益在增长。而这些游戏的"胜利"概念也不一样，玩家获得比别人多的财富就被认为是获得了胜利，而不再是获得全部财富。

济的人来说，这些知识也是有决定性价值的。然而，对于身处其中的人，却不一定非要对这些知识有多么深刻的了解。相似地，声学理论也不仅仅是关于演奏乐器的。的确，如果你想设计一种乐器，学习声学理论是一个不错的选择。但是，如果你只是想单纯地演奏乐器，就没有必要学习这类知识。如同演奏乐器的乐趣一样，想要从经济学中获得乐趣，就必须参与进来。

在上面的内容中，我们曾提到过数字游戏之所以能够为玩家提供快乐，是因为它们再现了真实生活中的生存问题，但却又不会导致任何真实的致命危险。经济代理的行为已经成为了人类诸多行为中的一个，这一点是无可争辩的。如果蜜蜂和鸽子也关注风险的经济学后果，那么就说明，生物大脑中的风险评估系统必然与整个进化过程相依相伴。管理家庭的行为——就像海狸和鸟类所做的那样——必然也是早已存在于生物大脑中的一种经济活动。贸易行为的出现相对较晚，但是它也早已存在了成千上万年。对于食物的储存行为也是一样。在以下方面出现错误，对于早期人类来说必然是致命的：错误地评估风险、不良的资源管理和错误的贸易，都是饥饿和死亡的原因。可以说，经济决策长久以来一直伴随着我们，并且是生死攸关的。

经济类游戏非常有趣，因为它们可以创造一种虚拟的环境供人们在其中获得训练，却又不至于冒生命危险。在这一过程中，虽然需要与他人进行贸易与竞争，但是我们掌握了应对复杂环境的方法。换句话说，经济类游戏不仅满足了人们追求快乐的需要，还满足了人们内在的需求。

根据这些想法以及在游戏中普遍存在的经济学原理，我们希望强调，经济仿真行为只有在与创造快乐和其他愉快感觉的仿真行为相比较时，才被排在次要位置。

第 3 章

商品：材料、数字、虚拟

在前一章中，我们探寻了一些经纪代理以及它们的决策模式。我们也展示了如何用理性选择模型预测有关冰淇淋的消费行为。理性选择模型还可以被用来预测有关虚拟经济的消费行为，但是，虚拟经济系统中的商品与冰淇淋却有着天壤之别。在本章中，我们将追问："究竟什么是虚拟商品？为什么它们能对人们产生吸引力?"这可以帮助我们理解用户行为并设计出有效的虚拟商品，后者也是虚拟经济的第二大组成元素。

商品的种类

在最宽泛的经济学定义下，商品可以是任何一种对某人有价值的东西：一种有形商品、一项服务、一些虚拟内容、清洁的空气。大多数经济学分析关注的是商品分类的一个子集，这类商品通常被称为排他性商品，也就是可以被某人有效拥有的商品，如有形商品。将引力视作商品的例子虽然常被用到，但是它超出了经济学的范畴，因为它对于每个人来说都是可以轻易获得的。

信息商品

当我们提到数字商品时，通常指的是数字信息商品，比如 MP3 文件、软件包和电子书。数字商品指的是一类价值取决于其所包含的信息的商品。它可以是任何事物，从音乐、电影、软件到新闻和诗歌。信息商品不一定是数字化的，它们也可以是实体产品，比如 DVD 光盘、图书、杂志和报纸，这些都是实体化的数字商品。无论是以什么样的形式出现，信息商品的价值都与其包含的信息密切相关。承载信息的有形材料通常并不具备什么价值，如果没有其中的内容，DVD 光盘仅仅是一块无用的塑料。

信息本身并不具备竞争性和排他性（见框 3—1）[①]。如果我读了一本非常有意思的书，我可以在喝茶时与同事分享其中的信息，也可以自己单独留用这些信息（非竞争性）。如果我想分享书中的信息，出版商没有什么办法可以阻止我（非排他性）。数字化的信息则更加不具备排他性：我可以与朋友分享一本数字出版物的拷贝文件，同时自己也保留一份。这被称为数字盈余，它的确扰乱了出版行业传统的商业模式，这个行业曾经以销售信息的拷贝文件而获取收入。同时，数字盈余还否定了大量的经济学理论，因为这些理论的核心假设是商品的稀缺性。经济学中的一些领域专门研究信息化带来的问题和后果。[②]

框 3—1　排他性与竞争性

以经济学的角度，商品所具有的两个重要特性就是排他性与竞争性。当某一事物能够阻碍人们使用它时，我们就称其具有排他性；反之则称其不具有排他性。举个例子，一份金枪鱼排就具有排他性，因为它的所有者能够阻止你吃掉它。而在公海的金枪鱼渔业则不具

---

① 一些特殊类型的信息具有竞争性。例如，如果我知道苹果公司的股票明天将会上涨，而我又没有将这条信息与他人分享，那么它对我就是非常有价值的。我可以今天买进苹果公司的股票，明天再卖掉，从而赚取一定的利益。但是，如果我与他人分享了这条信息，那么别人都会去购买苹果公司的股票，以至于在我自己买进之前，其价格就已经上涨了。与他人分享这条信息使其不再具有价值。在市场中，情况可能完全相反。假如我比别人具有更好的电脑修理技术，如果我不将这条信息与他人分享，别人就不会请我去修理他们的电脑，我从中什么也得不到。如果分享了这条信息，别人就会请我帮他们修理电脑，那么我就可以从中获得收益。这一次，与他人分享信息其具有更高的价值。

② 希望了解对于信息经济学及其管理上的影响，参见 Shapiro and Varian 的《信息规则》（*Information Rules*，1999）一书。这两位学者是传统的微观经济学家，早在网络时代到来之前，就已在书中指出，互联网不会给经济学带来任何实质上的新事物。表面看上去与众不同的事物，只不过是信息经济学在新环境下的另一种表现形式。笔者对于两位学者的洞察力非常赞同。也正是这种洞察力促成了本书的写作与出版。虚拟经济分析并不是要重塑经济学，而是将经济学运用到新领域。

有排他性，因为人人都可以去捕捞。当某人对某一事物的使用降低了他人使用这一事物的能力时，我们就称其具有竞争性；而当所有人都可以使用同一事物又不造成价值损失时，我们就称其不具有竞争性。一份金枪鱼排必然具有竞争性，因为一个人吃掉了它，其他人就不可能再吃了。如果认为金枪鱼渔业的捕获量是可持续的，那么它就不具有竞争性；如果认为金枪鱼的数量有限，那么它就具有竞争性。大部分非竞争性商品，只是在一定的数量范围内才是不具竞争性的。用这两个概念可以将商品分为四种类别。

	竞争性	非竞争性
排他性	私人商品（鱼排、虚拟物品）	会员商品（未满员的电影院、网站）
非排他性	普通商品（过度捕捞的渔业、空气）	公共商品（灯塔、信息）

排他性与竞争性这两者都和稀缺性密切相关。稀缺性指的是当供给无法满足需求时的情况。竞争性商品（无论是否天然）通常都是稀缺的，除非对其的需求量极小或是供应量极大。绝对的非竞争性商品，比如重力，天生就不是稀缺的，因为据其性质，任何人都可以使用它。但是，具有排他性的非竞争性商品可以被人为地变得稀缺，比如限制其使用。因此，人人都可以浏览的网站可能通过收费，被人为地赋予稀缺性。

虚拟商品

并非所有的数字商品都是信息商品。独一无二的 ICQ 账号和赛车游戏中的虚拟赛车都是数字商品的例子，它们之所以具有价值，是因为它们的功能而不是它们所包含的信息。它们要么能在一个特定的虚拟环境中被使用，要么具有心理学上的或者社会学上的功能，比如能使其使用者变得出众。为了将这类商品与信息商品加以区分，我们将它们称为虚拟商品。虚拟商品的过人之处在于，虽然它们是数字化的，但是具有竞争性和排他性。① 在线游戏中的赛车能够在未得到发行商许可的情况

① 虚拟商品的竞争性及其在物权法上的应用，最早是由法律学教授 Joshua Fairfield (2005) 所分析的。

下被复制。你可以将其截屏并发送给朋友，但是这张截屏的价值就相当于一辆真实赛车的图片，它们都不可能具备原物的任何功能。因此，从消费者的角度出发，虚拟商品与实物商品的差距并没有我们传统印象中那么大。从生产者的角度出发，虚拟商品归根结底仍是一种数字商品，其生产的边际成本无限接近于零。从这个角度出发，虚拟商品可以很好地体现以下一点：即它是一种无须生产成本的商品。

不仅仅是虚拟商品，任何一种数字服务显然都需要包含一些其他品质，比如用户界面元素、背景图形和虚拟景观。这些也都是商品，不过它们是会员商品，属于每一位用户，而不仅仅是特殊用户。如此一来，它们大都徘徊于虚拟经济设计的范畴之外，属于一般游戏设计和用户经验设计。然而，我们要讨论的是界面设计和级别设计，特别是当二者与市场有关（第 7 章）和与经济制度有关时（第 9、10 章）。

从经济分析的角度出发，虚拟商品将我们带回到了有关稀缺性的熟悉的领域。我们可以使用在之前章节中介绍过的相同的决策制定模型，来预测与虚拟商品有关的代理行为，这就是下一章将要讨论的。但是首先，让我们利用本章余下的内容，为那些不熟悉虚拟商品的读者详细地回答这样一个问题：究竟为什么虚拟商品能够吸引大众？

是什么赋予了虚拟商品价值

十年前，当我们首次在学术会议和技术行业活动上讨论使用真实货币交易的虚拟商品时，听众最常见的反应就是想要知道：难道那些（用真实货币购买虚拟商品的）人疯了吗？在虚拟商品上花费真实货币是不是非理性行为？

然而，经济学理论并不这么认为，正如我们在第 2 章中所解释的，理性选择模型假设每个人都有自己的一套偏好标准，并且试图通过选择来满足这些偏好。换句话说，如果你真的偏好某件虚拟商品，那么花费真金白银去购买它就是理性行为。如果仅仅是因为你的喜好有一点点与众不同，你就决定把钱花在自己并不真正喜欢的东西上，那这样的行为才是非理性的。经济价值是一种非常主观的东西：某件事物的价值随着不同的人愿意为之付出的金钱的多少而变化，无论这件事物是一座虚拟城堡还是一条牛仔裤。当然，这套理论并没有解释偏好从何而来，而只是简单地说每个人都有自己的喜好。也许只有当疯了以后，你才会偏好虚拟商品，而只有那时你才会认为自己的行为是理性的。是这样吗？

经济学家的模型并不专注于解释偏好从何而来。他们将偏好视作一种外生变量：你必须从外部将它们加入到模型中去。然而，其他的学者则对偏好从何而来很感兴趣。社会学家、人类学家、心理学家已经记录了许多导致人类偏好某一事物的社会及心理过程。笔者和其他学者发现这些社会及心理过程在虚拟环境中同样有效。在以下内容中，我们将对这些社会及心理过程做一个简单的总结，在一般的层次上讨论每一个过程，还会举出一些例子以显示它们是如何在虚拟环境中起作用的。这将帮助分析者理解为什么虚拟商品会如此流行，也会对虚拟经济设计者有一定的帮助，告诉他们如何将虚拟商品变得尽可能有吸引力。

因为我们将要讨论的知识范围很广，所以要有一定的选择性。我们将着重讨论三个方面：将商品用作社会标志；商品的个人意义和情感意义；商品满足基本需求的有效性。我们将从无形的欲望入手，以对商品有形的使用结束。

商品被用作社会标志

有时，无论承认与否，我们喜欢某一事物，是因为它具有社会价值。社会学家和人类学家观察到了商品在人类关系中扮演的各种各样的角色。通过占有和展示，商品被用来象征社会地位、表达社会身份、标志某个团体中的忠诚和身份。通过赠送、借出和其他交换方式，商品在人们之间建立起友好的氛围、加强关系、实现社会责任。在现代消费者文化中，任何一种社交关系，从同学、同事到朋友、家人，都包含着出于社会目的的、明智的、对于商品的选择、使用和交换。让我们进一步详细地看看这些因素。

用商品标志社会地位

大多数人都熟悉地位商品的概念：昂贵的或是难以得到的事物，除了独特性，它们甚至不需要具备什么真正的用处。这类事物之所以具有价值，是因为拥有它们的人和不拥有它们的人可以被显著地区分开来，因而可以彰显其所有者的财富、成就和社会地位。曾经描写过 19 世纪美国出现的炫耀性消费问题的经济学家和社会学家托斯丹·凡勃伦（Thorstein Veblen）观察到这样一条规律，即某一事物越是无用，它就越具有炫耀的作用，其原因在于它可以传递一种信息，即该事物的拥有者不在乎它是否具有生产性价值。① 因此，一颗 3 克拉的钻石就是一件彰显地位的商品，而一台挖掘机则不是，尽管二者的货币价值也许相差无几（见框 3—2 中的虚拟事例）。

框 3—2　我是富人，因为我使用价值 1 000 美元的手机应用软件

2008 年，一家德国开发商推出了一款用于苹果手机的应用软件，名字就叫“我是富人”。除了可以显示一个发光的红色宝石，并在被触碰时显示一条简短的标语，这款手机应用没有任何有用的功能。然而，缺少有用的功能不是问题，这款应用的价值不在于它所包含的内容，而在于它的售价——999.99 美元——苹果网站上应用软件商店所允许的最高售价。

经济学理论认为商品的价格可以反映其供给及效用情况，即价格会随效用而变化。但是，在以上这则关于手机应用的例子中，情况颠倒了过来：价格决定了效用。正如该应用的名字一样，它的作用就是炫耀其拥有者的财富。花费如此之高的价钱购买一个无用的软件，这本身就是一个强有力的声明，即使算不上是一个聪明的声明。

在发行次日被苹果公司下架前，这个应用卖出了 8 份。结果是，这仅存的 8 份变得非常稀有，成为了更能体现虚拟身份的物品，从而进一步提高了它们的社会价值。后来，类似的应用也出现在其他手机平台上。

---

① Veblen (1899).

纯粹的地位商品并不多见，但是却有许多商品具有不同层次的地位价值。在了解到这一点之后，厂商通常会提供两种功能一样的商品：一种是实用的廉价版本，另一种是昂贵的高级版本，后者可以用来彰显地位。作为社会性的动物，人类天生倾向于追寻地位和社会认同感。不同的人用不同的方式达到这一目的。一个博士学位同样可以彰显地位。有些地位商品并不能在很大的范围内体现价值，它们只在特定团体中代表崇高的地位。举个例子，在青少年群体里，一双最新款的运动鞋可能就可以体现地位价值。对于雪茄迷，一盒真正的手卷古巴雪茄就是地位商品。在虚拟社区中，虚拟物品和货币就是地位商品。一件稀有或是难以得到的虚拟物品可以将其所有者与其他玩家相区分，它起到的作用就如同在现实生活中，有形的地位产品所起到的一样。

在虚拟世界中，能够体现社会地位的商品完全不同于现实中的黄金或珠宝。思考以下这个例子，在大型多人在线游戏《网络创世纪》（*Ultima Online*）中，黄金根本就不是一种稀缺物品，因为游戏中存在一个小缺陷，玩家可以在某处获得大量的黄金，以至于这种贵金属在游戏中不再具有价值。在这个游戏中，非常有价值的物品是一种棕色的、毫无光泽的东西。在创造游戏中的世界时，设计者们在马厩中安排了一些少量的马粪，其原因大概是为了让画面更加真实。然而，由于这款游戏中没有虚拟的马匹，也就不可能继续产生马粪，于是马粪的供给变得有限。玩家很快就注意到了这一点，并开始收集马粪作为纪念品。据一位专业的虚拟商品经销商估计，每 30 000 位玩家只拥有一块马粪。据他说："拥有马粪于是变成了一种身份的象征，就像在现实中拥有钻石一样。"[①] 那些幸运的拥有者会在自己城堡中最显眼的地方骄傲地展示自己的马粪，并因此而成为令人嫉妒的人。玩家之间还会相互交易这种稀缺物品，甚至不惜花费数以百计的虚拟货币。

这个例子告诉我们，人造的稀缺性是如何让虚拟物品像现实生活中的钻石一样，区分拥有者和非拥有者不同的社会地位的。然而，稀缺性却不一定能够保持下去。在过去的十几二十年中，随着人们生活水平的

① Lehdonvirta (2009a).

提高和新科技的出现，钻石、博士学位、名牌运动鞋都经历了其符号价值的迅速下降。随着这种平民化进程的推进，曾经象征着地位的商品变得普通甚至庸俗。在历史中，这类转变数不胜数。服装、饰物、家具，这些曾经象征着特权的物品都已变得平常。在虚拟世界中，这类转变更加常见。在一款名为《哈宝》（*Habbo*）的网络游戏中，一种虚拟的转盘非常稀有，曾被一度认为是这款游戏中最为珍贵的物品。但是，这种转盘突然被作为一项任务的奖励而大量发放。结果是它的交换价值和象征价值都直线下滑。①

放宽准入限制并不意味着商品的地位价值会完全消失。随之而来的一个过程是，虽然精英们被迫放弃了之前的地位商品，但他们很快就会找到或发明另一种难以得到的商品。一旦这类商品再次变得普通，它们也会被抛弃。对独有消费品的不断追求就像是永无休止的猫捉老鼠游戏。许多真实和虚拟商品的供货商都能很好地利用这一点来销售商品。

用商品传递身份与会员资格

在获取商品的行为变得更加大众化后，社会地位不再与单一商品挂钩，而是变得与产品的种类和组合紧密相关。换句话说，财力成本不再是显示地位的唯一标准，后者开始与文化成本相联系。用特别的方式获取信息似乎变成了一种判断身份的新方法。② 举个例子，随着生活水平的提高，拥有一双最新款的运动鞋不再是青少年的追求，他们转而关注运动鞋的品牌与设计。这一变化过程展现出一种周期性，一旦信息能够得到充分的传播，或是某种运动鞋款式变得大众化，文化精英们就会进入下一个循环。这就造成了一个无休止的时尚循环，这一循环在衣着方面显得尤为突出，但在所有商品领域都已出现了这一趋势。③

那么，谁是“文化精英”？又由谁来决定流行趋势呢？20世纪30年代，英国的威尔士王子具备这样的身份。但是，在今天这样一个多元

① Lehdonvirta，Wilska and Johnson (2009).

② Bourdieu (1984). Pierre Bourdieu是一位有影响力的法国社会学家和人类学家。他创造了社会与文化资本的概念。

③ 这就是有关时尚的滴漏理论模型（trickle-down model of fashion)，它由早期的德国社会学家Georg Simmel (1957) 提出。

化的社会中，时尚已经达到了令人难以置信的多样性。[①] 大量的精英共同决定某一个具体社会和团体范围内的流行趋势，名人、艺术家、设计师、编剧、记者、博客的博主、硅谷成功的企业家、学校中受欢迎的孩子等，他们都可以决定潮流方向。在虚拟世界中，当用户们编辑自己的头像和简介时，他们通常会从现实世界中的款式和名人身上获取灵感。当然，潮流也可以由虚拟世界中的名人来引领，特别是那些为大家所熟知的玩家或用户。有时候，服务器管理员也像现实世界中的名人一样，是大家追捧的对象。

在这个多元化的世界中，商品不仅可以用来表明身份，还能表明哪一个领域是最受欢迎的。[②] 你是不是一位职业女性？是不是一个有社会意识的大学生？是不是哥特风、北欧风的爱好者？是不是日本动漫的爱好者？在某种程度上，每一个人都根据自己在现实世界和虚拟世界中扮演的角色来定义自己，然后，他们会接受与自己处于同一群体中的人们的行为方式和处世态度。我们将之称为社会认同。这是人类心理学的基础组成部分。在由消费者组成的社会中，想要融入某一群体的重要方法就是接受这一群体的商品和消费模式，比如，律师会穿商务装，消费者会购买品牌商品。在由消费者组成的社会中，你购买的就是一种身份认同。了解购买正确商品的知识，能够帮助你在自己所在的群体中赢取社会资本。

在虚拟环境下，无论是否在游戏中，人们都会通过商品和款式传达自己的身份。举个例子，几乎任何一种供青少年“聚会”的虚拟环境都提供哥特式的头像。同时，还有一些新潮的古怪角色，如网络游戏《哈宝》中的“马女”和“埃及黑帮”。[③] 虚拟商品的设计者们会将流行的文化现象加入自己的产品中，无论这些文化现象是出自主流文化还是网络文化，他们这么做的目的就是要增加销量。他们还会设法取得最受欢迎事物的特许经营权，比如与吸血鬼电视剧有关的周边产品的销售权。

---

① Featherstone (1991). Mike Featherstone 是一位英国社会学家，他曾写过一些关于消费者文化的著作。

② Bourdieu (1998).

③ Lehdonvirta et al. (2009).

从另一方面看，社会认同还有一种表现形式，即我们会尽量避免接触与自己所处群体相冲突的事物。比如，一些非同性恋人士可以刻意避免一些商品和消费模式，其目的就是不希望自己被误认为是同性恋。这一点在虚拟世界中也是常见的。①

在一个日趋多元化的消费者社会中，原则上，任何一个胆子足够大的人都可以创造性地以某种方式组合商品，从而跳出已有的时尚风格，体现出自己与众不同的品味来。通过尝试构建一个全新的身份认同模式，可以取代社会原本存在的主流模式，而后者常常带有强制性或不平等性的特点。举个例子，20 世纪 60 年代，许多女性会选择穿裤子而不是裙子，借以表示自己对传统社会赋予女性的角色的抵触（相似地，一些男性对裙子的尝试则以失败告终）。20 世纪 70 年代，朋克接受了粗糙的、令人震惊的、自创的服装风格，借以拒绝担任顺从的消费者的角色，从而创造了一种建立在真实价值上的新的身份认同。20 世纪 80 年代，对嘻哈文化的推崇演变为一种反对种族歧视的标志。②

抛开从政治维度审视流行风格的思维，在今日的新风尚背后隐藏着的，或许也是最有影响力的因素，就是经济利益。材料供应商和虚拟商品与文化精英合作，一同创造新的流行趋势，其目的是让商品的销量提高。即使那些初始目的在于反对和抵抗现有文化的新趋势，最终也会转变成为对商业利益的追求。这从印有切·格瓦拉头像的 T 恤衫、朋克式的皮夹克以及贫民窟的嘻哈文化中可见一斑，这些事物已经成为全世界中产阶级年轻人追捧的目标，他们将这些事物原本的非主流色彩转变成为一种新群体的聚合力。借助饶舌歌手 Snoop Dogg 的形象，已有价值超过200 000美元的虚拟商品被销售给了年轻人。③

货物流通创造了联系和义务的履行

目前为止，我们已经讨论了有关获得和拥有的社会过程，你所拥有

---

① Malaby（2006）提出了一个模型，其内容是关于用户如何在不同的社会中，建立和转换经济成本、文化成本和社会形式。Thomas Malaby 是一位人类学家，他的研究重点是游戏和类游戏过程。

② Barnard（2002）.

③ Au（2010）.

的决定了你的社会价值和身份认同。然而，一些事物之所以受到追捧，不是因为它们可以提高所有者的快乐程度，而是因为它们可以带来许多其他的东西。在这一部分的内容中，我们要简要地介绍一下赠予、借出、交易商品的社会影响。

如果我们着手绘制一张在一段时间内，某人与商品相关的交易情况示意图，也许就会发现，这张图并不仅仅与这个人的社会关系网相对应，我们还能从中辨别出这张关系网中每一条联系的本质。不同材料交易的确切意义随着文化内容和社会内容而改变，但是，也可以找到一些一般性的原则以解释概念。一个关系中，如果某人不断地为商品支付金钱，那么这个关系最有可能是商业关系，例如顾客与杂货店的关系。一个关系中，如果某人不断地给出和收到商品，并且无须支付金钱，那么这个关系最有可能是人际关系，例如朋友之间的关系。送出礼物可以创造一种社会联系，例如一种期望得到回馈的好感。[①]

在某种程度上，某一关系中商品的总交换价值反映了这一关系的亲密程度，比如，随着时间的推移，我们总是倾向于将最多、最好礼物的送给自己最爱的人。再者，礼物的流向也反映了关系人之间的相对年龄和社会地位，比如，相比于孩子们送出礼物的量和价值，他们总是从父母和长辈那里得到更多、更好的礼物。地位相似的人之间，比如邻居和同事，总是试着交换价值近似的礼物，比如轮流为聚会购买啤酒。他们这么做的目的是为了不让这一关系由于令人不舒服的亏欠感变得复杂化。如果你从邻居那里借到了割草机，那么，即使你已经归还了它，还是会有一种无形的负债感萦绕在你的周围。

正如我们看到的，社会中商品的流向遵循着社会关系的一般规则。为什么会这样？其中一个原因是人们会主动地使用礼物、贷款和贸易，来试着打造组成他们社会网的关系。最明显的例子就是，当一个人不断地用糖衣炮弹打动另一个人时，前者必定是希望取得后者的垂青（意外影响的例子请见框 3—3）。另一个原因是，无论人们喜欢与否，他们的社会网络都勾画着他们的材料交易。有些情况下，我们给出礼品是因为

---

① Mauss (1990). Marcel Mauss 是一位法国社会学家和人类学家。

社会责任而不是出于真实意愿，比如在老板和同事过生日时，我们会送给他们礼物，也许我们并不喜欢他们，送礼物也不是出于自愿。在这些例子中，是我们的社会文化——对此我们个人的影响有限——决定了礼物的流向，而不是我们的真实意愿。①

框 3—3　马达加斯加的牲畜交易和病毒扩散

最近一些年，盖尔·尼古拉斯（Gaelle Nicolas）和一个国际团队正在分析马达加斯加的牲畜疾病。他们假设是一种名为 kapsile 的交易导致了牲畜患病。在易货贸易的过程中，两个交易商的牲畜群发生了交叉感染。该团队最初设计了一个社会网络来分析病毒的传播，然后又进行了牲畜流动性的分析，最后得出了 kapsile 交易的大体情况。当将病毒传播图与正常的牲畜交易图放在一起时，会出现一个小小的重叠区域。而当病毒传播图与 kapsile 交易图放在一起时，重叠区域更加明显。这一发现得到了统计学分析结果的支持。这一发现的含义是在交易发生时，还可以推广到所有商品交换发生时，所有的社会信息都会通过贸易路线传播，包括病毒和文化、科技和政治影响。

商品提供了意义与乐趣

对商品的无形欲望一直隐藏在消费者的内心深处。社会学家和心理学家对于享乐主义消费的研究并不侧重于商品如何构建人与人之间的关系，而是关注人们如何从商品中、从与商品相关的情感纽带中获得审美上的满足感，以及人们如何通过它们满足个人喜好和梦想。

我们都喜欢一些特别的物品，因为它们对我们有着十分重要的意义：订婚戒指、一件幼儿时的玩具、一块击剑比赛的奖牌等。这些物品之所以与众不同，是因为它们与我们生活中的特别的人或事有关。它们是我们人生旅程中的纪念品。相似地，在虚拟世界中，我们同样可以找

① Granovetter (1985). Mark Granovetter 是一位美国经济社会学家，因在社会网络及其对经济的影响方面的学术成就而闻名。

到一些意义非凡的纪念品。它们中的一些可能承载着对过去虚拟事件的回忆，另一些则可能是一场竞技比赛的奖品。

另外一些对我们有个人特殊意义的事物，虽然不能唤起我们对过去的回忆，但是却能告诉我们某件事可能是怎样的或应该是怎样的：比如我们的梦想、希望、后悔的事等。许多产业之所以出现，就是为了通过营销信息和提供一些虚拟的、短暂的满足感（比如在虚拟世界成为国王或王后）来满足我们的梦想。①

通过积极的操作而不仅仅是消极的收集，也可以带来个人意义和情感上的快乐。在上一节中，我们讨论了人们如何使用商品组合，特别是衣着上的创新，作为一种构建新的社会认同感的手段，并以此来打乱旧有的秩序。享乐主义的视角时刻提醒着我们，一种创造性时尚同样可以被看作是一种艺术形式。它并不一定非要与社会变革相联系，也可以是仅仅出于审美上的需要。它可以满足我们的个人梦想，也可以帮助我们重温美好的记忆，还可以唤起我们自我表现的欲望。②

虚拟环境允许用户将他们的创造性融入娱乐中去，我们经常可以看到野性的、疯狂的、有趣的艺术作品在这一过程中被创造出来。通常，最有趣的结构建立在创造性转化和对现存事物的重新搭配中，这一点与现实生活是一样的。例如，在线游戏《网络创世纪》中，玩家试图用不同的方法，通过堆放一些根本不相关的东西来构建一种与钢琴相似的东西——因为这种乐器在游戏中不存在。用来搭建钢琴的东西多种多样，包括棋盘、花哨的衬衣和鱼排。这种追求创造性的努力的成果最终会自然而然地展现在别人面前，创造者也会引以为豪。因此，享乐主义者从商品中获得的快乐也相当纯正，中间不会掺杂任何的社会流俗。

最后，收集也是一种积极的、有时甚至是具有创造性的方式，你可以用它尽情地享受商品带来的快乐。这一行为所体现的恰恰是人类本性中的、对于积累事物的追求，同时，也有可以体现创造性、追求美好、情绪化的特点。收集者们可以发现在别人眼中没有任何价值的事物的

---

① Bauman and May (2011).

② Featherstone (1991).

美，同时积累关于这些事物的知识，以一种聪明的、富有创造性的方式收集它们，并与这些藏品建立起一种精神上的联系。[1]

在虚拟世界中，收集各种各样的物品是一种流行的做法。有关虚拟收集者最极端的例子是关于一位网名叫做 Entity 的玩家的，他将自己的目标定为收集网络游戏《星战前夜》的虚拟宇宙中的每一种物品。在 9 年不间断的收集后，他现在拥有了超过 9 000 种不同的物品。毋庸多言，他已经成为了虚拟世界的名人。虽然一个人开始收集时，通常都是出于个人的爱好，但是最终成为一名收藏家就会牵扯到社会地位方面的竞争。

商品满足了需求并解决了问题

我们已经讨论过人类对于商品的无形使用，同时也展示了人们之所以追求虚拟商品，其原因与追求实体商品一样，都是出于社会因素及享乐主义因素。现在，我们来讨论一下针对商品的有形使用——将它们作为工具来使用。那么，是否只有实体商品可以存在使用价值，而虚拟商品只是华而不实的呢？

某一件事物的工具性使用价值，除却无形的社会因素及享乐主义因素，通常可以理解为一种能力，即该事物满足人类基本需求的能力。关于人类的需求，存在着许多的理论，然而不论哪一种理论，其出发点都是人类基本的生理要求，例如对于能量和氧气的需求。食物之所以有用，是因为它可以提供能量。鱼竿之所以有用，是因为它可以提供更多的食物。当然，虚拟商品同样具有某种用处。它们可以被用来克服游戏世界中的困难，满足游戏人物的需求，也可以成为玩家制作武器的原材料。[2] 但是，它们解决的是由设计者人为创造的问题，而不是真实的问题。虚拟商品无法满足现实世界的需求，只有实体商品有这样的能力。是这样吗？

在我们对虚拟商品下这样的否定性判断前，先问一个问题：以统一标准判断，实体商品在日常生活中的作用到底有多大？在这个由消费者

① Belk (1995).

② Hamari and Lehdonvirta (2010).

组成的社会中，有多少实体商品能够真正地满足人类的基本需求？在真实的生活中，我们购买鱼竿是出于生存目的吗？抑或是出于消遣的目的？对于食物的消费是不是早已超过了仅仅维持生存的水平？有三分之二的美国人是超重和肥胖的。① 在厨房和车库中多种多样的用具和器具，它们满足的更多的是文化上的需求而不是生理上的需求，甚至在更多的情况下是市场的需求。许多行业，从个人卫生产品到花园工具，不断地被生产出来，以满足新的需求和解决新的情况，它们的形式都是商业产品。②

社会学家和人类学家认为，人们口中所说的“基本需求”更多的是由文化造成的，而不是由真正迫切的生理要求带来的。③ 许多在今天被认为是必需品的商品，在一百年前甚至根本不存在。同样，过去时代中存在过的必需品，在今天早已被人们遗忘。甚至是一些我们面对的极为基本的问题——比如，每天早上从家到工作单位的路程使我们产生了对汽车的需要——也只不过是由特殊的社会技术安排造成的。这些并不是仅仅存在于我们脑海中的假想问题，它们的确存在，但是很难说对它们的需求是生存所必需的。它们是实在的问题，但是，正是我们的行为方式造成了这些问题。芬兰已经宣布宽带网络链接是一种基础权利。这恰恰说明了，我们对必需品的定义是随时间而变化的。

在这样的背景下，虚拟商品的有效性必须被重新审视。是的，它们的确是人造的商品，用来解决人造的问题。但是，许多其他的类似商品都被视为有用的。再者，还要考虑到我们生活中的方方面面正在愈发依赖于数字媒体的事实。我们的问题及对策都在变得越来越数字化，这正常吗？在本书的结尾，我们将再次审视这个问题。

虚拟商品的价值

我们刚刚概述了一些能够导致人类产生需求、需要和欲望的心理和

① Flegal et al.（2010）.

② Bauman and May（2001）.

③ 例如 Belk（2004），Barnard（2002），以及 Douglas and Isherwood（1978）。

社会过程。同样的过程和机构在现实和虚拟环境中都会分别产生作用，也会同时对两者产生作用，例如在销售与嘻哈歌手 Snoop Dogg 有关的商品时。因此，对于“为什么人们会产生对虚拟产品的需求?”这样一个问题，答案会是：“其原因与人们对实体商品的需求一样!”

在第 2 章中介绍过的经济学理论向我们解释了人类在做选择时，是如何将自己的欲望放在首位的，而在本章讨论过的理论告诉了我们人类的这些欲望最初来自于哪里。如果你是一位虚拟经济的设计者，那么这些内容将让你收益颇丰，因为你可以利用这些内容来创造为人们所需要的商品。如果你正在试图通过分析来了解虚拟经济学，那么这些内容也是必不可少的，因为它们可以帮助你分析是什么因素让某件虚拟商品为人们所欢迎。

在本章中谈及的，有关商品不同的功能用途、享乐用途、社交用途，已经列在表 3—1 中，一同在列的还有虚拟商品旨在满足不同需求的相关属性。在现实中，不难发现，拥有享乐用途的商品同样具有某些社会用途，反之亦然。

表 3—1　　商品的用途以及与之对应的虚拟商品属性

功能用途：满足需求、解决问题的商品
- 能够满足需求的商品
- 能够解决问题、克服挑战的商品

有价值虚拟商品的属性：表现（统计数据）、功能（能力）

享乐用途：实现个人价值、具有娱乐性的商品
- 能够满足审美需求的商品
- 能够作为人生中重要事件的纪念品的商品
- 能够实现梦想、满足冒险需求的商品
- 能够实现创造性的自我表达的商品
- 能够被收集的商品

有价值虚拟商品的属性：视觉吸引力、声音效果、历史渊源、虚构的故事背景、可定制性

社会用途：作为塑造社会性的商品
- 能够彰显社会地位的高级商品
- 能够彰显社会地位的流行商品
- 能够显示成员身份、代表亚文化的商品
- 能够建立和否定身份的商品
- 能够通过交换加强社会关系的商品
- 能够作为礼物创造和偿还义务的商品

有价值虚拟商品的属性：稀有、价格、文化标记、许可证

哪一种虚拟商品值得设计者关注呢？这取决于许多因素，比如目标受众、运营平台、用户对用户的交流机制以及营收模式。图 3—1 以不同游戏类型为标准，将游戏分为电脑游戏类、手机游戏类、社交游戏类，并一一显示了每一种游戏中不同虚拟商品的情况。图中展示了不同商品所占比重，其分类标准为功能用途、享乐用途、社交用途。因为在实际操作中很难区分享乐用途和社交用途，所以在本分析中，将二者统一归为虚荣用途。分析的基础是从 Facebook 网站、iOS 操作系统以及电脑游戏平台人工收集的数据，其虚拟商品的样本容量超过了 10 500 种。[①] 分析的整体结果并不出人意料，在线社交网站中，我们找到了更多的有虚荣用途的虚拟商品；与此同时，在竞争性电脑游戏中，有功能用途的虚拟商品种类更多。然而，针对对照组的分析产生了完全不同的结果，特别是在社交游戏类别中。除了在名字中有“社交”字眼，实际上许多这类游戏的种类都无法清晰界定，在游戏中也根本不存在有社交用途的虚拟商品。

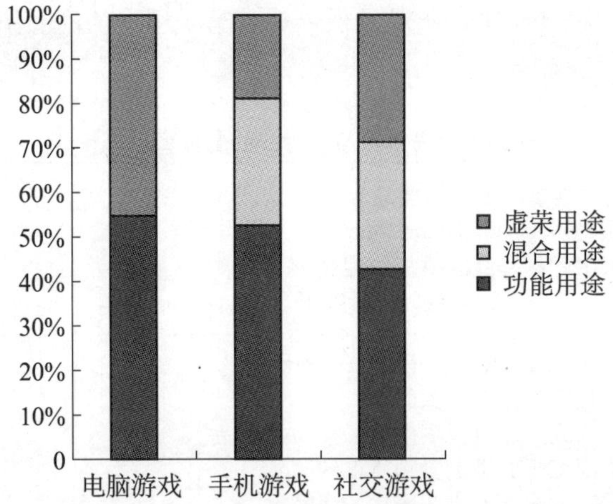

图 3—1　基于不同游戏平台的功能用途与虚荣用途商品的比例

位置商品

在表 3—1 中，我们还列出了一些与虚拟商品有关的属性，正是这些属性赋予了虚拟商品不同的用途，也正是这些属性让虚拟商品变得为

① Lehdonvirta and Joas（2012a，2012b，2013）．与其说这些是学术文章，不如说它们是市场分析报告。

用户所追捧。举例来说，显眼的“统计数据”和“能力”让功能型游戏商品产生了价值。视觉上的吸引力和包含在其中的历史，赋予了享乐型商品价值。稀有性和排他性是地位型商品的标志。这里值得注意的是，这些属性都有位置性（positional）特点：某种属性的绝对价值并不重要，其相对其他属性的价值更加重要。举例来说，在一个玩家对战类游戏中，你的护甲本身有多么坚固并不十分重要，重要的是，你的护甲的坚固程度是否强于其他玩家的护甲。在社交聚会场合，你的帽子是否高级并不重要，重要的是它是否强于其他人的“地位型商品”。因此，如果某种商品是否具有价值并不取决于它的绝对品质，而是取决于其相对于同类商品（替代品）的品质，那么我们称这种商品为位置商品。

位置商品会对设计产生两种主要的影响。首先，第一种影响是，设计最具价值的虚拟商品并不是简简单单地将所有属性混合在一起。如果你真的这样做了，那么所有的商品就会完全一样，它们也就不具备任何价值了。事实上，要想设计有价值的虚拟商品，就要设计一系列品质不同的商品，其中既有好的，也有平庸的，还有很差的，这样做的目的是用不好的来衬托好的。其次，第二种影响是，一件虚拟商品的价值很容易受到新上市的、具有更高品质的替代品的负面影响。如果不多加小心，将会给用户带来巨大的、意想不到的痛苦。如果用心设计，发行者就将获得优势，以控制循环中的价值量。在第 11 章（有计划地淘汰）和第 12 章（多用户网络游戏中的通货膨胀）中，我们将进一步分析商品结构的宏观经济影响。

现在，我们继续介绍微观经济理论并定义现代主流经济学的制度：市场竞争。[①]

---

① 若想更深入地了解本章的内容，特别是有关消费和消费者行为的社会科学理论，可参见 Gabriel and Lang（1995）给出的易于理解的、范围广泛的介绍，Lury（2011）站在社会学的视角提出的观点，或是聚焦流行分析的 Barnard（2002）的作品。关于这些理论在虚拟经济中的更为详尽的应用，参见 Lehdonvirta（2009b）。

第 4 章

供给与需求

从本章开始，我们将推出一个由四章内容组成的板块，专门介绍现代资本主义经济的标志性机构——市场。在游戏中，市场一词通常指的是一个集中的场所，例如《魔兽世界》中的拍卖行。在经济学中，这个词的含义略有不同，它指代的是一个更为宽泛的概念。它包括所有与给定商品有关的贸易，以及在一个给定的区域内该商品的替代品，而无论贸易是采取拍卖还是其他的方式。在本章中，我们将注意力放在自由市场这一基础模型上，引入被称为完全竞争的概念。在虚拟世界中，与该理论模型最为接近的情况，是一个繁忙的、充满着买方与卖方的、玩家对玩家的市场，比如一个拍卖行或是一个未经授权的真实货币交易黑市。

设计者并没有真的创造出市场。无论是否出于有意，他们所做的只不过是创造了一个适合市场出现的环境。这个环境必须包括两个基本条件：第一，必须有两个人，他们各自持有一件对方没有的物品，他们对自己持有的物品有一个估价，对对方持有的物品也有一个估价，并且他们对于对方物品的估价要高于对方本人对自己持有物品的估价，从而交换的行为将产生意义。第二，必须存在一个交换的方式供双方实现交换行为。对于完全竞争市场，还有其他一些限制条件，我们在下面的内容中将予以讨论。当这些条件被满足时，市场就会自然而然地出现——并不是可能，而是必然出现。举个例子，如果有两位玩家，其中一个有时间玩游戏，却没有财力玩游戏；另一个所处的境遇恰恰相反，后者希望可以用钱来购买一个已经成型（已达到一定等级）的游戏人物。那么，这两位玩家迟早会发现对方，并进行合理的交易，各取所需。从而，一个买卖成型的游戏人物的市场就会出现。设计者很难与市场压力对抗，促成市场产生的条件将比设计者的任何操纵行为都更为有效。①

大多数情况下，设计者会创造促成市场出现的基本条件。他们这样做的原因包括以下几种：通过市场赚取交易税；通过这一系统奖励自主创造内容的用户；也可能仅仅是为了给玩家提供一些乐趣。对于大多数虚拟经济来说，市场是必不可少的。举例来说，大型多人在线游戏一般都会包含一些制造机制，鼓励玩家制造物品再将它们出售给其他玩家。但是，一旦市场的力量被释放出来，设计者们必须要小心地引导这些力量，以避免给市场带来附带伤害。再举一个例子，如果设计者希望新玩家刚进入游戏时保持一种孤独的状态，那么他们就必须小心地保证有经验的玩家不会利用这一点来牟利，比如购买新玩家的装备再卖给其他人。否则，新玩家就会被贸易需求所困扰。

在本章中，我们给出了一个供给与需求相互作用的完全竞争市场模型。我们将会展示，构成市场总供给的单一的供给者是如何追求自我利益的；同样，我们也会展示，构成市场总需求的单一消费者的利益是怎样实现的。我们还会展示，完全竞争市场模型是如何预测由于市场事件导致的交易量和价格变化的。最后，我们将讨论完全竞争市场在虚拟经济环境中的优势。

供给

在第 2 章中，我们介绍了一个关于代理个体是如何做出消费决策的理论。现在，我们要介绍与之对应的理论，即一个代理个体是如何做出生产决策的。为了说明这一理论，我们要谈到一个种苹果的人。

① 在现实生活中，如果不对设计中的一些重要方面做出妥协，完全消除导致非理想的市场的因素是不可能的，比如大型多人在线游戏中存在的通过花费时间换取奖励的情况。在这种情况下，唯一的选择就是尝试着限制市场及其负面影响。在第 8 章中，我们将通过聚焦未经开发商批准的真实货币市场介绍一些这类选择。

在这个理论中，这个人种的是真实的苹果还是虚拟的苹果并不重要，我们在这里需要注意的是在线游戏中的苹果种植系统。

现在，我们开始介绍这个会种苹果的人。她拥有一个苹果，并吃掉了它。这时，她会想："再来一个苹果怎么样？"仅仅这么想是没用的，因为她已经吃掉了自己唯一的苹果。这里的问题是：她是否可以使用一种对她有价值的东西，比如一枚硬币，来交换另一个苹果呢？

供给问题

供应商通常只需面对一个问题，即在现有市场价格水平下，制造并卖掉多少商品是对自己有利的。

乍一看，你也许觉得供应商可以自主决定商品的售价，这是对的，但也不全对。说是对的，是因为卖方可以随意定一个自己喜欢的价格。如果我手中有一枚腰果，我可以向全世界宣告它的价格是100万美元，当然，没有人会接受这个价格。事实上，我不能随意制定价格。我只能根据腰果的现有市场价格水平，制定一个合理的价格。在完全竞争市场，我们假设有许多卖家准备卖出自己的商品。如果我对某件商品的定价高于该商品的现有市场价格水平，那么我的商品就卖不出去。买家可以随意寻找一个比我售价低的卖家，从他那里购买这件商品。当然，从另一方面说，如果我愿意，可以将手中商品的定价降到该商品现有市场价格水平之下，但是这么做毫无意义。因此，我们只能假设卖家最后只有一个选择，那就是根据某件商品的现有市面价格水平来决定到底要制造和卖出多少商品。

这个问题的答案受到商品的制造成本的影响，现在，在许多情况下，人们喜欢制造和销售商品。我们甚至可以假设他们太喜欢这类营生，使得制造商品无须花费任何成本。这种情况在虚拟世界中时常发生，这也正是我们在第2章末尾讨论过的虚拟经济有意思的一面。让我们先把这种情况放在一边，过后再来讨论。现在，就让我们假设制造商品没有意思，并且也的确存在着制造成本。这种假设意味着，制造商之所以会制造某种商品，其原因在于它可以从中赚取利润。但是不要忘了，我们这里讨论的是那些在市场中以销售为目的的制造行为。这里假设制造商自己对该类商品的需求已经得到满足，所有被生产出来的商品都是用于销售的。

假如制造商从生产活动中无法得到任何快乐，并且根据我们在第 2 章中介绍过的理性选择模型来做决策，那么他们会在比较过成本与收益后，冷静地做出生产决策。正如我们在第 2 章中看到的，这么做的出发点并不是出于全局性的考虑（“在不赔钱的情况下，我希望制造尽可能多的商品”），而是出于边际性的考虑（“如果再生产一件商品的收益大于成本，那么我就继续生产”）。

供给原理

制造成本可能包含多种构成部分。在现实生活中，卖方通常要面对的成本包括：工厂车间用地的租赁成本、启动资金的借贷成本、工人的工资成本。在虚拟世界中，更为常见的情况是，制造商是一个个人，他使用虚拟世界的技术并付出时间来制造某件产品。也就是说，虚拟商品的制造商花费的是时间成本，更为准确的描述是时间的机会成本：即制造商因为制造行为而被迫放弃的其他有趣的或有利可图的行为。

假设每个苹果的价格为 5 枚硬币，而制造商种植这个苹果所花费的时间成本为 0.5 枚硬币，这意味着他可以种植一堆苹果。但是，还有一个问题必须考虑：花费在种植上的时间越多，所剩时间的价值就越高。当你在虚拟世界只花费了 5 分钟来种苹果时，再多花费一分钟的价值并不高，甚至接近于零。现在，假设你每天花费 18 个小时来种苹果，在这种时间投入水平上，你为了继续种植，需要放弃大量其他活动。你可能不得不放弃一些有薪酬的工作，甚至放弃在现实世界中的课堂时间；你可能放弃了维系现实世界中的人际关系的社交时间；也可能放弃了游戏时间，不管是在线的还是离线的；还可能放弃了睡眠的时间。现在，每在苹果种植上多花费一分钟都是昂贵的。你可能已经很疲劳了，可能已经又多放弃了一些睡眠时间。每多放弃一分钟自由的时间并把它用在苹果种植上，你就越感到无聊。每多放弃一件现实世界中的活动，你就越感到孤独。每多放弃一分钟工作或学习的时间，你就越贫穷和无知。在这种情况下，你的时间机会成本已经达到了一个非常高的地步。因此，我们可以做出这样的结论，即时间的边际成本是递增的。

边际成本递增造成的结果非常简单：如果买方想要更多的苹果，那么就得付出更高的价钱给制造商。如果每个苹果只值 5 枚硬币，那么制造商不可能愿意在种苹果上付出更多的时间。但是，如果每个苹果可以卖到 10 枚或 20 枚甚至 100 枚硬币的价格，毫无疑问，这将大大激发制造商的种苹果的积极性。想象一下，如果一个苹果可以换到 100 枚硬币，制造商也许会愿意种出 50 个苹果而不是 10 个。他们之所以愿意这么做，就是因为买方的出价使得种苹果成了一种极为赚钱的营生，以至于压过了他们对时间的需求。如此看来，如果我们不向制造商支付更多的酬劳，必定无法让他们提供更多的苹果。出于相似的原因，如果每个苹果的售价降到 2 枚或 3 枚硬币，我们很难想象，任何一个制造商还会继续种苹果。显然，他们还有其他事情可做，低廉的售价使得种苹果不再合算。自然而然地，越来越多的制造商会转行做别的，而市场上的苹果只会越来越少。

这就是供给原理，某种商品的售价越高，就会有越多的制造商将该商品带到市场中来。无论是实体经济还是虚拟经济，这条原理同样奏效。在实体经济中，高售价会引导厂商雇用更多的天才、借贷更多的资金、购买更多的原材料，其目的只有一个，那就是提高产量。使用这些额外的资源是需要付出成本的，并且，事实上，使用越多的额外资源，其成本越高。说到这里，你也许会提出不同的意见：一个公司购买的资源越多，其成本就会越低，这要感谢规模经济的作用。经济学家指出，对于有些资源来说，达到一定的数量的确会产生规模经济效应。但是，你必须认识到，一旦你将本地的人才发掘殆尽，将便宜的资本全部投入生产，将本地的原材料全部收集到了一起，之后你就必须寻找更远的资源供给地，或者花费高于其他竞争对手的价格来购买资源，这一切都将使你的成本急速增长。换句话说，成本曲线上会出现局部的下降，但如果你画的图足够大，就会看到边际成本必将增加。

供给曲线

我们对于单一制造商总结了一条供给原理，这里我们所称的单一制造商指的是集生产与销售于一体的制造商。现在假设市场中不止一个制造商，而是几个。每一个制造商生产苹果的数量都是大致相同的。如果每个苹果 5 枚硬币的定价，已经足以打动第一个制造商种出 10 个苹果、第二个制造商种出 12 个苹果、第三个制造商种出 9 个苹果，这样一来，在市场中售价 5 枚硬币的苹果总数为 10＋12＋9＝31 个。因此，我们能够以小见大，从个体情况推断整个市场的情况。我们可以通过累加每一个制造商所供应的苹果数量来推断出整个市场中苹果的供应量。

市场的供给行为其实和单一制造商的供应行为如出一辙。如果苹果的价格涨上去了，我们的制造商必然会为市场提供更多的苹果，从而整个市场的供给也会随之上升。这一点可以从供给曲线上看出来。供给曲线由一个个“钱货结合点”构成，也就是价格与供给的对应点，它们显示了制造商心中的期望价格，只有当这一价格与其利益相契合时，制造商才会愿意生产商品。举例而言，供给曲线上的某一点可能代表着 100 枚硬币对应 2 500 个苹果，这意味着如果制造商心中的期望价格为 100 枚硬币，那么它们将一共为市场提供 2 500 个苹果，不会多也不会少。根据这项法则，制造商之所以愿意提供 2 500 个而不是 2 499 个苹果，是因为会有一个人愿意付出时间多种出一个苹果以多赚取那 100 枚硬币。同样，也没有人愿意再多提供一个苹果，因为他再种出一个苹果的时间成本将超过 100 枚硬币。

图 4—1 显示的就是供给曲线。一般情况下，它不是一条直线（虽然本图如此显示），而是应该呈现为一条向右上方倾斜的曲线。向上倾斜的曲线从数学角度解释着供给理论：价格越高，供给量越大（尽管这一论断并不适用于所有情况，见框 4—1）。[①]

① 更准确地说，这里展示的是一条短期供给曲线。在长期，理论上认为，新进入市场的厂商带来的竞争将会使供给曲线变为一条水平线。在真实情况下，市场中现存的厂商将制约新的厂商进入市场，从而即使是在长期，供给曲线仍然会是一条向右上方倾斜的曲线。

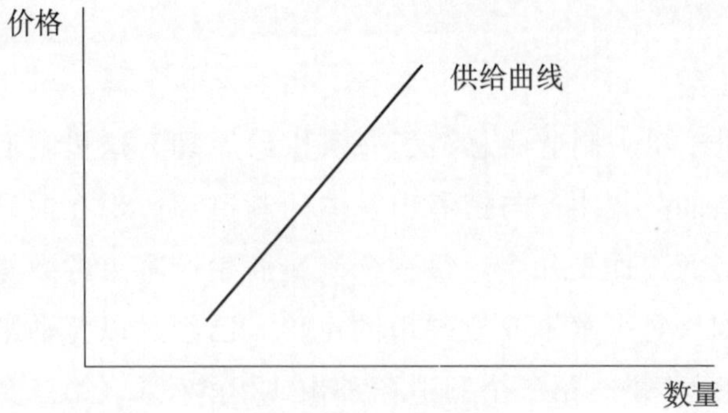

图 4—1 供给曲线

框 4—1 向下弯曲的供给曲线：激励制度陷阱

供给理论并不是一个物理定理，而是一个人类行为的常见模式。虽然很少发现明显偏离该理论的例外情况，但还是有可能存在的。其中一个例外就是向下弯曲的供给曲线：随着价格的上升，供给曲线在达到某一点后，产品的数量停止上涨并开始下降。究其原因，是因为在一个极高的价格水平上，生产者赚取了极高的收益，以至于不需要继续再生产该类产品，于是就将目光转向了其他方面，例如多享受一些闲暇时间。因此，当该产品的价格继续上升时，无法再对厂商提供额外的激励。与之相反，生产者认为此时可以通过减少产量来减少工作量，同时还可以维持原有的收入水平，从而该产品的产量就会降低。在现实生活中，很少出现因为价格过高而导致的产量下降的情况。

在虚拟经济中，因为极端情况更容易发生，向下弯曲的供给曲线就不再仅仅是理论上的情景。以一个相当普遍的虚拟经济环境为例，在一个社交网络中，设计者鼓励用户每日登录，并提供一些点数作为奖励，点数则可以用来换取虚拟商品。实际上，这是设计者在变相地从用户手中购买登录量。根据供给理论，给出的奖励越多，登录量就应该越高。在某种程度上，这一论断是正确的。然而，当设计者不断提高奖励数量，渴望以此来提高每日登录量时，最终达到某一点时，登录量将开始下降。其原因非常简单：由于奖励的点数过多，用户手中的点数达到了饱和，甚至已经用不完了。现在，再增加奖励的点数只会降低用户登录的意愿。

在虚拟经济中，设计者希望所有事情的运行方式与现实经济中一模一样，也就是希望产品的数量与价格遵循正常的供给曲线轨迹。如果向下弯曲的供给曲线真的出现了，那就意味着该虚拟经济系统需要进行调整了。

需求

现在是时候向我们讨论的完全竞争市场模型中增加一些新的假设了。完全竞争市场中必须包含许多的买方和卖方，而不仅仅是一个或几个。否则，市场将不具备竞争性，成为寡头市场或垄断市场。也就是说，在竞争性市场中，并不是每一个人都能买到每一种商品，也不是每一个生产者都可以提供每一种商品。否则，人们大可以简单地自给自足。我们设想的是这样一种环境，即每个人都有对某些商品的需求；同时，也都可以向他人供给某些商品。我们将这种情况称为专业化分工。在现实经济中，专业化分工通常会自然而然地产生，因为人们会利用自己独有的优势和强项生产某些商品，而不是生产所有种类的商品。在这种意义上讲，我们所有人都是“专家”，专精于某些项目，比如你的邻居可能会制作电脑游戏或者拉小提琴。但是，通过个人劳动，我们每一个人只能制造种类很少的商品，根本不可能完全满足自己对所有种类商品的需求，我们必须进行贸易。在虚拟世界中，专业化分工的种类并不一定十分多。但是，农民、矿工、厨师、铁匠、铸剑师、战士这些都是完全不同的职业。如果你想通过鼓励经济互动推动社会互动，那么，你在设计虚拟经济环境时，就不能让玩家轻易地达到自给自足的水平，或者直接提高对专业化分工的奖励。

现在，让我们来看看市场的另一面——供给。可能存在着这样一群人，他们不愿意自己种苹果，而是希望从他人那里买苹果。就像在上文中解释供给的概念时一样，我们先从单一的个人出发——买苹果的消费者。这位消费者（或者称之为需求方）希望获得苹果，因为它可以带来一些好处。在虚拟世界中，这些好处可能是功能性的，比如用苹果来喂马匹，而马匹则是虚拟世界中的重要交通工具。又或者苹果是制作水果派的原材料，而饥饿的半兽人喜欢吃水果派。这些好处还可能是精神领域的或社会性的，比如苹果具有很好的观赏性和装饰性，也很吸引人。无论出于什么样的原因，苹果对消费者具有价值。

需求问题

与供应商一样，需求方接受某种商品的现行价格，并在其基础上做出决策。在给定的现行价格下，我愿意购买多少这种商品？在第 2 章中，谈到“越橘口味的冰淇淋问题”时，我们已经讨论过这个问题了。这个问题的答案取决于边际效用而不是绝对效用。消费者面对的问题是：“在这个价格下，我是不是应该再买一份？”

至于为什么冰淇淋问题的结论对于虚拟世界中的苹果同样适用，请注意无论真实还是虚拟，任何物品都有其价值，并且该物品也不可能是无限的：总有一个价位，在这个价位上，没有消费者愿意继续购买行为。如果每个苹果的价格为 100 000 枚硬币，而它的效用仅仅是能够满足一匹马一天的消耗，那么消费者连一个苹果都不会买。这笔钱大可以用在其他更有意义的事情上。因此，当苹果的价格过高时，消费者将决定不去购买它。

于是，供应商会降低苹果的价格，直到其达到某一价位，使得在该价位上，消费者愿意购买一个苹果。此时，消费者认为自己用钱买一个苹果可以获得最多的效用。

如果价格继续再往下降呢？消费者将买第二个苹果。他们会想：如果买两个苹果，就可以喂两匹马了。然后呢？供应商可以继续降低苹果的价格，而消费者则会再买第三个、第四个甚至更多。直到价格降到零，这时，我们就可以知道，当苹果免费时，消费者对它的需求量到底是多少。

需求原理

请注意商品价格与消费者需求量之间的关系：价格越低，需求量越大。换句话说，价格越高，需求量越小。这就是需求原理：如果你想让某人多买你的商品，你就得尽量把该商品的单价压低。当供应商为某种商品定下一个价格后，消费者就会决定在这一价格下，自己对该商品的需求量是多少。显然，消费者不会因为供应商强迫他们，就会乖乖地多买一些商品。然而，如果价格够低，也许不用强迫，他们就愿意多买一些。当然，如果供应商提高价格，销量自然会降低。就像供给原理一样，需求原理同样适用于真实世界和虚拟世界。

需求曲线

和计算总供给量的方法一样，我们可以简单地将每个消费者的需求量相加得到总需求量。假设一共有 370 名消费者，他们每人愿意以 8 枚硬币的价格购买 10 个苹果。也就是说，在 8 枚硬币的单价下，供应商可以卖出 3 700 个苹果。如果单价被提高到了 11 枚硬币，那么每一名消费者的购买量就会下降，从而总需求量也必然下降。相反，如果单价降到了 3 枚硬币，消费者的购买量就会提高。因此，在每一价格水平上，通过将整个市场中的消费者的购买量相加，就可以得到在该价格水平上的总需求量。将这些点连成一条线，就得到了需求曲线，如图 4—2 所示。需求曲线的斜率为负，这一点反映了需求原理（特例请看框 4—2）。

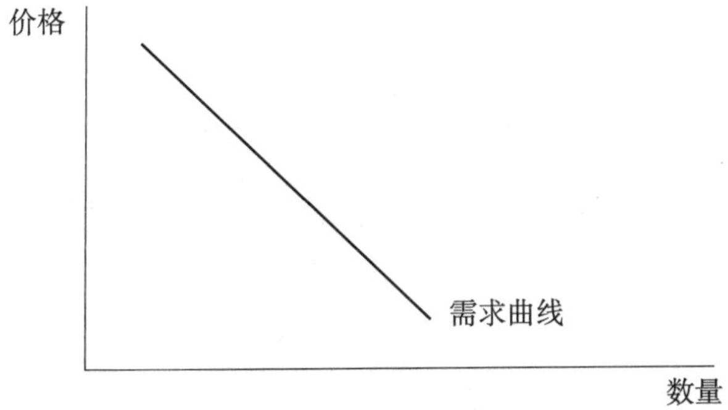

图 4—2　需求曲线

框 4—2　身份商品与向上倾斜的需求曲线

和供给原理一样，需求原理也不是绝对的。在一些极为特殊的情况下，需求曲线可以是向上倾斜的；换句话说，需求量会随着商品价格的上升而上升。在虚拟世界中，这种情况同样会出现，特别是当某种商品具有某种身份、地位价值的时候。正如在第 3 章中讨论过的，一种商品的价格会影响到该商品的身份和地位价值，也就是说，商品价格越高，它所能体现的身份和地位价值越高。通过提高价格，某种毫无用处的商品或许就可以转化为一种象征身份的商品，从而，就会产生一种向上倾斜的需求曲线。我们可以称此类商品为“炫耀性产品”。向上倾斜的需求曲线也会受到一些限制。在某一点，需求原理的一般性开始起作用，此时，商品价格的提高会重新导致需求量的降低。

均衡

这里，我们从一个供应商和一个消费者开始讨论，在理性选择模型下，他们会如何安排自己手中的苹果和硬币。我们借助他们的行为方式推导出了市场的一般规律：第一，商品的市场供给量随着该商品的价格升高而升高；第二，商品的需求量随着该商品的价格升高而降低。我们可以在一张图中画出两条曲线，用数学方法来表现需求与供给，见图4—3。

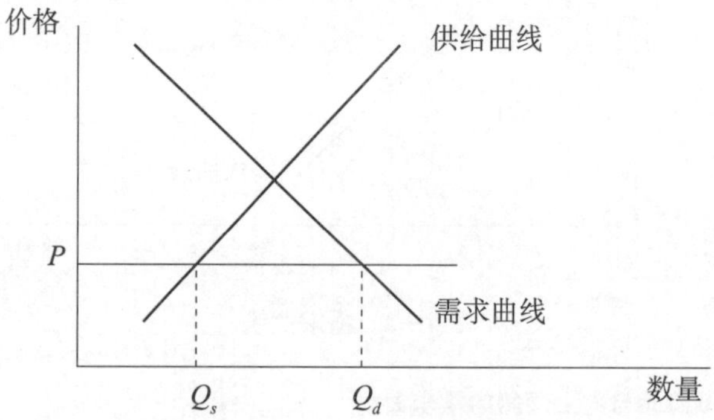

图4—3　供给与需求

将需求曲线与供给曲线画在同一幅图中是合适的，因为这两条曲线分别刻画着市场中价格水平与商品数量之间的两种不同的关系。供给曲线告诉我们，在不同的价格水平下，分别有多少商品可以被提供到市场中。在价格水平 P 下，供应商将提供数量为 Q_s 的商品到市场中。另一方面，需求曲线可以告诉我们，在不同的价格水平下，消费者愿意购买商品的数量。在同一价格水平 P 下，消费者愿意购买商品的数量记为 Q_d。

现在，我们要开始具体地讨论强大的市场力量了。设想一种情况，在价格水平为 P 时，市场中买方对某种商品的需求量高于卖方的供给量，此时苹果供不应求。因为价格太低，供应商的生产积极性不高。所有愿意接受目前价格水平的供应商已经把自己商品投入到市场中了，可是目前的数量并不能满足消费者的需求。

将以上情景代入现实生活中，想象一下，这将带来怎样的社会压力？消费者迫切地渴求获得更多的商品，他们会说："再卖给我一个苹果吧！我的马需要它！"然而，没有一个供应商会为之所动。面对这样的恳求，供应商会说："好吧，那我就回果园再拿一个苹果来卖给你，不过，这个苹果的价格将会更贵。"从而，买卖双方将在一个新的价格水平上达成协议，消费者要想再多获得一个苹果，就得接受一个比 P 高的价格。

刚刚我们再现了在市场中，买卖双方讨价还价的场景，最终，消费者为了多获得一个苹果，接受了比当前价格水平 P 高一些的价格。如果这对买家和卖家可以达成这样的协议，那么市场中的其他人同样可以。一般情况下，当某种商品供不应求时，买卖双方要想达成一项协议，都要遵循一个关键的条件：定一个比现在高的价格。当需求大于供给时，价格受到上行压力。在讨价还价和交易的过程中，市场中成千上万的交易者共同作用，一起将价格抬高到一个高于当前价格水平 P 的位置上。

那么，当价格水平处于一个相对较高的位置 P_h 时（见图 4—4），将会发生什么呢？这时的情况恰巧与刚才的情况相反。如果价格在一个较高的水平上，那么商品的供给量 Q_s 将会高于需求量 Q_d，此时，市场中的商品数量将无法被消费者完全消化。供应商为商品定下的价格过高，消费者无法接受，他们会选择不购买该商品。不过请记住，不是所有消费者都不会购买该产品，他们中的一些愿意承受高价以取得该商品。也许出于对自己坐骑的关心，他们渴望得到苹果，于是就会接受较高的价格并购买苹果。然而，这类消费者在市场中所占比例很小，因此，卖方的苹果会滞销。

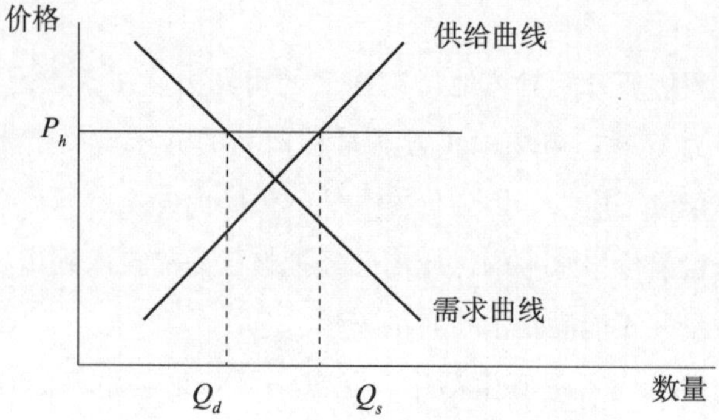

图 4—4　较高价格水平

让我们考虑一下这在现实中意味着什么。供应商已经将自己的时间投入到了对苹果的生产中，现在却要面对滞销的情况。[1] 如果这些苹果无法卖出，它们在卖方手中没有任何用处。当然，供应商也可以选择以低价卖出，这样至少不会血本无归。当初，他们之所以生产苹果，是期望其单价可以达到 20 枚硬币，现在看来这个期望无法实现了。当人们到商场只购买了一两个苹果时，卖方会说："难道你的马只吃两个苹果就能饱了吗？你不需要多买几个吗？"这次轮到买方占据主动了，他们会说："让我看看剩下的苹果，好吧，如果你愿意打个折，也许我可以再买几个。"事实上，既然苹果摆在架子上无法体现价值，那么为什么不打个折将它们都卖出去呢？降低价格可以帮助供应商清理存货。原因很简单，正如我们在上文中提到的，价格越低，买家越多。如果一个供应商能够选择打折降价，其他的供应商也会这么做。因此，买卖双方可以达成一项遵循一个关键条件的协议：定一个比现在低的价格。当供给大于需求时，价格受到下行压力。在讨价还价和交易的过程中，在市场中成千上万的交易者的共同作用下，价格会从 P_h 下调到一个较低的价位上。

当价格过高时，它会受到下行压力；相反，当价格过低时，它会受

① 对于虚拟苹果而言，它们显然不会腐烂。但是，即使它们会腐烂，也不影响分析的结果。可能过期的商品的情况将在第 11 章讨论。

到上行压力。那么，什么时候价格将不受到任何压力呢？即这个系统什么时候会停止浮动呢？当供给量与需求量相等时的价格被称为均衡价格。在图 4—5 中，我们可以看到这个价格。

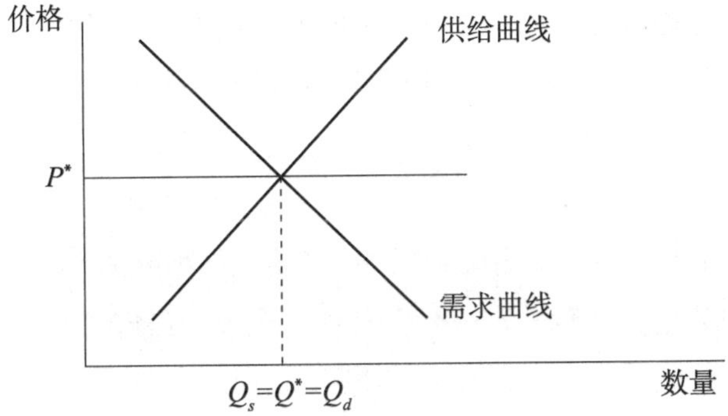

图 4—5　市场均衡

在价格水平 P^* 下，卖方带入市场的商品数量恰巧等于买方的需求量。因为在此价格水平下，供需相等，所有商品都正好卖光，所以我们说，价格水平 P^* 使市场达到了均衡。在现实世界中，由于环境的波动，市场很难达到完全均衡。市场中的每种商品都存在着一个固定价格或目标价格，价格会始终围绕这个目标波动，无论是快是慢。在价格没有达到目标价格水平时，市场就会产生一种压力，迫使买卖双方通过协商重新制定一个双方都能接受的价格水平。作为需求方，消费者总在想："为什么我非要支付这么多钱？"而作为供给方的供应商则总在想："我为什么挣得这么少？"当市场中有太多或太少的商品时，买卖双方的疑问会愈发强烈，最终迫使其中一方做出改变。当大型零售商场将电视机打折出售时，同行们也必须降低价格。当租房者无法找到合理的、可以接受的价格时，只好咬紧牙关，以不菲的价格租一间小公寓。总的来说，市场中扮演不同角色的人们会自发地使价格发生调整。这既不是一个想象出来的过程，也不是一个可以被控制的过程。

现在，由以上的论述和图示，我们可以更加清楚地看到，为什么 P^* 是均衡价格了。价格水平 P^* 并不是由任何个人决定的，而是自然而然地产生的。在市场中的人们可以尝试着进行交易、讨价还价、寻找商机，但是却无法将自己的意愿强加给别人。[①] 市场上存在着大量等待交易的人，你的生意伙伴也许并不是站在你眼前的这个人，你还有的是机会寻找下一位买家或者卖家。卖苹果的人可以将单价定为 100 000 枚硬币，但是那样做也许一个苹果也卖不出去。同样，买家也可以选择要求供应商无偿供应苹果，但是，没有一个卖家愿意接受这样的要求。市场中的每一个参与者都有两个选择：要么接受现有的价格水平，要么试着达成一笔特殊的交易。如果你选择后者，那么就要努力寻找一个愿意与你达成协议的交易伙伴，并且还需要一个条件，即现有的价格水平与均衡价格相去甚远。事实上，这类交易将促进市场趋向均衡水平。因此，对于我们中的大多数人，在大多数情况下，无论是在虚拟世界还是现实世界进行交易，在买卖东西时，都会接受均衡价格。

完全竞争条件

现在，我们将引入完全竞争市场模型，在此之前，让我们先来回想一下之前介绍过的，形成完全竞争市场的条件。这么做的目的有二：对于设计者而言，这就像是一份用于设计虚拟经济的功能清单，其中包括他们所希望见到的良性市场的形成条件，也包括他们所不希望见到的非良性市场的形成条件，他们所要做的就是避免后者的发生；对于经济分析者而言，这就像是一份指南，指导着他们判断完全竞争市场模型在真实市场中的应用，如果目前的市场就处于一种近乎于完全竞争的状态，那么他们就可以满怀信心地使用以下这些条件，用它们来预测未来市场的走向。

数量。完全竞争假说强调市场中有许多供应商和消费者。那么，究竟多少是多呢？对于这个问题没有明确的答案，不过，有一条基本的原则，那就是如果经济主体能够组成一个小团体，通过联合决策任意地抬高或压低价格，那么完全竞争市场模型将不再适用。如果市场中的供应商和消费者的数量达到一定规模，这样的协作行为（或称共谋）是很难实现的。最终，在一个给定的经济系统中，共谋者通过串通以操纵市场

---

① 这里，假设存在一个人人都奉行的、反对强制性的行为规范。然而，这一点并不总是成立的，特别是在虚拟经济中。见第 9 章中有关“犯罪”的内容。

的难易程度，决定着该系统成为完全竞争市场所需的经济主体的数量。

机构的作用也是巨大的。如果买方或者卖方有能力创建一个协调一致的组织——例如玩家公会、贸易联盟或是参与者协会——然后将买卖的决定权集中到组织领导者身上，那么完全竞争市场模型将不再适用，取而代之的可能是某种议价模型，其决策人将是为数不多的行业组织的领导人。

实际上，大部分非竞争类模型都趋向于假设价格制定者的数量有限。大部分读者会通过直觉或经验判断，在现实生活中，任何资源配置问题都是由少数几个人决定且从无异议这种情况是罕见的。事实上，凡是有划独木舟经验的人都知道，在这项运动中，想要让哪怕仅仅两个人相互协作，都是很困难的。因此，出于某些使用上的意义，你可以假设在虚拟经济中，一旦决策者的人数上升到了两位数，并且没有一个协调一致的组织来统一管理他们的行为，那么此时市场就处于一种竞争状态。

专业化。完全竞争市场的出现还有一个条件，即在经济系统中，不同的人必须能够生产不同的商品。如果每位生产者制造每种商品的效率都相等，那么就没有必要进行交易了，因为每个人都可以很好地满足自我需求。然而，事实是由专业化产生的自然禀赋或者技术可以让某些生产者在某些方面具备优势，让另一些生产者在另一些方面具备优势，这会对贸易产生一种天然的激励。一些市场参与者似乎——也许是出于对自由和效率的追求——对自己的生产活动只能满足自己的部分需求，而无法满足的部分则要求助于市场中的交易行为这一情况感到满意。

自由进入。只有当市场中存在竞争者时，才会出现竞争行为。也就是说，在任何市场中，新的参与者——无论是买方还是卖方——都有可能随意进入市场并参与交易。这里我们所说的“有可能”指的是“技术上有可能”。也有些情况，没有新的参与者愿意进入到市场中进行交易。但是，必须指出的是，即使没有新的参与者进入市场，他们进入的可能性本身已经足够将市场保持在竞争水平上。因此，不需要有法律、法规或协会专门规定一个市场中生产者和消费者的数量。另一方面，进入市场的成本不能过高以至于只有很少一部分人能够进入。如果进入的资本成本和时间成本过高，那么该市场将不具备竞争性。

同质性。针对单一市场的完全竞争模型假设交易中的商品是相同的。但是，这一假设在现实世界中是不可能成立的。市场中的每一件商品都是不同的，即使有时只有些许的不同。如果市场中的商品大致上是相同的，那么单一市场完全竞争模型就可以成立。如果市场中的商品有很大的区别——比如质量好的和质量差的大豆——那么我们就应该将其分为两个不同的市场加以分析。[①] 在现实生活中，很难确定我们分析的商品是否同质。是不是有一个市场能够被简单地归为“汽车”市场加以分析呢？答案是否定的，因为汽车是不同质的，有质量好的汽车，也有质量不好的汽车；且汽车的用途也不尽相同。在虚拟经济中，在一些市场中的确存在着完全同质的商品：每一件亚麻布制成的衣服都是完全一样的。然而，即使是这样，也会存在一些有关同质性的问题。是否有一个市场能够被简单地归为“服装”市场加以分析呢？是的，每一件亚麻布制成的衣服都是完全一样的，但是还有棉布制成的衣服、丝绸制成的衣服，甚至是由“精灵”制作的衣服。将所有这些不同种类的衣服全部归进一个市场中加以分析是否合理呢？再一次，这个问题的答案也不是确定的，而是取决于判断标准。一个人可能认为拥有着同一类买家和卖家的商品、有同样用处的商品、使用了同样生产技术的商品是同一种商品，并将它们归进一个市场中加以分析。根据这一观点，将“所有对60～70级玩家有用的资源”归为一类，看上去是合理的，而将“所有衣服”归为一类，看上去就没有那么合理了。距离也会影响商品的同质性（见框4—3）。

框4—3　市场边界和套利行为

一个市场可能包含着许多不同的交易场所以及场外交易行为。是什么因素决定着一个市场的地理边界呢？整个世界共同组成了一个庞大的市场吗？图4—6显示了一套“蜥蜴猎装”的市场价格，在游戏《最终幻想11》（*Final Fantasy XI：On line*）中，这是一款非

① 在高度发达的经济环境中，两个或两个以上的、相互联系紧密的市场会产生一种相互作用。高质量大豆市场与低质量大豆市场联系紧密，因此，当高质量大豆的价格上升时，我们可以准确地预测低质量大豆的需求将上升。

常常见的护甲。图中标出了该款装备在（游戏中）3 个不同的地方 6 周内的价格变化。在圣多利亚，一套“蜥蜴猎装”的市场价格为 3 500吉尔（该游戏中的虚拟货币单位）；在温德霍斯特，市场价格仅为 1 500 吉尔，甚至更低。是什么导致了这种情况呢？为什么市场竞争没有产生价格压力呢？为什么温德霍斯特的价格没有压低圣多利亚的价格？又为什么圣多利亚的价格没有抬升温德霍斯特的价格？一个可能的解释是，在圣多利亚的玩家不了解“蜥蜴猎装”在温德霍斯特的价格，因此，他们没法去那里购买（我们称之为有限理性）。另一种可能的解释是去往温德霍斯特的路途漫长而艰辛。如果你身处圣多利亚，并且亟须这样一件护甲，即使你知道温德霍斯特的价格更低，也没有任何用处。因而，从本质上来说，圣多利亚的“蜥蜴猎装”和温德霍斯特的“蜥蜴猎装”，不再是同一种商品。这时，我们可以说圣多利亚和温德霍斯特有两个不同的“蜥蜴猎装”市场。

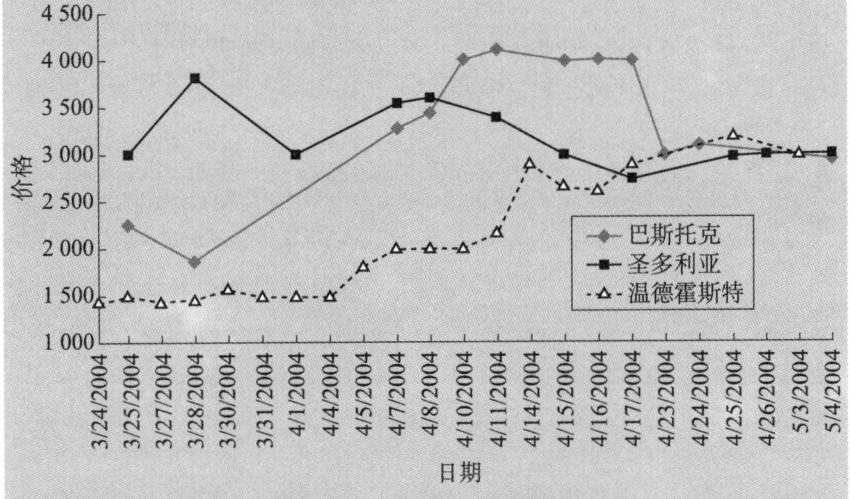

图 4—6　三个不同市场中的“蜥蜴猎装”价格

选自 Nash and Schneyer（2004）。

那些拥有这些关键信息或运输能力的经济主体，可以利用这些有利条件赚取利润。举例来说，如果某个玩家了解到圣多利亚和温德霍斯特两地的“蜥蜴猎装”的市场价格存在差异，并且他还具有一定的运输能力，那么他就可以在温德霍斯特以低价买进一些“蜥蜴猎装”，将之带到圣多利亚出售。将某地市场中的商品运到另一地市场中销售，并利用这两个市场的差价牟利，这种行为被称为套利。两个不同市场中的同一款商品的套利空间越大，这两个市场的价格就越有可能向中间水平靠拢。如果套利者的行为使得两个市场中的价格差异彻底消失，我们就可以说这两个不同的市场已经被同化为一个市场了。这一情况就发生在“蜥蜴猎装”市场：不断增加的套利行为使得三个不同地点的“蜥蜴猎装”价格统一为3 000吉尔。由此产生的新的大型市场更加有效，在温德霍斯特的兵器制造商可以获取更多的报酬，而在圣多利亚的护甲使用者则享受了价格更低的盔甲。

现实世界中的套利者并非一无是处的奸商，他们同样为经济做出了贡献。套利行为所得的利润是对他们的奖励，而他们的行为则帮助市场变得更加有效率。但是，在虚拟经济中，套利者的行为又有什么意义呢？只要设计者愿意，他们就可以像上帝一样，轻易地通过改变游戏的设定来增加经济系统的效率（毫无挑战性可言）。问题的答案在于，一些有经济头脑的玩家认为寻找并利用套利机会是一件很有趣的事。换句话说，套利机会实际上是一款游戏中具有经济学色彩的可玩点。

套利行为的出现告诉我们，市场的地理边界是由有效的沟通和运输所决定的。沟通和运输技术的发展使得新的交易和套利机会出现在人们的面前。在现实世界中，数字通信和全球的运输网络的发展已经达到了很高的水平，以至于整个世界都可以被看作是一个单一的市场了。

同质性假设的范围也涵盖大型商品。通常，我们谈论的商品都是小型商品，比如苹果。我们会说：“当价格降低时，我们会多买一些苹果。”而当我们谈论大型商品，比如“虚拟战列舰”时，情况会怎么样呢？这对于一位买家来说，可是一笔不小的支出。但从整个市场的角度出发，这样的交易并不算什么。虽然“虚拟战列舰”很大，但是仍然有供应商提供这类商品，也有消费者需要这类商品。所有本章谈到的问题，同样适用于大型商品。

交易方式。必须提供给用户一种交易方式，让他们可以自由随意地与身处其他系统的用户进行交易。这一点在虚拟世界中并不罕见，但是在以数字通信系统为媒介的虚拟市场中，设计者可以通过编程防止人们找到、接触其他人并与他们进行交易。他们还可能限制用户在何时、何地以何种方式进行交易。完全竞争市场模型假设用户可以自由随意地与他人进行交易，交易时仅仅花费很少的个人成本。① 风险是一种重要的成本，在一些虚拟环境下，交易过程中可能包括将物品掉落在虚拟空间中，由交易的另一方将其捡起的情形。然而，就在交易的一刹那，可能会出现第三方将物品抢走并逃跑的风险。搜索可能造成另一种成本：如果你不知道卖家卖的是什么以及价格是多少，就不可能完成交易。搜索成本以及物品被抢的风险成本共同组成了交易成本，而在完全竞争市场中，必须将交易成本降到最小。在第 7 章中，我们将谈到不同的交易方式的具体细节。

以上五个关于完全竞争市场的条件在表 4—1 中加以总结。

表 4—1　　完全竞争市场的条件

1. 数量	市场中存在大量的消费者和制造商。
2. 专业化	人们想要拥有的东西和可以制造的东西各不相同。
3. 自由进入	市场中消费者和制造商的数量是没有限制的。
4. 同质性	交易的商品具有同质性。
5. 交易方式	有低成本而简单的交易方式。

事物产生变化时会发生什么?

迫使价格趋向于市场均衡价格的压力通常被称为“看不见的手”，

① 交易成本通常被认为是不同经济主体组成较大的协会的原因。举例来说，工人与雇主就薪酬问题进行持续的谈判通常耗费大量时间，并且很难达成令双方满意的结果。因此，他们可能会形成一个联盟，代表整个群体进行一次性的谈判。在第 9 章中，我们将继续讨论其他类型的交易成本和机构。

这一说法是由亚当·斯密提出的。斯密是18世纪一位著名的古典经济学家。他指出，经济的运行并不是由个体参与者的行动决定的，而是由整个市场中所有的参与者在追求自我利益时采取的行为共同决定的。千百万个体所做出的微不足道的选择最终会产生一种匿名的、自发的、无形的社会力量，这种力量决定着经济状况，这一事实也许会让一些人感到不安和沮丧。然而，这一发现对于那些尝试设计经济系统的设计者而言是至关重要的。此外，我们还必须感谢斯密为我们提供了一个隐喻，该隐喻引发了一系列的笑话和政治玩笑。①

供给成本的上升

完全竞争市场模型可以被用来预测“看不见的手”的运行方式。设想你打算让生产苹果变得更加昂贵。设想苹果采摘由一条时间轴衡量，比如捡起苹果需要花费30秒，而现在你希望将这一时间延长为60秒，这样一来，生产苹果的时间成本就提高了。那么这对于苹果市场会产生什么样的影响呢？

对产出的预测可以分为三个步骤，首先需要有一个稳定的市场，如图4—7A所示。与前几幅图相比，需求曲线没有什么变化，但是我们现在有了两条供给曲线：S_1和S_2。先看S_1，也就是在之前几幅图中就出现过的那条供给曲线，此时市场中没有出现任何变化。在需求曲线与S_1相交的位置，市场处于均衡状态。此时，市场中的均衡价格为P_1，均衡产量为Q_1。

现在，生产苹果的成本出现了上升，其表现在图中，即为供给曲线的上移。我们将这一过程标记为A，如图所示。这一位移已经出现，因为厂商生产苹果的成本已经上涨——捡起苹果需要花费的时间变长了。因此，现在想要获得相同数量的苹果需要支付给供应商更多的钱。我们不可能指望在生产时间延长为原来两倍的情况下，供应商生产苹果的数量还能保持在原有的水平上。供应商生产苹果的成本变高了，因此，他们要求获得更多的报酬。将这一点体现在图中，则供给曲线S_2的位置

① 为什么亚当·斯密在自己的生日宴席上表现得心烦意乱？看不见的手是不可能被看到的。换一个灯泡需要几位经济学家？一个都不需要。他们希望看不见的手替他们把所有的工作都搞定。

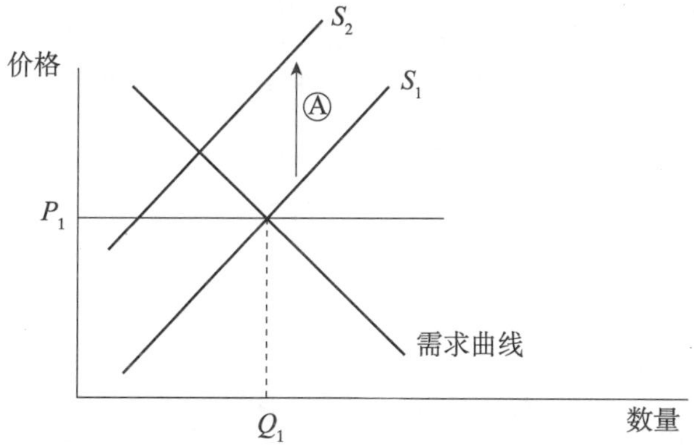

图 4—7A　苹果的生产成本上升

将高于供给曲线 S_1。[①]

当供给曲线从 S_1 的位置上升到 S_2 的位置时，市场的均衡状态被打破，如图 4—7B 所示。

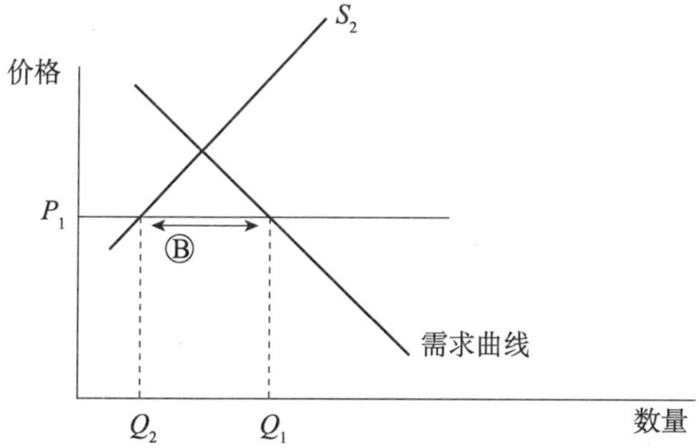

图 4—7B　苹果供给短缺时

在当前的价格水平 P_1 下，需求量仍然像以前一样保持在 Q_1 的水平上。但是，现在的供应量却不再由供给曲线 S_1 决定了。现在，供给曲线 S_2 将告诉我们在某一价格水平下，新的供给量是多少。由供给曲线 S_2 可知，当价格为 P_1 时，市场中苹果的供应量将仅仅为 Q_2。由于生产

① 在现实中，两条供给曲线的垂直距离等于供应商在苹果生产中多花费的时间的货币成本。这一数字是可以被精确地估计出来的，但这需要用到更深层次的计量经济学知识。Greene (2011) 对此提供了一个介绍。越来越多的统计软件——例如 R（开放资源）和 Stata（统计公司）——吸引着希望使用这些不同的分析工具对这一问题进行深入研究的用户。

成本的上升，一些原本生产苹果的供应商决定退出该行业。现在，生产苹果的时间变长了，一些厂商认为继续生产苹果将变得无利可图。从而，苹果的供应量将从 Q_1 下降到 Q_2。

其结果将导致苹果变得短缺。苹果的需求量仍然维持在 Q_1 水平上，但供给水平仅为 Q_2。此时，价格压力开始产生作用。任何商品出现短缺时，其价格都将上涨。在图 4—7C 中，可以看到这一点。

由于出现短缺，对苹果有更高需求量的人们就会尝试着以更高的价格寻找卖家。还有一种情况，那就是精明的卖家会敏感地嗅到空气中的商机，在进行过一番市场调查后，他们发现可以提高苹果的价格。随着以上两种情况在市场中的蔓延，苹果的价格将逐渐上升。如图 4—7C 所示。

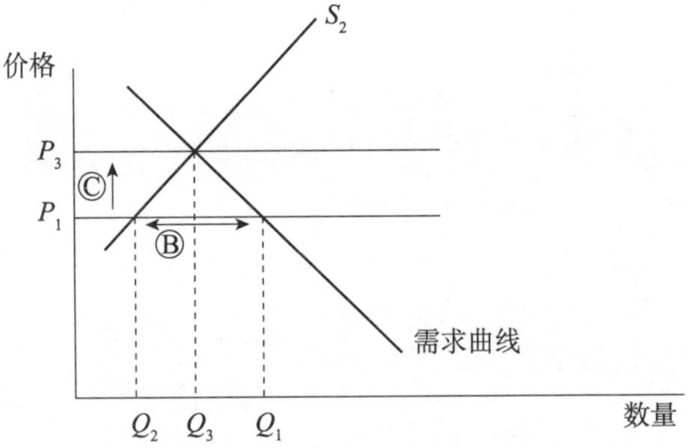

图 4—7C　苹果价格的上涨消除了供给短缺的情况

价格上涨将持续多久？其速度会有多快？我们可以很容易地想象出以下的情况，因为一开始时，买方的需求量与卖方的供给量差距甚大，所以价格压力在开始阶段也很大，价格上涨速度很快。但是，随着价格水平接近于新的均衡价格 P_3，价格的上涨速度也将变慢。随着价格的上涨，需求量与供给量的差距开始缩小。其原因有二：首先，随着价格的上涨，一些承受不了新价格的消费者将退出，需求量会因此而降低；其次，随着价格的上涨，一些原本已经放弃苹果生产的供应商重新参与到市场中来，供给量将因此而出现上升。以上两个原因共同作用，一起缩小需求量与供给量之间的差距，直到价格水平达到新的均衡点 P_3，这一差距将不复存在。

在图 4—7C 中，可以清楚地看到，提高苹果生产所需时间这一调整对市场造成的影响。最终，价格水平将从 P_1 变为 P_3，供应量则从 Q_1 变为 Q_3。提高生产苹果的成本，减少了苹果的供应量，提高了它的价格。这一行为并没有“摧毁”苹果市场，恰恰相反，它对市场产生了逐渐的、适度的和可测量的影响。

在实践中评估变化

在以上的内容中，我们抽象地解释了市场对苹果生产成本上升的反应。虚拟经济管理者可以将这一理论运用到实践中，根据假设发生的成本调整，计算出新的均衡价格和均衡数量。这对于预测虚拟经济调整方案的效果非常有用。

将这一理论运用到实践中需要面对一些挑战，其中最难的就是确定供给曲线和需求曲线现有的形状。A/B 测试（A/B testing）可以好地帮助我们解决这个难题：保持需求条件不变，慢慢地改变供给条件，然后观察价格和数量的变化，这样就可以描绘出部分需求曲线。类似地，保持供给条件不变，慢慢地改变需求条件，这样就可以得到部分的供给曲线。然后，我们就可以根据部分曲线推断出整条曲线的形状。为了使事情变得更加简单，你可以运用等式 $P=\alpha\times Q+\beta$，将需求函数、供给函数的图形假设为两条直线，其中 α 是直线的斜率，β 是截距。用你之前画出的部分需求曲线、供给曲线可以计算出斜率和截距。然后，你就可以得到需求曲线、供给曲线的图形了。通过改变系数和两条曲线的交叉点，你可以估计出成本以及效用变动所产生的影响。例如，想要模拟生产成本的提高，可以通过增加供给曲线的 β 值来达成。

经济管理下的市场

那么，“看不见的手”是如何发挥作用的呢？首先，它会将你的决策的影响体现在苹果价值的变化上。你假设苹果的制造成本上升，那么市场对此的反应就是苹果价格的上涨。这很有效。自由市场中的苹果价格向你（以及其他所有对苹果感兴趣的人）展示了此时此刻苹果的净社会价值。由此，当你考虑到以下复杂的因素时，就可以了解苹果到底价值几何。这些复杂的因素包括：人们对苹果的渴望以及苹果的用处；人们需要花费多少钱在苹果上；生产厂商需要花费多少时间，或者花费多少其他类型的成本（本例中为零）。很难建立一个通用的“定价引擎”将以上所有对价格有影响的因素全部考虑周到并得出一个合理的价格。即使真的能发明这样的“定价引擎”，它对市场变化的反应也很难做到快速而敏感。如果供应商的时间成本发生了变化，该怎么办？如果游戏中的马匹的饮食习惯发生了变化，该怎么办？如果有人找到了生产苹果的自动化模式，又将如何？所有这些因素都会影响一个虚拟世界中苹果的稀缺性和需求性，而任何一个“定价引擎”都不可能跟得上这些变化。仅仅是收集有关的信息就已经非常困难了。自由市场的好处就在于，它可以帮你收集这些信息并将它们转化为一个数字：“在考虑到所有情况的影响后，一个苹果的价格是 8 枚硬币。”所有这些都是极其重要、极其有用的信息，并且它们都是完全免费的。必须提醒一下读者，我们这里所说的是建立在边际分析上的结果，即上一个苹果所产生的价值。考虑到边际效用递减原则，每一个新增加的苹果对于消费者的价值都不如前一个。

“看不见的手”所具有的另一个同样重要的作用就是它可以优化资源配置，让有限的资源可以被用到最有价值的地方（关于利用“看不见的手”来重新分配用户的关注度，请见本章末框 4—4）。我们都明白这样一个道理：当某种商品的制造成本愈益升高时，该商品的产量就将降低。这一道理很正确。如果我负责一个经济系统的运行，突然，汽车的生产成本上升了 10 倍，那么，我会要求人们改为骑车或是搭乘公共交通工具。市场可以帮我完成这个任务，我没有必要非得为此而通过一项新的法律（或是，在虚拟世界中，发放一个新的补丁）。类似地，如果人们因为某些原因开始对某种商品非常热衷，需求曲线会自主地改变形状。如果你认真地思考了以上的内容，就会理解这一情况将同时提升该商品的价格和产量。这也是市场做出的合理反应。如果我是某一经济系统的最高决策者，当该系统内的人们对苹果产生了新的迫切需求时，我会让他们得到更多的苹果。再者，对苹果的渴求程度将会影响苹果的价格——现在它对于该经济系统中的人们的价值提高了。但是，经济系统不需要至高无上的决策者，来人为地促使这些情况发生，自由的市场可以自主地完成转变，将资源分配到苹果制造和消费领域。“看不见的手”将自动地将这些复杂的元素，如人们对商品的渴望、新技术的出现、资源的分配，全部结合起来，并进一步将其转化为对有价值的商品的生产、运输、消费等方面的具体影响。①

快乐模型

到目前为止，我们在本章中讨论过的问题全部建立在一个假设之上，即制造商在制造商品的过程中不能得到内生的快乐。这个假设在现实世界中是无可厚非的，然而，在虚拟世界中呢？在第 2 章结束时，我们讨论了游戏理论，它告诉我们，玩家可以从战胜人为制造的挑战的过程中得到快乐。在第 3 章中，我们同样讨论了交易行为在社会层面的意义：将商品卖给其他玩家可以带来精神上的满足。换句话说，在虚拟经济中，机构——比如市场——并不是单纯的用以达到目的手段，它们本身也可以是快乐的来源。如果这的确是实情，而我们现有的模型却不能将这一情况纳入其中，那么用这样的模型预测人们的行为必将出现错误。在这部分内容中，我们将尝试对完全市场模型做出适当的修改，目的是将“快乐”这一元素纳入模型的考虑范围。

想要理解制造商品为什么会带来乐趣，最简单的方法就是对供给曲线做适当修改。我们说供给曲线表现了消费者必须支付给制造商的价格的高低。然而，如果一个人本身就乐于制造商品，并可以从中得到快乐，那么即使你不支付金钱，他也会生产这种商品。事实上，更为极端的例子可能也存在，如果一个人能够从生产中获得极大的乐趣，他甚至可能愿意为获得制造该商品的权利而支付一定的金钱。

考虑到以上这些情况，让我们来看看下面这个公式：

① 想要进一步了解关于本章的内容，以及有关在完全竞争市场中的供给和需求问题，读者可以参考任何标准的微观经济学教材。我们推荐易懂的 Mankiw（2011，第二部分）以及进阶的 Varian（2009，1～23 章）。

总回报＝商品价格＋工作中得到的快乐

现在，让我们再一次思考一下供给曲线试图告诉我们的信息：它给出一种商品的价格，该价格恰恰等于生产该商品的成本。在虚拟经济中，生产成本通常就是生产者所花费的时间。从总回报的角度出发，在以上这个公式中，不再仅仅考虑商品的售价，还将生产者从工作中得到的快乐也加了进去。从而，我们还得到了以下这个公式：

制造商品成本＝总回报

因此，有

制造商品成本＝商品价格＋工作中得到的快乐

普通的供给曲线上的任意一点所在的位置，制造商品的成本都等于商品售价。我们需要一条新的曲线来表明工作中得到的快乐。

现在，看一下图 4—8——包含总回报的图。我们只需要在图 4—5 中再加入一条新的、关于总回报的曲线，就可以得到图 4—8 了。如图所示，总回报等于商品的售价加上制造商在工作中得到的快乐。供给曲线并没有发生变化：它仍然用以表示商品数量与售价之间的关系。像之前一样，这条曲线是向右上方倾斜的；像之前一样，它与需求曲线的交点就是均衡点，与之相应的横纵坐标值分别为均衡数量和均衡价格，这些都是由“看不见的手”操纵的。但是，不同的是，在图 4—8 中，我们可以看到制造商获得了额外的回报，从而其获得的总回报将高于商品的售价。在产量为 Q^* 时，商品的售价为 P^*，如图中 A 所示高度。另一方面，制造商还可以从制造行为中获得快乐，而快乐也具有价值，即

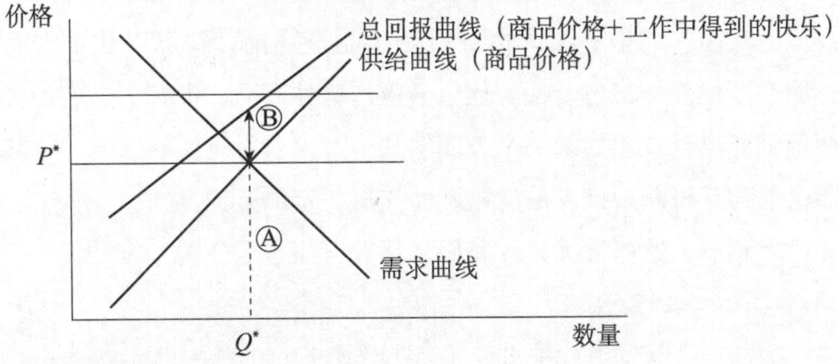

图 4—8　总回报

图中 B 所示高度。将 A 与 B 所示高度相加，得到的就是制造商从制造行为中获得的总回报。

现在，我们来谈一谈如何使用该模型来理解制造商在制造行为中获得的快乐。把你自己想象成一个游戏设计者，你想要为苹果的制造添加一些新鲜的娱乐成分。也许在摘苹果时，树叶发出的沙沙声听起来很悦耳。如果该经济系统中的其他因素保持不变，这种情况会使图 4—8 中的供给曲线向下移动。为什么会这样呢？首先，制造商生产苹果的时间价值以及经济成本并没有改变，因此，总回报曲线也不会发生移动。它将仍然显示制造商生产苹果的总收益。并且，还有一件事未曾改变，那就是制造商要求苹果的价格必须可以弥补他们付出的时间成本。然而，有一件事改变了，即生产苹果的过程中，制造商所获得的快乐增加了，因此，构成总回报的因素的比例也必然改变了。如果总回报保持不变，而制造商所获得的快乐增加了，那么，商品的价格必然相应地降低。换句话说，因为制造商可以从制造过程中获得快乐，所以对金钱的渴求不再像原来一样迫切。因此，供给曲线将向下移动，随之而来的是常见的影响。厂商将生产更多的苹果，苹果的售价也将下降。由于总回报并没有改变，高度 A 所占比例将缩小，高度 B 所占比例将增大。

考虑一种极端情况，制造苹果的过程变得非常有趣，生产者可以从中获得很大的快乐，因此，供给曲线下移到了一个很低的位置。这个位置太低了，以至于供给曲线与需求曲线的交点的纵坐标已经为负，即均衡价格为负。在这种情况下，不但消费者将无偿获得苹果，甚至市场中还会出现剩余。换句话说，苹果不再是稀有资源，反而变得毫无经济价值，就像是无处不在的地心引力一样。在虚拟世界中，发生在许多款游戏中的真实情况是，生产者会以微不足道的价格将大量滞销的苹果卖给电脑控制的角色，后者会将这些多余的苹果销毁（将在下一章中讨论）。如果出于某种原因——比如以此换取升级所需的经验值——生产者必须将苹果卖给由玩家控制的角色，那么就会出现非常奇怪的现象，生产者甚至会付钱给消费者以换取对方能够购买自己的产品。无论是哪一种情况，它的结果都将与现实生活中苹果市场的情况大相径庭。并且，扮演生产者角色的玩家会对自己的处境感到失望，他们将很难继续沉浸在游戏中。从以上的讨论中我们学到这样一个有些许奇怪的道理：想要创造一个强大的玩家对玩家市场，要求扮演生产者角色的玩家可以从生产某种商品的过程中获得一些快乐，除非生产该商品非常困难或是消费者对该商品的需求量巨大。

同一个模型还可以被用来评估其他情况，在这些情况下，玩家可以从生产活动中获得非物质奖励，比如升级所需的经验。分析方法相似。

框 4—4　关注度经济学

达文波特和贝克认为，对于当今的发达经济体来说，人们的关注度日益成为一种稀缺资源。[a] 对于虚拟经济来说，这一观点再正确不过了。因为，在虚拟世界中，除了关注度，几乎其他任何东西都可以被无限地复制。下面我们将呈现两个基本的经济学模型，它们都是关于获取和分配人们的关注度的。

让我们设想一个拼图游戏，它仅由一块拼板组成，是一款极其无聊的游戏，不可能得到人们的关注。如果它变为由几块拼板组成，就变得不那么无聊了。再多加几块拼板，它就变得有趣一些，还可以吸引来一些关注度。但是，如果我们只是一味地增加拼板的数量，最后拼图会变得非常难，于是关注度将再一次消失。一个由数以百万计的拼板组成的拼图游戏是不可能吸引任何关注的。这个模型的关键所在是：（1）拼图游戏获得关注度的强弱取决于其拼板的数量；（2）最合适的、最能吸引关注度的拼板数量，既不能太多也不能太少，应该恰巧在中等水平上（即图 4—9 中的点 M）。这个模型可以被用来分析任何一款游戏的组成元素的最优数量，以此来吸引最多的关注度。举个例子来说，它可以被用来分析虚拟商店网页界面中一次呈现商品的最优数量。

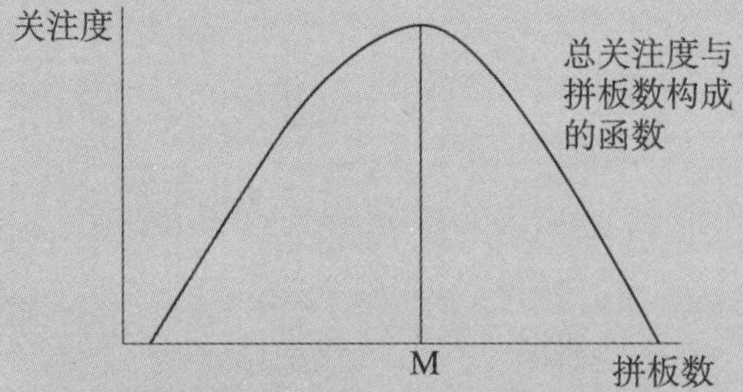

图 4—9　关于获取关注度的拼图模型［最初由 Castronova（2012）提出］

在任何虚拟经济中，如果存在由玩家自主设计的内容，都会出现一个问题，那就是如何帮助玩家排除劣质内容的干扰，找出真正有益的内容。例如，在用户自主设计的虚拟世界中，玩家如何找到有趣的场所？面对有成千上万种选择的市场，玩家如何找到自己需要的商品？如果玩家不得不花费大量的时间在搜索有用的信息上，或者他们的注意力被分散到了不相关或低质量的内容上去，那么他们的利益必然受到损害。如果玩家事先已经了解自己到底想要什么，那么只要提供一个高效的搜索工具，这一问题就会迎刃而解。在一个典型的大型多人在线游戏中，玩家可以通过搜索物品的名称、等级以及其他的常见属性来找到某种物品。然而，当我们向经济中加入创新元素时，这种方法就不再有效了。如果你压根不知道存在着一种革命性的新装备可以收集空间中的光，你又怎么搜索它呢？

通常，社会媒体通过“推荐”来解决这一问题，也就是用户之间相互推荐。如果某人喜欢某个产品或者某个内容，而他恰巧又是你的朋友，你也可能喜欢该产品或者内容。社会媒体扮演的角色就像是滤网，它将不好的内容去掉，留下好的、受欢迎的。然而，这一方法也存在两个问题。首先是气泡效应（bubble effect）：你的朋友圈也许因为这个或那个原因没有获得关于某个有趣又重要内容的信息，从而你也就无从知晓该内容。其次是马太效应（Matthew effect）：强者愈强、弱者愈弱。也就是说，如果所有内容都按受欢迎程度排列，那么那些最受欢迎的内容就会排在最显眼的地方，它们所得到的关注度就会更强，而那些原本就很少受到注意的内容则会更加边缘化。流行度成为了一个不断自我加强的假设，而那些真正优秀的内容则无法受到重视。

对于分配问题，经济学的标准解决方式就是创建一个市场。举例来说，一个虚拟世界中关于关注度的市场可能会起到如下作用：每当一位用户选择了一个内容，就需要付给其设计者一些点数，以此作为对设计者的奖励。设计者则可以使用这些点数来提高其制作的内容的受欢迎程度，这样就可以使该内容更容易在搜索引擎中被搜出来。为了打破流行度不断自我加强的固定套路，该模式允许设计者承担风险并投资点数用以宣传自己的产品，当然前提是设计者具备信心，可以通过后期的销售收回前期的投资（例如通过产品被选择时获得的奖励）。如此一来，你就拥有了一个关于关注度的市场，类似于我们常见的广告。广告的名声并不好，因为它们被设计出来就是为了吸引关注度的。但是，它也同样具有优点，比如，它可以减少搜索成本并防止气泡效应和马太效应。在虚拟经济环境中，虚拟广告被以一种新的、创造性的方式运用，达到了显著改善用户关注度的分配情况的作用。同时，它还起到了为虚拟经济系统加入创造性和活力的作用。对于一个在经济方面充满活力的、有能力创造和展示信息以表明自己的经济需求的用户来说，该模式的效果是非常好的。至少，对于大多数用户来说，他们获得了了解一个经济系统内存在的所有可能性的机会。但是，必须要制定一些判断广告价值的标准系统，其原因在于不好的广告会给市场灌输一些错误的信息，而这些错误的信息可能导致错误的资源分配，其影响甚至比没有信息还差。[b]

a. Davenport and Beck（2001）. 早期的学者们已经分析过关注度的稀缺性（见 Lanham 2007），托马斯·达文波特和约翰·贝克的贡献仍被认为是杰出的，他们推广了关注度经济学以及随之而来的对商业领域的挑战。

b. 要想更加深入地了解有关关注度和数字广告的内容，请参见 Taylor（2013）。

第 5 章 监管市场

在之前的章节中，我们介绍了理想化的关于完全竞争市场的模型，任何人都可以随意地参与到市场中扮演买方和卖方的角色，商品的价格则由这些参与者的行为决定。然而，在虚拟世界中，大部分市场却不是这样的。它们中的大部分被虚拟世界的设计者以这样或那样的方式监管着。举个例子来说，虚拟世界的设计者通常都会保留一项权利，即只有他们可以扮演优质虚拟商品供应商的角色。其他的任何人都没有资格与他们进行竞争。在一些表面上是竞争性的市场中，设计者通常会强制性地规定某些商品最高的或最低的价格。举个例子来说，在一些大型多人在线游戏中，由电脑控制的商贩通常会对一些商品给出一个固定的、极低的价格，即使玩家卖给它的商品可能是价值连城的。因此，在本章中，我们要讨论的是受限制的、非自由的市场，还要讨论为什么以及如何创造这类市场。本章是非常重要的一章，因为设计虚拟经济的关键就在于构建不同种类的、被审慎监管的市场，这些市场可以帮助设计者实现最初的设计理念。①

为什么要监管市场？

根据经济学教科书上的理论，完全竞争市场是最好的市场模式，因

① 从标准的微观经济学层面出发，本章将讨论价格管制、市场结构、完全弹性需求以及完全弹性供给。关于这类问题的理论研究，可以参见一些微观经济学著作，如 McConnell, Brue, and Flynn (2011)，Mankiw (2011)，以及 Varian (2009)。本章的内容将集中探讨这类问题在虚拟经济设计和管理中的应用。

为它可以实现最有效的资源配置。当然，在现实生活中没有这样完美的市场——通常还与之相差甚远。因此，真实市场中许多的监管政策，例如对反竞争行为的禁止，其目的都是尽量让市场贴近于理论上的完全竞争市场。虚拟经济学家的目标与之恰恰相反，他们会设计出许多不同的监管方法，以尽量使虚拟世界的市场不同于完全竞争市场。这是为什么呢？在第 1 章中，我们提到过虚拟经济模式下，效率很容易提高，但这却不是大部分设计者的目标。他们的目标是提供内容以吸引并留住用户，以此来获取收入。非竞争性的市场比竞争性的市场更有利于实现这些目标。

例如，考虑一下收入是如何产生的。假设一个设计者设计了一款多人坦克对战游戏，并打算发售一种高级装甲来赚取利润。最直接的方法就是创造出一个非竞争性的市场，设计者自己扮演这种商品的垄断销售商。或者，设计者还可以创造出一个竞争性的市场，在这个市场中，每一位玩家都可以随意制造、销售坦克的装甲，但是他们都必须向市场支付一定的赋税，这也就是设计者的收入来源。但是，这可能会使游戏变得有些复杂，并使得玩家不得不接受一种新的游戏模式。这种新的游戏模式可能与设计者的初衷相违背，他们本打算将这款游戏设计成一款动作类游戏（再者，事实上这种市场也不是完全竞争性的，因为税收本身就是一种对市场的管制）。受监管的市场模式是虚拟经济设计中的一个默认选项：它是最简单地达到设计者目的的方法。竞争性的市场是一种更为高级的设计元素，它在一些简单的虚拟经济中并不适用。本书中，我们之所以将完全竞争市场放在非竞争性市场前介绍，是因为前者是经济理论的基础，受管制的市场模型是在这一基础之上发展起来的。

我们再来看看另一个例子，这次设计者设计了一款收取点卡费的幻想游戏。设计者试图创造出一个能够给予玩家愉快体验的虚拟经济系统（达成诸如“提供内容”、“吸引并留住用户”这些目标）。正如在之前章节中讨论过的一样，竞争性市场可以创造许多乐趣。无论你扮演的是一个种植苹果的农民，还是一个猎龙高手，在完全竞争市场中，将你的产品卖给其他玩家都将使你获得快乐。如果有一天，你卖的商品非常受欢迎，那么你就可以在玩游戏的同时获得额外的经济奖励。然而，在另一方面，竞争市场也会惩罚过度生产。如果你在游戏中的名字叫做“屠龙者克利姆”，并且已经购买了所有最豪华的装备，还为自己编写了引人入胜的猎龙故事，那么你现在最不想听到的就是龙鳞的价格在直线下降，原因在于这款游戏中有太多的猎龙者了。在这种情况下，即使你听说在这款游戏中，成为一名烤面包师或者医疗师非常有趣也于事无补。你就想成为一名猎龙者，从没想过要当一名烤面包师。正是这种管理上的欠缺使得一些玩家放弃了继续玩这款游戏。如果你迫使玩家不得不经历更换职业的痛苦，那就不要惊讶于他们会去玩与你设计的这款游戏相竞争的游戏。由于游戏领域存在着类似的问题，在虚拟的竞争性市场中，设计者通常会制定商品的最高或最低售价。也许这样的设计并不能使玩家获得身临其境般真实的游戏体验，但却是保证游戏顺畅运行的最有效的方法。

为什么不提倡强制监管市场

监管市场最简单的方法就是制定法律，规范市场参与者的行为，让市场按照理想的方式运行。举个例子，如果我们想要为市场中的商品设定最高或最低价格，只要制定一条法律做出具体的规定就可以了。假设一块面包的价格是 5 美元，而你希望它仅仅卖 2 美元。你可以制定一项价格管制法：禁止将一块面包的价格定为 5 美元，因为这是一个过高的价格。所有的商店都只能将一块面包的价格定为 2 美元。它们必须这么做——至少是在台面上，可是私下里呢？首先，由于你设定的面包价格仅仅为 2 美元，因此，有许多的制造商已经选择退出该市场了。相比之前，面包变得更为稀有了，而那些现在仍然坚持生产面包的厂家发现他们不能设定一个更高的价格，至少在合法的范畴里不能。但是，在私下里，它们可以选择与黑市中的交易者打交道，这些人会支付 2 美元购买面包，同时再付给生产者一个小小的回扣。接下来，黑市中的交易者会将面包转手卖到别的市场中，在这些市场，面包的价格必然会高于每块 5 美元。这样的立法实际上会产生适得其反的效果：更少的面包、更高的价格。

以上的分析同样适用于虚拟世界。即使你强制性地规定作为销售者的玩家不能将虚拟面包的价格定在高于2枚硬币的价位上，这些玩家同样可以向购买者要求支付额外的3枚硬币作为礼品，或者要求提供一些其他的物品作为交换条件，这些物品可能是不能用价格衡量的稀有物品；还有可能扮演销售者角色的玩家选择在另一个市场中售卖自己生产的面包。这就是发生在游戏《暗黑破坏神3》（*Diablo Ⅲ*）中的真实情况。这款游戏的开发商规定，围绕该游戏展开的所有交易的上限为250美元。作为应对手段，一些人会将游戏中稀有的物品拿到未经开发商批准的市场上进行交易，而此处价格水平不再受官方设定的标准所限制，只要有买家，多高的价格都是可以接受的（我们将在第8章谈到现实生活中未经授权的交易）。即使你竭尽全力设法阻止了所有利用价格管制法漏洞规避监管的行为，最终你能得到的结果就是市场中不再存在销售被限价商品的厂商，其原因在于，法律制定的价格过低，以至于不再有厂商在生产该商品时具有比较优势。因此，请放弃利用法律法规监管市场的行为。如果你希望市场的运行可以贴近自己的意愿，那么最有效的方法就是利用市场结构。

正确的监管方式：利用市场结构

谁被允许在市场中扮演买方和卖方的角色？“市场结构”是针对这一问题的回答。在第1章，我们谈到虚拟经济中包含着多种不一样的代理。而在其中，最常见的代理是用户和发行商，后者在游戏中的表现形式通常是由电脑控制的商人角色。虽然，游戏发行商很难明目张胆地向玩家提出一些不合理的要求，诸如“你不能将一块面包的价格定在2枚硬币以上”，但是提出以下的要求还是相对简单一些的，比如“不允许玩家卖面包”、“只有由电脑控制的商人才能卖面包”。通过制定游戏规则，开发商区分了游戏中哪些人可以扮演买方的角色、哪些人可以扮演卖方的角色。我们归纳了九种不同的买卖组合，这些组合就是构成市场结构的基础。

基本市场结构已在表5—1中列出。存在着六种不同的市场结构，以及一种“无市场”状态，即不允许玩家担任买卖双方的角色。每一种市场结构都会导致一种市场种类，在每一种市场中又存在着不同的角色。虚拟经济设计的要点就是根据不同的情况，选择一种最合适的市场结构，以实现设计者的全部经济目标。这些市场结构适用于不同种类的虚拟经济，从在线社区到大型多人在线游戏，比如《星战前夜》。在下面的内容中，我们将讨论每一种市场结构适用于怎样的设计目标。但是首先，我们要检验设计者怎样利用市场结构来支持内容，并进一步考虑如何利用市场结构来实现盈利目标。

表 5—1　　基本市场结构

		买方角色		
		开发商	玩家	二者同时
卖方角色	开发商	“无市场”状态	卖方垄断型市场结构	卖方垄断型市场结构
	玩家	买方垄断型市场结构	无管制市场	最低限价型市场结构
	二者同时	买方垄断型市场结构	最高限价型市场结构	价格窗口型市场结构

市场结构——以娱乐为目的

不受管制的市场中，玩家之间可以进行交易，这是一种富有娱乐性的市场结构。这类市场结构通常被用在大型多人在线游戏中，比如《星战前夜》。然而，除非生产和销售的商品数量能够被严格地管理，否则不受管制的市场很可能呈现出一种均衡状态，在这种状态下，玩家的游戏体验有可能受到损害。例如，龙鳞的价格也许会降到一个极低的位置，以致从事猎龙者职业的玩家甚至无法养活自己。我们将在第 11 章和 12 章讨论管理生产活动和消费活动——或者用虚拟经济术语来说，就是水龙头和污水槽。现在，我们姑且将生产活动和消费活动当作既定前提，讨论市场结构和开发商的参与如何影响市场的运行。

在买方垄断型市场结构下，游戏开发商扮演的商人从玩家手中购买商品，这种模式可能导致一个问题，即商品的价格太低，以致无法继续维持游戏的可玩性。在这一市场结构下，游戏开发商——通常都在游戏中扮演商人的角色——以一个固定的价格从玩家手中购买龙鳞。其他玩家则无法扮演买家的角色。不管制造成本是多少，开发商通过设定一个固定的购买价格有效地消除了生产者所承担的风险。然而，在另一方面，这样的做法也会导致生产者无利可图，并且放弃了在玩家之间进行交易的有趣模式。

最低限价型市场结构是一种折中的模式，它处在自由市场下那种富含机遇但波动性颇大的价格模式和买方垄断市场下那种可靠但迟钝的价格模式之间。在这一结构下，游戏开发者不再完全排斥由玩家担任买方的角色，而是将后者当作一种对市场的有效补充，这样一来，市场中就不再仅仅只有开发商才能扮演买方的角色了。由电脑控制的商人仍然会为每一种商品提供一个固定的价格，如此一来，当某种商品过多而导致其价格过低时，游戏中的制造商也不至于放弃生产，因为最起码他们可以获得一个由开发商制定的最低限价。最低限价的作用相当于补贴，与西方国家的农业补贴类似。必须感谢类似的补贴方式，否则虚拟世界中的猎龙者（现实世界中的农民）就无法享受市场繁荣所带来的好处了，与此同时，他们还可以避免由于市场萧条带来的负面影响。

如果市场中的需求匮乏（或是产量过高）是缓慢出现的，最低限价型市场结构将转变为一种更贴近买方垄断型市场结构的模式。在这种情况下，最低限价型市场结构给玩家对玩家交易模式带来的正面影响非常有限。而补贴模式也会出现问题，即到底是谁在为补贴买单。在虚拟经济中，支付补贴所需的货币可以被凭空创造出来。但是，需要有相应的措施来抵消新流入经济系统中的货币所产生的影响，否则通货膨胀就会出现。通货膨胀就像是一种微妙的税收，它对所有持有货币的人都有效，因此，即使是虚拟世界中的补贴也难以逃脱它的影响。[①]

我们已经从卖方的角度检验了市场结构，下面我们要从买方的角度来审视市场结构。与扮演卖方的玩家的观点相似，对于那些希望购买商品的玩家来说，一个缺乏管制的玩家对玩家交易市场是非常有吸引力的。从其他玩家的手中购买商品，偶尔讨价还价一下，这也是非常有趣的。在自由的波动性市场中，幸运的交易机会时常出现。这也吸引着玩

① 有关货币政策和收支平衡的问题将在第 12 章进行讨论。

家时常登录游戏查看交易机会。再来看看负面影响，价格的大幅波动将对扮演买方的玩家的游戏体验造成影响。例如，在游戏《魔兽世界》中，一些制造商品所需的原材料有时会变得非常昂贵，特别是当玩家需要这些原材料完成日常任务时。如果制造商品所需的资源长期保持在较高价格水平上，那么该游戏将无法继续吸引以制造为职业的玩家。

在卖方垄断型市场结构下，游戏开发商（通常扮演游戏中的商人角色）是唯一可以制定商品售价的销售商。这种市场结构解决了由于价格不受管制而产生的问题，但同时，它却缺乏玩家对玩家交易方式的趣味性。最高限价型市场结构中存在着两种销售商，其中一种是游戏开发商扮演的卖方，还有一种是玩家扮演的卖方。这一市场结构处在不受管制市场和卖方垄断市场之间。游戏开发商扮演的卖方角色的定价是这款游戏中该商品的最高限价，没有玩家需要花费更高的价格购买该商品（见框 5—1）。如果玩家扮演的销售商可以提供给买方一个更低廉的价格，那么他们就可以继续生存下去。这样一来，大部分材料扮演生产者角色的玩家都负担得起，从而他们就不会遇到生产瓶颈。但是，由于开发商可以随意地制造某种商品，所以，必须小心不要使某种商品数量过多。

框 5—1　对游戏《星战前夜》中矿产价格的管理

在游戏《星战前夜》中，一种名为 tritanium 的矿产资源非常稀缺，它是制造太空飞船和武器弹药必不可少的原材料。这种资源可以从漂浮在太空中的小行星上开采得来，玩家需要驾驶飞船航行到小行星带中，选择一个目标，然后使用他们的激光采矿器进行开采。不需多一会儿，矿石就可以被精炼为矿产资源，并储藏在飞船的仓库中。与此同时，储藏矿产的小行星则会被完全消耗掉。经过一段时间之后，小行星可以再生，重新贮满矿产资源。然而，在小行星可以再生前，想要获得更多资源的玩家只有一个选择，就是去更偏远、更危险的小行星带寻找未被开采的矿物资源。因此，矿产资源呈现为一条向上倾斜的供给曲线。

曾经，开发商为该游戏中名为 tritanium 的矿产资源设定了一个最高限价。无论你需要多少该资源，都要以大约每单位 3.6 个星际币的固定价格进行交易。它是这样做到的：由开发商操纵的游戏人物不会直接贩卖这种矿产资源，而是以一个固定的价格出售不限数量的太空飞船和组件。有经验的玩家可以购买这些旧商品，以每单位 3.6 个星际币的成本回收 tritanium 资源。所以，一旦该矿物的市场价格超过了每单位 3.6 个星际币，有经验的玩家就会把回收来的 tritanium 资源拿到市场中卖出以换取利润。由此，这就为该矿产制造出一种限价效应。

在这个例子中，最高限价的设定并不是有意为之。开发商操纵的游戏人物提供了一种便利和需求，来保证玩家主导的经济系统不会出现混乱，以致无法提供 tritanium 资源。最高限价的作用是帮助控制生产者采集该矿物资源时的成本，与此同时，它还限制了以开采为生的专职玩家的利润和数量。2008 年，为了让《星战前夜》的经济系统可以完全实现由玩家主导，开发商不再继续操纵游戏人物，从而使得最高限价机制也就不复存在。

取消最高限价所造成的影响可以从图 5—1 中看到。虽然在取消

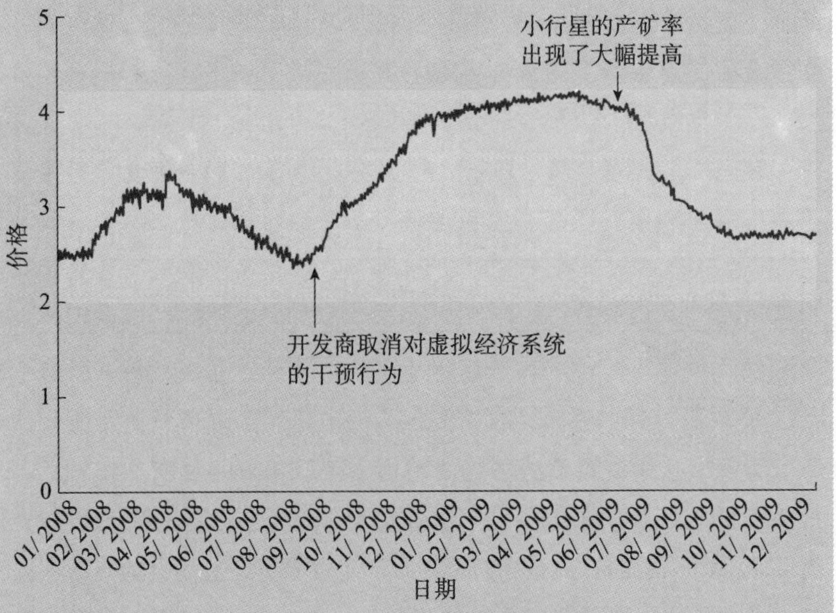

图 5—1　tritanium 矿产价格走势图

开发商对虚拟经济系统的干预行为之前，由于诸多因素的影响，tritanium 资源的价格并没有固定在每单位 3.6 个星际币上，但是价格水平总体上还是稳定的。然而，在开发商取消干预之后，价格却出现了直线的上升。新的均衡价格为每单位 4.1 个星际币。正如开发商的预期一样，采矿行为猛增。除此之外，还产生了其他一些后果。富含资源的小行星愈发稀少，特别是在相对安全的区域。这对于玩家的游戏体验产生了负面影响，特别是对于那些缺乏经验的玩家。生产者采集该矿物资源时的成本也相应地出现了上涨。

2009 年 6 月 19 日，该游戏的开发商又做出了一项改变：小行星的产矿率出现了大幅提高。根据我们之前针对完全竞争市场模型的分析，由此造成的供给曲线右移会导致该产品价格的下跌和数量的上涨。这一分析结果与事实恰恰一致。在两个月内，tritanium 资源的价格下跌了近 25%，同时，其产量提高了一倍。至于这一改变对开采成本和小行星数量的影响，其效果类似于让整个系统回到了取消开发商干预行为之前的状态。唯一不同的是，现在采矿产业的规模更大了，这恰恰是之前开发商所起到的作用。

一个同时包含最低限价型模式和最高限价型模式的市场结构被称为价格窗口型市场结构。只有在商品的价格水平在价格窗口的范围内时，玩家对玩家的交易模式才能实现。否则，玩家的交易对象将是游戏开发商。价格窗口的范围越小，该市场的可预测性越强。但与此同时，玩家对玩家的交易也越难实现。想要通过选择正确的市场结构以及合适的价格水平来保证玩家的游戏体验，必须要实现一种平衡，既不能对市场做出太多的限制（导致游戏无聊），也不能给予它过多的自由度（导致经济系统不稳定）。

与开发商扮演的游戏角色有关的经济学

无论在哪一种市场模式下，如果开发商在游戏中扮演买家或卖家的角色，那么他们的目的只有一个，那就是利用这一机会来控制市场中商品的价格，以使其不会超过或低于某一水平。我们称这类非玩家扮演的角色为价格机器人。通常，它们的表现形式有两种：要么是电脑控制的商人角色，要么是一家自主经营所有商品的“商店”。这类价格机器人的特征之一就是毫无经济头脑，行为方式亦不受经济规则限制。这一点最为明显的体现就是，这些价格机器人会以一个完全不变的价格出售无限数量的某种商品，而任何一个理性的经济人都不可能这么做，因为商品的数量是有限的，他们会提高售价以购买足够的原材料。类似地，这些价格机器人在扮演买方时，也会以一个完全不变的价格购买无限数量的某种商品，即使这种商品可能一文不值。这些不符合经济规则的行为根本毫无意义，没有一家真实的商店或是一个真实的商人拥有足够多的资本无休止地购买毫无价值的垃圾。任何类似的行为都必然导致生意陷入窘境，换来的只是资金链的断裂和堆满仓库的垃圾。这些愚蠢的价格机器人之所以可以继续存在下去，唯一的原因就是游戏的设计者为它们提供了无限的信用保证。设计者将程序设定为这些价格机器人拥有无限多的货币资金；同时，它们还能以零成本制造任何一种买家需要的商品，这样就保证了它们能够以一个不变的价格销售这一产品。而它们在交易中获得的货币以及商品都将被设计好的程序销毁，然后从市场中彻底消失。

价格机器人可以为市场提供无限的供给和需求。图 5—2 显示了它们对市场价格的影响。我们将要看到的例子中，价格机器人扮演的是一个买家的角色。如果让市场自由发展，那么我们将得到均衡价格 P 和均衡产量 Q。然而，游戏的设计者在系统中添加了一个无脑的价格机器人来扮演买方，它们会被设定好，以 PB 的价格购买苹果，有多少买多少。其效果将马上显现出来，扮演制造商的玩家原本计划以价格 P 向其他玩家销售苹果，现在，由于价格机器人提供的价格水平 PB 高于原本的价格水平 P，制造商发现了一个新的商机，于是他们就会转而将苹果卖给价格机器人，从而赚取 $PB-P$ 的差价。最终，买方玩家在市场中将买不到苹果，而卖方玩家则可以赚取更高的利润。那么要怎么样这些销售商才肯重新将苹果卖给消费者呢？只有当玩家也同意付出和价格机器人一样的价格时。任何低于 PB 的报价都将被销售商拒绝。因此，任何想得到苹果的玩家都必须支付一个竞争价格，即 PB。制造竞争的人不是玩家，而是设计者制造的价格机器人。这一点并不重要，重要的是这些价格机器人愿意支付一个高于市场价格水平的金额，这就是一个最低限价型市场结构的例子。

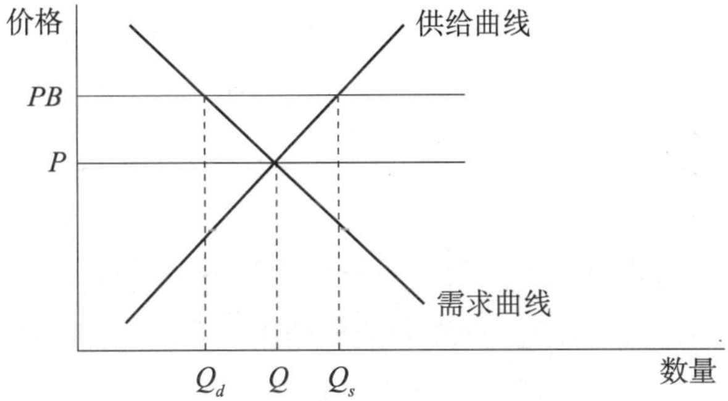

图 5—2　最低限价型市场结构：扮演买家角色的价格机器人的影响

除了向商品的价格施加压力，使其趋近 PB，价格机器人的购买行为还会对市场产生另外一些影响。由于市场中苹果的价格得到了提升，因此，一些玩家制造商会重新开始生产苹果。于是，市场中苹果的数量将会由 Q 提升到 Q_s，这是一个可观的增加。价格机器人的购买行为实际上提升了生产苹果所获得的利润，从而吸引了新的制造商。然而，与此同时，苹果的需求量则出现了下降。在供给水平为 Q_s 时，数量为 Q_s-Q_d 的苹果流入价格机器人的手中，最终被销毁。留给玩家消费者的苹果数量是 Q_d，而 Q_d 是小于 Q 的。经济学家们通常将之称为价格机器人将一部分玩家挤出了市场，因为它购买了一部分原本可以销售给玩家的苹果。

这里需要指出的一点是，如果价格机器人的购买价格低于市场中原本存在的均衡价格，那么它的行为将不会对市场产生影响。玩家扮演的销售商仍然会提供一个较高的销售价格。如果 PB 小于 P，销售商会将苹果卖给其他买家而不是价格机器人。PB 是一个购买价格的下限：市场中不能存在任何一个更低的购买价格，因为它无法对任何一个更高的价格水平产生影响。

现在，让我们来看一看扮演卖方角色的价格机器人。在这种情况下，价格机器人将以一个固定的价格出售无限数量的某种商品，以此来设定一个最高限价。如果最高限价高于市场中已经存在的均衡价格，那么它也将不起作用。当某种商品在其他销售者那里价格便宜时，没有任何一个消费者会愿意花更多的钱从价格机器人手里购买同样的商品。因此，如果希望起到最高限价的作用，那么价格机器人给出的售价就必须要低于市场中的均衡价格。如果情况正是如此，那么游戏设计者将得到一个类似的效果。市场中该商品的售价将会下降，并最终低于价格机器人给出的售价。在某种程度上，一部分销售商将被挤出市场。剩下的人也必须尽全力与价格机器人展开竞争，提出一个相等或者是更低的报价。如果价格过低以致到了无法承受的地步，那么，玩家扮演的销售商就不得不退出市场了。同时，消费者则可以以一个更低的价格购买该商品。

在一些虚拟经济系统中，以上提到的两种类型的价格机器人都会被用到，从而，我们就得到了一个价格窗口型市场结构。也许你发现自己正在玩的游戏中，一个非玩家控制的商人会以一个极低的价格收购苹果，同时以一个极高的价格卖出苹果。正如我们在上面所提到的，在这样的情况下，售价过高的销售商和无力支付高价的消费者将被挤出市场。这样的设定，可以为游戏中的虚拟市场提供一种有效的限制，超出该限制的行为将无的放矢。如果出现了打破限制的行为，比如，即使市场上突然出现了过剩的苹果，其价格也不可能降到零，因为价格机器人扮演的商人始终都会留在市场里，以一个固定的价格购买苹果。无论发生了什么，价格机器人都不会离开，它们给出的买价也不会发生改变。另一方面，扮演卖方角色的价格机器人则会始终以一个极高的价格出售苹果，以此来为市场设定一个最高限价，高于任何其他销售商可能给出的价格。即使突然发生了不测，苹果的价格突然飙升，它也不可能高于这个最高限价。无论发生了什么，价格机器人不会离开，它们给出的售价也不会发生改变。这两类价格机器人共同作用，一起给自由市场中的商品施加压力，使其始终无法超过价格窗口的范围。

（作为一项练习，读者可以自己尝试思考一下这样一种情况：在市场中，由价格机器人扮演的销售商以一个极低的价格贩卖某种商品，以及由价格机器人扮演的消费者以一个极高的价格购买某种商品。你将看到，这样的安排会起到什么样的作用。）

我们讨论的话题主要围绕如何使用由游戏设计者控制的价格机器人来设定最高限价和最低限价，并以此实现管制市场的目的，然而，事实上，这类电脑控制的游戏角色还可以对经济系统产生更为广泛的作用。举例来说，游戏的设计者们可以阶段性地向游戏中加入一些由他们所控制的买家或卖家角色，这样既可以使虚拟经济系统时常出现一些有趣的波动，又可以保证生产产品的玩家能够得到一个相对满意的回报率，还可以让购买产品的玩家接受一个相对合理的价格。

市场结构——以营利为目的

当游戏设计者准备利用虚拟商品和虚拟货币的销售来实现盈利时，他们所面对的问题就不再仅仅是选择一个合适的市场结构以提供给玩家不错的游戏体验了，而是要选择一个合适的市场结构以赚取更多的利润。从这个角度来说，最明显的选择就是卖方垄断型市场结构，这一结构被广泛地运用在社交游戏中。在这种市场结构下，游戏设计者会向玩家贩卖在该游戏中流通的虚拟货币或是“现金装备”，同时禁止玩家将它们转卖给其他玩家以避免来自二手市场的竞争。毕竟，在虚拟世界中，一些商品看不出是二手货。因此，如果在游戏中允许二手买卖，那么一些玩家必然站放弃购买最新的装备，转而购买二手装备，这种情况必然导致设计者的商品销量下降。

亚马逊网站——世界上最大的在线书店——实在是太有名了，以至于一些读者根本不会考虑到其他的网站购买图书。和一些成功的虚拟经济运营商一样，亚马逊在图书市场上也有很强的垄断力。然而，这家网站所遵循的模式并不是卖方垄断型市场结构——最高限价市场结构。对于可以在网站上找到的每一本图书，亚马逊不仅提供新书的价格，还提供二手图书的价格。从第三方销售商那里购买二手图书，和在亚马逊上购买新书一样方便。亚马逊为什么要提供这类服务呢？是的，它的确可以从二手书交易中获取一定的费用，但是，如果能在图书销售领域实施垄断经营，不是更好么？

二手市场——或者称为二级市场——的存在，的确会导致一些消费者选择购买二手商品而不是全新的商品（它会冲击一级市场的销量）。但是，这里有一个窍门：一些原本什么也不打算买的人，在看到这一情况后，会选择买一本新书。对这一出人意料的现象的解释是：二手市场的存在可以提高新书的生命周期价值。也就是说，在看完一本书之后，读者可以选择将这本书卖掉以赚回一部分购买成本。考虑以下这些不等式。在不存在二手市场的情况下，只有当以下条件被满足时，一个理性的消费者才会购买一本新书：

价格＜内容的价值

当二手市场被添加到系统中之后，不等式变为：

价格＜内容的价值＋转售价格

换句话说，在二手市场出现之后，原来的交易将吸引更多的消费者，或者以一个更高的价格成交，还可能同时产生这两项结果。为了让这个模型更加贴近现实，我们可以考虑一下，如果将旧书留下来，保存在自己的书柜上（这么做的目的可能是将其作为参考书目，或是为了向他人炫耀自己的博学），这本书的剩余价值是多少？这一价值将随着这本旧书被卖掉而消失。在这种情况下，二手市场的出现能够使新书市场变得更受欢迎：

转售价格＞转售价值－书柜空间的价值

在这一模型中，我们假设消费者事先知道书的内容的价值，之后才会决定是否购买它。然而，在现实世界中，书籍是一种经验产品（在第1章中已经介绍过了）：这类商品的价值无法得到准确评估，除非你已经购买并使用了它。购买这类商品的风险是非常高的，因为在读过新买的书的最初几页之后，你有可能发现它与你的期望相差甚远。二手市场的存在降低了购买经验产品时，可能出现的这类风险。它允许消费者在发现该商品并不好时，能够通过卖出该商品重新获得原本花费成本的一部分。对于游戏中的一些虚拟产品，比如剑或是能力增强剂，由于其效果可以被预知，它们并不属于经验产品，所以这一模式并不奏效。但是，对于另一些虚拟产品，例如一些复杂的游戏特性以及通过数字版权管理（DRM）被转化为虚拟产品的游戏本身，在很大程度上都属于经验产品。总而言之，根据盈利目标，到底是选择卖方垄断型市场结构还是价格上限型市场结构，其依据在于，判断二手市场的引入能否既促进新品市场的销售，同时又避免对其产生负面影响。

找出方法来降低二手市场对新品市场的负面影响是可行的。想要弄明白如何实现这一目标，我们可以将其看作是一个价格歧视问题来进行分析。你希望看到的是这样一种情况：消费者有很高的意愿花钱在新品市场购买商品，同时，他们对于花钱在二手市场上购买商品并没有很大的热情。在第 4 章中，我们讨论过有关价格歧视的问题了，现在，让我们来看看一个这类的例子。一款名叫《哈宝》的网络游戏其目标受众是青少年，它的开发商是速雷克公司（Sulake），该公司通过向玩家出售虚拟产品获取利润。玩家们使用“哈宝信用币”来购买虚拟商品，而速雷克公司则发售哈宝信用币来获取真实的货币。事实上，速雷克公司并不具有该游戏中虚拟产品的垄断经营权，它允许玩家之间相互交易（同样必须使用哈宝信用币）。然而，这款游戏的玩家们热衷于购买新品和新内容，速雷克公司会阶段性地推出新品和新内容并加以推广。每当一款新产品开始发售，那些想要购买该产品的玩家就会从速雷克公司手中购买这些产品。因为要等到这些新产品出现在二手市场，可能需要很长一段时间，这些玩家无法承受等待这些新产品变旧的煎熬。一段时间之后，当这些产品出现在二手市场时，那些当初不愿接受速雷克公司首发价格的玩家就会以一个相对便宜的价格，从二手市场买入这些已经变旧的产品。这是一种完全价格歧视机制。从一件产品在新品市场首发到它们出现在二手市场，这期间所花费的时间越长，二手市场对于新品市场的负面影响就越小。

通过虚拟货币盈利

在《哈宝》这个例子中，虚拟商品市场遵循的是最高限价型市场结构，但是，“哈宝信用币”的市场遵循的是卖方垄断型市场结构：只有速雷克公司有权发售这种在游戏中流通的虚拟货币，并以此换取真实的欧元或美元。这种模式可以说是最为典型的通过虚拟货币盈利的例子。然而，最高限价型市场结构同样可以实现这样的目标。在第1章中，我们介绍了“Q币”——一种中国的虚拟货币，其流通范围甚至已经超出了其原本存在的平台（腾讯QQ）——可以被用来购买一些真实的商品和服务。想要购买该虚拟货币的用户，可以从腾讯公司手中购买，定价为每1枚Q币1元人民币。或者，还有一个渠道，那就是从未经官方认可的第三方手中购买“已经使用过的”Q币，这里的定价会随着市场波动而变动。所谓“已经使用过的”Q币，就是第三方机构从接受Q币交易的商家手中购买来的用户购买商品时支付的Q币。

如果Q币能够在用户与商家之间重复使用，那么腾讯公司怎么才能从中获利呢？问题的答案是：在Q币被循环使用时，其中的一部分必然用于购买腾讯公司官方的商品和服务。这些商品和服务就像是“回收器”，它们可以将一部分Q币回收到发行者手中，从而停止其继续在商家和用户中流通。这一机制降低了虚拟货币的供给，从而也小幅增加了二级市场中Q币的价格。[①] 当二级市场中Q币的价格趋近首发市场时，消费者也许就会放弃从从未经官方认可的第三方手中购买“已经使用过的”Q币，转而直接从腾讯公司购买首发的Q币。当消费者这么做时，他们无形中增加了腾讯公司的收入，并且还将一部分新的Q币引入到市场中进行循环。这一行为反过来又会增加虚拟货币的供给，并且降低二级市场中Q币的售价。最终，二级市场中Q币的售价将基本维持在0.9元人民币的水平上，不会超过1元人民币的价格上限。

相比于卖方垄断型市场结构，最高限价型市场结构具有什么样的优点呢？这两种策略存在着很大的不同。因为虚拟货币的发行商可以利用市场将虚拟货币转换为真实货币作为收入，所以，一些第三方商家和服务提供者愿意接受虚拟货币作为支付工具，如果它们真的这么做了，那么这种虚拟货币的使用范围将进一步扩大，从而吸引来更多的消费者，这也就意味着该经济系统需要更多的虚拟货币。每“铸造”一枚新的虚拟货币并将它卖给用户，开发商都可以从中获利。虚拟经济的增长从而

① 货币供给与货币价值的关系，将在第12章的货币政策部分加以讨论。

转化成了开发商的收入。只要虚拟经济不断增长，开发商的收入就可以不断增加。如果经济增长出现了停滞，开发商就会转变获利模式，它们会通过前文中提到过的方式对市场中的虚拟货币进行回收，从中获得收入，并且交易费用也将成为它们的一种盈利来源。在卖方垄断型市场结构中，它们同样利用这种模式盈利，但是没有第三方商家的影响，虚拟经济的增长速度将变慢。只是单纯地发行一种虚拟货币，不一定能吸引来第三方参与者的加入。有关如何创造出一种受欢迎的虚拟货币的话题将在第 10 章中谈到。

游戏《第二人生》的开发商，林登工作室（Linden）使用一个相似的虚拟货币模式赚钱，它们发行的虚拟货币被称为林登币（L＄）。人们可以在一些市场中使用美元购买林登币（其他的主权货币和虚拟货币也可以用来购买林登币），这种虚拟货币的市场看上去就像是一个不受管制的市场。然而，林登工作室在市场中也扮演着卖方的角色。它会出售新发行的林登币，以弥补被“回收器”回收的那部分旧币，从而在经济发展的时候，提高虚拟货币供给。与腾讯公司相比，林登工作室并没有为林登币制定一个最高限价。显然，该公司试图将兑换率维持在 1 美元兑 270 枚林登币上，但是，它也曾经以一个更低的价格出售过这种虚拟货币。这一行为使该公司背上了故意破坏用户自主销售林登币的市场的骂名。无论是林登工作室采取的这种灵活的最高限价模型，还是腾讯公司采用的严格的最高限价模型，这两者都必须依靠同样的因素：经济增长和虚拟货币被“回收器”回收的机制。腾讯公司采用的模式更加有效，由于其可预见性和透明度，该模式可以为市场增加信心。

这种利用最高限价型市场结构赚取利润的模式存在着一个问题，即作为“回收器”的商品和服务对所有玩家必须做到一视同仁。如果它们仅仅是对大多数用户有效，甚至还产生了一些极其“富有的”用户，那么后者就会以一个低于开发商的价格出售虚拟货币，从而挤占开发商的利润空间。在卖方垄断型市场结构下，因为用户无法扮演卖方的角色，“富有的”用户受到限制，无法利用出售虚拟货币的机会赚取利益。在一些虚拟经济系统中，为了防止以上这种问题的发生，开发商通常不允许除自己之外的机构和个人出售虚拟货币。有关“回收器”的内容将在

第 11 章中详细讨论。

从监管市场的难易程度的角度来看，相比于卖方垄断型市场结构，最高限价型市场结构的最大缺点就是它不方便监管。对于一项制度而言，政府不希望看到你挑战它的权威。仅仅在游戏平台以及周边商品上使用某种虚拟货币不太可能产生问题。但是，当 Q 币无意间成为了一种网上消费的主要通货时，中国人民银行就开始注意到问题的严重性了。当数字化的加密货币——比特币——在监管不到的角落蓬勃发展时，它也同样遇到了来自官方的干涉。我们将在第 10 章中详述比特币。

串联多个市场：Facebook 信用币

2011 年 1 月，大约在 Q 币推出十年后，Facebook 网站推出了自己的虚拟货币——Facebook 信用币。科技和金融领域的一些专家相信这种虚拟货币的发行将会扰乱全球的电子商务秩序。这一担忧并不是空穴来风。2011 年，Facebook 网站拥有 7.5 亿名注册用户，是世界上最大的在线社交服务平台。腾讯 QQ 位列第二。和 Q 币一样，Facebook 信用币也可以从实体店中购买，或从广告商那里赚取，并花在虚拟商品上。考虑到 Q 币在中国产生的影响，难道 Facebook 信用币不可能在全球范围内产生巨大影响么？

为了了解 Facebook 信用币的潜在力量，我们首先要弄清围绕这种虚拟货币存在的虚拟经济系统是如何设计的。用于交换 Q 币和 Facebook 信用币的市场是完全不一样的。拥有一大笔 Facebook 信用币的企业家只有一个潜在的买家——Facebook 网站。这种买方垄断模式允许该网站以低于售价 30%的水平重新购回这种虚拟货币。该模式同样使围绕 Facebook 信用币发展的虚拟经济成为一个封闭循环的系统。与其说 Facebook 信用币是一种虚拟货币，不如说它更像是一种礼品券。这一属性替市场监管者省去了不少麻烦，他们只需要密切关注 Facebook 网站的金融活动就可以轻而易举地掌握该虚拟经济系统的走势了。然而，这也预示着围绕 Facebook 信用币发展的虚拟经济永远无法具有围绕 Q 币发展的虚拟经济那样的竞争力。

让我们进一步仔细地观察 Facebook 网站建立的虚拟经济系统吧。

其运作的方式是这样的：用户先从该网站购买信用币，再将这些信用币支付给应用软件开发商以换取虚拟商品和服务，最后，这些第三方开发商可以使用信用币从 Facebook 网站换取真实的货币。在这里，我们看到的不仅仅是一个独立的市场，也不是由首发市场和二手市场组成的混合市场，而是三个围绕 Facebook 信用币构建的独立市场，每一个市场都存在着自己的市场结构。上一级市场中扮演买方角色的人，在下一级市场中就要扮演卖方的角色。从而，该系统完成了对多个市场的串联，而该串联的起点和终点都是 Facebook 网站本身。读者可以在表 5—2 中看到这条脉络。

表 5—2　　　　Facebook 信用币串联多个市场

	卖方	买方	市场结构
市场 1	Facebook 网站	用户	卖方垄断型
市场 2	用户	第三方开发商	无管制市场
市场 3	第三方开发商	Facebook 网站	买方垄断型

Facebook 网站的盈利模式与《哈宝》单一的卖方垄断型市场结构以及腾讯公司的最高限价型市场结构都有些相似。与腾讯公司的最高限价型市场结构的相似之处在于，这两家公司都允许第三方开发者和商家介入虚拟经济系统，其目的在于让后者帮助将虚拟货币转换为真实货币。与腾讯公司的不同之处在于，Facebook 网站将第三方开发者与消费者都看作是自己的“用户”，为此，它分别设立了第三方开发者账户和消费者账户，以此来区分二者的市场角色。在这个系统中，用户不能相互买卖虚拟货币，即使在一些情况下，用户可以从 Facebook 网站及其合作伙伴那里获得虚拟货币作为奖励。同时，第三方开发者也没有权限将赚来的 Facebook 信用币卖回给用户。这意味着 Facebook 信用币只有一个来源，那就是 Facebook 网站，这一点与《哈宝》的卖方垄断型市场结构相似。换句话说，如果你是用户并且想得到一些 Facebook 信用币，那么就必须接受该网站提出的售价。目前，一枚 Facebook 信用币约合 0.10 美元，但是通常并不固定，这取决于购买的数量和方式。

与此相似，如果第三方开发者想把从用户那里赚来的虚拟货币换成真实货币，也只有一个渠道，那就是将虚拟货币卖还给 Facebook 网站。

由于不存在竞争，该网站可以随意地决定到底以什么价格回收自己发行的虚拟货币。目前，每枚 Facebook 信用币的回购价格是 0.07 美元。因此，不难看出，用户购买信用币的价格与第三方开发者可以卖出的价格之间大约有 30%的差额。根据支付渠道的差异，最高差额达 50%左右。再者，该网站拒绝回购作为奖励免费发放给用户的信用币。因此，虽然第三方开发者不得不接受这类特殊的 Facebook 信用币作为支付手段，它们却无法从中得到什么收益。

由于在这个虚拟经济系统中，所有交易最终都必须经过 Facebook 网站，而不是像围绕 Q 币构建的经济系统一样，仅仅牵扯到其技术基础设施，所以该系统内存在着许多摩擦。这也导致 Facebook 信用币无法像 Q 币一样实现更好的突破。Facebook 网站声称，一旦该虚拟货币开始发行，它将逐步淘汰以当地主权货币作为计价单位的旧有模式。这一变化并不会改变我们的分析结果，除非它能够改变 Facebook 网站的市场结构。无论该网站的信用平衡是以虚拟货币结算，还是以美元或欧元结算，都无法改变一个事实，那就是该网站发行的虚拟货币是建立在它的服务上的。只有当虚拟货币可以被任意地兑换为真实货币时，这一事实才会发生改变。那时，我们就会经历一场转变，即由 Facebook 信用币经济向 Facebook 信用经济的转变。以旧有的主权货币作为记账单位的模式的衰落，恰恰能够很好地反映出该系统的本质：这种虚拟货币不是一种新的全球性货币，而是一种特有的在线支付系统。

串联多个市场的模式适用于所有的、有多个经济主体参与的经济系统，而这些经济主体在市场中扮演的角色与作用必须互不相同。Facebook 网站的经济系统可以促进第三方应用开发者的发展。在其他的虚拟经济系统中，唯一存在的不同主体就是广告商，它们会从开发商手中购买虚拟货币，再将虚拟货币奖励给玩家以博取关注度。

市场是否应该存在

在之前的内容中，我们讨论了如何使用不同的市场结构达到不同的设计目标。但是，还有一种情况我们没有讨论过，那就是“无市场”状态。由于我们必须要考虑市场这一在任何经济系统中都至关重要的构成因素，所以之前笔者有意识地避开了“无市场”这一情况。现在，我们已经讨论过自由竞争市场和受管制市场的不同形态，是时候回过头来重新考虑这样一个问题了：是否在没有市场的情况下，我的设计目标更容易实现呢？

对于物质商品来说，当人们交换它们的时候，市场就会自然而然地出现。但是对于虚拟商品来说，情况就不一样了。如果某一虚拟经济系统的参与者之间希望交换虚拟产品，其前提是该虚拟经济系统的开发者编制了允许这一行为的程序。① 没有交换机制，自然就不会产生市场。某一虚拟产品会始终由其最初获得者持有，直到它彻底从虚拟世界中消失。和其他与市场与有关的设计决策一样，是否设置市场的决策也是因情况而异的。对于这一决策的指导原则与其他设计决策应该遵循的规则一致，即任何虚拟设计必须对以下三方面有所帮助：（1）提供内容；（2）吸引并保持用户的关注度；（3）盈利。最终，最为正确的决策显然由内容所决定。

让我们在大型多人在线游戏中找一个例子看一看。在《魔兽世界》中，普通的虚拟商品可以在玩家之间随意地交换。然而，一些极为稀有、力量巨大的虚拟物品则不可以被随意交换。为什么在同一市场中普通物品可以交换，而稀有物品却不能呢？下面我们就来解释一下其中的缘由。

首先，出于许多原因，虚拟世界中的交易行为应该被允许。玩家对玩家交易可以让玩家将注意力放在自己特别偏好的游戏内容上，同时，还可以从别的玩家手中购买他们所需的其他虚拟商品。举例来说，那些特别热衷于制造皮具的玩家可以尽情地制造皮制商品，同时用出售自己制作的皮靴和皮包所赚来的钱，购买武器和魔杖，这些商品则是由专门制作武器的玩家制造的。扮演工匠角色的通常可以从交易行为中获得更多的职业满足度，因为这证明他们制造的商品是有市场的。再者，玩家对玩家贸易本身也是具有娱乐性的，这一过程包含谈判、套利、试图垄

① 虽然在一些情况下，用户可以利用自己的聪明才智找到越过设计者设置的程序限制的方法。关于这一情况及其解决方法的内容将在第 7 章结尾和第 8 章中予以讨论。

断市场等行为。因此，允许玩家对玩家贸易对于虚拟设计必须遵循的三条规则中的一条有帮助，即为玩家提供游戏内容。

然而，同样存在一些原因告诉我们不应该允许玩家对玩家交易。当玩家利用他们在某一领域的比较优势制造某种商品，并且从其他玩家手中购买其他商品时，在某种程度上，他们让游戏变得简单了。事实上，这类行为帮助这些玩家跳过了一些在他们看来相对较难的游戏内容，剩下的只是对他们来说相对较容易的内容。最终的结果是，相比于限制玩家对玩家交易的情况，在允许交易的情况下，游戏内容将被更快地“消费”掉。这样一来，交易行为就违反了虚拟设计必须遵循的三条规则中的后两条，即吸引并保持用户的关注度以及盈利。这两条规则要求设计者尽量限制游戏内容被“消费”掉的时间，这样做的目的是让玩家更为持久地沉迷于某一款游戏。玩家“消费”游戏内容的速度越快，他们支付给设计者的点卡费就越少，他们也越不愿意从设计者那里购买新的资料片和虚拟商品。

允许玩家对玩家交易行为带来的另一个问题就是，如果一种物品可以随意交换，并且它又恰恰具有某种特殊的象征价值，那么该商品的象征价值就会大打折扣。如果只有在完成某一个极为艰巨的任务后才能获得某一种装备，那么该装备就具有一种特殊的象征价值，它象征着持有这套装备的人是一名优秀的玩家。这不仅能显示该名玩家的社会地位，还能向其他玩家说明他所具有的等级和经验。对于那些希望组队一同攻击一个难以攻克的地牢的玩家来说，这样的装备还提供了一种重要的信息，即持有该装备的玩家是一个顶级玩家，值得信赖。但是，如果该装备不仅能通过完成任务来获得，还能通过交易获得，那么它所具有的象征价值就会大打折扣。如此一来，该装备的价值就降低了，同时降低的还有玩家在希望获得该装备时愿意付出的努力程度。因此，这一问题使得允许玩家对玩家交易违反了虚拟设计必须遵循的三条规则中的第一条：为玩家提供游戏内容。①

综合考虑以上这些优点和缺点，我们是不是应该允许玩家对玩家交

① 这类问题还发生在未经开发商批准的虚拟货币买卖市场中，在那里，玩家会就整个虚拟账户进行交易。这一问题将在第 8 章进行讨论。

易行为呢？这一问题的答案取决于出现问题的商品种类。对于游戏《魔兽世界》中的普通商品来说，允许玩家对玩家交易行为产生的优点大于缺点，因为普通装备易于获得且象征价值不大。而对于那些很难得到且具有很高的象征价值的稀有装备来说，允许玩家对玩家交易行为产生的缺点显然大于优点。那种对于成套稀有装备的渴望也是玩家继续玩这一游戏的原因之一。如果这类装备可以很容易地在市场中买到，一些玩家就会轻轻松松地达到自己的目标，并觉得一开始花费的时间是不值得的。因此，对于这一问题的答案就是制定一个分类解决方案：《魔兽世界》的设计者允许针对普通商品的交易行为，但是，不允许针对稀有商品的交易行为。考虑到游戏中存在着这样一个明显的矛盾，设计者的解决方法是使用情节装置——“灵魂绑缚”（该装备已与其使用者绑定在了一起）——这解释了为什么一些商品可以交易，而另一些则不能。

现在，为了更加规范化，《魔兽世界》的设计者放宽了对市场的限制，即使最为稀有的装备也可以进行交易了。玩家可以将这类装备以一个较低的价格卖给由电脑控制的商人。从而市场出现了，只不过这是一个买方垄断型市场，在该市场结构下，玩家对玩家交易是无法实现的。设计者用这种方法弥补了玩家对玩家交易的缺点，同时又为玩家提供了一个市场，在该市场中，玩家可以卖掉自己不想要的稀有装备。是否在某种情况下，我们必须要完全禁止市场的出现呢？是的，这类情况很普遍。诸如等级、技能点数、成就徽章、高得分、角色形象等元素都是完全不可交易、不可转让的。这类元素都是有价值的，也是为玩家和用户所拥有的，并且很明显还是虚拟商品。但是，由于它们是不可交换或交易的，所以我们常常忘记它们的商品属性。无论是从游戏设计还是象征意义的角度来说，这类虚拟商品不可交易都存在着合理的理由。再说，这类虚拟商品也不是完全不可交易。在大型多人在线游戏《安特罗皮亚世界》（*Entropia Universe*）中，游戏角色的技能点数可以下载下来，然后在一个公开市场中卖给其他玩家。在 Facebook 和 Twitter 上，关注者的数目也是可以交易的，在黑市中，它们可以买卖。在第 8 章中，我们会再次谈到这一问题。在下一章，我们将继续探讨有关限制自由竞争市场的话题，这一次我们将从公司的视角，而不是监管者的角度出发。

第 6 章

市场势力与定价

在本章中，我们将具体讨论市场势力这一概念，包括：什么是市场势力，你如何得到它，如何抗击它，如何利用它。正如本书中提到的其他知识一样，本章的内容同样可以在两个层面上得到应用。其一，在虚拟经济的内部设计方面的应用。其二，在整个虚拟内容发行方面的应用。在本章提到的例子中，我们将看到发行商使用市场势力相互攻击。同时，这些例子还可以用来解释，在游戏《第二人生》以及 3D 人物和场景聊天软件 *IMVU* 这些平台上，虚拟商人如何创造和使用市场势力。正如本书中提到的其他知识一样，本章的内容同样可以应用在设计（如何利用垄断地位获利）和分析（垄断地位的使用会对市场产生什么影响）上。一开始，我们将讨论市场势力及其来源，然后具体地讨论对它的使用：如何为产品定价以获取更高的利润。

什么是市场势力？

在之前的章节中，我们讨论了游戏的设计者可以在自己创造的虚拟经济中扮演垄断者的角色，以此来赚取收入。例如，《哈宝》构建了一个属于青少年的虚拟世界，它具有独特的复古视觉效果。2009 年，该游戏为它的开发者速雷克公司带来了 6 000 万美元的收入，其中的大部分来自于出售稀奇古怪的虚拟产品，如传送门和冰淇淋机。与其他大部分游戏开发者一样，速雷克公司也不允许其他公司或个人插手游戏中虚拟产品的生产。实际上，该公司在《哈宝》中新的虚拟产品的销售上具有垄断地位。

成为垄断者的好处之一就是你可以决定商品的出售价格，之后，消费者会自主决定在你制定的价格水平上，他们所愿意购买的商品的数量。或者，你可以选择控制该商品的销售数量，而让市场上对该商品的需求来决定该商品最终的价格。这种可以任意决定商品的销售数量或销售价格的能力就称为垄断力量（monopoly power）。有一个有关垄断行为的微观经济学模型，该模型告诉我们，拥有垄断力量就像是拥有了印制钞票的权利（虚拟经济系统中亦是如此）。在这里，我们略去数学推导过程，仅仅给出一个定性的结论：一个追求利润最大化的垄断厂商愿意生产的商品数量略少于完全竞争市场下的均衡产量，其定价则略高于均衡价格。其结果是：垄断厂商赚取的垄断利润将超过完全竞争市场下供给者赚取的利润。[①] 从商业的角度来说，垄断力量自然是任何厂商都希望拥有的。

但是，速雷克公司真的在自己的消费者身上使用了自己的垄断力量吗？的确，这家公司是《哈宝》唯一的首发虚拟商品供应商，然而，《哈宝》并不是唯一一款具有虚拟商品的虚拟游戏。举个例子，《盖亚在线》（*Gaia Online*）是一款动漫主题游戏，其目标是成为与《哈宝》规模类似的游戏，它的收入同样依赖于虚拟商品的销售。毫无疑问，这两款游戏之间存在着竞争。如果其中一款游戏真的使消费者面对了一次巨大的价格上涨，那么这些消费者很可能会投向另一款游戏。如果是这样，那么单供应商垄断模型将不再适用于该青少年虚拟商品市场。但是，《盖亚在线》中的一款虚拟商品与《哈宝》中的一款虚拟商品必然不可能完全一样，因此，第 4 章中提到的完全竞争市场模型也并不适合描述该市场的真实状况。在这里，我们将引入市场势力竞争模型，用它来分析不同虚拟经济体之间的竞争情况。

考虑一下以下情景。[②] 一个老人推着一个木制的手推车在东京一条酒吧街的一头卖日式拉面，这是一种很受常去酒吧的人欢迎的食品。由于

---

① 基础的垄断行为模型与有限的市场势力模型的区别，可以在标准的微观经济学教材中找到，如 Mankiew（2011，15～17 章）以及 Varian（2009，24～29 章）。

② 本处以 Harold Hotelling（1929）提出的经典“线性城市模型”为基础，Harold Hotelling 是一位有影响力的统计学家和经济学理论学者。这个例子根据一个发生在东京的真实故事改编。

目力所及只有这位老人在卖拉面，因此，他在当前的“拉面市场”拥有垄断力量，因而他可以将拉面的价格定在一个远高于其边际成本的水平上。有一天，这条街的另一头又出现了一个卖拉面的人，那么，这位老人的垄断将被打破，他无法继续索取同样的高价了，否则人们就会去街的另一头买拉面吃。

然而，因为这条街很长，所以走到街的另一头并不容易，特别是对于一个疲惫的、凌晨5点刚从酒吧走出来的人来说更是如此。我们将走到街的另一头的努力称为转换成本（switching cost）：消费者转换商品供应商时所花费的成本。对于那些大概处在这条街中央位置的人来说，为了少花一些钱而多走一点路，这看上去是容易做到的。但是，对于那些正好站在卖拉面的老人面前的人来说，走到街的另一头去买拉面，成本就太高了。多亏了转换成本的存在，老人还能保留一点原来的垄断力量。这不再是完完全全的垄断力量了，它被削弱了，成为了一种市场势力。

类似于以上提到的“晚间拉面市场”这样的情况，通常被经济学家们称为垄断竞争：其中既包含了垄断的性质，也包含了竞争的特色。[①] 它与完全竞争不同的地方在于，厂商在该情况下，拥有一定的市场势力。它与纯粹垄断的不同之处在于，厂商拥有的市场势力也存在一定的竞争。在现实市场环境中，垄断竞争是最常见的情况，却也是最难以分析的情况。

那么，“晚间拉面市场”这个例子与虚拟经济又有什么联系呢？让我们把拉面摊想象成虚拟游戏平台，将拉面想象成虚拟商品。一条街上同时存在着两个竞争对手。老人的拉面摊就如同《哈宝》，而街另一头的竞争对手就像是《盖亚在线》。那些喜爱《哈宝》复古的游戏风格的玩家不会轻易地转向动漫风格的《盖亚在线》：后者与他们的品位相去甚远。如果整个市场中就存在着两款游戏，那么两家开发商对于它们各自的群体自然就拥有一定的市场势力。但是，如果某家开发商给虚拟产品的定价过高，玩家就会开始出现动摇，他们会认为，与其接受继续玩这款游戏所产生的昂贵费用，不如换个游戏玩玩，在另一款游戏里重新找回在线

① 由于市场中存在着两个销售厂商，该市场也可以称为寡头垄断市场。但是在一些教科书中，将地域模型归为垄断竞争市场的一种，例如 Varian（2009）。

社交的乐趣。换句话说，乍一看，开发商在自己开发的游戏中似乎拥有着虚拟商品销售的垄断力量，然而，一旦其他竞争对手出现在市场中，这种垄断力量就显得没有那么牢固了。和其他许多商业形式一样，虚拟商品市场中存在着市场势力，但是却不存在绝对的垄断力量。

在垄断竞争中，厂商拥有的非绝对化的市场势力不可小觑，因为，拥有该势力的厂商可以为其出售的商品设定一个高于完全竞争市场价格水平的价格。厂商拥有的市场势力越强，它们制定的价格就会越高，从而赚取的利润也就越高。表 6—1 展示了市场势力的例子。下一个问题就是，你从哪儿可以得到市场势力呢？如果你已经拥有了一定的市场势力，你又能够从何处再多获得一些呢？

表 6—1　　市场势力的例子

市场	市场势力拥有者	拥有者如何使用市场势力
新药市场	药品专利持有者	定价高于边际成本
流行音乐市场	唱片公司	定价高于边际成本；减少音乐会数量
电脑操作系统市场	软件开发商	定价高于边际成本；将所需软件与设备制造商绑定；产品缺陷
“米老鼠”市场	迪士尼	减少以“米老鼠”为主题的服装的数量，提高价格；提高迪士尼乐园的入场门票价格
足球市场	国际足球联合会（FIFA）	每四年才举办一次世界杯
乐高市场	乐高公司	定价极高
钻石市场	戴比尔斯	减少钻石产量，提高价格；人为制造稀缺性

构建市场势力

在以上提到的情境中，供应商拥有的市场势力的基础是产品的差异性：它们通过提供不同于竞争对手的商品和服务（无论是在地理位置上还是类型上）来获得市场势力。如果一名消费者对于一种特殊商品或服务非常受用，那么他不会愿意轻易地转换供应商。即使另一家供应商的商品很便宜，但如果该商品不适合这位消费者，他也不会转而选择购买该商品。因此，获取市场势力的第一种方法就是尽量使自己提供的商品或服务异质化。至于异质化的程度和方向则要取决于潜在客户的需求和喜好。

然而，差异性是难以维持的。再考虑一下发生在那位卖拉面的老人身上的情况吧。一天晚上，老人的竞争对手决定将自己的摊位向街中心移动一定的距离。其结果是，一些处在街中心附近的消费者会选择离街中心更近的那个摊位购买拉面，而他们原本会去老人那里买拉面，现在他们投向了老人的竞争对手。为了保住自己的市场占有量，老人决定也向着街的中心移动同样的距离。第二天晚上，竞争对手采取了同样的策略，再次向着街的中心移动一定的距离，作为回应，老人也移动了同样的距离。两人重复着同样的行为，直到两个拉面摊位最终都处在了街的正中心。这恰恰产生了该市场的均衡状态：从此以后，任何一家拉面摊都不可能再通过移动位置来获得更多的市场份额了。现在，两个摊位的位置一样了，但是，曾经帮助老人获取垄断利润的消费者的转换成本消失了。由于两个摊位紧挨着，任何一家的降价行为都必然被另一家迅速地模仿，否则，市场中全部的消费者都会投向价格更低的一方。“晚间拉面市场”从以市场势力为基础的竞争转变成了彻底的完全竞争。

出于同样的机制，对于市场份额的竞争逐渐侵蚀了数字发行业的差异性。为了加强竞争力，一些游戏会尝试适应更加主流的口味和习惯，但这样的做法同时也会引起边缘用户的失望，这类用户喜欢更加小众的游戏内容。目前为止，《哈宝》和《盖亚在线》避免了这一情况，它们采取的策略是不断更新游戏的版本。当竞争趋于激烈时，这样的策略是明智的。然而，即使开发商为了吸引某一固定群体用户，坚持保持某一游戏的风格不变，也不是长久之计，因为当某一游戏取得了不小的成功之后，它的风格就会被其他游戏抄袭。当某一游戏的风格已经被同类游戏完全模仿时，该游戏就不再具有特异性了。这种情况就发生在了《哈宝》身上。从2000年该游戏引入虚拟青少年世界之后，这个类型的游戏便不断出现，其中一些颇为成功，《哈宝》也就自然要面对更大的竞争压力。

《魔兽世界》经历过两种形式的竞争侵蚀。起初，为了吸引主流游戏玩家，该游戏的定位是一款普通的魔幻游戏。然而，它的许多原创元素被大量的新游戏模仿。例如《永恒之塔》（*Tower of AION*）这样的游戏对其进行了显而易见的模仿，从游戏机制到界面设计无一例外。然而，尽管这种情况使《魔兽世界》的差异性不再明显，但这款游戏还是赚了不少钱。在发行十年之后，这款游戏每月仍然可以从数百万的玩家手中收到每人 10～15 美元的点卡费。为什么会出现这样的情况呢？在下面的内容中，我们会继续检验除了差异性，垄断力量的其他来源。

转换成本

通过提高用户的转换成本，差异性产生了垄断力量。还有其他一些因素会对转换成本产生影响。在许多行业中，最为常见的因素包括：寻找相似类型的商品与服务并了解它们的特性时花费的成本、学习使用新设备的成本、持续性的针对配套商品的投资（如说明书、特殊的硬件）。玩家的转换决策还会受到认知偏差的影响，例如对于目前正在使用的商品或服务的惯性选择，即使客观的观察结果已经证明目前的商品或服务并不是最好的，一些用户仍然会坚持使用（通常称为粉丝效应）。在许多行业中，供给商会通过其他一些方法来制造转换成本，如固定期限合同、减少点卡费用、预付款（例如提前购买一些将来才会用到的虚拟货币）。

下面，我们将重点谈论一下两种转换成本：社会网络和虚拟资产。这两类转换成本在虚拟游戏和社交网络中最为常见。我们还会考虑一下，开发商如何利用这两类转换成本来加强自己手中的市场势力。最后，我们要针对这些开发商的做法，提出反制手段。①

社交网络

一些在线服务，包括在线游戏和虚拟社区，展现了网络外部性（network externalities）：某一服务对于用户的价值依赖于目前有多少人在使用该服务。一个社交网站的注册用户越多，它对于单一用户的价值越高，因为通过该网络，单一用户可以与更多的人进行交流。如果这些用户转

---

① 关于该理论的介绍，以及虚拟商品经营中出现的转换成本和正向的网络外部性的管理影响，请参见 Shapiro and Varian（1999，5～8 章）。本书中提及的内容依据目前的社交网络和虚拟商品平台而提出。

而使用另一个社交网站，它会经历价值的下滑。基本上，一个社交网站的注册用户越多，用户要面对的潜在的转换成本越高。由于这个原因，社交网络市场出现了尖端化的趋势：一旦某个社交网站获得了一个临界的用户量，它就会迅速扩张并且挤掉其他的竞争对手。一言以蔽之，即正向的网络外部性促成了自然垄断的出现。

但是，在线游戏和虚拟社区也会面对负向的网络外部性。一个拥有过多玩家的大型多人在线游戏的计算速度会大幅下降；一个拥有过多用户的聊天频道的质量会下降。在这些例子中，一旦用户的数量超过了某一具体的临界值，该产品对于用户群体的价值就会下降。类似的虚拟服务拥有一个最优用户量。开发商只要同时启用多个相互平行的服务器，就可以规避这一情况。为了减轻这一问题的影响，一些大型多人在线游戏允许玩家加入到不同的服务器中。在这方面，《星战前夜》是个例外，该游戏利用先进的“单片”服务器，保证所有玩家可以同时在虚拟宇宙中进行游戏——尽管服务器的反应速度偶尔也会出现问题。

关于在线游戏和虚拟社区中存在的网络外部性的特点，还需要强调一点，通常情况下，真正会对单一用户产生影响的并不是该网络平台下绝对用户的数量，而是单一用户的好友数量。当一个用户已经在某一个在线游戏或虚拟社区中建立了一个成熟的交际网络后，如果想要改玩其他游戏或是改投其他社交网络，他所要付出的社会成本是很高的，无论现在他所使用的虚拟服务是否拥有大量的用户。用户的绝对数量在传统的交流网络中更为重要，例如电话或互联网。

为了增加社会转换成本，开发商会利用奖励来鼓励用户将自己的朋友和家人介绍进该虚拟服务中来。它们同样鼓励用户在该虚拟服务中构建起新的关系网络，为此，它们提供了一些交流手段：聊天工具、好友列表、团队合作项目、针对虚拟公会和家族提供的复杂的系统支持。[①] 在一些大型多人在线游戏中，虚拟公会和家族在建立论坛和行动计划时，通常要用到第三方的服务，因为开发商无法为它们提供合适的社会工具，这种情况使得虚拟公会和家族可以很容易地转投其他虚拟服务，只要公

① 虚拟公会和企业这些机构，在保留用户方面所扮演的角色，将在第 9 章中予以讨论。

会和家族的成员一致同意（下文中会更多地谈到此事）。

关于社交网络，比较容易遗忘的是：对立的关系也是一种不可或缺的关系。高级玩家宁可舍弃好友和盟友，也不愿意丢掉最强的对手，后者的失败是他们玩游戏的唯一目标。

虚拟资产

转投其他虚拟平台将使用户损失掉现用虚拟平台中的全部虚拟物品：点数、徽章、成就、头衔以及其他所有的虚拟资产。这类损失就是最为主要的转换成本，它的存在保证着用户对现用平台的忠诚。同时，它也是在几乎任何平台上设计一个简单的虚拟经济的必要措施。然而，只有当用户认为现在持有的虚拟商品存在价值时，转换成本才能称为一种损失。无用的点数、无意义的成就、已经过时的武器，都无法阻止用户转投其他虚拟平台。

为了创造虚拟资产转换成本，设计者需要使用户可以将一些具有持续性价值的虚拟资产进行累积。然后，设计者还需要保证这些虚拟资产始终获得对用户具有吸引力（关于虚拟产品设计已在第 3 章中谈到）。一种容易被忽视的虚拟资产就是用户账户的使用时间。拥有一个已经使用了很长时间的账户，能够让用户获得很大的荣耀，因为它可以证明这位用户是一名资深用户。你所需要做的就是让账户的使用时间可见，这样一来，它就可以成为炫耀的资本了。在本书开始时介绍过的 ICQ 号就是一个很好的例子。另一个值得注意的例子就是 Slashdot 网站的用户标识符号码，这是一个资讯科技网站和网络社区。和 ICQ 号一样，稀有的 Slashdot 网站的用户标识符号码也时常在 eBay 上交易。该网站的开发商还曾经为了慈善目的而对一个三位号码进行过拍卖。

这类号码交易将市场势力建立在虚拟资产转换成本之上，这也暴露出一个危险的问题。如果某一市场中，用户可以通过很简便的方式将虚拟资产变得更具流动性，比如变为持有货币，那么转换成本就无法继续产生市场势力了。这一规律在正式的货币市场和以物易物的市场上同样有效。为了迎合青少年对于虚拟世界的喜好，一些网上论坛会提供跨平台的账户对账户交易，如以一定的标准，将《哈宝》的账户兑换为

RuneScape（另一款具有同样用户规模的幻想类游戏）的账户，还可以提供反向的兑换服务。在第 8 章中，我们会提供一些对付非理想市场的策略。

手机游戏和社交游戏发行商数字巧克力（Digital Chocolate）曾经开发过一系列优质的虚拟角色，这类被统称为 NanoStars 的虚拟角色可以同时适用于许多款不同的游戏。当一款可以兼容 NanoStars 的电子游戏开始发行后，已经拥有 NanoStars 的用户可以立即在新游戏中使用老的 NanoStars 角色。结果，这一模式加强了玩家对于数字巧克力的忠诚度。对于一位玩家来说，投资一个“高流动性”的虚拟产品（如 NanoStars）要承担的风险远远低于投资一个只能在某一款特定游戏中使用的虚拟产品。但是，另一方面，从长期来看，这一机制将会不断地积累大量的虚拟产品，从而影响游戏的平衡性和盈利性。我们将在第 11 和 12 章中讨论虚拟商品累积带来的问题。

打击市场势力

假设你是一个正准备发行一款新游戏的开发商，如果你的竞争对手使用了上文提到的方法，制造了高昂的转换成本，而你准备发行的这款新游戏的潜在玩家全部被转换成本“锁在了”他们目前在玩的游戏中，你应该怎么办？市场的新入者怎么才能减少该市场现存企业（先入者）的市场势力？由于市场势力的基础是转换成本，所以新入者必须找到一种方法，要么能降低转换成本，要么能弥补消费者的这一损失。

抵消消费者的转换成本

对于那些收取点卡费的游戏来说，想要帮助消费者抵消转换成本，最显而易见的方式就是为玩家提供一个初始折扣，比如第一个月免费试玩。对于某些玩家来说，免去一个月的点卡费是很有吸引力的，足以抵消转投新游戏所带来的转换成本，甚至抛弃现在正在玩的游戏中的虚拟资产和好友资源也是值得的。对于免收点卡费的游戏来说，其收入单纯依靠贩售虚拟商品，它们所能采取的策略是免费赠送给新玩家一些虚拟商品，或者直接赠送一些虚拟货币。

但是，依靠赠送虚拟商品来抵消转换成本会带来一个问题。因为所有种类的虚拟商品的价值基础都是其所具有的稀缺性，所以如果将一种稀有的、独特的、强大的虚拟装备作为新手奖励，那么很快，这种虚拟装备就变得一文不值，从而也就失去了抵消转换成本的价值。同样的问题也发生在虚拟货币身上，如果每一个新玩家都可以获得免费赠送的虚拟货币，那么这些货币的价值何在？如果只有通过某些活动才能获得虚拟商品，那么它们的吸引力将更容易保持。

当作为设计者的你成功地帮助消费者抵消了转换成本时，你也就已经将这一成本转换成了你自己需要负担的成本。当你设计的游戏所能赚取的收益高过成本时，你前期花费的用于抵消玩家转换成本的投入才是值得的。但是要注意一点：一些玩家很可能在将免费资源挥霍完之后，就转而投向下一个新游戏了。

降低消费者的转换成本

当德国汉莎航空公司开通北欧航线时，其他航空公司早已开通此航线，很多往来这条航线的商业旅行者已经成为了其他航空公司的铂金级别会员了。转而选择新的航空公司，对于这些商业旅行者来说，意味着无法继续享受原先的客户等级和候机室特权。为了解决这一问题，汉莎航空公司可以选择降低票价，然而这一做法对于航空公司来说成本极高。实际上，汉莎航空公司设计了一个方案，即新加入会员的消费者可以直接提升会员等级，以达到一个与其之前所在航空公司一样的会员等级。换句话说，汉莎航空公司允许新客户将其之前在其他航空公司所拥有的虚拟资产转移到新的平台上（汉莎航空公司），从而降低了消费者的转换成本。

这样的方案在网络游戏和在线社交网站上同样适用。许多数字服务都允许新用户将其之前的人脉网络导入新的平台。但是想要导入原本拥有的虚拟装备和角色特性则不那么容易，因为这些虚拟属性和功能在不同的平台上相差很大。同时，允许新玩家在一个相对较高的起点开始游戏还会引起其他的问题，比如这会降低玩家对于其他装备的购买欲，还会减少他们玩这款游戏的总时间。[①] 一种更好的潜在替代方式是提供给新玩家一些无实际功能的徽章，这些徽章可以记录该玩家在之前的平台上的“丰功伟绩”，但是在新的平台上，这些徽章是没有实际作用的，只起装饰作用。这样做的目的只不过是防止玩家重新回到原先的游戏中去。

如果想让某个玩家放弃现在所玩的游戏以及该平台上的人脉，最好的方法是让玩家集体“跳槽”到新的平台上。举个例子，一款新的大型多人在线游戏的开发商面对着一个竞争激烈的市场，它应该集中自己的市场影响，吸引整个玩家公会一起转投新的游戏。在中国，一款新游戏的开发商会向玩家公会或是其领导者支付一笔报酬，鼓动他们转投自己开发的游戏。在一款新游戏拥有了一定规模的玩家公会之后，网络外部性就会开始起作用，吸引新的玩家就变得更加容易。

使用市场势力为虚拟商品定价

以上，我们已经检视了一个开发商如何构建市场势力，即使是在竞争市场环境下，这也不是不可能完成的。在本章接下来的内容中，我们将进一步讨论如何使用市场势力为产品定价以达到盈利目的。我们将通过价格弹性理论、价格歧视理论以及捆绑销售理论来寻找最优定价模型。在这一领域，有许多实用技巧和策略，在此我们不可能一一谈及。但是，无论什么样的技巧和策略，其基础都是我们下面将要介绍的理论，以及在第 2 章中讨论过的行为理论。在开始讲述真实理论之前，首先要根据竞争对手的行为，提出一些实用的建议来帮助制定商品的最初价格。

设定初始价格的基准

在我们能够使用更加明智的策略，更好地制定虚拟商品的价格之

① 航空公司不必面对这个问题，因为它们制定的会员机制是很容易被打破的：如果汉莎航空的铂金会员在一年之中没有购买大量的机票，他们就会发现自己自动降级了。在第 11 章中，将谈到易变质的虚拟商品和保持虚拟经济系统平衡的相关策略。

前，需要制定一个起始价格，这个价格要能很好地体现我们对于商品最优价格的预测。然而，要对最优价格做出合理的预测并不是一件简单的事。如果你之前从没有销售过类似的产品，那么你就很难了解市场的价格承受能力。实体商品的制造商只需要在边际生产成本的基础上适当加价，就可以很容易地得到一个相对合理的价格预测。然而，虚拟商品的供应商无法得到这样的便利条件。对于他们来说，预测价格最好的方法就是把竞争对手作为基准，以此来预测自己商品的价格。这样做有两种具体方法：其一，以竞争对手的收入水平作为基准；其二，以竞争对手的商品定价作为基准。

将竞争对手的收入水平作为基准，具体来讲，也就是根据竞争对手从每名用户那里取得的平均收入作为基准，以此来为自己商品的价格提供指导。举例来说，如果同类游戏的每用户平均收入（average revenue per user，ARPU）为每月 2 美元，而在你新设计的游戏中，玩家每月大约需要购买 10 枚虚拟货币，那么每枚虚拟货币的现实的初始售价就应该是 0.20 美元。这个理论的基础是玩家愿意为玩一个类型相似的新游戏支付一笔大约相等的成本，无论这款新游戏需要多少虚拟货币。这种方法的问题在于平均数字可能会极具误导性。在一款免费使用的游戏中，绝大部分收入来自于一小部分玩家，这些人愿意支付高于平均水平的游戏成本以追求更好的游戏体验，而大多数玩家则一分钱也不愿意付。为了避免将虚拟商品的价格定得过低，你必须要实现价格水平最优化，其目标受众是那些愿意花钱的玩家，而不是那些所谓的“平均”玩家，但是其中的火候并不好把握。

将竞争对手的商品定价作为基准的方法相对比较简单：观察与你竞争的游戏对于不同虚拟商品的定价，然后对你自己设计的游戏中的虚拟商品和虚拟货币进行定价。例如，如果你的竞争者将一顶纯粹装饰用的帽子的价格定为（折合真实货币）1 美元，那么，你就可以将自己游戏中同类帽子的价格定为 10 枚虚拟硬币，每枚虚拟硬币的价格则定为 0.10 美元，也可以是任何其他类型的支付组合，但其总价值一定要相当于 1 美元。其中的理论支持即人们总是愿意为同质的好处支付相等的价格。使用这种方法，你不需要担心愿意付钱的玩家和不愿付钱的玩家之间的差异。你也不会被局限在某一个消费模式下，即你的游戏必须保持一个与竞争对手相等的ARPU，而如果你被局限在那样一个消费模式下的话，很可能就无法获得最优盈利。在图6—1中，可以看到手机游戏的价格制定者对于虚拟商品的典型定价规则。

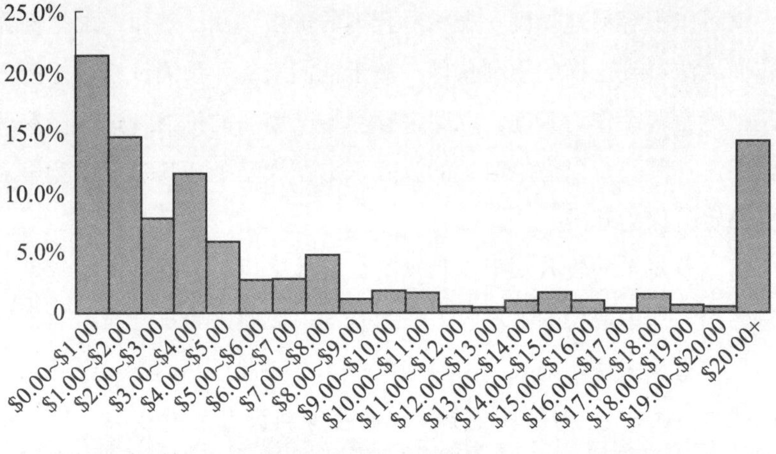

图6—1 手机游戏行业领导者的虚拟商品价格分布图

注：引自Lehdonvirta和Joas（2012b）。样本包括26款受欢迎的手机游戏中2 096种优质的虚拟商品。虚拟商品的价格已经由虚拟货币折算为真实美元，我们采用的兑换率为这几款游戏中虚拟货币的平均价格。

需求的价格弹性

现在，让我们来假设一个情景，有一个游戏开发商准备向玩家销售一种虚拟货币，并且要将竞争对手作为基准来制定这种虚拟货币的初始售价。然后，我们要看一看怎样调整虚拟货币的定价才能使销售收入最大化。如果我们将每一枚虚拟硬币的价格调高，将会发生什么呢？有两种可能：（1）价格效应：由于每单位虚拟货币的价格上涨，所以每卖出一单位虚拟货币获得的收入就会上涨，从而总收入也会上涨；（2）数量效应：由于每单位虚拟货币的价格上涨，所以卖出的虚拟货币数量就会降低，从而总收入就会降低。

在图6—2中，我们可以看到价格效应和数量效应带来的影响。最初，总收入可以表示为$P_1 \times Q_1$所得到的面积，即区域A和区域B。将价格从P_1提高到P_2，将导致销量从Q_1跌至Q_2。此时，总收入可以表

示为 $P_2 \times Q_2$ 所得到的面积，即区域 A 和区域 C。区域 B 所表示的面积即由于数量效应而损失的收入，而区域 C 所表示的面积则是由于价格效应而增加的收入。在本图中，通过比较区域 B 与区域 C 的面积大小，我们可以知道，由于数量效应而损失的收入大于由于价格效应而增加的收入。因此，提价之后的总收入低于初始总收入。在这种情况下，想要提高收入水平不能靠提高售价，而应该通过降低售价来达成。

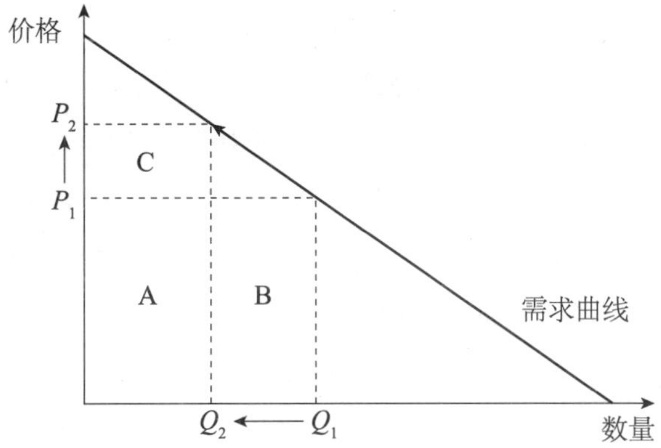

图 6—2　价格上升时总收入的变化

弄清到底哪一种效应的影响占上风，这一点直接关系到我们应该采取怎样的策略来提高游戏收入，究竟是要提高价格还是降低价格？想要实现这一目标，我们可以依靠一个简单的经济学工具，即需求的价格弹性（PED）。PED 可以用来回答这个问题："如果价格提高了一个百分点，将导致需求量降低多少个百分点？"① 换句话说，它衡量了需求量对于价格变化的敏感程度。对于那些消费者迫切需要的商品来说，其 PED 通常小于 1。举例来说，一项调查发现，在美国，汽油的 PED 是 0.26。② 也就是说，汽油的价格每提高 10%，其销售量仅仅下降 2.6%。因此，我们认为汽油的需求量对价格变化并不十分敏感，人们更愿意在其他地方把钱省下来，而不是减少汽油消费。因此，对汽油的生产拥有

① 在经济学教科书中，需求价格弹性的呈现方式略有不同：如果价格提高了一个百分点，将导致需求量增加多少个百分点？由于在通常情况下，价格提高会导致需求量减少，所以，根据这一定义，PED 通常为负。而采用负数方式来呈现 PED，通常不便于内容的讨论，因此，我们这里对定义稍作调整，不再出现负值的情况。

② Espey (1996).

垄断权的人就可以利用这一点，通过提高汽油的售价来增加自己的收入。

PED并不是固定不变的。通常情况下，随着某种商品价格的提高，其PED也会随之上升。在一个相对较低的价格水平上，PED也比较小：对于一个价值1美元的商品来说，其价格上涨1%，对于消费者来说并不是什么大不了的事，因此，该商品的销量也不会受到多大的影响。但是，在一个相对较高的价格水平上，商品的价格每上升1%，其带来的实际价格变化都是不容忽视的。其结果就是，一旦这类价格不菲的商品出现价格上涨，消费者对此的反应就是减少对该商品的购买量，由此，该商品就会有一个较高的PED。当某种商品的PED达到1时，这就意味着，该商品的价格每上涨一点，由此产生的销量下滑也是相应的一点。也就是说，此时，价格变动将不再对收入产生影响。在这种情况下，价格效应与数量效应对收入的影响恰巧相等。

奢侈品的PED通常会超过1。研究发现：对于目前雪佛兰高端轿车的价格水平来讲，其PED达到了4。价格每提升10%，将导致这类汽车销量下滑40%。如果该类车的价格降低，则总收入将会提高。随着价格的降低，PED也会下降。PED的临界值及其对商品定价的影响总结在表6—2中。

表6—2　　PED的临界值及其对商品定价的影响

PED	价格上升	怎样提高收入
>1	需求量迅速下滑	降低售价
=1	需求量与价格成比例下滑	最优售价，无须任何措施
<1	需求量缓慢下滑	提高售价

因此，我们可以得出结论，能够获得最高收入的价格水平是当PED为1时的定价。既然如此，为什么汽油的售价会保持在较低水平上？其PED为什么仅仅为0.26？其原因在于竞争的存在。那么，为什么通用汽车旗下的雪佛兰高端轿车的售价会相对较高，以致其PED高达4？因为汽车制造商要负担极高的边际成本。对于通用公司来说，相比于销售那些售价几乎与成本持平的普通汽车得来的收益，该公司通过销售高级汽车赚来的利润要更高，尽管前者的销量很高而后者的销量却不

高。虚拟货币供应商不需要担心这些问题，游戏开发者只需要将其虚拟货币的 PED 保持在 1 就可以了。

那么，怎样来操纵 PED 呢？通过观察过去的销售数据，判断消费者对价格变化的反应，雇用测试人员采访消费者，询问他们对于不同价格水平的接受程度，或者进行定价实验。有些情况下，过去的销售数据并不容易得到，或者即使容易得到，也很难将其他影响价格的因素剥离出去，如营销活动和价格的季节性变化。采访人们是容易做到的，但是人们在调查问卷中写下的答案与其真实行为有时是不同的。在一小群样本消费者中进行的定价实验（如 A/B 测试）有可能帮你找出最可靠的数据。

最终，关于 PED 还有一点需要始终牢记，即用户对于价格变化的即时反应与其长期行为方式之间存在差异。从短期来看，汽油的 PED 是 0.26，但是调查发现，从长期（大于一年）来看，汽油的 PED 是 0.58，大约是短期的两倍。[①] 这是因为人们会慢慢适应新的价格。因此，通过价格调整来增加收入有时仅仅是暂时性的。与其永久地降低虚拟货币的售价，不如考虑通过营销活动，暂时性地降低售价以提高收入。这样可以防止用户逐渐适应低价，并认为低价是理所当然的。[②]

价格歧视

在之前的内容中，我们假设必须对所有的消费者收取相同的价格。那么，如果对于同一种商品，我们可以向不同的消费者收取不同的价格会怎么样？我们可以为不同的消费者制定不同的价格，从而与他们不同的消费意愿一一对应。相对于单一的定价——对一些人来说过低，对另一些人来说又过高——这样的定价方式可以让厂商得到更多的收入。向不同的消费者收取不同的价格就称为价格歧视（price discrimination）。

---

① Espey（1996）.

② 想要继续深入了解价格弹性理论，请见 Mankiw（2011，第 5 章）。最近，游戏开发商维尔福软件公司进行的一项致力于衡量它们公司产品 PED 的实验显示，它们产品的 PED 很高，非常高。参见 http：//www. techspot. com/news/45989 - valvecofounder - explains - steams - ongoing - price - experiments. html。

对于价格歧视存在着道德争议。一方面，对于同一种商品，对不同的人收取不同的价格看上去是不公平的。但是从另一方面来说，如果对一部分消费者收取的价格低于另一部分消费者，而且前者的数量高于后者，那么就有可能会让大多数人从中获益。教材出版商认为价格歧视是合理的，特别是当同一本教材的价格在美国和印度不一样时。在任何情况下，处于价格歧视定价模式中被歧视一方的消费者必然会感到气愤，对于这一点，最肆无忌惮的开发商以前也不敢小觑。因为追求短期最优利润而丧失消费者的信任，从长期角度来看是致命的。

理论上，在虚拟经济系统中实施完全价格歧视是可能的。要做到这一点，只需要使用前面提到过的 A/B 测试来决定需求价格弹性，同时再针对每一个独立用户制定最优价格，而不是针对整条供给曲线来制定最优价格，向用户征收最优价格。在实际操作中，要做到这一点并不那么容易，因为少数用户数据并不足以揭示他们的偏好。但是，通过大量的数据和先进的技术，尽量实现完全价格歧视将成为可能。一些社交游戏公司已经在某种程度上达到了这一目标。在真实的零售行业，这一目标已经在更大程度上得到了实现。为了避免消费者出现激烈的负面情绪，零售商通常利用个性化的优惠券达到价格歧视的目的，而不是直接地将价格歧视赤裸裸地表现在价签上。

不完全价格歧视可以通过非常简单的方法来实现。这类价格歧视可以分为两大类：群体歧视（group discrimination）和消费者自主选择（consumer selfselection）。群体歧视指的是根据一些变量，将消费者分成不同的群体，而这些变量可能与消费者的购买意愿有关。有些时候，这也与用户的国籍有关。通过用户的进入点和 IP 地址来判断他们的国籍是非常容易做到的。为了将销量最大化，应该降低对于那些来自贫穷国家的用户的收费标准，同时提高对于那些来自富有国家的用户的收费标准。例如，速雷克公司发行的用于《哈宝》的虚拟币，在美国的售价为 20 美分，在厄瓜多尔则为 17 美分（虽然速雷克公司不承认这一行为是价格歧视，并且辩解称这是由于地区间成本差异造成的）。

消费者自主选择可以与群体歧视一起施行，也可以单独使用。其基本的做法就是为消费者提供不同的价格层级，然后让消费者自己来选择最适合自己的价格。这就相当于为那些不愿意花钱的用户提供一个普通版本，为愿意花较少钱的用户提供一个中级版本，为愿意花大笔钱的用户提供一个奢华版本。实际上，这些不同版本的装备并不一定需要具备功能上的差异；重要的是，通过营销和演示为这些商品制造一个适当的形象，剩下的工作则交给市场规律去解决。正如我们在第 3 章中讨论过的，价格本身就是一个标志，它可以将普通商品和高级商品区分开来。对于一款在线游戏来说，这就意味着免费提供游戏的基础版本，然后在游戏中出售一些定价不同的商品，让那些不差钱的玩家可以把他们的钱花在这些商品上（见框 6—1）。这样做可以很容易地让那些愿意花钱的玩家上钩，同时利用数据可以很清楚地辨认出这些富有的玩家，设计者的目标就是保证这些人可以始终看到最贵的商品。想要实现完全价格歧视，以上这种方法是不错的选择，通过把消费的最终选择权交给用户本身，设计者成功地避免了消费者对于价格歧视的反感。

框 6—1　利用“鱼叉”捕获“鲸鱼玩家”

那些总是乐意在游戏上花大钱的玩家通常被称为“鲸鱼玩家”。如果一位玩家在某一款游戏上已经花费了超过 500 美元的成本，那么他就可以被称为“鲸鱼玩家”。他们就像是赌场里挥金如土的赌客。“鲸鱼玩家”只占玩家总数的很小一部分，但是他们对于开发商的经济意义却十分重要。举例来说，对于一款手机游戏来说，“鲸鱼玩家”只占全部付费玩家总数的不到十分之一，然而他们却贡献了总收入的一半。

在许多游戏中，当玩家没有东西可买时，依靠出售虚拟商品而赚取收入的模式也会失灵。即使对于一名“鲸鱼玩家”来说，要他在一款没什么商品可买的游戏中花掉 500 美元也是不可能的。可以通过制造“鱼叉”来解决这一问题：昂贵的高端商品瞄准的客户群就是“鲸鱼玩家”。表 6—3 中列举了一些手机游戏中的高价商品。

表 6—3

游戏名称	商品名称	使用期限	价格(美元)
Tiny Monsters	*Legendary Monsters*(传奇怪兽)	终身使用	211.86
Deer Hunter Reloaded	*Multiple Items*(3)	终身使用	139.89
iMob2	*Disrespect: Im Rich*	消耗品	113.64
Race Or Die	*Burn: Hate Stain*	消耗品	113.64
DragonVale	*Leap Year Dragon*	终身使用	88.00
Crime City	*Onslaught Shotgun*	终身使用	74.00
Monopoly Hotels	*Film Reel Room*	终身使用	71.01
Kingdom Age	*Roc*	终身使用	64.00
Modern War	*Tactical Nuke*	终身使用	63.60
Battle Nations	*Compound*	终身使用	55.56
Tiny Village	*Multiple Items*(14)	终身使用	36.62
Kingdoms of Camelot	*Magical Restoration*	消耗品	34.62
Pet Hotel	*Mountain*	终身使用	27.92
Tap Paradise Cove	*Santa Maria*	终身使用	23.92
The Sims Freeplay	*Pirate Statue*	终身使用	16.67
Temple Run	*Multiple Items*(4)	终身使用	14.29
Original Gangstaz	*Link Breaker*	终身使用	13.16
Global War	*Link Breaker*	终身使用	13.16
Snoopy's Street Fair	*Woodstock*	消耗品	12.50

注:改编自 Lehdonvirta and Joas (2012)。所有商品的售价均由各种游戏的虚拟货币转换为美元,分别使用各个游戏虚拟货币售价为基准换算。

在这张表中,最昂贵的商品就是价值超过 200 美元的"传奇怪兽"。除了可以从网上应用商店直接购买"传奇怪兽",还可以通过艰苦练级和不可思议的好运来得到它。因此,一些虚荣心较强的玩家甚至还有可能振振有词地声称,自己的"传奇怪兽"是通过艰苦练级得来的,而不是花钱买的。目前为止,我们所知道的最昂贵的"鱼叉"就是"鲨鱼皮剑",这是一款由 Facebook 网站运营的名为《忍者传说》(*Ninja Saga*)的游戏中的武器,无论是什么样的敌人,只要被这款武器攻击一下,就会一命呜呼。它的售价大约是 850 美元。

然而,正如真实的捕鲸行为一样,这种在虚拟世界中的捕鲸行为有时也会受到来自道德层面的攻击,特别是当开发商的目标是一些已经沉迷于网络游戏的人时。要保证你的用户有清醒的自主意识,并且明白自己的购买行为意味着什么,否则,你可能会始终受到良心的谴责。

另一种实现消费者自主选择的方法是利用这样一个事实，即在那些有钱的用户眼中，金钱的边际效用通常较低，而在那些钱较少的用户眼中，时间的边际效用通常较低。简单来说就是，有钱的用户拥有的钱比时间多，而钱较少的用户拥有的时间比钱多。要达到价格歧视的目的，要用不同的方法销售同一种商品，一种方法是让消费者花费大量的时间而只花费很少的金钱，另一种方法是让消费者花费大量的金钱而只花费很少的时间。在传统零售业，要实现这一目的可以通过在报纸上发送优惠券来实现。那些不在乎浪费时间的消费者可以选择花大量的精力寻找报纸上的优惠券，并将它们剪下来，从而达到既节省金钱又拥有商品的目的。在可以免费玩的游戏中，同一种虚拟商品通常可以通过两种方法得到。一种是通过重复练级，这种方法比较耗费时间；另一种是花钱购买，这种方法节省时间。通常情况下，不存在第三种选择。《坦克世界》(*World of Tanks*）是一款大型多人在线游戏，在游戏中，玩家可以通过三种不同的途径获得新坦克。第一，花钱购买新的高级坦克（即时可得，高级型号花费大约50美元）；第二，练级的同时花一笔小钱（10小时的游戏时间，另外再支付大约10美元以得到一个中级型号坦克）；第三，不花钱购买（花费十几个小时的游戏时间，但不需要额外支付1分钱）。[①]

捆绑销售

到目前为止，我们的话题一直围绕着对单一商品及其替代品的定价。如果在同一时段，市场中充斥着不同种类的商品，那么设计者可以使用另一种策略来提高收入，而不必再诉诸价格歧视。这种策略就是捆绑销售，下面我们来看一看其背后隐藏的理论基础。想象一下市场中存在着两种商品：苹果和梨，以及两位消费者：亚当和史蒂夫。这两位消费者的偏好大不相同，因此对商品的心理价位也有所差异。在表6—4中，我们可以看到他们对苹果和梨的不同价格预期。

① 想要更深入地了解关于价格歧视的理论，请参见 Varian（2009，第25章）。

表 6—4 心理价位

	苹果	梨
亚当	2 美元	4 美元
史蒂夫	4 美元	2 美元

由于销售数据的存在，苹果和梨的供应商了解这两位消费者的心理价位。即使销售商不了解这一点，它们也可以猜到，不同消费者对于不同商品的价格预期不一样。那么，在给定以上这个心理价位的前提下，供应商如何不借助于价格歧视来增加收入呢？如果将苹果和梨的单价全部定在 4 美元，那么，供应商可以分别卖出一个苹果和一个梨，一共获得 8 美元的收入，但同时却失去了获得潜在的 2 美元收入的机会。如果两种水果的价格都是 2 美元，那么，每种水果的销量将提高到两个，从而，供应商的收入仍然为 8 美元。在第二种情况下，相当于水果的价格两次低于了两位消费者的预期（第一次：单价为 2 美元的苹果比史蒂夫对苹果价格的预期低 2 美元；第二次：单价为 2 美元的梨比亚当对梨价格的预期低 2 美元）。在表 6—4 中，所有情况的价值总和为 12 美元，供应商怎样才能获得全部的价值，而不是仅仅得到 8 美元呢？这个问题的答案就是捆绑销售。设计一个新的捆绑产品——“苹果与梨”——其定价为某一位消费者对两种商品价格预期之和，也就是 6 美元。这样一来，无论是亚当还是史蒂夫，他们都会认为这种新产品的价格是合理的。但是，出于他们对于不同水果的价格的心理预期不同，所以，在亚当的眼中，这个捆绑产品中包含着一个价值 2 美元的苹果和一个价值 4 美元的梨；而在史蒂夫眼中，这个捆绑产品中包含着一个价值 4 美元的苹果和一个价值 2 美元的梨。他们两人都会购买这个捆绑产品，从而，供应商的收入变为了 12 美元，也就是表 6—4 中所列情况的价值总和。

在现实世界中，情况当然会更加复杂，因为现实世界中不仅仅只有两种商品，也不仅仅只有两位消费者，并且不同消费者的心理价位也不可能被完全知晓。但是，基本的分析思路是不会变的，即试着找到两种不同的商品，它们都是受欢迎的，但是不同消费者对它们价格的预期不同。将其中一种商品的价格定在最高的水平上，将另一种商品的价格定在最低的水平上，再将二者绑定，然后一起卖出。

政策影响

在本章中，我们证明了，具有市场势力的开发商在自己设计开发的虚拟平台上，就像垄断厂商一样。经济学理论指出，不同于完全竞争市场中的制造商，垄断厂商只生产少量的商品，并给商品定一个较高的价格，这样的行为会造成社会整体福利的损失。基于这样的经济理论，社会倾向于完全竞争市场，并且会制定政策来阻碍和限制垄断的出现。那么，我们在设计虚拟经济系统时，应该借鉴哪些政策呢？速雷克公司在《哈宝》游戏中商品市场的垄断地位是否应该被打破呢？如果每个玩家都可以任意地制造、销售虚拟商品，他们之间就会产生竞争，竞争的结果就是商品的售价会趋近于边际成本，而虚拟商品的边际成本通常为零。这样的（虚拟）市场真的对（虚拟）社会更有益吗？根据经济学教科书上的理论知识是这样的，然而，这与游戏设计者的直觉相违背。游戏设计者的直觉是正确的，因为正如我们在第 3 章中讨论过的，虚拟商品的价值来源于其稀缺性、其相互之间的关系以及其所运用的虚拟内容。它们是游戏设计者所提供的整体服务的组成部分，因此，自然而然地，设计者应该通过控制虚拟商品的供给来达到使整体服务价值最大化的目的，而不是仅仅追求虚拟商品价格最小化。虚拟市场势力的例子请见框6—2。

框 6—2　虚拟经济中的市场势力：从寡头垄断到自由市场

市场势力在虚拟经济中发挥着同在真实经济中一样的作用。多年来，在游戏《星战前夜》中，只有拥有设计样图的玩家才可以制造一种被称为 Tech Ⅱ的飞船，而设计样图是一种极为稀少的资源。这意味着买卖 Tech Ⅱ飞船的市场处于一种寡头垄断的状态，该市场中仅仅存在着很少的供应商，他们时而相互竞争，时而一起合作组建卡特尔来从消费者手中赚取更多的收入。因此，我们可以认为有限的市场势力可以鼓励玩家自主创造游戏虚拟内容。

2006 年，《星战前夜》的开发商觉得 Tech Ⅱ飞船的售价过高，而市场中该型号飞船的数量又过少，以致无法让玩家得到好的游戏体验。那么，它们怎样做才能提高市场中 Tech Ⅱ飞船的供给呢？其中一种解决方法就是降低制造成本，比如减少制造该型号飞船所需的零件的数量。然而，由于市场处于寡头垄断状态，并不是完全竞争状态，所以，供应商可以相互勾结来抵制开发商对游戏做出的改变，其最终结果也许仅仅是提高了供应商的边际成本，市场中 Tech Ⅱ飞船的价格和数量并不会受到太大的影响。

有鉴于此，《星战前夜》的开发商决定让市场中出现更多的供应商，从而让买卖 Tech Ⅱ飞船的市场从一种接近寡头垄断的状态转变为相对更具竞争性的状态。为了实现这一计划，开发商对游戏进行了修正，它让一些具备合适技能的玩家能够“自主开发”制造 Tech Ⅱ飞船的设计样图。而设计样图正是新供应商进入该市场的障碍。“自主开发”并不简单，并且耗资巨大，因此，它对市场造成的直接影响并不显著，如图 6—3 所示。但是这一改变所产生的影响会逐年累积，一年之后，以船舶吨位计算，Tech Ⅱ飞船的市场供给量已经增长了一倍；第二年时，市场供给量则变为了原来的四倍。同时，该飞船的价格也稳定在了原来价格的 30%左右。

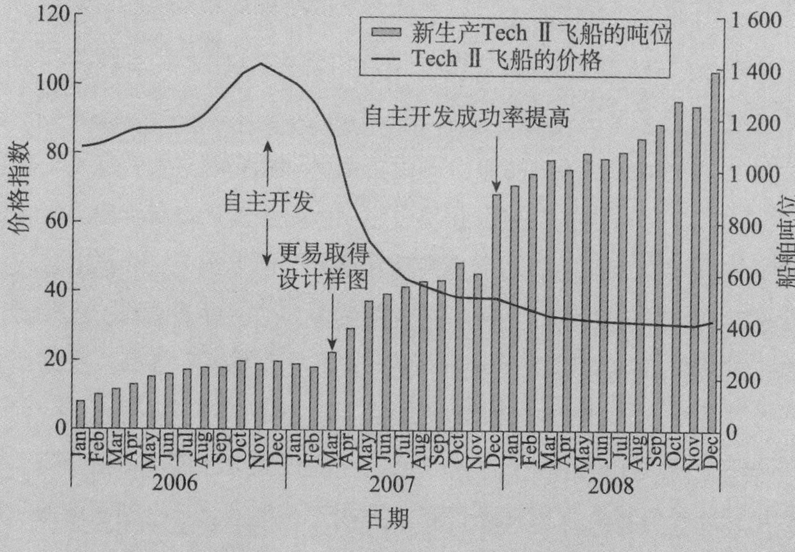

图 6—3 Tech Ⅱ飞船产量及价格随时间变化图

换句话说，现实世界中的政策制定者不应该插手虚拟经济，因为，真实经济与虚拟经济存在着很大的差别。游戏的开发者们相互竞争的市场是一个典型的消费市场，这里充斥着差异化的产品和正面的网络外部性。而虚拟商品的增加将会带来额外的转换成本。

通常，制定政策的目的是保证市场的竞争性。还有一点需要注意，要让用户充分了解他们对于不断增加的虚拟商品拥有怎样的权利。利用云平台储存数字化的书籍、游戏以及虚拟货币是一种新的潮流，相比于有形的资源，这些虚拟资源更加不容易被用户发现。并且，有形的资源通常不允许随意复制并传输。还有一点，尽管动态定价方案正在逐渐兴起，设计者始终要保证定价规则的清晰和易懂。消费者需要学会明智地选择相互之间不断竞争的游戏。

第 7 章

交易方式

在本章中，我们将回到虚拟经济系统中来，解决一个实际的设计问题：设计者应该为用户或玩家提供怎样的机制来让他们进行交易？是允许他们开设虚拟店铺？还是开设虚拟拍卖行？或是通过其他一些更简单的方式？在第 4 章中，我们曾说过，市场中可以包含任何一种安排方式，只要通过这种安排方式，玩家之间可以进行交易。在第 5 章中，我们讨论了不同市场中的买方和卖方。之后，我们的目光稍稍移向了其他地方，开始考虑是什么促成了交易。在本章中，我们将回顾经济系统中的主要交易模式，无论是真实的还是虚拟的，然后决定哪一种机制更适合应用在虚拟经济系统中。最后，我们要检验市场设计中存在的局限性，以此对用四章篇幅介绍的市场概念做一个总结。我们要审视这样一个问题：什么样的市场设计决策是有希望实现的？未经开发商批准的市场会对这些决策产生怎样的威胁？

常见的交易模式

个人交易模式

最容易想到的交易模式就是，在真实的场景中，两个交易者面对面地对一个商品达成某项交易。① 两个交易者中的甲将钱交给乙，乙则将

---

① 本章中，我们将按照交易方式在虚拟经济中出现的顺序，对它们做一个粗略的介绍。在某种程度上，这个介绍的顺序所遵循的也是历史上商业的发展脉络。但是，必须要注意一点，在早期人类社会中，非市场分配机制更为普遍，比如，通过由血缘关系构建的人与人相互之间的经济权利与义务（Polanyi，2001）。广泛的贸易直到后来才逐渐得到发展，而由完全的市场活动搭建的社会结构直到近代才出现。我们将在第 9 章讨论非市场分配机制。

商品交给甲。在大型多人在线刚刚出现时，这种交易方式是唯一存在的交易机制。在游戏《网络创世纪》和《无尽的任务》（*EverQuest*）中，玩家需要走遍全世界去寻找交易机会，直到他们找到愿意出售或购买商品的人，交易才能实现。如果玩家希望达成一笔交易，首先要点击对方的头像，打开一个交易窗口。交易的买方要把钱放进自己的窗口，而卖方也要把商品放进自己的窗口。当两位玩家都按下确认键时，交易才算达成。无数的这类出现在不同的时间和地点的交易共同构成了市场。个人交易可能是通过虚拟货币实现的，也可能是直接的以物易物（在第 10 章中，我们将谈到这两者的关系）。

托管者交易模式

在《哈宝》发行之初，并不存在交易机制。物品在不同玩家之间的流通只有通过一种方式，即玩家甲将持有的物品放在地上，玩家乙再将其拾起。以上提到的个人交易机制的确存在，不过却有一些不同，想要卖出商品的玩家必须把商品扔在地上，而想要购买商品的玩家必须把钱扔在地上，这两人再分别捡起对方扔下的商品和钱，以此来完成交易。这种方式的弊端在于，它使得玩家作弊变得非常方便：交易的一方只需要假装没能掉落商品或钱，然后直接迅速地将对方掉落的商品或钱捡起，然后赶快逃走。结果，交易只能发生在两个相互信任的玩家之间，然而，在一个开放式的匿名网络环境中，信任感是一种稀缺品。想要进行交易的玩家不得不开始寻找第三方作为中介，并且还要保证交易双方都非常信任这个中介。这位中介玩家会从卖方手中拿到商品，从买方手中拿到钱，再分别将它们交给买方和卖方。这类中介被称为托管者（escrows）。托管者的身影会出现在许多市场中，例如交易互联网域名的二手市场，互联网域名是一种典型的虚拟商品。通过搭建起信任的桥梁，托管者使得原本不可能的交易成为了现实，同时也增加了市场效率。

在随后的更新中，《哈宝》开始使用和《网络创世纪》以及《无尽的任务》一样的交易模式，这一交易模式可以被看作是一个自动的托管者，它开始扮演原本由玩家扮演的中介角色。在下面要介绍的交易机制中，有许多都具有一个内置的托管系统。

商品交易会模式

个人交易模式存在的一个问题就是，它容易导致市场效率变低。在这一模式下，两个愿意进行交易的玩家碰到彼此的几率是很小的。买方遇不上卖方，卖方又找不到买方，所有的人都不得不花费大量时间寻找合适的交易对象。很快，应对这一问题的机制出现了，交易双方开始约定，每次交易都在同一个十字路口进行，将一年中的某几天定为固定的交易日。久而久之，一个新的交易模式出现了，那就是商品交易会。这一模式指有意进行交易的买方和卖方在某个确定的日子、确定的地点，举行聚会以进行交易。这类聚会的场所也被称为“市场”，但是，由于在经济学领域，“市场”一词指代的是一个更加宏观的概念，因此，我们在这里用另一个词来指代这类场所——交易会。这种交易模式在人类历史的早期就已经出现，在当今的大型多人在线游戏中也不难找到它们的身影。这一交易模式能够帮助有意愿进行交易的玩家更为方便地找到交易伙伴，从而提高了贸易效率（见框 7—1）。[①]

框 7—1　《无尽的任务》中商品交易会的出现

2001 年，《无尽的任务》的制作者发现了一个有趣的问题：该游戏原本设定为市场的区域空无一人，而另外一处空地却担当起了市场的角色。《无尽的任务》是一款“装备类游戏”，也就是说，装备的好坏会大大影响其持有者的能力高低。装备可以被交易，但是，在这款游戏刚刚开发出来时，它并不具有一个成熟的交易系统，仅仅具有最为基本的个人交易平台。在游戏中不存在拍卖行供玩家进行交易。同时，玩家也无法浏览其他玩家所拥有的装备。因此，所有的交易谈判全都要依靠聊天系统的支持。想要卖出装备的玩家需要编辑一长段文字，列出希望销售的装备及其价格。而想要购买装备的玩家则要一字一句地查看这段文字，找寻自己想要的装备。如

① 想要更深入地了解有关交易会和相关交易形式的内容，请参见 Dijkman（2011）有关中世纪商品市场历史的研究。

果买方真的找到了自己想要的东西，他就会给卖方发送一个消息，询问卖方所在的位置。然后，买方玩家要操纵自己在游戏中的人物走到卖方的人物面前（这一过程可能要花费几分钟，也可能是几小时，这取决于买卖双方所处地点的距离），与其交谈，并打开交易窗口。在交易窗口中，卖方会将自己希望卖出的商品摆出来，而买方则要摆出相应的购买资金，交易双方都需要点下“同意”键以完成交易。

这种落后的交易模式引起了经济上的变化。第一，由于聊天系统根据区域划分，所以“聊天范围”也就成为了“交易范围”。一旦你进入了一个新的“市场区域”，你的对话框会立即收到许多冗长的交易信息，包括许多商品及其售价。大量的供应商会选择聚集在同一个“市场区域”，这是为什么呢？原因在于聚集大量供应商的区域会成为买家最愿意前往的区域，而买家最多的区域自然也就是供应商最向往的区域。由于买方和卖方的这一行为机制，交易市场的地理位置会呈现一个不断“自我强调”的状态。这是一个经典的协调均衡的例子：因为买家在那里，所以供应商在那里；因为供应商在那里，所以买家在那里。

由商品交易会的确切位置所表现出的规律，便可以看出游戏《无尽的任务》的市场处于协调均衡状态。协调的有趣之处就在于，也许会同时存在许多种可能性，但是，真正合理的只有一种。对于《无尽的任务》来说，存在着许多种可能成为交易地点的区域，但是对于任何一个服务器来说（一款游戏一般存在着几十个平行的服务器，每一个服务器所支持的游戏世界本质上是没有区别的），最终成为交易地点的区域只有一个。在少数几个服务器中，商品交易会出现在树林中，但在大多数服务器中，商品交易会出现在隧道中。有趣的是，在所有的服务器中，没有任何一个商品交易会出现在“北方自由市场”，而这个区域恰恰是设计者最初希望玩家进行交易的地方。由于有大约四分之一的玩家（在游戏中扮演邪恶人物的玩家）无法进入“北方自由市场”，而“东部公用隧道”则没有任何进入限制，所以后者更受欢迎。事实上，设计者之所以设计“东部公用隧道”，就是为了帮助扮演邪恶人物的玩家能够避开“北方自由市场”这一区域，因为这一区域敌视这类游戏角色。自然而然地，商品交易会出现在了“东部公用隧道”而不是“北方自由市场”，因为市场机制不在乎交易者是“善良的”、“邪恶的”还是介于两者之间的。市场机制只在乎贸易效率是否达到了最大化。因此，在《无尽的任务》中，原本用来交易的场所空无一人，而原本毫无用处的“隧道”却成为了一处合适的交易地点。

沉默交易会模式

在《网络创世纪》中，名为不列颠的城市中存在着一片开放的区域，就位于第一银行门前，这里成为了玩家约定的交易场所。在《无尽的任务》中，一片名为“东部公用隧道”的区域成为了交易场所。在这两款游戏中，玩家可以在交易场所中完成多种多样的经济活动，交易每天 24 小时不间断地进行。传统的交易窗口仍然存在，不同的是，通过交易会这种交易模式，玩家能够更方便地找到交易对象。随着交易会的发展，新的问题出现了：由于有太多的玩家在同一区域兜售商品，公共的交流窗口中充斥着各式各样的信息，开始不堪重负，到最后几乎完全失效。为了解决这一问题，《无尽的任务》的设计者发明出一种新的交易模式：所有进入交易会的玩家可以在一个交易界面中列出自己想要购买或卖出的商品，同时列出价格。玩家做出这些行为时不再需要交谈，交易的另一方可以通过另一个界面查看这些标明商品和价格的列表。当有人出现交易意愿时，系统会向他们指明交易对象的位置。然后交易双方就可以完成面对面的交易了。这一交易模式称为“沉默交易会”，虽然仍然存在着一些叫卖声，但并没有阻碍玩家们找到自己想要的商品，他们可以通过查看待售商品的列表做到这一点。

集市交易模式和零售商店交易模式

尽管交易会模式能够让买方和卖方聚集到一个场所，但是寻找合适交易对象的过程仍然要耗费大量时间且令人厌烦。作为卖方，你必须在摊位前待上很长一段时间，为的就是等来一位合适的买家。同时，你还需要为自己的商品准备好广告，对于那些不习惯做这种工作的玩家来说，这并不轻松。那么，如果可以将卖货的工作完全外包给专职交易商来做，会发生什么情况呢？事实上，交易模式变革的下一个阶段性标志，就是职业商人玩家的出现，他们会从卖方手中买来商品，再将它们卖给其他玩家。正是由于有了这些专职商人，每一天都可以是交易日。消费者和生产者可以随时与专职商人进行交易，这使得整个市场变得更具效率。为了与玩家自行交易的交易会模式相区分，我们将这类具有专职商人的交易模式称为集市模式。正是由于有了这些专职商人，集市模式看上去比交易会模式更具持久性。在现实世界中，伊斯坦布尔的大巴扎（The Grand Bazaar）从 15 世纪便已经出现，直到今天，那里仍然聚集着超过 4 000 名商人。

在零售商店交易模式下，一些独立的商人非常成功，他们对交易者具有极大的吸引力。因为普通商人无法竞争过他们，所以他们甚至不需要亲自前往商人聚集的集市，想要和他们进行交易的人需要主动去寻找他们。在集市和零售商店这两种交易模式下，商人不仅仅局限于扮演买方角色，还可以扮演卖方角色。正如我们在第 5 章中提到过的，在大型多人在线游戏中，电脑控制的角色在买与卖这两种行为中，都扮演着极为重要的角色。

然而，大部分玩家在开始玩游戏时，并不希望一直扮演一个专职交易商。在《网络创世纪》和《无尽的任务》中，只有很少一部分玩家是专职商人。大部分玩家更喜欢扮演制造者的角色（猎人、工匠、探险家等）。为解决这一问题，《网络创世纪》的开发商创造了一种由电脑控制的交易机器人，玩家可以购买这些机器人，把它们摆在自己的家门口。一旦被激活，它们就可以自动向路人出售库存商品，价格则由其主人预先定好。但是，这一发明的影响不再局限于帮助玩家分担交易工作，它们的出现减少了市场对于专职商人的需求，因为通过机器人，几乎每一位玩家都可以 24 小时不间断地进行交易。到目前为止，在虚拟经济中，很少会有玩家扮演全职商人的角色或是真正意义上的零售商店老板。

拍卖交易模式

在零售商店交易模式以及其他由卖方定价的交易模式下，罕见而独特的商品不容易卖出去，其原因在于，卖方无法为一件很少接触到的商品定下一个合理的价格。卖家可以试着猜测一个售价，但是这个价格可能过高，也可能过低。如果定价过高，这件商品将无法卖出；而如果定价过低，卖家又会吃亏。对于罕见的、低交易量的商品来说，拍卖是一个不错的选择。经济学理论认为，一个经过合理设计的拍卖，不但可以成功地将商品卖出去，还可以得到一个最接近买方最高心理价位的价格水平。因此，对于低交易量的商品来说，拍卖是最好的发现其真实价格的机制。

拍卖种类有许多，花卉批发商和传统制造业的制造商通常会采用荷兰式拍卖（dutch auction）。在这种拍卖中，卖方会报出逐步降低的价格，直到某一个买家接受这一价格。在本书的开头提到过的同步增价拍卖，是一个复杂的、与虚拟商品相结合的拍卖方式。

在早期的大型多人在线游戏中，玩家经常组织拍卖活动，卖方或其代理者可以在一个虚拟平台上宣布要出售的物品，进行拍卖。一件物品被宣布出售后，潜在的买家就会喊出他们的报价，最高的报价将会胜出。为了恐吓竞拍对手，迫使他们放弃竞拍或是停止将价格过分抬高，买家之间甚至会爆发冲突。在一个拥有许多卖家、很少买家的集市中，有时会出现一场颠倒过来的拍卖，其间卖家会进行公开的竞争，而买家则会从出价最低的卖家手中购买商品。①

拍卖行交易模式

今天，无论是在真实生活中还是虚拟世界中，由拍卖师主持、竞买者举手竞拍的传统的拍卖方式已经在很大程度上被数字化的竞拍方式取代了。在大型多人在线游戏《魔兽世界》中，高度自动化的拍卖行已经成为高效交易的典范。想要卖出商品的玩家只需走进拍卖行，将希望卖出的商品拖到“出售界面”，设定好起拍价，并设定好拍卖期限（从 12 小时到 48 小时不等）。买家则可以使用一个复杂的搜索界面寻找自己想要的商品。当买家报出了一个竞拍价之后，这笔钱就会自动从玩家账户

① 拍卖交易理论和有关现代拍卖的介绍请参见 Klemperer（2004）。

转移到托管账户中。当拍卖期限截止之后，出价最高的买家就成为了赢家，之后，游戏内置的有机系统会将商品寄给这位玩家。而在扣除交易税之后，卖方则会收到拍卖所得。所有其他参与竞拍的玩家的钱则会从托管账户中退回。交易者们非常喜欢拍卖行系统，因为相比于以上讨论过的其他交易模式，这种交易方式是最高效的。

买断交易模式

在一个典型的拍卖行中，卖方还可以为自己的商品制定一个买断价格。任何一个买家，只要愿意支付这个买断价格，就可以马上拥有这件商品，而不需要等到拍卖期限结束。这样的方式可以帮助买卖双方节省时间和交易成本，使得交易变得更加高效。买断价格经常用于经常性交易商品，因为对于这类商品来说，卖方已经根据之前的交易对它的合理价位有了一定的认识，从而可以合理地判断买家的心理价位。因为卖方定下的买断价格非常接近最终成交的拍卖价格，所以拍卖行为看上去似乎就不那么重要了。结果就是，对于那些便宜的、经常性的交易商品，拍卖行为渐渐被买断行为所取代，人们更加倾向于省时省力的买断交易。这类交易模式也可以在虚拟经济中得到应用。《哈宝》集中的商业中心采用的就是买断交易模式，卖家将要卖出商品的价格（买断价格）张贴出来，而买家则寻找自己想要购买的商品的最低价格。当最低价格的商品被卖出去以后，第二低的价格就会取代前者在报价排名单上的位置。买家不再需要耗费大量的时间搜索低价的商品了。

然而，买断交易并不一定适用于所有的商品。对于那些稀有的、很少被交易的商品，卖家无法正确地猜出买家的心理价位。而如果报价排名单上只有一个报价，买家也无法判断这一报价是否真的合理。出于以上原因，对于稀有的商品，交易者更倾向于使用拍卖的交易方式。如果在有可能进行拍卖的情况下，卖家还是使用了买断交易模式，那么他很有可能低估了该商品的价值，或者卖家急切地希望将商品出手换回现金，这也许说明这件商品是他的非法所得。

交易所交易模式

股票市场，作为资本主义金融最具代表性的场所，买家和卖家都可以自由进入。一位想要购买股票的交易者有两个选择。第一，接受目前卖家提供的价格，支付这个价格，然后得到股票，类似于买断交易。但是，如果目前的股票价格过高，股票市场为买家提供了另一种选择。提出一个较低的收购价格，然后等待愿意接受这个价格的卖家出现。如果没有更高的收购价格，也许想要卖出股票的交易者会出现，接受这个较低的收购价格。由买方报出的价格称为买入价，由卖方报出的价格称为卖出价。最高的买入价与最低的卖出价的差距称为买卖差价。买卖差价越小，市场效率越高。用于股票交易的场所称为交易所。交易所的种类很多，不仅仅用来进行证券交易，还可以用于黄金交易、原油交易、外汇交易或者是比特币交易（见图 7—1）。和买断交易一样，交易所交易更加适用于普通商品，而不适用于独特的、罕见的商品。[①]

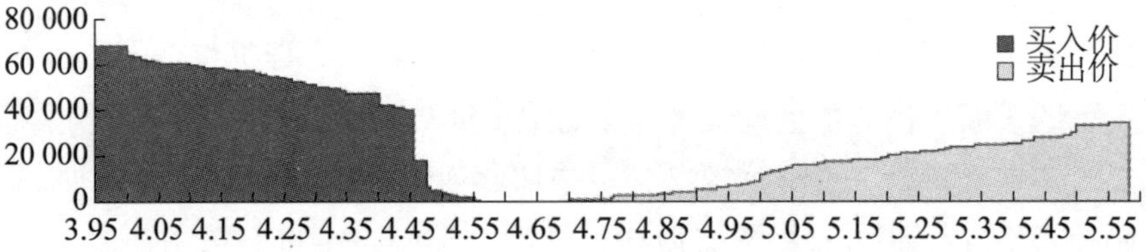

图 7—1　Mt. Gox 交易所比特币交易情况

注：图中显示的是 Mt. Gox 交易所中，有关比特币交易的买入价和卖出价情况。纵轴显示的价格以美元为单位。横轴显示的是不同的美元价位能够购买的比特币数量。本图为一幅累计图，因此，某一价格下能够购买比特币的数量为累计值。本图显示的是 2011 年 10 月 6 日的交易状况。

在游戏《星战前夜》的虚拟经济系统中，交易所交易是最常见的交易模式。几乎所有的东西都可以用这一模式进行交易，从矿产到导弹，从飞船到货物。当某位玩家给自己持有的一件商品开出一个卖出价后，这件商品就会自动地从这位玩家的“仓库”中转移到“托管仓库”中冻结起来，只有当这件商品被卖了出去，或者这位玩家决定取消出价，又或者销售期结束后，这件商品才会被“解冻”。而当一位玩家开出了一个买入价后，类似地，与其出价相等的一笔钱也会被转到“托管账户”中冻结起来。正是因为有了这种机制，交易一经完成，商品和货款的转

① 有关交易所的结构与功能的详细内容请参见 Harris（2003）。

移就能马上得到落实。

目前为止，我们已经介绍了许多种交易模式了，这些模式大都可以用在现实和虚拟世界。在表 7—1 中，对这些交易模式进行了总结。

表 7—1　　市场中的十种交易模式

个人交易	两位交易者相遇，讨价还价，进行交易
托管者交易	两位交易者找到一个两人都信任的第三方中介，由其代为执行交易
商品交易会	许多交易者在一个固定的场所见面，讨价还价，进行交易
沉默交易会	许多交易者在一个固定的场所见面，讨价还价，进行交易，所有的交易信息均登记在统一的系统中，方便买卖双方找到合适的交易机会
集市交易	许多专业商人在一个固定的场所买卖商品，商品价格可以商量
零售商店交易	一个专业商人在一个固定的场所买卖商品，商品价格固定
拍卖交易	一位卖家给出底价，多位买家进行当场竞价
拍卖行交易	卖家将自己的底价登记在统一的系统中，买家报出自己的竞价，报价最高者赢得购买权
买断交易	卖家在统一的系统中给出一个固定价格，能够给出这一价格的买家可以直接购买该商品
交易所交易	卖家在统一的系统中给出卖出价，买家在统一的系统中给出买入价，在此系统中完成交易

选择一个交易机制

在之前的内容中，我们介绍了能够在市场中使用的十种交易模式，但是，我们的介绍并不算是面面俱到。只要你愿意想象，还会有各种各样的交易模式。虽然我们谈到的只是一些最为基础的交易模式，但是它们的确可以为那些准备设计虚拟经济系统的开发者提供一些灵感。那么，哪一种交易模式是最好的呢？在从中选择时，设计者要注意些什么呢？接下来，我们会为设计者提供一些关于如何为虚拟经济选择合适的交易模式的指导。

交易模式与市场效率

我们曾经几次提到过更合理的交易模式可以提高市场效率。市场效率越高，身在其中的人就越容易得到自己想要的商品。举个例子来说，如果小麦市场的效率很低，以致购买小麦十分不易，那么，该经济系统内就不可能存在很多面包师。由此可知，在选择交易模式的时候，市场效率是一个十分关键的影响因素。在游戏中，基础必需品的市场应该是高效的，为的是不会影响到玩家的游戏和参与体验。稀缺的资源市场，例如广告位市场，也应该保证尽可能高效，以保证这些稀缺资源可以得到更有效的使用。

尽管如此，有效性并不是虚拟设计一直追求的目标。请读者回想一下第1章中的内容，我们提到过，虚拟经济设计的一个目标是控制虚拟内容的消耗速度。一个令人沮丧的低效市场也许会阻碍玩家的成长。但是，一个高效的市场会导致玩家可以很容易地获得装备和等级，从而降低开发商的收入。这意味着，设计者有时会利用低效率的交易模式来故意降低玩家在游戏中的成长速度。在游戏《星战前夜》中，所有商品的交易均采用高效率的交易所交易模式。然而，这款游戏的设计者故意让交易所处于一种“残废”状态——交易所要受到地理范围的限制。只有当被交易商品与交易玩家处于同一地理区域时，才能在交易界面中看到该交易商品。因为这一设计的存在，所以玩家不得不在游戏世界中到处游荡，寻找在某一时刻某一商品的最低价格，以此来避免花冤枉钱。

类似地，《魔兽世界》的拍卖行亦被有意设计为一种相对低效的状态。首先，玩家无法在任何地点随意使用交易界面：他们必须亲自前往建在主要几座大城市的拍卖行，身处其中才能打开交易界面。其次，受限于（被设计者设定的）拍卖行的物流方式，想要进行大宗商品交易，玩家不得不在拍卖行、邮局以及银行之间来回奔走，而这三座建筑又必然建在不同的地点。暴雪公司提供了一种智能的移动电话装置，拥有这种装置的玩家能够克服以上提到的种种限制，直接与拍卖行对接，无论玩家在游戏中的角色身在何处。当然，这种装置可不是免费提供的，想要使用它，玩家需要每月为此支付一定的费用。这类层层设限的方法，有效地实现了设计的初衷：如果玩家消耗游戏内容的速度很慢，他们就不需要支付很高的费用；但是如果玩家希望快速消耗游戏内容，他们就需要支付一笔不菲的额外费用。

交易模式与附加活动

在选择交易模式的时候，另外一个需要考虑的内容就是附加活动(engagement)。我们这里谈到的附加活动，是指交易的参与者为了成功实现交易，必须参与的活动。这些活动可能包括谈判、讨价还价、叫卖、兜售、搜索商品、建立信任等。请不要忘记，虚拟经济设计的一个首要目标就是提供能够吸引玩家的内容。我们在这里谈到的附加活动，也是内容的一部分。

在传统的经济分析中，诸如谈判、搜索商品这类活动被看作是交易成本的一部分，高级的交易模式能够通过减少这类行为来提高交易效率。在流程化设计的数字交易所中，买卖行为不存在任何的社会交流。通过进行一个全面的搜索来找到合适的商品和交易机会并不是什么难事。但是从设计游戏的角度出发，低效率的行为，如谈判、搜索商品可能是必要的。减少这类行为，就有可能减少交易所带来的游戏乐趣。因此，在参与活动与市场有效性之间存在着一个平衡。

总的来说，如果一款游戏中有许多附加活动，那么玩家就有许多事情可做，而在一个市场效率很高的游戏中，玩家可做的事情则很少。但是，如果附加活动都是由单纯的低效市场造成的，那么这些附加活动对于玩家的吸引力并不大。只有被控制在一定限度内时，谈判、搜索商品这类活动才是有趣的，最重要的还是交易的成功，因为只有这样，玩家才能感受到接下来的游戏内容的吸引力。

图 7—2 列举了一些交易模式，显示了在这些不同种类的交易模式下，市场有效性和附加活动频率的情况。

交易模式与信息

在第 2 章中，我们介绍了有限理性的概念：即人们所作决策的正确性受限于他们能够获得的信息量。如果你不知道一件商品的价值，那么你很有可能会花过高的价钱购买这件商品，或是在卖出这件商品时定价过低。这就为有经验的交易者提供了套利空间，而缺乏经验的交易者只能因此损失利益。

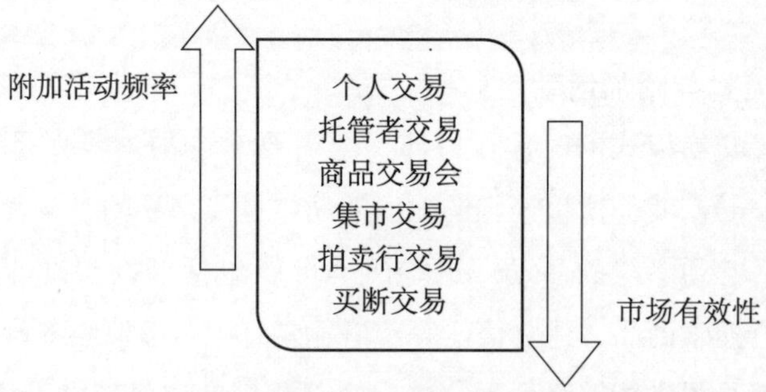

图 7—2 根据市场有效性和附加活动频率的情况对交易模式排序

在不同的交易模式下，消费者想要完成一笔成功的交易所需的信息量是不一样的。根据所需信息量对不同的交易模式进行排名，我们可以得到一个排行。在这一排行的一端，拍卖这种模式能够揭示人们想要购买某一商品的意愿，有了这一重要信息，即使你不知道该商品的真正价值，当你在拍卖行将其卖出时，也可以得到一个与该商品市场价格接近的价格。在排名的另一端是个人交易，在这一模式下，你所能知道的全部信息都来自交易对手，而他们很可能会对你撒谎。

《哈宝》最开始只支持个人交易模式，同时，还有一个自发形成的“交易室”模式。很快，玩家开设了一些第三方信息网站，这些网站收集和公布有关各种商品在“交易室”中的交易价格，玩家们会不停地向网站中添加新的信息。然而，由玩家维护的这些网站所提供的信息并不一定总是毫无偏差的。不久之后，《哈宝》的开发者设计了买断交易模式，这样做的目的并不是要取代原本存在的个人交易模式和“交易室”模式，而是为前两者提供一个补充。买断交易方式还可以成为一个集中的价格信息来源。在《哈宝》的买断交易行中，玩家可以查看某一种商品的历史价格，这可以帮助玩家掌握更多的信息以辅助做出交易决策，即使他们会采用其他交易模式进行交易。

一般而言，在拍卖模式下，稀有的、不常交易的商品能够被最有效地交易，因为这一模式有利于发现商品的价格，即使该商品缺乏或者没有交易历史数据。这一点对于那些独一无二的或者质量差距很大的商品同样适用。在零售商店交易模式下，经常性的交易商品能够被更有效地交易。集市交易、买断交易、交易所交易的适用范围介于以上提到的两者之间，这些交易方式能够帮助交易者更好地发现价格，集市交易还可以帮助买家发现不同卖家手中同一种商品的质量差异。换句话说，在选择交易模式的时候，还要考虑到商品的种类，以及不同交易模式对信息获取的影响。

信息还会受到呈现方式的影响。某一价格信息可能被隐藏起来，也可能被大声宣布出来。充满信息的表格会奖励勤于分析的玩家，但对其他人则毫无用处。在大多数情况下，有关经济行为和决策的数据应该能够简单地被用户找到。①

交易模式与市场结构

在用户对用户市场（user-to-user markets）下，一些我们在前面内容中讨论过的交易机制很常见，但是在开发商对用户市场（publisher-to-user markets）下，情况却不是这样。拍卖行交易模式就是一个例子。其他的一些交易模式——例如零售商店交易模式——在开发商对用户市场模式下比在用户对用户市场模式下更为常见。这一情况告诉我们，在虚拟经济系统中，买方和卖方的角色是由玩家扮演还是由开发商扮演，即市场模式上的区别，会对交易模式的选择产生影响。更确切地说，参与到市场中的买家和卖家的数量会对交易模式的选择产生影响。

举例来说，在买方垄断型市场结构下，拍卖这一交易模式是无法实现的。因为，根据定义，该市场结构下只存在着一个买家，而拍卖交易模式必须同时存在多个买家。由于这个原因，大型多人在线游戏中的玩家将自己的虚拟物品卖还给开发商时，采用的是零售商店交易模式——即将物品卖给由开发商控制的商人角色——而不是商品交易会和拍卖交易模式。出于同样的原因，在买方垄断型市场结构下，反向的拍卖交易模式也不可能实现。而如果市场中只有一位卖家，那么商品交易会和集市交易自然也就不会存在。

---

① 界面的数量总是太多，因此设计用户界面的设计师都不喜欢听到需要给用户提供更多的信息这样一种说法。这个问题不仅仅存在于虚拟世界中。正是出于同样的原因，集市上的商人总是在叫卖自己的商品，而你的网络浏览器上也总是充斥着各种各样的广告。关注度是一种稀缺品。关于关注度的经济学知识可参见第 4 章的框 4—4。

当所有由电脑控制的角色的行为方式都是一样的时候，它们实际上都是按同一个意志行动，即游戏开发商的意志。当然，这些电脑控制的游戏角色也可以被赋予不同的人工智能（AI），从而在市场中表现得更具自主意识（见框 7—2 中的例子）。在后一种情况下，玩家能够对自己的商品进行拍卖，而买家则是相互竞争的由电脑控制的角色。换句话说，即使是在开发商对玩家市场，具有更多附加活动的交易模式也可以实现。赋予电脑控制的角色更高的人工智能，并允许它们在市场中完成合理化的自主行动（比如，不会因为它们之间的恶性竞争而导致虚拟经济系统中出现通货膨胀），这是极具挑战性的。

框 7—2　游戏《星战前夜》中由电脑控制的交易者

在《星战前夜》中存在着许多由电脑控制的交易者运营的公司，比如 Allotek Industries 和 Further Foodstuffs 这两家。这类公司的经营项目多是那些由玩家运营的公司所没有涉足的领域，比如买卖牲畜和消费性电子产品。它们存在的目的就是为刚刚加入该游戏的玩家提供一些交易机会，这些新玩家可以从由电脑控制的交易者手中购买一些低价商品，然后再将它们卖到别的星系。由电脑控制的交易者会在区域性的交易所中报出买卖价格，它们的行为就像是真正的玩家一样。这就使得与它们交易，感觉上就像是与真实的玩家交易一样。

尽管由电脑控制的交易者会在交易所中进行交易，但是它们所具备的人工智能却不高。任何一件商品都有一个默认的购买价格和销售价格，这两者之间会有一个小小的差距，以此来为玩家创造套利空间。每卖出一件商品，由电脑控制的交易者便自动将该商品的收购价格调低一点。与此类似，每买入一件商品，它们就会自动将该商品的销售价格调高一点。循环往复，直到最终，交易变得无利可图。利用这种方法，可以防止玩家利用与电脑控制的交易者进行交易，套取无限的利润，尽管在理论上，这些由电脑控制的交易者拥有无限的库存和资金。一两天后，它们会将商品的价格重新调整为初始默认价格，从而重新为玩家提供新的套利空间。由于它们交易的商品都是玩家无法自主生产的，所以由电脑控制的交易者不需要担心玩家主导的市场价格会影响它们的价格决策。

这些由电脑控制的交易者并不能真正独立地思考，因为它们无法自主尝试任何策略性行为方式，比如削弱竞争强度。这就限制了与它们交易过程中的附加活动频率。在最近的游戏补丁发布后，《星战前夜》的设计者削弱了由电脑控制的交易者的交易活动，因为系统中添加了一些新的可由玩家制造的商品。大多数商品现在都可以由玩家自主制造了。在虚拟经济系统中，也许只有当需要某件商品的玩家不多时，电脑控制的交易者才能派上用场。

同一市场中存在多种交易模式

不同的交易模式相互之间可以互补。个人交易模式有利于玩家之间建立人际关系，这在以后的游戏过程中十分有用。而如果玩家希望交易大宗商品，那么买断交易和交易所交易这两种模式则是不错的选择。没有任何原因可以证明多种交易模式不能存在于同一市场中。在大型多人在线游戏中，在玩家对玩家的市场模式下，一般至少同时存在个人交易模式和商品交易会模式（后者由前者衍生而来），另外还存在一些高级的交易模式，例如拍卖行交易模式和交易所交易模式。

市场设计的局限：未经开发商批准的市场

根据我们在第 5 章和本章中讨论过的内容，想在虚拟经济系统中构建某种商品的交易市场，需要先回答三个问题：第一，是否在一开始就构建一个交易该商品的市场；第二，应该采用什么样的市场结构；第三，应该采用哪一种交易模式。对于这三个问题，最优的解决方案必须要满足一个前提，那就是必须保证开发商的利益最大化。然而，在有些情况下，开发商的利益与玩家的利益是相互矛盾的。当这一矛盾足够尖锐时，玩家会想方设法地规避开发商为游戏定下的“规则”，并且为了满足自身的利益，开始私自构建未经开发商批准的市场。游戏的设计者须始终牢记这一点，因为这一点将会对他们的设计方案产生很大的影响。本章的结束意味着一个横跨四章的、有关市场的内容的终结，但是在这之前，我们先要讲述三个有关玩家行为如何影响市场设计的故事。

规避交易机制：《哈宝》的交易论坛网站

直到最近，《哈宝》中仍然仅仅存在着一些最基础的交易模式，例如：一对一的个人交易模式、交易房间中的多人交易模式（即我们之前提到过的商品交易会模式）。恰恰是因为这款游戏缺乏复杂的支持系统以及多玩家交易界面，所以它才能更好地体现出设计者的初衷，即进入游戏的门槛很低、采用开放式的设计、更注重玩家之间的社交。然而，对于那些希望进行大宗商品交易的玩家（比如，建造商和收集者）来说，交易成为一种浪费时间和精力的活动。因此，一些玩家决定要为《哈宝》设计一种新的交易模式，他们自发地开办了一家交易论坛网站，这家网站并不隶属于该游戏。在这个论坛上，玩家可以发帖表示要出售或者购买某件商品，还可以进行交易谈判，甚至是举办一场线上拍卖会。所有这些活动都不必在《哈宝》的虚拟世界中的交易房间和走廊中进行，只有付款和配货需要在游戏中进行。目前，由玩家自发开办的这些网络论坛，已经成为了许多在线游戏功能的很好补充。通过开办网站，玩家可以规避一些由游戏设计者开发出来的费时费力的交易模式，而设计者本打算用这些不方便的交易模式对玩家进行限制。

规避市场结构：Q币交易

在第1章中，我们讲述了有关Q币的故事，曾几何时，这种虚拟货币在中国的网络经济中起到了举足轻重的作用。甚至连发行Q币的腾讯公司都没有想到这种虚拟货币会如此成功。最初，Q币被设计为一种用于购买腾讯公司的虚拟产品和服务的货币，换句话说，该公司原本计划掌握这种虚拟货币的垄断专卖权。然而，在设计的过程中出现了一个小纰漏：用户可以将Q币作为礼物送给好友。这个小纰漏的影响不断扩大，最终导致了一个巨大的市场产生。一些零售商开始接受用户以Q币作为支付工具购买商品和服务的行为，然后它们再通过网上拍卖将Q币卖回给用户。因为腾讯公司不再是唯一出售Q币的企业，所以Q

币市场从卖方垄断型市场结构转变为最高限价型市场结构。腾讯公司为Q币制定的价格成为了最高限价，只有当市场中没有更低报价的时候，用户才会接受这一价格。然而，这并不一定会损害发行者的利益。Q币市场的规模不断扩大，并且由于一部分Q币会退出流通，所以总有人愿意从腾讯公司购买该虚拟货币。

在中国人民银行意识到Q币给网络经济带来的影响，以及腾讯公司开始限制用户通过账户相互划转该虚拟货币的数量后，用户想出了另一种规避方法：他们不再将Q币从一个账户转移到另一个账户，而是直接转换账户的所有权。想要转换账户的所有权，只需要让对方知道该账户的密码即可。从此，“账户”成为了Q币的一种“超级单位”，它的作用就像是一种高面额的票据，可以弥补小额交易的不足。设计者的初衷又一次被规避了。

规避“无市场”状态：猎龙点数

如果游戏中根本没有任何交易模式存在，那该怎么办呢？玩家是否可以找到合适的方法来规避这种“无市场”状态呢？在前面的内容中，我们提到过《魔兽世界》中存在着一些高级装备，设计者将这些装备设定为不可交易的状态。如果一位玩家获得了一件这类装备，那么它就永远只能属于这位玩家，无法被交易出去了。因此，在这款游戏中，玩家没有能够买到高级装备的途径，他们唯一的选择就是不停地玩游戏，直到自己获得该装备。然而，由玩家组成的公会已经找到了规避这一设计的方法。玩家公会创造了一个名为“猎龙点数”（Dragon Kill Points，DKP）的系统，这是一个计数系统，其目的在于让公会内的玩家可以全部享受到在多参与者类任务中获得的装备。其具体机制如下：公会内的玩家可以参与一些多参与者类任务，以此来积攒点数；有了这些点数，玩家就将它们支付给公会内的其他玩家，以此来购买“捡起”某一高级装备的权利。通过这种方法，玩家的付出得到了回报，在完成集体任务时，付出最多的人可以获得完成该任务所得到的奖励装备。当然，一些玩家公会还会允许DKP在玩家之间流通。这样一来，玩家就可以用钱购买DKP，再用DKP购买装备，最终，也就相当于所有的装备都得到了明码标价。一个相对缺乏经验的新手可以通过这种方法获得高级装备，同时节省游戏时间，而这正是《魔兽世界》的设计者希望避免的情况。在实际情况下，这类对于市场的限制并不会造成很大的问题。[①]

① 希望更加详细地了解 DKP 系统的读者，请参见 Castronova and Fairfield (2007)。

第 8 章

外部性与二级市场交易

在本章中，我们的关注焦点将不再是市场，而是外部性：由第三方产生的成本与收益。但是，实际上，我们的讨论还是会涉及市场，其原因在于，本章讨论的内容是利用外部性理论来分析未经开发商批准的虚拟商品二级市场交易。

我们在这里提到的二级市场交易（secondary market trade），指的是玩家之间进行虚拟商品交易以赚取真实货币的市场。eBay 是第一个允许大型多人在线游戏的玩家进行虚拟商品交易的在线拍卖网站。之后，不同的虚拟商品催生了不同的虚拟商品二级市场交易，诸如虚拟筹码、在 Facebook 网站上对内容点赞、Twitter 网站上的追随者，这些都是可以用真金白银进行买卖的。

对于二级市场交易存在着争议：许多玩家利用它进行游戏作弊；许多游戏的开发商在征得玩家同意后会禁止这类交易。但是，还是存在着许多玩家声称，根据自己的意愿处置自己的虚拟财产是他们拥有的权利。以上这两种对立的观点，哪一个是正确的呢？这类道德争论很难得到公正的解答。一个来自法律与经济学派的声音指出：这类问题应该通过经济学分析来找到答案。根据这个学派的观点，不管有关道德争论的各方观点能够得到多么强有力的支持，那些能够产生最大的社会净效益的结果就是无可争议的最好结果。

为了分析二级市场交易所产生的社会影响，我们需要引入外部性这一概念，即在第三方平台上进行的交易所产生的成本与收益。为了帮助设计者找出一个合适的工具来处理二级市场交易产生的有害的副作用，我们要在以下内容中讨论一些策略，这些策略是经济学家已经给出的解决外部性的方法，我们要做的就是检验一下这些策略在虚拟商品交易领域会不会起到同样的作用。

二级市场交易介绍

通过游戏获得的虚拟商品

在一个典型的在线游戏中，玩家可以在游戏过程中获得一些虚拟资产，如特征属性、装备、硬币等。因为最早的在线游戏中的虚拟资产通常是不存在有效期的，所以玩家很少会将这些虚拟资产卖出去换回现实生活中的钱。随着游戏的发展，交易行为变得比较普遍了。在2005—2009年间进行的三项调查研究发现，大约1/5～1/4的大型多人在线游戏的玩家会将虚拟资产交易为现实生活中的真实货币。[①] 那些希望卖掉自己的虚拟商品的玩家会在第三方拍卖网站上列出拍卖清单，这些网站专门运营拍卖业务。潜在的买家会为商品出价，交易的资金则通过PayPal或其他一些类似的方式支付。之后，买卖双方会登录进游戏中，由卖方将商品转给买方。如果交易的支付方式是直接通过转变游戏账号的所有权来完成的，那么卖方则会通过电子邮件直接将游戏账号的信息、密码发送给买家。

一开始，这种交易方式被简简单单地称为“真钱交易”（real-money trade，RMT）。但是，因为游戏的开发商也已经开始明码标价地出售虚拟商品，我们需要找到一个更为准确的词汇来描述玩家对玩家的交易行为。除了RMT，还有一个已经使用多年的词汇——二级市场交易，这个词是从金融领域借鉴而来的。在金融领域，一级市场指证券的最初发行者将证券卖给投资者的市场。当投资者转手将手中持有的证券卖给另一个投资者时，这样的交易行为需要在二级市场中进行。对于虚拟商

① 在Yee（2005）的报告中，这一数字为22%；在中国互联网络信息中心（CNNIC，2009）的报告中，这一数字为24.9%；在韩国文化产业振兴院（KOCCA，2010）的报告中，这一数字为24.2%。一些游戏开发商认为这一数据被夸大了，但是，它们同时承认，它们无力降低这一状况带来的影响。不同游戏的二级市场交易所产生的影响差距很大，因此，这些统计数据应该仅仅被看作参考数据。

品来说，一级市场交易分为两种：第一，开发商将虚拟商品卖给玩家；第二，玩家通过游戏过程获得虚拟商品。而如果玩家将自己持有的虚拟商品转手卖给其他玩家，我们就称这种行为是二级市场交易。

在网络游戏界，虚拟商品交易的二级市场规模很大（见表 8—1）。因为，交易虚拟商品可以挣到真实货币，许许多多的职业商人进入到了这个市场中。朱利安·迪贝尔写了一本书，书中介绍的就是他本人作为职业虚拟商品商人的经历。[①] 他和他的助手们通过拍卖交易，购得一些被低估了的大型多人在线游戏账号，将它们翻新后再卖出去，从中获利。一家被叫做 IGE 的公司在虚拟货币兑换领域有很好的声望，它的业务就是购买、销售各种虚拟货币，赚取美元和欧元。在被形象地称为“黄金农场”（gold farms）的公司中，每一个工作间中都有电脑和职业的交易者，他们依靠交易虚拟商品谋生。这样的工作使得 IGE 这样的公司得以存在。本书的作者之一曾经参与了一份报告的写作，这份报告由世界银行发布。根据报告的成果，2009 年时，大约有 100 000 名全职的游戏人被“黄金农场”雇用。[②] 事实上，“黄金农场”只是第三方游戏服务业的一个小小的缩影（见框 8—1）。

表 8—1　　网络游戏虚拟商品的二级市场规模（估计值）

北美、欧洲、日本	韩国	中国	其他	全球总和
24 亿美元	6.2 亿美元	15.1 亿美元	3.2 亿美元	49 亿美元

注：改编自 Lehdonvirta and Ernkvist（2011）。在原资料中，由于计算问题，北美、欧洲、日本项下存在错误。本书引用时改正了错误。

框 8—1　第三方游戏服务业

我们将开发和发行网络游戏的公司所在的行业称为网络游戏业。这类企业时时刻刻受到来自另一类企业的威胁，后者存在于一种“隐蔽”的环境中，通过探索前者开发的游戏内容来寻找商机。上文中提到的“黄金农场”这个词，描述的就是一些利用网络游戏公司开发的内容谋利的公司，但是，这个词并不能概括这类公司提供的

① Dibbell（2006）. Julian Dibbell 是一位美国科技记者，他写了一些有影响力的关于网络游戏和虚拟商品的文章。

② Lehdonvirta and Ernkvist（2011）.

全部服务以及具有的全部功能。在莱顿维塔参与研究的一份世界银行的报告中，将这类由处于“隐蔽”环境中的企业组成的行业称为第三方游戏服务业。[a]根据这份报告，这一行业中存在着以下几种专业团体和公司。

（1）游戏工作室

如果说游戏公司是开发游戏的，那么游戏工作室就是玩游戏的。后者还经常被称为“黄金农场”以及“虚拟工厂”。在一些小的办公间甚至是仓库中，一些国家（例如中国和越南）的年轻人拿着微薄的收入，但是干着自己喜欢的工作，他们以玩游戏为生。他们的主要工作成果就是虚拟货币、高等级的游戏人物和高等级本身，这就是被称为“出租玩家”（player-for-hire）的服务。这类公司的经营成本就是工资，同时，购买游戏点卡和正版游戏 CD 密钥也会带来不小的花费。

（2）挂机农场

农场能够以游戏工作室十分之一的成本创造同样的产出。它们通过自动化的软件来完成游戏中的任务，在某种意义上，就是将游戏中的人物变成了一种机器人。但是，大多数游戏开发商是禁止使用挂机软件的。因此，挂机农场的经营者就不得不在搜寻和开发挂机软件方面投入大量的资源，以此来对抗开发者的管制。

（3）黑客团体

获得并出售虚拟商品以获利的最肆无忌惮的方式就是直接从其他玩家手中偷走虚拟商品。黑客团体会用相似的网络钓鱼手段，非法侵入玩家的游戏账户。这些黑客还会肆无忌惮地为挂机农场和游戏工作室供应一些“黑户”，即一些已经被掏空所有财产的游戏账户，这类“黑户”还可以继续用于完成游戏任务，赚取利益。正是由于虚拟商品所具有的经济价值，所以游戏账户一直是最受追捧的破解对象，有大量的恶意软件被开发出来用于非法盗取玩家信息。[b]

（4）批发商

批发商会从小的游戏工作室、挂机农场、黑客团体那里购买虚拟货币，再将它们转手卖给零售商。

（5）零售商

零售商指的是一些专门将第三方游戏服务业中其他几类团体的产品卖给玩家的公司。零售商会开办一些网站，向搜索引擎网站购买一些广告位，建立客户数据库，经营人工服务的热线电话，处理账单。目标受众是西方玩家的虚拟商品零售商最早是一些配有销售经理的西方公司，它们会将生产活动外包给低收入国家。但是，到了 21 世纪初，中国的虚拟物品企业已经积累了足够的市场经验，也具备了很好的外语能力，不再仅仅局限于生产活动，开始将其价值链拓展到营销领域。从那时起，整个行业就被中国的企业家所控制。

第三方游戏服务业也许已经度过了其全盛时期。在 21 世纪最初十年的中期，该行业快速发展，随着《魔兽世界》取得的成功，大型多人在线游戏变得越来越流行。但是，如今情况发生了变化。大型多人在线游戏的市场已经饱和，游戏的开发商变得愈发精明，它们重新设计了营收模式，直接将虚拟商品卖给玩家，同时限制了玩家对玩家的交易机会。游戏产业的飞速发展催生了新的游戏平台，如智能手机和平板电脑。但是，第三方服务提供商很难打入这些新兴的市场。曾几何时，赢得了许多记者和学者兴趣以及大量玩家愤怒的“黄金农场”，看上去已经没落了。我们得到的行业信息显示，中国的游戏工作室已经辉煌不再，在某些情况下，这类行业也许会在收入水平仍然很低的国家再次出现。

全球性的虚拟经济还会催生其他一些奇怪的新产业，这些新行业会繁荣一段时间，之后，随着市场结构再一次变化，它们也将被淘汰。昨天的“黄金农场”转化了形式，变成了今天可以用钱买到的 Twitter 上的追随者。在新兴的移动游戏平台，迟早会有类似的行业产生。

a. Lehdonvirta and Ernkvist（2011）.

b. Krebs（2009）.

一些大型多人在线游戏的玩家和开发商意识到，一些第三方游戏服务商会利用二级市场交易进行欺诈。玩家和开发商认为这样的情况会损害游戏体验，甚至还会引发网络犯罪。在下一部分的内容中，我们将讨论这些论断。首先，我们来看一看通常有哪些商品会通过二级市场来完成交易。

高级虚拟商品

二级市场交易的范围不仅仅限于那些在游戏过程中赢得的虚拟装备。在许多网络游戏和在线社区中，虚拟商品的来源主要是从开发商手中购买，其次就是从二级市场交易中得来。一些在卡牌游戏中使用的卡片就可以从交易中得到，《万智牌》（*Magic*：*The Gathering*，*MTG*）就是这类卡牌游戏的经典例子。玩家会从开发者那里以一个固定的价格购买一组卡片，但却不知道真正拿到的是哪种卡片。所以，玩家就会相互交换和交易卡片，专业的中介机构也会参与进来，这样大家就能各取所需，得到自己真正想要的卡牌种类。在线版本的万智牌发布十年之后，虚拟卡牌的二手交易市场仍然生机勃勃。在这里，不同种类的卡牌被交易着，从仅仅价值几美分的普通卡片到价值数百美元的稀有卡片都可以找到。与大型多人在线游戏不同，卡牌游戏的二手交易市场是爱好这种游戏的玩家社交网络的组成部分。因为所有的卡牌都是通过购买而不是在游戏过程中得来的，所以交易行为不能被视作作弊。这个道理适用于所有的高级虚拟商品，如果一件装备，无论是二手的还是全新的，都需要花钱购买，那么我们就不能称这样的行为属于玩家作弊。

但是，高级虚拟商品的二级市场交易会给游戏的开发者带来其他一些令人头疼的问题。《星佳扑克》（*Zynga Poker*）是一款在线得州扑克游戏，在游戏中，玩家可以购买扑克筹码，但是却不能将它们换成真钱，其原因在于，设计这款游戏的初衷并不是让其成为真正的赌博游戏。[①] 然而，二级交易市场出现了，在这里，玩家可以将自己赢来的筹码卖给其他玩家，从而得到真实货币。玩家们一般喜欢从其他玩家手中购买二手筹码，其原因是二手筹码比在《星佳扑克》购买全新的筹码更便宜。这样的情况对于开发者来说是非常不利的，不仅仅因为这将会让它们损失一笔不小的收入，更深层次的原因在于，如果监管机构认定这

---

① 2012年1月，曾有消息称《星佳扑克》有意进入赌博行业，原因是美国的赌博条例有所放宽。

款游戏是赌博类游戏，那么它就必须遵守赌博条例。在许多司法管辖区，在线赌博是被禁止的。星佳公司对二手交易市场中介机构提起了诉讼，但是收效甚微。

在日本，虚拟卡牌对战游戏的开发商经历着类似的痛苦。在雅虎拍卖网站上，一张卡牌可能卖到几万日元（相当于几百美元），这本身也许并不是一个严重的问题。但是，这样的交易现象使得媒体开始关注开发商的营收模式。媒体认为这款游戏模仿了赌博和老虎机的模式（购买卡片并以随机的模式赢得奖励）。2012 年 5 月，日本消费者厅认定这样的行为违反法律，要求开发商对游戏进行调整，而这样的调整将耗资巨大。①

Facebook 网站上对内容点赞和其他社交媒体的类似机制

游戏资产并不是唯一可以被交易的虚拟商品。Facebook 网站上对内容点赞、Twitter 网站上的追随者、YouTube 网站上视频的观看人数、Reddit 网站上内容的好评，以及其他社交网站上类似的衡量受欢迎程度的“选票”机制，都是可以用美元交易的。和游戏中的装备一样，社交网站上的“选票”机制也是被人为设定为稀缺品的资源，它们可以显示出其拥有者的地位和优势。一些最受欢迎的内容会出现在搜索结果中最显眼的位置上而最受欢迎的用户发布的任何消息都可以获得更多的关注。因此，这类社会选票对广告商、政治家以及其他所有希望对他人产生影响的人来说都是非常重要的。由于这类资源的供给有限，需求却很大，所以，出现交易这类资源的市场也就不足为怪了。

社交媒体平台设计者的初衷是希望用户贡献更多的有趣内容，而用户得到的回报则是在该社交平台变得更受欢迎。但是，设计者也为非直接购买“选票”打开了便利之门，即允许广告商出于私利购买网页空间，这样的行为会引导大众的偏好。最近几年，第三方供应商进入这个市场，它们甚至开始直接出售“选票”。公开地为“选票”明码标价的网上商店有几十家，例如，对 Facebook 网站上的内容点赞、成为

① Yomiuri Shimbun (2012).

Twitter 网站上的追随者，以及其他类似的机制。其价格从几美分到几美元不等。第三方供应商手中的“选票”主要有两个来源：第一，来自于一些希望赚钱的真实用户，这些人会对一些内容点赞或是成为某人的粉丝，前提是获得报酬；第二，一些没有底线的企业专门控制着一些虚假的账户，它们也会提供“选票”，其特点与上文提到的“黄金农场”和挂机农场类似。如果第三方游戏服务业的情况再次出现，不难想象，一些专门盗取“选票”的网络犯罪也会出现，蠕虫病毒或木马病毒将会攻击你的社交网络账户。

那些根据需求“生产选票”的真实用户受雇于所谓的“一点即付”（paid-to-click）网站，并从“众包”（crowdsourcing）平台获得收入。事实上，他们每点一下赞所获得的收入是很低的，一般只有几美分。根据我们的观察，这些用户熟悉网络，通常来自于低收入国家，这些微薄的收入是对其正式工作收入的很好补充。作为一个正在进行的有关虚拟工作机会的研究项目的一部分，我们采访了一些菲律宾的“选票生产”用户，结果显示，这些人的全部收入都来自于“众包”平台。值得庆幸的是，这些人的大部分收入来自合法的网络工作，而不是网络犯罪。

外部性理论

在以上的内容中，我们了解了不同虚拟商品的二级交易市场。在下面的内容中，我们要进一步探究这些二级交易市场对虚拟经济系统和虚拟经济开发商产生的影响。为了达到这一目标，我们要重新回到微观经济学领域，运用一系列概念来分析某一行为的净社会影响。

理论上，自由贸易有利于社会发展，因为它可以对资源进行重新分配，使其能够得到更有效的使用。但呈现出外部性的市场则是一个例外。外部性——也可以称为溢出效应——指的是在第三方平台上进行的交易所产生的成本与收益。因为受外部性影响的第三方在交易中并没有话语权，所以这种效应不会反映在交易价格上，从而也就会扭曲资源的合理配置。外部性可能是由生产、消费或交易行为本身所产生的。

工厂由于生产行为产生污染就是外部性产生负面效应的典型例子。工厂的所有者需要为土地、劳动力和用于生产商品的原材料支付费用，但是却不需要为污染空气的行为支付一分钱。污染成本主要由大众承担，以疾病、农业产量降低等为表现形式。购买工厂产品的人可以获得产品带来的全部好处，同时仅仅承担成本的一部分。最终，更多数量的产品被生产出来，而这些产品的售价则低于能够产生最优社会效益的价格（见图 8—1）。

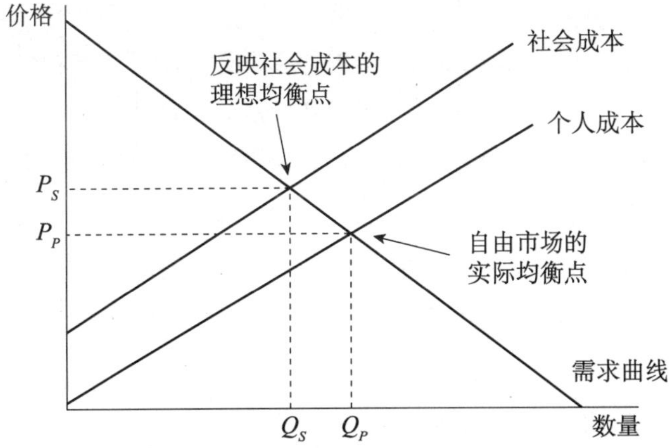

图 8—1　负外部性导致私人和社会利益分歧

外部性也会产生正面效应，比如，在某人粉刷自己的房子时，他的邻居们就受益于居住环境的整体提升。并且，由于房屋的外观变得更加具有吸引力，邻居甚至还会因为该地段整体房价的上升而获得少许的经济效益。然而，这些好处并没有反映在粉刷成本上，而该成本则由该房子的主人独自承担。因此，可以想见，房子的主人不可能为了实现邻居利益的最优化而经常粉刷自己的房子。

由于外部性的存在，自由市场的交易价格无法完全反映社会整体的成本和效益。最终的结果就是私人和社会利益产生分歧：对市场参与者来说最优的生产水平，对于社会整体来说可能就会过高或过低。外部性的负面效应明显时，市场倾向于生产过多的商品。外部性的正面效应明显时，市场倾向于生产过少的商品。无论是哪一种情况，经济学家都将之称为市场失灵：对于个人利益的追求导致了从社会整体角度来看的低效。

换句话说，负外部性之所以存在问题，不是因为它产生了成本——所有经济活动都会产生某种类型的成本——而是因为它产生的成本没有反映在自由市场的价格变化上。[①]

犯罪学上的负外部性

一些犯罪学家指出，许多犯罪行为都是由完全合法的交易产生的负外部性所导致的。[②] 举例来说，通过对历史数据的比较分析，我们发现许多暴力行为都与酒精消费有很强的相关性。尽管饮酒并不是暴力行为的借口，但是，从经济学的角度来说，暴力行为却可以被看作是酒精消费所产生的负外部性。酒吧和卖酒的商店从酒精消费中盈利，但是在一个自由经济体制中，它们仅仅只支付了一小部分的真正的社会成本。在这个意义上，它们与污染的工厂颇为相似，除了一点不同，那就是它们所产生的“副作用”不是化学污染物，而是暴力犯罪行为。事实上，酒精供应商已经受到了法律和高税收的限制，这两者是对付负外部性最为常见的方法。在稍后的内容中，我们将介绍这些方法。但是首先，我们要从外部性的角度出发，分析二级市场交易。

二级市场交易中的负外部性

通常情况下，经济学家认为交易行为对社会有益，即参与交易的人越多，社会情况就会变得越好。这一点对游戏同样适用。二级市场交易可以给参与其中的交易者（玩家）带来多种好处。它使购买二手装备成为可能，而这些二手装备也许恰恰符合一些玩家的游戏风格，这样的交易可以让玩家跳过他们认为无聊乏味的游戏内容，直接跳到他们感兴趣的部分，并与游戏伙伴保持同步。它可以让最专注的玩家通过游戏过程，使自己的爱好变成赚钱的方式。并且，当一位玩家想要转玩其他游

---

① 若想更深入地了解外部性理论，可以参阅标准的微观经济学教科书。我们推荐 Mankiw（2011，第 10 章）作为入门性读物，Varian（2009，第 34 章）作为提高性读物。

② Farrell and Roman（2006）.

戏时，二级市场交易可以帮助他们将自己的虚拟资产套现，并带到下一个游戏中去。类似地，在社交网络平台，对于“选票”的买卖也可以帮助用户赚钱，帮助广告商提高它们的信誉。

总体来说，我们可以做出以下判断，即在自由市场中交易虚拟商品可以为买卖双方带来利益。否则，谁会参与交易行为呢？个人交易可能会在二级市场上以失望告终，这可能是信息不对称或者市场中的欺诈行为造成的。但是，大体上说，交易的参与者还是可以从交易中获利的，他们也对此感到满意。如果我仅仅从买卖双方的角度出发，似乎可以认为二级市场交易能够产生明确而积极的社会影响。但是，它对于其他人会产生什么样的影响呢？换句话说，它会产生怎样的外部性呢？

损害虚拟资产的信息价值

正如我们在第 3 章中讨论过的，在有些情况下，单纯地获得虚拟商品并不是目的，它们有时还可以表现其拥有者的社会地位。在一个网络游戏中，拥有一个高等级的游戏人物意味着该玩家花费了大量的时间在游戏上，我们可以假定该玩家十分熟悉各种战术以及各种约定俗成的交流方式。而拥有一个非常难以获得的装备可以说明该玩家拥有高于平均水平的技能。从某位玩家所拥有的虚拟资产还可以判断出，这位玩家已经游历过的地方，以及他所喜好的游戏方式。所有这些信息是有实用价值的，例如，可以将它们作为选拔玩家加入公会的标准。此外，虚拟资产还可以帮助其拥有者获得来自其他玩家的尊重，对于一些大型多人在线游戏的玩家来说，这是他们玩游戏的潜在动机。

通过二级市场交易，玩家可以获得高等级的游戏角色和装备，却不必付出任何努力。因此，我们可以说这种交易模式破坏了虚拟商品的信息价值。从二级交易市场购买虚拟商品的玩家越多，虚拟商品所展现出的信息价值就越低，也越不可信，也就是说，高级虚拟商品将无法继续证明其拥有者的确强于一般玩家。如此一来，如果某个玩家公会希望选拔一些新的成员，那么其成本（时间和精力上的付出）将大幅提高。二级市场交易还减少了商品的社会地位价值。一些为了能够获取某项荣誉真正付出了努力的资深玩家，会发现他们的努力可以被轻易地抹杀；而一个没有经验的新手，可以从二级交易市场中买到他想拥有的一切。在这种情况下，每一笔二级市场交易都会给其他玩家——特别是那些拥有重要的游戏资产的玩家——带来负外部性。以上提到的情形显然只适用于这样一类游戏，即该游戏中的虚拟商品都是通过游戏过程得到的。如果虚拟商品是从开发商手中购买的，那么这些商品本身就不具备信息价值（见框 8—2）。

框 8—2　“时间贵族”与“金钱贵族”

纵观历史，衣着和物品一直都与社会地位有着很强的联系。在许多文化中，人们会根据一个人的衣着来判断他的社会地位。曾经，丝绸、佩剑、紫色的服饰、珍贵的染料，这些都是身份显赫的人所独占的物品，有些情况下，它们甚至是王室的标志。衣着和物品之所以会与社会地位产生如此紧密的联系，首先是因为一些珍贵的商品具有稀缺性，其次是因为经济系统会根据地位等级分配财富。但是，随着社会整体的物质财富变得充裕，以及商业的发展，更为广泛的社会阶层拥有了足够的财富实力，可以购买一些原本只属于特权阶级的商品。一种社会性的道德恐慌随之而来：如果社会地位无法得到辨识，那么社会如何继续正常运转？如果社会地位无法得到辨识，高级阶层就会失去原本拥有的特权。

在许多文化中，为了避免以上情况的发生，精英阶层设立了禁奢法，即通过强制性的规定，限制每个阶层人们的穿着和消费方式。举个例子，文艺复兴时期的英格兰，人们日益富裕。都铎王朝的君主意识到了这一点，并且认为有必要通过法律规定来区分传统贵族和新兴资产阶级的穿着。这项法律不仅涉及发式、衣着的颜色以及材料，还包括不同阶层的人被允许携带的剑和匕首的最大长度。这项立法的明确目的就是要确保人们的外形以及穿着必须能反映其所拥有的社会地位以及所处的层级。

有关网络游戏中是否应该存在真实货币交易的争论，在某种程度上也可以被看作是“时间贵族”与“金钱贵族”之间的斗争，前者的典型群体包括学生和退休人士，他们拥有较为充裕的时间资本；后者的典型群体是上班族，这些人的金钱资本更为雄厚。网络游戏历来会将获得最好的虚拟装备（在某种程度上，也就是最高的社会地位）的机会赋予那些拥有大量时间支配权的人们。这些人就是“时间贵族”，该词是由约书亚·费尔菲尔德（Joshua Fairfield）提出的。真实货币交易威胁着这个传统的利益群体，因为通过交易，那些没有大量时间但却拥有大量财富的玩家也拥有了与传统的“时间贵族”一样的“社会地位”。这个类型的玩家就是“金钱贵族”，在某种意义上，他们也是打破原有利益垄断的“篡位者”。结果，“时间贵族”打算利用禁奢法或是全面禁止真钱交易来打击“篡位者”。“时间贵族”只取得了部分成功，在一些游戏中，他们仍然是最有权势的群体，但是在另一些游戏中，“金钱贵族”已经取代了他们的地位。

在未来，“时间贵族”与“金钱贵族”之间的权利差距将可能被缩小，因为数字化的运营模式以及众包支付平台——例如，亚马逊土耳其机器人（Amazon Mechanical Turk）——的出现会使得游戏时间与真实货币之间实现灵活转换。

请注意，我们谈到的问题不仅出现在使用真实货币进行交易的二级市场。任何市场——包括那些经过开发商认可的、使用虚拟货币的、嵌入在游戏中的玩家对玩家交易市场——都可能会由于虚拟商品来源的模糊性导致虚拟资产的信息价值的降低。我们在第 5 章讨论过这个问题。与使用真实货币进行交易的市场不同，嵌入在游戏中的交易市场不允许新手突然获得大量的虚拟财富，所以这类市场只能对虚拟资产信息价值的降低产生有限的影响。从这个意义上说，使用真实货币进行交易的市场对虚拟资产信息价值的损害，比使用虚拟货币进行交易的市场更大。

类似的信息价值分析也适用于社交网络的“选票”交易。在正常情况下，想要在 Facebook 网站上获得大量的“赞”，在 Twitter 网站上拥有大量的粉丝，都是不容易实现的。想要实现这样的目标，至少需要有很多人对你感兴趣。正是因为这样，我们才倾向于把某些品牌或艺术家设法获得的大量“选票”看作一种有价值的信息标志。“选票”并不一定能完美地显示出其拥有者的受欢迎程度，但是，至少在某种程度上，它可以产生这样的作用。信息价值是社交网络中的“选票”所具有的唯一价值，对于拥有它的人和看到它的人都是这样。如果社交网络上的“赞”和粉丝都是可以用真实货币购买的，那么它们所呈现出的信息价值的可靠性就值得怀疑。这类交易越是普遍，用户从“选票”中得到的信息价值就越少。在极端的情况下，社交网络将无法继续扮演社会过滤器的角色，而是沦落为另一个普通的媒介。在这种媒介中，只要有钱就可以获得曝光度。在社交网络中，每进行一次“选票”交易，其造成的负外部性都会损害使用该社交平台的其他用户的利益，即降低了参与者获得真实信息的能力。

虚拟犯罪

二级交易市场为各种反社会行为提供了经济上的激励，特别是以游戏作弊为目的，非法进入其他用户的账户，盗取虚拟商品的行为。正是由于二级交易市场的存在，虚拟商品成为了网络罪犯最为常见的目标。设计虚拟商品的诈骗犯罪也屡见不鲜。犯罪分子在二级交易市场中卖出一个交易商品，并且已经收到了买方支付的货款，但是却没有提供被交易的商品给买方，或是提供了一个与原本约定不同的商品，这是典型的诈骗方式。相反，犯罪分子也可能谎称要买一件商品，但是在卖方提供了该商品后，却不支付货款。很显然，这些行为会对用户产生很大的消极影响。它们还会增加游戏开发商的直接成本：在游戏《无尽的任务2》（*EverQuest Ⅱ*）中，曾经有一段时期，开发商不得不花费超过40%的客服时间来解决玩家之间的交易纠纷。[①]

以上介绍的有关虚拟犯罪的分析表明，这些反社会的行为应被视为二级市场交易带来的负外部性。有些人可能认为，这样的论断有失偏颇，因为市场的存在本身就会造成对于犯罪的不良激励。我们不能因为存在汽车盗窃犯罪就去责怪购买汽车的人，即使正是他们的购买行为造成了偷车贼这一职业的出现。即便是这样，我们也必须承认，二级市场交易还激励着其他各种各样的不良行为：在游戏的聊天频道插播垃圾广告；“黄金农场”活动破坏游戏经济；甚至是针对游戏服务器的，以得

① Robischon (2006).

到虚拟资产为目的的黑客攻击。在评估二级市场交易对网络社会产生的影响时，考虑到这些负面因素也是合乎情理的。

有关二级市场中的交易者会给大型多人在线游戏的虚拟经济系统带来“非均衡状态”的想法，经常被玩家讨论。理论上，无论玩家是自己玩游戏，还是雇用他人代替自己玩游戏，都不可能给游戏的虚拟经济系统带来影响。然而，在实际情况下，的确会出现一些问题，因为专业的代玩游戏者的游戏方式不同于普通的玩家。代玩游戏者控制的游戏角色可能会在一个地方坐上数天或数周。这样的行为可能会让他们比任何普通玩家更有效地垄断有限的资源。此外，专业的代玩游戏者也不太可能与其他玩家进行交流，这也可能破坏游戏的社会结构。从这个角度出发，如果一个代玩游戏者很健谈，那么他与一个普通的玩家似乎无太大差别。但是那些被设计好程序并自动运行的游戏角色则有可能会损害其他玩家的游戏体验，因为这些“机器玩家”不会去交流。玩家有可能会主导一些游戏的虚拟经济系统，比如《星战前夜》；在另一些游戏中，玩家的经济行为不会对其他人产生巨大的影响，比如《魔兽世界》。前者比后者更容易受到代玩游戏者的负面影响。

开发商利用游戏内容盈利能力的降低

通常，一个虚拟经济系统的关键目标之一就是利用内容赚钱：游戏的开发商会有意识地保留最好的虚拟商品或游戏体验，直到用户通过交易解锁这些游戏内容；或者游戏的开发商以一个精心设计过的步骤，一点一点地将游戏内容呈现给玩家，在这一过程中，开发商可以持续不断地获得点卡费和广告费收入。二级市场交易可能会破坏以上这两种盈利模式。如果一个网络游戏新手能够轻易而迅速地买到高等级的游戏角色，那么，实际上，他消耗游戏内容的速度要快于普通玩家。有时候，这种情况对开发商有利，因为这使得它们可以抓住那些喜欢更快地获得新游戏内容的玩家。但是，这也意味着这些玩家会快速消耗掉游戏内容，然后迅速移动到下一个游戏中去。一项分析表明，在韩国游戏市场上，大型多人在线游戏《天堂 2》（*Lineage II*）受欢迎度的快速下滑，正是因为二级市场交易引起的“游戏早衰”（premature aging）[①]。更糟的是，开发商甚至无法得到因为游戏内容消耗速度的加快所产生的好处，这些好处大部分会被第三方游戏服务提供商瓜分。

时至今日，开发商已经能够灵活地控制自己的营收模式了，它们通常会利用销售虚拟商品和可下载的游戏内容来吸引玩家支付点卡费。在这一模式下，如果玩家希望加快游戏速度，获得更多的游戏内容，他们只需要直接向开发商多支付一些费用，而不需要再支付给第三方服务商额外的费用了。但是，二级市场仍然可以通过与一级市场的竞争搅乱开发商的营收模式。所有种类的虚拟商品，从《星佳扑克》的筹码到不同游戏的账号，都可以在二级市场进行交易，它们在那里的价格要远远低于在一级市场的价格。然而，二级市场与一级市场的相互作用是复杂的。在某些情况下，二级市场的存在反而可以提高而不是压低一级市场的销量。这就是为什么《万智牌》被设计成一种卡牌交易类游戏而不是简简单单的卡牌收集类游戏。[②]

解决负外部性

通过上文，我们可以了解到，二级市场交易会给用户带来各种各样的负外部性。经济学家和政策制定者想出了几种解决负外部性的可能方法。其中，最简单的策略就是直接禁止可能产生外部性的活动。一个较为复杂的策略是对会产生负外部性的活动征收一种税，以此抵消其产生的负外部性。到目前为止，经济学家们已经提出的、最复杂的策略是在出现了外部性的市场中进行产权界定，实际上这一方法是将外部性内在化。在虚拟经济中，我们还有一种选择，那就是改变现有的规则，以此来消除或减少负外部性。这些方法已在表 8—2 中列出。接下来具体介绍每种方法，并评估它们的可行性。

---

① Huhh（2005）.

② 在第 5 章中的“货币市场结构”部分，理论化地讨论了二级市场交易对一级市场销量造成的影响。

表 8—2　　减少负外部性影响的方法

方法	优势	劣势
禁止可能产生外部性的活动：制定一个规则，对违反规则的玩家进行惩罚	完全违反者	错误的判断将导致公共关系问题；某一行动产生的外部性不一定完全为负
对不希望看到的行为征税（庇古税）	影响温和；能够取得最佳的社会影响	很难找到合适的税率；很难确定应向哪一部分玩家征税
科斯谈判：为所有事物界定产权，让玩家进行产权交易	负的外部性的影响会通过市场中商品的价格反映出来	很难让所有受到外部性影响的人都参与到交易谈判中来
弹性设计：找到负外部性问题，设计合理的游戏内容来应对它	在游戏正式运营之前，将外部性问题产生的影响最小化	很难正确地预测游戏正式运营后会出现的问题

禁止可能产生外部性的活动

想要解决负外部性问题，最简单的方法就禁止可能产生外部性的活动。假定这类活动对社会产生的影响是负面的，那么禁止这样的活动将增加社会的净福利。大多数游戏开发商都会选择这种方法：它们禁止任何人在二级市场中交易由它们开发的商品和服务，违反这样的禁令将会被处以冻结账户的惩罚。

禁止活动是很容易实现的，但是它却会导致三个问题。第一，禁止活动不仅限制了负的外部性，也会损害正的外部性。举例来说，开发商可能希望既能消除交易过程中的欺诈行为，同时又能让用户购买自己喜欢的商品。第二，在实践中实施禁令往往很难。再举一例，尽管游戏开发商暴雪公司实施了严格的禁令，并且真的冻结了成百上千的游戏账号，但是，围绕游戏《魔兽世界》的二级交易市场却从没有受到真正的影响。未经授权的虚拟货币交易市场、代玩游戏服务一直都是搜索网站上的热门词汇。并且，由于意外的产生，进行合法交易的用户也会偶尔受到冻结账号的影响。

第三，也许也是最严重的问题，禁止活动也许会迫使其转入地下，这反而加重了某些活动所产生的负面影响。与网络游戏相关的二级市场交易诈骗行为之所以经常发生，其中一个原因就是，因为开发商禁止二级市场交易，所以一些交易者无法使用安全的交易平台，例如 eBay。结果，大部分交易者不得不选择通过一些相对隐蔽的网上交易场所进行交易，而这些地方恰恰是网络犯罪滋生的场所。

总之，尽管禁止是一个简单而直接的限制负外部性的方法，但它并不总是能够提高社会净效益。

庇古税

禁止活动仅仅是从表面上处理负外部性，想要从根本上处理这一问题，需要对可能产生负的外部性的活动征收赋税。我们需要始终牢记一点，即负的外部性所产生的主要问题不是成本的增加，而是其导致的新增成本无法反映在自由市场中商品价格的变化上，这样一来便无法实现社会利益最优化。之所以征收庇古税，是希望让妨碍社会利益最优化的行为的成本进一步上升。例如，许多国家会对酒精类饮品额外征税，其目的就是减少人们对其的消费，从而使得饮酒会对社会造成的负面影响最小化。通过税收筹集的资金也可以用于改善一些已经出现的负面影响。征税可以尽量避免对一些活动的彻底禁止，这样一来，这些活动也就不会被迫转入地下，从而也就可以减少犯罪活动的发生。

多年来，已经有一些游戏开发商尝试了利用税收取代彻底禁止，作为一种处理二级市场交易的负外部性的方法。这是如何实现的呢？让我们看看下面两个有关《无尽的任务 2》和《暗黑破坏神 3》（*Diablo III*）的例子。2005 年，索尼线上娱乐（Sony Online Entertainment）开设了一个交易，在这个经过官方授权的交易站（Station Exchange）上，玩家可以用真实货币交易索尼旗下的大型多人在线游戏《无尽的任务 2》中的虚拟商品、虚拟货币和游戏角色。玩家可以通过一个网站访问这个交易站。在形式和功能上，该交易站与 eBay 以及其他一些未经官方授权的交易平台并没有什么不同。卖方可以将希望卖出的虚拟商品、虚拟货币和游戏角色列出来，而买方则可以随意出价。对于每一笔成功的交易，索尼会征收成交价的 10%作为交易税。此外，索尼还会要求卖方支付一笔额外的费用。卖方每列出一个待交易的虚拟商品或一定数量的虚拟货币，就要支付 1 美元；每列出一个待交易的游戏角色，就要支付 10 美元。这一做法的主要目的是阻止卖方列出一些毫无价值的商品。[①]

在一年内，该市场一共进行了大约 40 000 笔成功的拍卖，交易总值高达 187 万美元。索尼利用该系统获得 274 083 美元的收入，其中大部分来自于交易税。相比于收取游戏点卡费的营收模式，这样的收入水平并不高。如果针对能够进入该交易平台的每一玩家都收取点卡费，那么取得的收入将是目前这种对交易征税模式的 10 倍。很难说目前的收入水平足以弥补因为游戏内容快速流失，以及二级市场交易带来的其他收入损失。但是，相比于索尼之前采取的单纯禁止可能产生外部性的活动这一政策，目前的征税政策显然能够带来更高的收入。

这个交易站与未经过官方授权的交易网站之间最大的区别是：前者可以直接链接到索尼旗下游戏的服务器和计费系统。这意味着交易中的商品和交易款可以自动、即时地分配给交易双方，这样一来，大多数类型的交易欺诈行为将无法进行。事实上，在该平台推出一年后，索尼公司的调查显示，用于客户服务的时间已经下降了 30%，这一结果至少部分由于虚拟物品交易纠纷的减少。因此，交易站的推出似乎能够相当有效地减轻虚拟犯罪。

并不是所有《无尽的任务 2》的服务器都应用了交易站系统，但是，索尼旗下的其他游戏都对该平台有所使用。交易站一直被使用到 2011 年，因为从这一年起，《无尽的任务 2》不再收取点卡费用，转而成为一款免费游戏。[②]

2012 年，暴雪公司在其备受期待的游戏——《暗黑破坏神 3》——中开发了一个使用真实货币进行交易的拍卖市场。相比于以上的例子，暴雪公司采用了更为复杂的征税制度。暴雪会对每一笔交易征收 1 美元的交易费。但是，如果玩家想要将交易中赚来的真实货币从账户中取走，那么就必须额外支付一笔相当于交易额 15%的费用。或者，玩家

---

① 此处以及下文中关于交易站的内容全部来自于 Robischon（2006）。

② 换句话说，索尼开始直接将虚拟商品卖给玩家，它不再继续与二级交易市场竞争，而是开始运用卖方垄断模式。第 5 章中“市场结构——以营利为目的”一节讨论了二级市场交易对一级市场销量的影响。

也可以选择把钱留在账户中，将来可以用这笔钱在《暗黑破坏神 3》或者暴雪旗下其他游戏购买虚拟商品。通过这样的方式，即低交易费、高转出费的模式，暴雪公司尝试着让玩家将钱存入自己的游戏账户，并且将其留在里面，在将来把钱用来购买暴雪公司开发的游戏中的虚拟产品。该拍卖市场的另一个显著特点是，交易的最高出价被限制在 250 美元，我们可以推测，这个决定的目的是保护消费者并进行金融监管。但是，正如我们在第 5 章中讨论过的，任何希望将价格控制在低于均衡价格水平的政策都是得不偿失的。

一些玩家对这些规定颇为不满。《暗黑破坏神 3》中的许多虚拟产品的均衡价格都要远远高于 250 美元，这就造成了一个问题，即在暴雪开发的这个拍卖市场交易这些虚拟商品是无利可图的。再者，将钱转出又要支付一笔不小的费用。不出所料，许多玩家选择继续使用未经暴雪授权的第三方交易平台。尽管要承担一些风险，但是许多交易者仍然认为那些"免税"的非法交易平台比官方授权的交易平台具有更大的吸引力。索尼开发的交易站从没有在与未经授权的第三方交易平台的竞争中胜出。看了以上的论述，不难推测，暴雪公司开发的平台也必然无法彻底取代第三方交易平台。

通过这两个例子，我们不难看出，在一个市场中征收庇古税并不是一件很容易实现的政策。即使人们真的意识到最终所有人都将从中受益，每个独立思考的个体还是更愿意逃税，或者更愿意让别人替自己承担交税的义务。因此，征税模式必然是强制性的，而不是自愿型的。但是，和政府一样，游戏开发商能够在自己的"领土"上有效地执行自己制定的"法律"。这就是为什么开发商必须在自己旗下的游戏中开发出一种交易平台，以此来与未经授权的第三方交易平台竞争。开发商面临的挑战是如何让玩家使用这些经过授权的官方交易平台，而放弃那些未经授权的非官方交易平台，尽管后者可以帮助他们避税。和政府一样，游戏开发商可以通过降低税率来吸引玩家使用自己认可的平台进行交易。但是，这样做只能实现征税的最低目标，即降低负外部性带来的影响。因此，和政府一样，游戏开发商必须同时运用禁止条例和威胁冻结账号来对抗玩家在非授权第三方市场进行交易的行为。然而，在前文中，我们已经讨论过禁止会产生外部性的活动，它同样存在缺陷。[①]

科斯谈判

除了强制性，使用庇古税来限制未经授权的第三方市场还会遇到另一个问题，那就是它使得决策制定者很难准确地估计负外部性的经济价值。如果没有意识到这一点，那么就无法将税率定在合适的水平上，并以此来实现最优的社会效益。然而，市场机制却通常能够很好地估计某种事物的经济价值。既然如此，我们可不可以找到一种方法来使用市场机制估计出外部性的经济价值呢？答案是肯定的，前提是我们能够对产权进行合理的界定。支撑这一观点的理论就称作科斯谈判（Coasean bargaining）。

让我们来思考以下这个例子。两名大学生共享一间宿舍。学生甲喜欢用扬声器播放爱尔兰民间音乐；学生乙非常讨厌爱尔兰民间音乐，但是，如果学生甲用扬声器播放，那么他必然就会听到。换句话说，学生甲对音乐的消费给学生乙造成了一个负的外部性。我们该如何处理这个问题呢？让我们设定一个该房间的听觉环境产权，将其分配给学生甲。拥有听觉环境产权的人有权决定该房间中到底应该播放什么类型的音乐。这样一来，如果学生乙真的无法忍受爱尔兰民间音乐，那么他可以选择从学生甲手中购买听觉环境产权；而如果学生甲喜欢爱尔兰民间音乐的程度要高于学生乙讨厌它的程度，那么前者就不会将产权卖给后者。现在我们看到了这个问题的关键：无论产权最初被分配给了谁，当通过谈判使问题得到解决时，我们得到的都是保证社会效益最优化的安排。假如一开始时，听觉环境产权被分配给了学生乙，而学生甲喜欢爱尔兰民间音乐的程度高于学生乙讨厌它的程度，则学生甲就会从学生乙手中购买听觉环境产权。

科斯谈判依据的是这样一个假设，即当事人能够在交易费用为零的情况下，对产权所属进行协商。在上面这个有关大学生寝室的例子中，具备这一假设成立的条件。然而，要想针对由二级市场交易导致的负外

---

① 有关庇古税的详尽内容请参见 Mankiw（2011，第 10 章）或 Varian（2009，第 34 章）。

部性进行谈判，情况又会是什么样呢？一方面，该情境下存在许多交易者；另一方面，从开发商和玩家们的角度来说，交易成本不可能为零。科斯谈判并不能解决大规模二级市场交易产生的问题，但是在解决少量交易者之间存在的利益分歧时，它却不失为一种很好的参考方式。[①]

弹性设计

当理论经济学家和政策制定者所掌握的解决负外部性的方法都不起作用时，虚拟经济学家手中还有一件法宝。我们将之称为弹性设计（resilient design）：这是一种虚拟经济设计方法，旨在应对最终出现的二级交易市场。考虑以下这个例子。游戏《无尽的任务》的设计者从没有想到会出现二级交易市场，因此，他们没有使用过弹性设计。他们曾在游戏中加入了一些稀有的怪兽作为最高级别的奖励。然而，专业的投机商人捉住了这些怪兽，使之成为了被垄断的资源。结果就是普通玩家无法享受捕捉这些怪兽的乐趣，因此损害了他们的游戏体验。许多年后，二级交易市场已经得到了全面的发展，开发商意识到了它的危害，所以游戏《魔兽世界》的设计者改变了策略。在这款游戏中，稀有的怪兽被设定为存在于每一位玩家所在的空间中，这样一来，任何人都可以体验同样的游戏内容。

当然，《魔兽世界》设计者的做法有些过于极端，相当于构建了相互独立的单一玩家游戏模式。所谓的社交游戏倾向于同时具备弹性和可预测性，但是这样一来，游戏又会丧失互动性。也就是说，在解决负外部性的同时，连正外部性也一并丧失了。这种正外部性来源于多参与者的经济模式，这一模式同时具有新颖性和创新性。如果设计师的目标是将虚拟经济作为新的游戏内容的源泉，那么他们就必须变得更加大胆。例如，CCP 游戏公司宣布，在严格遵守一项协议的前提下，允许第一人称射击游戏《尘埃 514》（*Dust 514*）和电脑平台下的大型多人在线游戏《星战前夜》使用同一个虚拟经济系统。良好的弹性设计可以被看作是一种必要的妥协，其目的是让用户体验到一个更加合理的经济系统。

---

① 有关科斯谈判的内容请参见 Mankiw（2011，第 10 章）或 Varian（2009，第 34 章）。

第 9 章

制度和非市场配置

经济学在很多方面关注的是市场，但市场并不是唯一能够进行资源配置的场所。公司和组织同样会根据自己的功能分配商品和服务。父母为他们的孩子提供食品，但却没有要求得到些什么。政府征税的目的是为大众提供公共产品和社会福利。犯罪分子从别人那里窃取财富，供自己使用。以上这些都是非市场配置机制的例子，这也是我们要在本章中探讨的话题。在古代，非市场配置机制是常见的，而市场配置机制则是个别情况。在今天的经济环境下，虽然我们更愿意强调市场的作用，但非市场配置机制仍然扮演着至关重要的角色。对虚拟经济设计者而言，本章中描述的制度和机制是设计经济系统的“原材料”，同时，它们还可以作为分析工具帮助设计者理解和预测虚拟经济系统用户的行为。

什么是制度？

在第 3 章中，我们介绍了有关均衡的概念，即某一社会系统应该呈现的合理状态。在经济学理论中，最初也是最重要的有关均衡的概念就是竞争市场条件下的均衡价格。没有人能够具体地预测出均衡价格，也没有人能够限制均衡价格，均衡价格是由参与市场交易行为的所有人的互动行为决定的。尽管其定义无法用语言简单描述，但是均衡价格的确可以产生一种令人信服的力量：当某种商品的价格处于均衡状态时，你就无法以一个更低的价格买到这种商品，也无法以一个更高的价格卖出这种商品。即使是拥有立法权和其他诸多权力的政府，也无法改变均衡价格。

在本章中，我们谈到的均衡的概念会更加宽泛。在许多社会情境下，事物的出现和发展都会遵循“均衡”的轨迹。就拿开车来说，在美国和芬兰，驾驶员会靠街道的右边行驶，而在英国和日本，驾驶员会靠街道的左边行驶。只要你周围的人们都和你遵循一样的交通规则，靠哪边行驶并不重要。所有这些都不是最初就由某人规定好的；我们今天所遵守的法律，仅仅是对我们习以为常的行为模式所进行的规范化描述，而这些行为早就已经出现了。数百万人经过长久以来的互动行为形成了这些行为模式，直至今天，它们仍然具有强制力。如果你不这样认为，那么可以尝试一下逆行驾驶，看看会发生什么。

社会科学家对各种各样的社会均衡状态有一个概括性的总称，即制度。从纯技术的角度来说，制度就是一种持续的社会模式，它会自然而然地出现并自我保持下去。价格和靠右行驶都可以称为制度；出门时，礼貌地为身后的人扶住门，也可以称为制度；甚至连流行趋势也是一种制度。站在更高的位置上看，欧盟和美国宪法都可以称为制度：它们以持续性的存在促进了数以百万计的人们之间的社会交往。

在本章中，我们用制度这个词来表示社会的均衡状态，而不再仅仅拘泥于使用市场这一单一概念来解释商品和服务的生产和运输，无论在真实的还是虚拟的社会中，还存在着许多其他类型的分配方式。例如，在家庭中，挣钱养家的人会将他们的劳动成果分配给全家人。在现代企业中，根据事先约定好的计划，商品和资源从一个人或商业组织流向另外一个人或商业组织。在大型多人在线游戏中，一个玩家公会的成员会相互分享战利品，还会向新加入的玩家提供装备。

制度与市场

随着时间的推进，许多制度会形成相对稳定的资源配置机制。它们与以市场为基础的资源配置机制同时存在。后者发生在匿名的市场参与者之间，而这些参与者相互之间不存在忠诚可言。在表 9—1 中，我们可以看到一些关于通过市场和制度两种机制对相同的商品进行配置的例子。如果说竞争性市场是最有效的资源分配方式，那么为什么还存在其他一些以制度为基础的配置方式呢？后者会不会仅仅是一些非理性的历史遗存，很快就会消失呢？

表 9—1　　不同资源配置方式列表

商品或服务种类	以市场方式分配资源	以制度方式分配资源
食品	杂货店；农贸市场	在家庭内分配食物；学校食堂
儿童看护	幼儿园；育儿嫂	父母的关爱
娱乐	卖票的音乐会和体育赛事	免费获得
停车	收费的私人停车场	免费发放的停车许可证
医疗健康	药店出售的感冒药	福利性质的器官移植
美丽的风景	私人旅游景点	自然保护区

当我们从生物学的角度审视资源分配问题时，会发现在家庭内部出现的资源共享是完全合理的。从进化的角度看，一个人首要关心的不是单纯满足自我欲望，而是传播自己的基因。公司一直是困扰经济学家的一种制度机构。例如，为什么 CCP 公司的 CEO 总是会派自己手下的首席维护程序师去修正游戏《星战前夜》中的错误，而不是在竞争性的市场中寻找更合适的人选？公司内部许多曾经的核心职能已经外包给了市场，例如会计、安全、设备管理、客户支持、秘书服务等。那么公司将其全部职能都外包给市场，是否仅仅是一个时间问题？会不会所有的任务都将通过临时的关系网由“一人公司”来完成呢？公司这一僵化的等级制机构是否会最终消失呢？

事实证明，在许多情况下，相比于在市场中寻求能够提供合适服务的人，总是使用相同的人来完成同一项任务，实际上更为高效。尽管你可能通过市场找到更好的价格和更高质量的服务，但是，利用市场会产生交易成本，包括搜索、招聘、培训、监测、信任等。对于那些常见的、明确的任务——如经营公司的自助餐厅或为建筑物提供安全保障——在市场中寻找合适的供应商更加容易，也更加便宜，所以这些任务更容易被外包。但是，对于那些非常专业化的任务——如修正某款大型多人在线游戏中的程序错误——在市场中寻找并培训合适的人选则会相当昂贵。因此，一旦你找到并培训了某个人，最好的选择是一直使用这个人。因而，在我们的社会中出现了由公司聘用具备熟练技能的人的就业制度。一般来说，经济学家认为制度代表着社会的均衡状态，或是一个产出水平，在此水平上，不同的经济和社会力量相互平衡并产生了一个稳定的解决方案。

然而，虽然制度代表着社会的均衡状态，但是并不意味着它们永远是公平的或可取的。举例来说，黑手党的敲诈勒索行为是一个高度稳定的形式，在该形式下，受害者会因为害怕受到伤害而屈服于非法的坏人，但这并不公平合理。制度也可能处于动态平衡之中，在一组结果之间不断循环。举例来说，在一个两党制的政治制度之下，政权会在两个类似的政府之间不断摇摆，但是却对第三个政党的出现设置了一种限制。

团体与公司

虚拟经济系统中同样存在机构。其中，最典型的虚拟机构就是各种各样的团体和公司。大多数大型在线游戏中存在着玩家公会类的团体，它们肩负着多种职能，例如组织集体活动、分配战利品、向新成员提供物质上的支持、为具有奉献精神的成员提供荣誉奖励。更多的开放式游戏平台上——例如《第二人生》、《哈宝》、《星战前夜》——催生了许多的虚拟机构，包括银行、证券交易所、慈善机构和旅游办事处。

在经济学家眼中，团体是另一种形式的均衡。团体产生于一种简单的互惠行为，即“你帮我，我帮你”，在经济分析中，这是一种基本的均衡行为方式。在一个团体中，帮助别人往往就意味着帮助自己。团体成员通过不同的方式来惩罚那些不遵守本团体的行为规范的成员，这不仅会使该团体更加稳固，还能使该团体更加成功。大量的经济学家研究了在什么情况下，团体能够取得成功，又在什么情况下，团体会被自私所侵蚀。他们得出的结论是，以团队的方式玩游戏，在经济上，有其存在的合理性。

在几乎所有多用户的数字体验中，团队合作都是核心所在。看上去，似乎有三种不同规模的团队均衡状态：小队、俱乐部和网络关系。小队通常指那些由5～8名成员组成的、在几个小时内就会完成组建和解散的团队。俱乐部指那些拥有 50～500 名会员，存在时间更长的团队。网络关系指那些由几千人组成的、永久性的人际网络。这些不同规模的团队之所以存在，是因为它们可以保持相互竞争的力量平衡。一方面，每一个团体都会面对一个问题，即其内部存在离心性：每一个个体都有权选择自己的行为方式。另一方面，团队合作的回报又会对人们产生吸引力。不同规模的团队恰恰可以实现不同的均衡，使团队合作的回报与独自行动的诱惑达到平衡。

团体均衡引起了内部信用经济的出现。社会科学家用社会资本的概念来衡量一些人凭借过去的行为表现获取商品和关注度的能力。一个人在团队中地位的提高会创造出一种“虚拟货币”，即信用，而这种虚拟货币能够得到团队中所有人的认可，在需要时，团队的成员可以使用这种虚拟货币。没有这种虚拟货币的人不能参与团队行动，而具有最多这种虚拟货币的人则会成为团队的领导者。①

为什么会出现团体与公司

从开发者的角度来说，在虚拟经济领域，诸如团体与公司这样的机构可以为他们带来许多好处。这些机构可以帮助新用户通过遵守社会规范，而成为社会的一分子。它们还可以提升用户的忠诚度，因为团队的成员会希望尽可能地履行自己的义务，避免使团队中的其他成员对自己感到失望。无论你是支持自己的团队还是反对别人的团队，这类组织都可以为你提供许多有意义的事情去做（见框 9—1）。在一些情况下，它们还可以填补某一虚拟系统由于设计上的缺陷而导致的不足。例如，在游戏《哈宝》和《第二人生》中，一些玩家创办了旅游办事处，用以帮助那些刚刚加入游戏的新玩家更好、更快地熟悉游戏的虚拟世界。在早期的大型多人在线游戏中，例如在《阿斯龙的召唤》（*Asheron's Call*）、《网络创世纪》、《天堂 2》中，当官方发行的货币出现过度通货膨胀时，玩家们设计了一种货物货币，用以继续完成商品交易。②

---

① 请参见第 7 章中有关“猎龙点数”的讨论，那是一个很好的例子，其中玩家的虚拟社会资本被转化为一个点数系统。

② 有关虚拟货物货币，将在第 10 章中进行更为详细的讨论。

框 9—1　玩家同盟的集中经济协调

崛起前线联盟（Ascendant Frontier Alliance）是游戏《星战前夜》中的一个玩家虚拟组织，在其巅峰时期，曾拥有超过一千名成员。在富有远见的首领 Cyvok 的带领下，该联盟承建了这款游戏有史以来第一艘超级星舰：一艘巨大的母船，配备了末日级的武器，这使其成为最强大的战舰。这个项目必须在绝对保密的情况下进行，以免该联盟的敌人发现并试图破坏它。

在八个月的时间里，该联盟中的每一位玩家都竭尽全力：联盟中扮演矿工的玩家负责开采矿物，扮演制造者的负责生产所需材料，另外一些玩家则负责用货船运送零件到隐蔽的主要施工地。与此同时，掩饰工作也在开展，联盟故意设置了一个第二施工地，在那里修建较低级别的舰艇。在工程就要竣工前的两周，该联盟的敌人甚至一度非常接近发现建造舰船的主要施工地。当这艘超级星舰建成的消息被公布出来后，这款游戏的整个虚拟世界一片哗然。在这个例子中，玩家同盟利用了它的机构力量，成员之间相互协作，在市场之外进行了大量的经济活动。

设计团体与公司

考虑到机构在行为上处于均衡状态，设计者无法直接创造机构。然而，设计者可以采取一些方法来促进机构的出现。其中最直接的方法就是向玩家提供有用的工具，而这些工具是建立特殊种类机构所必需的。举个例子，游戏《星战前夜》的设计者认为该游戏中应该存在公司，因此，他们在系统中添加了公司界面，便于玩家开办新的公司、添加新的成员、建立公司的现金账户并允许经过授权的人员访问该账户。这些功能都符合设计者的设想，给公司的建立提供了很大的帮助。然而，对于另外一些种类的机构，这些工具也可能是无用的，甚至是阻碍性的。例如，在《星战前夜》中，公司管理界面下，曾经有为公司成员分配股权的功能，然而该游戏中玩家建立的公司并不需要这样的功能，因此，该功能从未被使用过。在之后的游戏版本更新中，《星战前夜》的设计者对公司系统进行了调整，使其功能更加合理化，更加符合玩家开办的公司的实际需要。与此同时，这款游戏的玩家组织也创造了一些第三方工具，利用游戏内置的浏览器和数据应用程序接口（API），支持其组织的运行。

另一种与以上方法互为补充的设计机构的方法是仔细地找出合适的激励机制，用以促进虚拟社会达成设计者希望看到的均衡状态。举例来说，如果你希望看到玩家们团结起来组建团体与公司，那么最合适的激励机制就是促进技能的专业化，同时，确保玩家在解决其所面对的困难时，需要用到不同种类的技能。在大型多人在线游戏中，最为惯用的手段就是将玩家所扮演角色的技能分为不同的种类，例如专门制造伤害的、专门承担伤害的、专门治疗伤害的。在《星战前夜》中，玩家扮演角色的职业分为采矿者、制造商以及安保者。一个成功的团队需要具备不同的技能，而这些技能又被不同的玩家角色所持有。一个机构越是复杂，其创建过程就越困难。

最后，最为开放的设计机构的方法就是设置好一系列的适宜机构自我产生的环境，而不去关注到底哪一类机构会出现。如果这样的设计拥有一个具有适当规模和活跃度的用户群，那么玩家自主开办的机构就会自己出现。这样的环境设置并不复杂。首先，玩家需要拥有一定程度的行为自由。如果玩家不得不遵循某一设定好的路线，那么他们就不可能创新性地开办任何新机构。其次，玩家之间需要存在某种利益冲突或互补，这会迫使他们寻求与他人协作。通常，这种利益来自于服务的内容或是玩家自发性的偏好。第三，要是机构内成员团结起来，就必须设计一种机制，在该机制下，玩家之间可以建立起信任。即使做不到这一点，也至少能通过严格的惩罚来警告触犯规则的成员。

信任与司法

制度与信任经常存在相辅相成的关系。信任的出现需要满足一个假设，即人们相信他人现在做出的承诺将来一定会被履行。具有协调性的制度——例如靠右行驶的习惯——并不要求人们之间存在过高的信任度，因为这样的习惯已经约定俗成，人们无法从中得到什么，也不会失去什么。但是，在其他一些制度下，通过不履行之前做出的承诺，一些人会得到某种利益；相应地，另一些人的利益则会受到损害。这类制度通常与时间联系紧密。举例来说，如果一个人得到了一个承诺，说他每月（即使不工作）也能按时得到工资，那么，恐怕他就不会天天按时去上班了，他也许会选择去钓鱼。又或者如果任何承诺都不必得到履行，那么公司的经营者大可带着投资者的大笔资金潜逃，而不必将它们用在提升公司的业绩上。其他的例子可以在表 9—2 中看到。这类情况发生的可能性微乎其微，但是一旦发生，却又会危害到有益的制度的形成。因此，信任被视为经济繁荣的首要因素。没有了信任，你很难奢求市场出现繁荣、经济出现增长。

表 9—2　　经济事务中涉及信任的例子

事务	必须信任他人的主体	必须被他人信任的主体
修车	车辆的拥有者	机械师
申请贷款	银行	企业
会计审查	相互信任	相互信任
远程办公	经理	员工
互联网接入合同	网络用户	网络服务商
教育	学生	教授
医疗健康	病人	医生

信任来自于基础的元素，比如道德和声誉。道德是行为的标杆，它决定着某一行为在某一文化中是否被认可。它由一些公理所构成，例如："你应该遵守自己的诺言。"这些公理通常是不证自明的，同时它们在经济领域也蕴含着巨大的意义。道德上的行为偏差将受到来自社会的惩罚，这种惩罚有轻重之分，可能仅仅是别人的白眼，也有可能是被社会抛弃。另外一种构成信任的基础元素是声誉。这是一种对过去行为的记录，它可以用来预测某人未来的行为。拥有良好行为记录的人，通常会被认为在未来也会履行自己的诺言，而很少有人愿意与有过不良记录的人打交道。这些基础元素被用来构建更为复杂的事务，例如就业与贸易；同时阻止反社会的行为，例如勒索。

除了非正式制度，社会上还会出现一些正式制度，后者用来强制人们遵守道德准则，履行自己的诺言。这类制度称为司法系统。刑事司法会维护一定的道德制度，例如禁止谋杀和侵犯私有财产这类行为。而民事司法则负责解决人与人之间的纠纷，确保承诺的履行。无论是哪一种司法种类，其背后都由国家强制力作为后盾，如果需要，司法判决将被强制实行。这样一来，相比于仅仅依靠声誉支持的承诺，依靠司法支持的承诺则更为保险。如果公司的经营者带着投资者的大笔资金潜逃，那么他们将被追捕并没收财产。但是，要获得这种正式司法制度的保护往往需要花费很多时间、精力和财力。因此，司法制度仅仅是对以上提到的非正式制度的补充而不是替代。在从事大型商业交易时会用到前者，而在日常生活中，只需要后者就足够了。毕竟，没有人愿意生活在这样一种社会中，即只能依靠强制性的法律来保护我们免受来自他人的威胁，包括欺骗、抢劫、谋杀。①

虚拟世界中的信任与司法

在许多虚拟世界中，信任具有稀缺性。② 在朋友和队友之间的确存在着信任，但是在陌生人中间，信任则难以为继。在大多数虚拟经济世界中，丧失声誉并不会让某人受到非常严重的惩罚，原因在于，在虚拟环境下，换一个身份是很容易做到的。诈骗者只需要通过私下的交易就可以将骗取来的虚拟商品转手卖掉，从而将非法所得“洗白”，然后继续在虚拟世界生存下去。这种非正式的信任机制的缺失会造成恶劣的影响，而由开发者创建的正式的司法框架则尽力将这种不良影响降到最低。通常情况下，这类司法框架由两部分组成：第一，一些服务条款及生产守则发挥着类似高阶刑法的作用，它们被用来禁止骚扰行为（在游戏中体现为高等级玩家欺负低等级玩家）。这类守则由开发商的支持团队强制执行。由于这样做的人工费用很高，所以开发商会尽量减少这类守则。

虚拟司法框架的第二个，也是最重要的组成部分，是一系列由游戏

---

① 从经济学角度对法律和司法的进一步解释，请参见 Mercuro and Medema（2006）。

② 有关虚拟经济环境下信任及其来源的内容，请参见 Schroeder（2011，第 5 章）。Ralph Schroeder 是一位社会科学家，他开创了有关虚拟现实与以用户为媒介的社会互动的研究。

平台代码强制执行的规则。举例来说，一位玩家通常无法从另一位玩家那里窃取虚拟商品，也不能在完成了竞价后拒绝支付拍卖应付款。这类写进程序中的规则会被自动强制执行。然而，这类自动化的虚拟司法系统存在一个明显的缺陷，那就是它们的强制力仅仅局限于那些由设计者编好的合同模板。它们不能够解决复杂的纠纷或是执行新的或创新性的合约安排，因此，从这个角度上说，它们无法取代人工判决方法。这就限制了由玩家开办的机构——例如公司、证券公司、慈善机构——的出现及其寿命（见框 9—2）。

框 9—2 游戏《星战前夜》中的银河系银行

本新闻发布于 2006 年 3 月 30 日。

经过几个月的发展，银河系银行（EIB）已正式营业。

什么是 EIB？EIB 是游戏《星战前夜》中第一个真正提供银行服务的机构。我们致力于为客户提供最好的金融服务，并将努力成为游戏中最大的金融机构。

通过提供开立银行账户、保险、贷款等金融服务，EIB 已经解决了《星战前夜》的玩家们面对的金融环境不稳定的问题。

以下是我们可以提供的服务：

- 银行存款业务，开立银行账户，每月利息率最低可达 3.5%；
- 保险业务，为客户提供各种各样的保险；
- 贷款业务；
- 托管服务业务；
- 理财计划；
- 咨询业务，为客户提供购买股票和其他投资机会的建议。

如果您希望了解更多的详情，请登录我们的网站 www.theeib.com，还可以给游戏支持部门发送电子邮件或在游戏中联系凯利。

凯利
首席执行官
EVE 银河系银行

《星战前夜》的虚拟经济系统有一大特色，那就是拥有各种不断变化的由玩家创办的机构，从公司到股票交易市场，从赌场到银行，无所不包。其中最早出现的，也是目前为止最大的机构，就是EIB。该银行的储蓄业务为玩家提供了一个非常有吸引力的计划，游戏内置的金融系统不会为玩家账户中虚拟货币提供任何利息，而如果把钱存在银行的储蓄账户中，玩家就可以按月获得利息。该服务一经推出，立即有大量的虚拟货币存款涌入，因此，该银行迅速发展为一家巨大的金融机构。

经过六个月的经营，灾难到来了：银行的首席执行官凯利发表声明，称自己已经对银行感到厌倦，并决定盗用银行的资产。他声称自己已经盗用了7.9亿星际币，对于该游戏来说，这是一个巨大的数字。这么多的虚拟货币足够建造三艘超级星舰，而在当时，还没有出现过任何一艘这样强大的星舰。据估计，根据真实货币与该游戏的虚拟货币之间的比价，这个数字相当于10万～17万美元。那些相信了EIB的玩家损失了全部存款，但却什么也做不了，因为没有任何一家权威机构会调查这件事。

这一丑闻导致《星战前夜》的开发商——CCP公司——召开了一个在线新闻发布会。在会上，该公司宣布，虽然在现实世界中，这类行为可以被定义为欺诈或盗用资金，但是在虚拟世界中，只要该行为没有违反游戏的服务条款，开发商是不会出面干预的。尽管如此，CCP公司还是保证一定会进行认真监管，防止这笔虚拟资金在二级市场被兑换为真实货币，因为一旦这种情况发生，那么该行为就违反了游戏的服务条款。

从EBI案开始，类似规模、甚至更大规模的诈骗不断扰乱着《星战前夜》的虚拟经济系统。许多肇事者声称，他们最初的意图是好的，只是后来要么是受到了诱惑，要么是仅仅感到无聊，于是决定不再继续经营他们开办的机构了。还有更多的虚拟商业机构之所以无法维持下去，仅仅是因为创办该机构的玩家不再玩这款游戏了。如果你已经厌倦了这个虚拟世界，那么你管理的机构必然无法继续存在下去。

因为《星战前夜》的虚拟经济系统中的许可证和证券没有可以作为依据的法律基础，而仅仅靠信任维系，所以该游戏中的机构都非常脆弱并且变化无常。在真实的经济中，这样的情况对于经济发展来说将是灾难性的，但是在虚拟经济中，这样的情况反而会增加游戏的趣味性。

也有一些特殊情况：在《第二人生》这款游戏中，参加者建立了一个名叫“SL Capex”的完整的虚拟股票交易市场，其中同样存在着监管委员会和自我认证的股票经纪人。[①] 尽管该市场中缺乏法律保护手段以防止欺诈和内幕交易，但是这并没有阻碍游戏中的虚拟企业从投资者那里获得了大约相当于145 000美元的资本。这样的成果之所以能够成为现实，其原因在于这款游戏具有一个相对成熟的虚拟社区，在这个社区里，玩家之间建立起了超强的信任。然而，至少部分人付出的信任是盲目的。最终，在投资达到900 000美元后，其规模开始直线下滑，因为，至少有一部分虚拟企业没有履行一开始许下的承诺。该交易系统直到今天仍然存在着。

虚拟世界中的真实法律

《第二人生》中的一些虚拟企业克服了信任感的缺乏，通过援引现实世界中的国家法律，实现了合同的强制执行。它们在虚拟货币的基础上，签订了真实的、有约束力的合同。甚至在一些情况下，真实的刑事司法系统也被用来处理针对虚拟物品的盗窃行为。在一些真实发生的事例中，这样的借用已经获得了成功，法院同意了保护虚拟财产权益。但是，真实法律在虚拟经济系统应用的汇总同样带来了一些棘手的问题。什么样的虚拟财产权益应该得到保护？玩家的虚拟产权是否能够干扰游戏开发商管理虚拟经济的权利？如果盗窃或诈骗恰恰是游戏内容的一部分呢？

无论是在学术界，还是在法庭上，这些问题以及其他一些类似的问题都已被争论了许多年。格雷戈·拉斯托夫卡（Greg Lastowka）从最全面和有见地的角度分析了这些问题。[②] 法律分析超出了本书的范畴，但是，我们会从虚拟经济和真实法律的角度出发，针对目前的实际情况

---

① Bloomfield and Cho（2011）. Robert Bloomfield是一位管理学和会计学教授，而且在针对《第二人生》的研究中，处于学术领先地位。

② Lastowka（2010）. 有关法律与虚拟经济的交叉内容，请参阅Duranske（2008）、Lastowka and Hunter（2004）、Balkin（2004）、Fairfield（2005）、Lehdonvirta and Virtanen（2010）。法律学者是第一批认真研究虚拟经济及其真实社会影响的群体，他们中的一些人尝试从经济与法律的视角研究这一问题，许多经济学领域的见解也可以从法律文献中得到。

简要地介绍我们的观点。现实世界的司法系统一般不愿过多地介入游戏或电子服务内部的运作，亦并未有意模糊现实世界与虚拟世界的界限。除非牵涉黑客或是其他一些与现实世界有关的犯罪行为，否则法院不会受理发生在虚拟世界中的盗窃案或是玩家之间的交易纠纷，比如某个玩家账户中的金币被偷走了。然而，如果虚拟经济中的行为将与国民经济发生直接关系——例如在游戏《第二人生》中，开发商允许玩家将虚拟货币换回真正的钱——那么法院就会介入其中，发挥更多的作用。管制的合规性一直是个问题：虚拟经济仅仅存在于游戏中，似乎没有必要对其进行管制。在 FBI 介入并进行调查后，《第二人生》的开发商禁止了该游戏中的赌博行为。另外，美国国税局发现该游戏中的虚拟迎宾员实际上是真实存在的雇员，因此认为这些人应该缴纳联邦所得税。但是，对于玩家与由玩家设立的虚拟机构之间存在的合同纠纷，由于其中仅仅涉及很少游戏外的因素，司法机构无法提供法律援助。

玩家自主定义的司法系统

对于虚拟经济系统而言，如果非强制性的信任与司法系统中的法庭都无法切实提供全面的正义，那么玩家自己是否可以创造一个新的体系来维护虚拟世界中的公正呢？就像创办其他机构一样，玩家是否可以创办一个法律机构呢？

玩家在虚拟世界中建立司法系统的例子极为罕见。具有讽刺意味的是，这也许是因为他们缺乏有效的强制力（暴力手段）来维护法律公正。虽然电子游戏中充斥着暴力画面，然而，玩家与玩家之间很难以真正的胁迫或暴力方式限制彼此的行为。这意味着，即使用户可以设计出自己的法律规范，他们也没有有效的手段保证法律规范的遵守。《星战前夜》是个特例，在该游戏中，玩家可以对其他人的虚拟战舰或装备造成无法挽回的损坏。强大的玩家联盟使用这种暴力手段威胁对手，以保护第三方玩家不受对手的攻击，这实际上是一种最为原始的司法体系。但是，与此同时，即使是最为强大的玩家联盟也无法制定一个合理的商业合同模板供大家遵守，因为《星战前夜》的自动银行体系、仓库系统并不会遵照玩家自主制定的法律体系冻结某位玩家的账户或财产。据我们所知，没有任何一个玩家创造的法律体系——包括刑事和民事两个领域——是真正行之有效的，因为玩家缺乏真正的强制力。

游戏的开发者当然有足够的理由限制玩家之间相互伤害、要挟的能力，因为，如果不对玩家在游戏中的力量加以控制，那么他们也许不会将这种力量用于维护公正公平的法律体系，而是用于其他不好的方面。也许在某个时点，会出现公正的虚拟司法体系，解决目前混乱的状态，但是，恐怕到了那个时候，游戏中富有正义感的玩家也已经所剩无几了。

也许有些读者认为，目前一些游戏中存在的、由玩家自主建立的虚拟法律体系至少取得了一定程度上的成功，其中一个例子就是游戏《兰达姆》（*LambdaMOO*），玩家通过民主程序创建了一套法律规范。[①] 然而，该系统并不完全是由玩家控制的：由玩家创建的法律规范最终是由游戏的运营者来执行的，而不是由玩家自己执行的，因为玩家不具备执行力。由于人力资源成本的问题，在掺杂了商业模式的虚拟经济中，这种方法并不容易付诸实施。

就我们所知，到目前为止，还有一种潜在的、由玩家自主创建法律体系的方法，即一种竞争机制模式：在虚拟世界中创建多个相互平行的区域，每一个区域都设有领导者和立法机构，这些个人和机构保有对暴力的垄断。每一个区域依靠这种由暴力的垄断所提供的强制力，保护玩家群体并吸引创造力和商业活动，如果保有暴力垄断的阶层出于邪恶的目的乱用手中的权力，那么该区域就会逐渐丧失对玩家的吸引力。

再分配

司法系统通常是一个更大的机构的组成部分，那个机构就是政府。政府的其中一项职责就是为先进的市场运作提供一个正义的司法框架，同时还要对市场进行监管，防止市场失灵和其他一些不良后果。[②] 在一

① Mnookin（1996）.

② 有关市场失灵的例子，请见第 8 章有关外部性的内容。

些社会中，政府还被赋予了另一项职责，那就是缩小社会福利差距、调节收入不平等，这些都是市场行为可能造成的不良后果。这将创造非市场配置的一种重要形式，我们称之为政府再分配。从本质上讲，政府再分配就是将财富从富人那里转移到穷人那里。要实现这一目标，通常需要两个步骤，即“取”和“予”。通常情况下，“取”是通过累进税来实现的，而“予”则不仅仅通过提供公共补贴，还可以通过提供免费服务来实现。一个典型的再分配模式由几部分组成，包括：以税收为基础的社会保障制度、卫生保健制度、养老金制度、教育制度、基础设施建设和其他一些政府的福利性服务。2010年，芬兰——作为一个典型的北欧福利国家——公共部门支出和再分配占到了该国GDP的55%。

为什么要进行再分配

从宏观经济角度来讲，政府再分配的目标是实现更好的社会福利水平以及更合理的收入分配方式，这两者与各种各样的社会优化息息相关，包括增进社会整体信用度、增进人与人之间的信任度，从而推动商业发展。在缺乏除了钱以外的其他动机时，极端的再分配行为可以充当推动个人生产力提高和创新出现的润滑剂。与慈善（将在下文中予以讨论）相反，通常它不是一种自愿行为。出于这个原因，最为激进的自由主义者会将再分配看作是一种制度化的盗窃行为（见本章中有关犯罪的内容）。①

在福利国家出现之前，再分配已经存在于具有血缘关系的部落中。在这类部落中，族长会根据成员的社会地位或是在该部落中扮演的角色，对一年的部分或全部收成进行重新分配。相似的行为也会出现在大型多人在线游戏的玩家公会中。这类公社性的再分配可以促进成员之间的合作，避免没有必要的竞争，鼓励大家一同承担风险。

在虚拟经济中，与现实世界不同，公平和再分配都不是社会关注的问题，但是，它们都与游戏设计的平衡性概念息息相关。玩家心中有关公平的感觉可能会在不同的情况下被触发。经济学家利用“横向平等”（horizontal equity）这个词来描述一种状态，即保证处于类似情况下的人获得类似的经济效益。而“纵向平等”（vertical equity）则被用于指

① Wilkinson and Pickett (2009).

代另一种状态，即应该得到更多经济效益的人的确得到了更多。在设计游戏时，设计者同样需要遵循类似的原则，保证同样等级的、付出同样努力的玩家获得同样的回报，而等级更高、付出努力更多的玩家可以获得更高的回报。[①]

除了有关公平性的考虑，还要确保玩家至少拥有必要的资源以参与到游戏当中，从而避免在无意之间将一些潜在玩家“拒之门外”。例如，在《星战前夜》中，如果一位玩家损失了所有的飞船，那么他将免费获得一艘新的飞船重新开始游戏。设计者从这个角度出发避免玩家的流失，在一些情况下，游戏的开发者甚至愿意根据玩家的财富或是收入水平，为他们提供更为慷慨的“社会保障性支出”，以防止他们出现经济崩溃的状况。

设计再分配

综上所述，即使是在虚拟经济系统中，一定程度的公平性和社会保障体系也是必要的。但是，我们是否需要通过再分配来实现这些呢？设计者只需要随手创造一些虚拟商品，再将它们免费分配给经济能力不好的玩家，这样就万事大吉了吗？简单地说，答案是肯定的，但是凭空创造虚拟商品会遇到一些麻烦。如果新创造的虚拟物品是那种可以显示拥有者社会地位的商品，那么就不能无休止地生产它，因为这样一来，其价值就会随数量的增加而降低。[②] 因此，在实际操作中，设计者会尝试向拥有此类商品的玩家征收隐含性的税赋，这就类似于增加货币供给实际上就是对货币的拥有者课税一样，通货膨胀会使拥有者手中的货币贬值。在任何情况下，新的虚拟商品流入市场都会扰乱宏观经济平衡，除非在其他地方出现相应的减少以抵消其影响。[③] 因此，每当我们向某一群体的玩家提供大量商品时，我们就要收紧对另一群玩家的商品供给，以此来保持平衡。在效果上，我们实际上就是在实行再分配。

如何正确地实施再分配呢？一些研究发现，在不损害一种形式的前提下，很难保证另一种形式的公平。在玩家心中，自有对于“相似情

---

① Polanyi (2001).

② 有关能够体现社会地位的商品的介绍，请参见第 3 章最后一部分内容。

③ 请参见第 11 章中有关设计宏观经济的内容。

况”的定义，也自有一套奖罚标准，即表现好的玩家应该比表现差的玩家多获得多少利益。通常，有话语权的人对以上这些标准更有决定权。举例来说，没有证据表明在民意调查中，人们对于“公平”这一概念的意见是一致的；人人都有自己的想法。

因此，那些制定再分配规则的人应该尽量使该规则对每一位玩家清楚、明白、公正。如果富有的玩家在拍卖行交易的次数多于贫穷的玩家，那么拍卖行收取的费用就会被用于再分配。并且，如果某一类人群使用某一系统的次数多于其他人群，那么他们要为此多付钱，看上去也是顺理成章的。即使是对于单纯地玩游戏来说，也会出现差异性：对于那些拥有较多虚拟资源的玩家来说，多付一点费用看上去并不是什么难事。虽然也许会激起大众的一些怒气，但是看似变化无常、不可预知的规则更有可能被采纳。试图掩盖这样的再分配规则只会让设计者冒更大的风险，因为该方案最终会被（不可避免地）发现。我们必须要了解，“公平合理”说起来容易，做起来难。

在第 12 章中，我们还会回到这个话题上来。我们将从宏观经济层面出发，探讨管理分配方式的实际措施和方法。

慈善与礼物赠予

另外一种重要的非市场配置模式是慈善和礼物赠予。礼物赠予之所以出现，是因为我们的社会风俗欢迎这一模式：生日礼物、圣诞礼物、公司礼物、纪念日礼物，当你到某人家中拜访时，你送给主人的一瓶红酒，你送给同事的一盒巧克力，这些都是礼物赠予的表现形式。礼物赠予带动了大量的经济活动：许多生产厂商种植鲜花、制作巧克力，设计陶器、领带，这些都源自礼物赠予的存在。人们有时还会制作一些物品或是烹制一些菜肴，他们这样做的目的是将它们作为礼物赠送出去，而不是拿到市场上卖掉。出于一些原因，个人和公司都会捐赠善款。慈善和礼物赠予之所以被认为是一种非市场分配模式，其原因在于人们送出礼物或是捐赠钱财的时候并没有期望得到任何形式的回馈，也就是说这样的行为是非营利性的。

人们为什么会赠予

人与人之间经常性的礼物赠予——例如赠送生日礼物——可以被理解成一种行为方式，它与人们的社会地位和角色有关。[①] 其他的赠予行为——例如向某所学校捐赠一笔善款——存在着类似于市场交易的性质：捐赠者与被捐赠者之间不一定相互认识，有价值评估的元素隐含其中（这个被捐赠者是否真的需要帮助?），捐赠行为是一个一次性事件。实际上，存在着一种流行的理论观点，该观点认为，赠予行为是一种变相的交易。根据社会交换论（social exchange theory），虽然捐赠者没有从赠予行为中获得物质上的回报，但是他们得到了被捐赠者的感激之情、尊重，这是一种社会资本，它可以抵消捐赠者的物质损失，使得赠予行为实现与交易行为一样的社会经济价值。如果被捐赠者决定回赠一份礼物，这种感激之情也许最终会转变为真正的物质回报。一个被作为礼物赠送的物品，如装饰花瓶，发挥着一种作用，即不断地提醒收到礼物的人，他背负着一种“感情负债”。从这个角度上说，向别人提供帮助的人一定可以从这一行为中获得好处，而接受帮助的人有时也可以获得好处。

即使提供帮助可能得到回报的机会非常渺茫，人们还是愿意伸出援手，比如，给乞讨的人一些施舍。这被称为利他主义。利他主义行为可以理解为出于间接互惠的动机，即帮助他人的人心中怀有一种期望，认为将来某一天，对方也会反过来帮助自己。利他主义会不断自我强化：一个人帮助他人的次数越多，他对于将来自己会得到帮助的期望就越高。

进化心理学的一个猜想从另一个角度解释了利他主义行为，指出人们做出这类行为时并不指望能够在将来得到回报。人们倾向于帮助那些与自己存在基因联系的人，因为这样一来自己的基因就能够更好地传播，即便自己并没有从中获益。在某种程度上，实证研究支持这个论

---

① 参见第3章。

点，因为证据表明，相较于与自己不相似的人，人们倾向于帮助那些与自己相似的人。在另一些情况下，我们并不会受困于自己的基因，无论是无偿地帮助完善维基百科上的词条，还是帮助与自己不同的种族，我们都会全力以赴。不期望获得任何回报——无论是直接的还是间接的——的利他主义称为纯粹利他主义。在表 9—3 中，我们用两种视角对比了一些例子，即纯粹利他主义的视角和交易的视角。

表 9—3　　是否赠予行为

行为	纯粹利他主义的视角	交易的视角
从邻居那里借工具	无私地给予帮助	收取租金
照顾儿童	父母的爱	期望孩子长大后反哺父母
社区服务	帮助维护社区	更好的社区更适宜居住
政治服务	公仆	权力机构
照顾病人	无私地照顾病人	期望自己生病时也会得到帮助

有意思的是，当某人做出贡献的动机是纯粹的利他主义时，向其支付报酬反而会“挤出”利他主义，使他做出更少而不是更多的贡献。极端的情况下，你要付出很多的钱才能得到的一样东西，也许该物品的所有者一心想要免费将其送出去。这种情况说明了为什么诸如献血这类行为更适宜通过慈善活动发起，而不适宜通过市场机制发起。①

设计赠予

在虚拟世界中鼓励慈善与赠予的行为会带来许多好处。相互交换礼物可以加强玩家之间的关系纽带，使熟人变成朋友，从而紧紧地“抓住”玩家，让他们无法轻易离开某款游戏。搜索可以作为礼物的优质商品，可以促进虚拟商品的使用和销售，礼品包装则可以帮助提升商品价值。助人为乐的态度也可以降低维护成本：如果玩家们发现在自己突然需要帮助或遇到麻烦时可以寻求其他玩家的帮助和救济，那么就可以大大地降低玩家支持团队的工作强度。资深玩家可以为新玩家提供礼物和物质帮助，使后者获得更好的游戏体验，而资深玩家也没有白白浪费自己的时间和精力。从自由主义的角度出发，自愿的赠予机制还可以代替政府

① 若想更加深入地了解赠予理论和亲社会行为（prosocial behavior），请参阅 Dovidio et al.（2006）。

的再分配职能。[①] 然而，经济学理论认为，单纯依靠自愿的赠予机制来实现游戏的平衡会带来一些麻烦，即搭便车问题（一些人付出的远远少于所得）以及次优分配问题（捐款不一定会流到真正需要它的地方）。

设计者可以通过许多机制促进赠予机制的运作。其中最显而易见的方法就是利用一些文化传统来鼓励赠予行为：朋友的生日、婚礼、圣诞节，以及一些挨户“乞讨”行为（如万圣节）或是一些成人仪式类的场合。适合作为礼物送出的物品也需要设计者大力推广。在可能的情况下，设计者应该尽量赋予玩家这样一种能力，即他们可以根据自己的喜好，定制新颖、独特的礼物，这样可以使收到礼物的人感到更多的喜悦。为了鼓励相互帮助的行为，游戏的设计者需要保证自己的游戏处于一种状态下，在该状态下，资深玩家可以与新手实现经常性的接触。

除了要增加礼物赠予和相互帮助这两类行为的“供给”，设计者还需要想方设法地加大虚拟系统中对这两类行为的“需求”。人们越是需要帮助和援助，它们出现的几率就越高。平均来说，相比于女性，男性通常更不愿意请求别人提供帮助。这可能是因为在我们的文化中，理想的男性经常被描绘为具备独立自主的精神，即使是在面对压力时，也要保持这一形象。一项有关帮助的研究发现，在大型多人在线游戏中，以上的这种性别差异同样存在：相比于女玩家，男玩家更不愿意寻求帮助。[②] 然而，男性却很愿意通过间接的方法或表达方式来寻求帮助。例如，在一次谈话中不经意间提到一个严重的问题，但是却没有明确地要求对方给予帮助。这种非直接的表达方式可以帮助男性在保住面子的情况下，获得帮助。因为基于纸面的交流方式缺乏非语言线索，所以在这种情况下，采用非直接性的表达方式更难以获得帮助。为了解决这个问题，设计者创造了表情和手势，这样一来，玩家之间就可以采用非语言的方式进行交流了。除此之外，还有其他一些设计被用于推广虚拟世界中的互相帮助和赠予礼物的行为，包括愿望清单和小费模式。

在这里，我们不得不提到一些在推广赠予文化时需要注意的事情。

---

① 请参见之前的内容。

② Lehdonvirta et al. (2012). 在游戏研究领域以及文化研究领域，存在着大量的研究性别差异的文章。这是一个重要的研究课题，因为许多游戏在与歧视行为进行斗争，特别是歧视女性玩家的行为。

第一，公开寻求礼物的行为会造成负的外部性，其最终甚至会导致赠予行为的减少。大多数的求助行为应面向用户自己的社交网络（朋友、同一玩家公会的成员等），否则，为了避免麻烦，这些求助行为很可能被一些社会行为（如告诉乞讨者走开）所阻碍。

第二，假如资深玩家真的赠予了新玩家许多虚拟装备，新玩家就会失去挑战和消费的机会，无法通过自己的努力聚集起一笔不小的虚拟财富。这样的问题经常会出现在一些游戏或在线服务中，例如在《哈宝》中，玩家之间交换装备的行为就缺乏等级或类似的限制。一个资深玩家决定不再继续玩这款游戏了，他将所有的东西都送给了一个新玩家，这样的行为不仅会毁掉这个新玩家的游戏旅程，还会使其丧失作为一个客户的潜在价值。设计者想出了一个方法来限制这样的行为，不想再继续玩这款游戏的玩家可以将自己的全部虚拟资产转换为虚拟积分，凭借这种积分，他可以进入“玩家名人堂”，这样就可以记录下他那激动人心的过去，让自己的名字永远留在这款游戏中。在第 11 章中，我们将回来继续讨论这个话题。

在表 9—4 中，列出了一些在《哈宝》中出现的赠予行为。在被调查的不同国籍的玩家中，大多数人表示自己曾经至少向别人赠送过一次虚拟礼物。值得注意的是，在这款游戏中，这些虚拟礼物都是需要花真钱购买的（有关例子请参见第 10 章）。

表 9—4　　《哈宝》中礼物赠与行为的调查数据

	英国	日本	西班牙	墨西哥
你曾经向他人赠送过礼物吗？				
是的	86%	64%	71%	67%
你将礼物送给谁？				
朋友	77%	86%	74%	64%
随机赠予新玩家	12%	3%	14%	21%
约会对象	9%	8%	6%	10%
团队成员	2%	3%	6%	4%
其他	1%	1%	1%	2%
为什么送礼物？（可多选）				
帮助他人	33%	47%	48%	43%
感谢他人	31%	22%	24%	22%
特殊的场合下送出	30%	20%	19%	19%
为了给别人留下好印象	19%	15%	13%	14%

资料来源：《哈宝》的社会经济调查 2007，选自 Lehdonvirta 2009b。样本容量=5 288。

犯罪

虽然犯罪活动可以被制度化为帮派行为，但它却不是一种制度。从另一个角度看，犯罪行为可以让财富脱离市场的管制。也就是说，人们可以通过抢劫、偷盗、行窃、勒索和诈骗来获取商品，而不仅仅是通过交易获得。因此，在本章即将结束之时，我们要从经济学的角度出发，来看一看犯罪行为作为一种非市场分配机制所扮演的角色。在第 8 章中，我们接触过犯罪，当时将其看作是由于一些活动（如酒类销售）受到法律管制，而导致的一种违法行为。在这里，我们要转而关注个人层面，探索犯罪行为决策及其对虚拟经济产生的影响。

在本章前面的内容中，我们把犯罪看作是一种通过违反制度规范，牺牲他人利益来增加自己利益的尝试。事实上，研究犯罪行为的经济学家通常会通过构建决策制定模型来研究它，即将每一个人都想象成一个潜在的罪犯，他在心中默默衡量着犯罪行为的成本及其带来的好处。最明显的成本就是被抓住并遭受惩罚的风险。另外一种是机会成本，即除了犯罪之外，还有没有另外的活动值得人们去做？犯罪后产生的内疚感也被看作是一种成本。如果犯罪的期望收益高于成本，那么人们就会选择犯罪。事实证明，该模型在预测暴力和性犯罪时，并不是非常有效，但是用来预测经济犯罪却非常准确。专业窃贼和骗子的确会事先比较其违法行为的代价和收益的大小。由于一时头脑发热而犯罪的人，不会在事先分析犯罪行为的利与弊。

假设我们正在处理的经济犯罪，其决策制定符合上述模型。因此，如果政府想要减少这类犯罪，就必须增加犯罪行为需要付出的代价。要实现这一目标，可以提高犯罪行为被抓住的概率（增加警力），还可以加大惩罚犯罪行为的力度（延长刑期），或是为人们提供更好的工作机会（就业），这同样会增加犯罪成本。政府还可以通过完善道德体系来增加犯罪的社会以及心理成本。但是，所有这些举措都需要花钱来实现。理性的政府会权衡减少犯罪行为需要付出的成本与利益，它会将犯罪减少到某一临界值，在该临界值上，管制的收益刚刚超过成本。不幸的是，从经济学的角度来说，犯罪行为同样存在着最优水平，即当减少犯罪的举措所花费的边际成本刚刚等于其边际收益时。

有一种典型的经济犯罪行为——黑客行为——是比较常见的。在典型的案例中，一个专业的网络罪犯会使用作弊电子邮件、按键记录程序或其他恶意软件来获取大量的账号密码，然后非法进入这些账号，通过在线市场，将其中的虚拟商品和虚拟货币转卖给其他玩家。一位中国第三方游戏服务业的内部人士透露，在未经批准的二级市场虚拟货币交易中，有超过 20%被出售的货币来自于非法的黑客行为。[①] 游戏开发商通过实施更为严格的认证协议来对抗黑客行为，教育玩家警惕潜在危险，通过人工服务增加实时监控。至少在某种程度上，这些措施取得的效果使开发商和玩家花费的成本变得值得了。[②]

设计犯罪

在《星战前夜》这款游戏中，勤劳的矿工、搬运工和商人总是会被星际海盗侵扰。这些海盗企图通过各种手段掠夺商人的财富：偷盗货船、劫走飞船并索取赎金（见框 9—3），或是直接摧毁飞船，然后劫走货物。防止这些违法行为的成本几乎可以忽略不计，因为在虚拟世界中，由系统自动控制的警察是非常有效和便宜的。但是，《星战前夜》的设计者只为很少一部分虚拟世界提供警力保护。原因何在？

框 9—3　《星战前夜》中星际海盗行为清单

> 你好，这里是“獠牙猪”星际海盗组织，我们准备摧毁你的飞船。如果你想拯救自己的飞船，请立即执行以下要求：
>
> 1. 关掉所有的模块，召回所有的无人机。将飞船停下来。
>
> 2. 从赎金金额下面显示的时间起，你将有 30 秒的时间支付赎金。右键单击我们提出要求的界面，选择“给钱”来完成支付。

---

① Lehdonvirta and Ernkvist (2011).

② 若想更加深入地了解有关犯罪和执法的经济学分析，请参见 Nicholas and Medema (2006，第 4 章)。

如果你不马上按照要求执行命令，我们将再次向你的飞船开火。

Tressin Khiyne >你好

Tressin Khiyne >你需要支付 4 000 万的赎金，先生

Tressin Khiyne>你可以直接付给我

Shillowska >我没有那么多钱

Tressin Khiyne>那你有多少？

Shillowska >大约 2 000 万

Tressin Khiyne>好吧，那就 2 000 万，请不要反抗了

Tressin Khiyne>把钱付给我，你就自由了

Shillowska >成交

Tressin Khiyne>祝您愉快

Bourreau>非常感谢

Bourreau>脱帽致敬

资料来源：http：//thebaldbuccaneer. blogspot. com/2010/07/exitiale-you-know-ienjoy-tuskers-i. html.

在这本书中，我们要抛开教科书中的犯罪学，思考一下犯罪行为会带来的好处。星际海盗的掠夺行为可以创造经济效益，它们的行为可以使采矿和贸易变成有风险的行当。一些货物有可能被海盗劫走，从而使交易中断。这样一来，货物就会以更高的价格出售，因为供给量下降了，而商人则必须利用剩下的商品弥补受到的损失。实际上，交易开始变得像一场赌博：商人既有可能失去一切，也有可能大赚一笔。用纯粹的经济学术语来说，风险就是一种成本，使市场在资源分配方面的效率降低，无法再将资源分配给那些最需要它们的人。但是，从心理学或是游戏设计的角度出发，我们知道风险，或者说是行为所产生后果的不确定性，能够让事情变得更加令人兴奋，会让玩家上瘾。通过允许海盗行为，《星战前夜》的设计者不仅为玩家提供了从事富含冒险精神的海盗职业的机会，还让其他玩家的商业活动也变得更加有趣了。

黑客行为也会让玩家承担更大的风险。你甚至无法确定，下次再登录游戏时，你账号里的虚拟资产是不是已经被偷盗一空了。然而，与上面的犯罪行为不同，玩家们并不觉得黑客行为会带来令人兴奋的游戏体

验。那么，这两种行为之间存在怎样的区别呢？你可以认为，其中一种发生在游戏规则允许的范围内，而另一种则不是。但是，这恐怕不是正确的答案所在。也许设计者可以找到方法彻底杜绝黑客行为，但是，这并不一定就会让游戏变得更加好玩。关键在于，如果一种风险满足以下三个条件，那么它就会让游戏变得令人愉快和上瘾。

- **玩家感觉自己可以控制是否要暴露在某个风险之中。**随机出现的意外并不能令人兴奋。如果玩家在采取某项行动之前可以预先知晓需要承担的风险，那么因此而产生的意外就更容易接受。在《星战前夜》中，进入危险的区域可以让玩家感到兴奋。也就是说，逃离危险区域并进入受警力保护的区域的过程就像是一种冒险，它可以让玩家体验到乐趣，但若总是不得不提心吊胆地生活在没有任何保障的区域，可就不会让玩家感到好玩了。
- **玩家感觉自己可以控制需要承担风险的程度。**相比于贫穷的玩家，富有的玩家可以承受更大的损失。关于玩家厌恶风险的程度，存在着心理层面的差异。在《星战前夜》中，极度厌恶风险的玩家可以选择一直待在受警力保护的区域，而喜欢风险的玩家则可以选择到海盗出没的区域去冒险。在遭到海盗袭击时，玩家所面对的最坏的情况就是损失掉目前乘坐的飞船及承载的货物。如果海盗索要的赎金比飞船本身的价值还高，那么玩家只需要选择放弃自己的飞船就可以了。在玩家之间流传着一句话："不要驾驶一艘过于珍贵的飞船以致你无法承担失去它带来的损失。"与海盗行为造成的有限损失不同，黑客行为则有可能让被害者损失所有的虚拟财产。
- **高风险必须具有更高的回报潜力。**除非能够获得更高的回报，否则没有人愿意承担高风险。在《星战前夜》中，最危险的贸易路线缺乏竞争，这意味着敢于走这条路线进行贸易的玩家可以获得更高的回报。然而，冒自己的账号被盗的风险无法带来任何与之匹配的好处。

满足以上这些条件的犯罪行为可以使虚拟经济系统变得更加有趣。此外，这类犯罪行为同样也存在着负面影响。尽管有些情况下，犯罪行为的确可以给玩家带来一些兴奋点，但是这类兴奋点也许是消极的，没有一个商人愿意看到自己的商品真的被偷走。设计者的任务就是找到合适的犯罪行为的均衡点，既不会因为犯罪行为过多而造成玩家不开心，也不会因为犯罪行为过少而使玩家感到无聊。设计者要制定适当的法律来将犯罪行为限制在这个均衡点上。任何一种不符合上述三个条件的犯罪行为都应该尽量消除掉，因为它们无法带来任何好处。

除了使玩家感到兴奋，虚拟犯罪还能带来另一种潜在的正面影响，那就是它会将受害者联系起来。通常情况下，犯罪行为只会损害联系，而不是构建联系。犯罪的社会学研究正在检验一个假设，即当犯罪行为被认为是针对整个社区而不是某个个体时，它会加强社区成员之间的团结。①

① Hawdon，Räsänen，and Oksanen (2013).

第 10 章 货币

在今天的社会，金钱是无处不在的。然而，在虚拟经济中，这个假设并不总是成立的。金钱可能并不存在，或者也可能以一种与实体经济不同的形式存在。在本章中，我们要考虑以下货币的基础：货币是什么？它可以用来做什么？什么东西适合作为货币使用？货币的种类有哪些？我们还要看一下设计虚拟货币与设计真实货币的区别。我们将接触到宏观经济学中有关货币的内容，但是，有关货币政策的详细内容将留到第 12 章再进行讨论。

货币的基础

货币是什么？它可以用来做什么？

想要知道货币的本质是什么，及其在经济中所起到的作用，我们首先要了解一下没有货币的经济系统是什么样的。在很长一段时间里，游戏《哈宝酒店》（*Habbo Hotel*）中并不存在官方虚拟货币。如果你厌倦了自己房间中的家具，想要更换一些新的，那么你唯一的选择就是与拥有其他样式家具的玩家进行交换。一个玩家也许会直接走进你的房间，说自己想用餐桌换你的沙发和浴帘。这种不使用货币的交易被称作以物易物。当交易双方的需求正好吻合时，这一模式还是很有效的。不过如果对方提出想要用沙发换维多利亚时代的衣柜，如果你还是想要得到沙发，你就需要找到第三方，他必须既拥有维多利亚时代的衣柜，而且还想把它换出去。不用多说，以物易物这种方法费时费力。用经济学的话说，这样的行为交易成本太高。

为了降低交易费用，和在人类历史上曾经面对过以物易物带来的不便的人们一样，《哈宝酒店》的玩家自发创造了一种新模式：他们开始用一个商品作为交换媒介，链接不同的交易者。这样一来，交易者不会再说："我想用餐桌换维多利亚时代的衣柜和绿色的浴帘。"而是会说："我的餐桌价值八把塑料椅子。"在这里，塑料椅子成为一种现成的可以代表价值的东西。即使交易者不想要塑料椅子，也不要紧，因为他知道会有别的玩家想要，八把塑料椅子可以从别人那里换来维多利亚时代的衣柜和绿色的浴帘。用最为普通的语言来说，货币就是一种商品，它可以被普遍地接受为一种支付方式，在一个特定的文化圈子或社会中，用来购买商品或服务。因此，塑料椅子实际上就是《哈宝酒店》中的货币。

除了是一种方便的交换媒介，货币还有另外两项职能。货币是一种价值的贮藏手段。用普通商品来贮藏价值存在许多缺点，举个例子，苹果会腐烂从而丧失价值，贮藏汽车又要承担很高的成本。以货币的形式来贮藏剩余财富往往是最好的手段，因为充当货币的东西通常可以保存很长时间。与真实商品不同，虚拟商品通常不会面对贮藏上的问题。然而，为了更加真实地体现宏观经济环境，虚拟经济的设计者会加入一些这方面的元素。举例来说，在《哈宝酒店》中，虚拟汽车的寿命只有48个小时。并且，针对某种商品，玩家的存货数量是受到限制的。[①] 出于这样的原因，在虚拟经济中，同样需要虚拟货币以贮藏价值。

货币的第三个职能是价值尺度，这一点可以体现在商业交易、会计核算、经济管理等诸多方面。在实际操作中，会计师会用货币作为衡量利润、损失、资产和负债的标准，而不是仅仅谈论某钢铁厂消耗了多少吨钢铁，或是生产了多少辆汽车。这样的方式使得我们可以客观地评价两家生产完全不同商品的企业的优劣；同时还可以根据其规模征收不同的税收。有些情况下，发挥着价值尺度职能的货币与发挥着流通手段职能的货币是不同的。在中世纪和近代早期的法国，在战争和日常贸易中同时流通着许多种硬币，包括金埃居、金路易、退斯通银币、法国旧银

① 我们将在第 11 章中讨论货币贬值的问题，在第 12 章中讨论货币政策。

币、法郎以及其他许多种货币。然而，会计师和银行家在记账和发放贷款时，需要一个统一的价值尺度。在几个世纪的时间里，他们一直使用一种货币单位作为标准：这种货币被称为里弗尔或是图尔锂。虽然这种货币从 13 世纪起就没有再铸造，并且也几乎在市面上消失了，但是这并没有影响它作为价值尺度的职能。其他各种正在流通的货币转换为里弗尔的汇率由皇家法令统一规定。几个世纪之后，在法国加入欧洲货币联盟的过程中，同样的情况再一次出现了，欧元取代了原本流通的法郎，承担起价值尺度的职能，然而在欧元得到全面推广之前，法郎的硬币和纸币仍然承担着流通手段的职能。

在《哈宝酒店》中，塑料椅子既承担着流通手段的职能，又承担着价值尺度的职能。卖方可以用塑料椅子来报价，在这种情况下，塑料椅子承担着价值尺度的职能。但是，他们没有必要真的接受塑料椅子作为买方的支付手段；他们可以接受任何商品，只要这种商品的价值大约等于塑料椅子标示的价值。所谓的市场分析师会观察发生在酒店大厅的交易，并以塑料椅子为计价标准，发布一个每日市场商品价格单。以此作为指导，交易者可以接受任何种类的支付方式，只要可以体现合适的价值。因此，塑料椅子首先作为价值尺度存在；其次，发挥着流通手段的作用。

以上提到的货币的三种职能总结在表 10—1 中。正是这三种职能刻画了货币存在的基础。从过去国王发行的硬币到现在银行发行的纸币，从游戏中流通的虚拟货币到网络自由主义者自己创造的数字货币，所有这些种类货币的出现都要归结于促进贸易、保护价值、衡量机制的需要。货币的设计者可能还有其他的目标（例如为玩家保护隐私或是取代政府发行的货币，见框 10—2）。然而，如果货币没有承担起以上提到的这三种职能，它们就不可能被广泛使用。货币并不一定用金属打造，任何可以实现以上三种职能的东西都可以叫做货币。

表 10—1　　货币的三种职能

1. 流通手段：促进贸易
2. 贮藏手段：保存价值
3. 价值尺度：提供衡量价值的标准

什么东西适合作为货币使用?

是不是所有东西都可以成为货币?也不尽然。如果想将某样东西当做货币使用,那么它就必须具备一种属性:它必须具有交换价值。如果某样东西没人愿意要,那么很显然,它不可能成为一种交换媒介,也无法贮藏任何价值(仅仅对其持有者存在个人价值)或是承担价值尺度的职能。

游戏《哈宝酒店》中的塑料椅子便是商品充当货币的例子:对于这类货币来说,其交换价值以该商品的实物价值为基础。在这款游戏中,塑料椅子通常被用作装饰品,因此,总会有人愿意支付一定的价值来交换这类商品。但是,这个特性在其他商品身上也有所体现。那么,为什么只有塑料椅子被用作货币呢?事实上,会同时存在多种实物货币。如果其中一种变得比较受欢迎,那么人们就会转而使用这种实物货币,其原因在于,使用一种商品作为货币的人群数量越多,其使用范围越广,效果也就越好。一个正反馈回路由此产生,最终,所有人都会采用同一种商品作为货币。用经济学术语来说,货币的选择体现了正的网络外部性。因此,我们也可以说,塑料椅子最终被选作这款游戏中的虚拟货币也存在偶然的成分。与芬兰的情况不同,在英国版的《哈宝酒店》中,通用的实物货币不是塑料椅子,而是一种沙发。

也就是说,实物货币的选择也不完全是随意的。无论是塑料椅子还是沙发,它们都具备某种属性,这种属性使得它们比其他的商品更适合被用作货币。一般而言,存在着一组属性,使得某样东西能承担起流通手段、贮藏手段、价值尺度这三样职能。我们首先来看一看要使某件商品变为货币并承担起流通手段的职能,需要其具备怎样的属性。

- 要承担起流通手段的职能,实物货币必须具有可替代性,也就是说,每一单位的该商品都必须是一样的。如果某种商品的单品之间差距明显,那么人们就会对它赋予不同的价值,从而该商品就不再适合作为一种中性的交易媒介。标准化的商品,例如黄金或是大米具备可替代性,因为这样的东西衡量起来标准一致,方便比较。独特的物品,例如巨大的钻石或是某幅著名画作不具备任何可替代性。虚拟商品一般具有极高的可替代性：只要品类一致，一件虚拟商品仅仅是另一件的精确复制品，它们完全一样，除非设计者有意将其属性改变。

● 要承担起流通手段的职能，实物货币必须具有可拆分性，也就是说，这样的商品必须可以被分割成小部分而又不损失其原先具备的价值。这样的性质可以使其在一次交易中精确地表现价值：既不太多也不太少，而是恰到好处。黄金或是大米具备可拆分性，但是钻石和著名画作不具备这样的性质：如果后者被分割了，其小部分不再具有原本的价值。通常情况下，虚拟商品无法被分割，但是，在芬兰版本的《哈宝酒店》中，作为虚拟货币的塑料椅子已经不再需要被分割了，因为每把椅子仅仅能够体现很低的价值，就像一粒米的价值。如果某人想要买一件价值不菲的商品，他就必须支付几百把塑料椅子的价格。相反，在英国版本的《哈宝酒店》中，沙发的单位价值则很高。为了实现其可拆分性，次级货币单位出现了，一个沙发大约价值 75 个橡皮鸭子，这就像是 1 美元等于 100 美分。

● 要承担起流通手段的职能，实物货币必须便于运输和打理。对于真实货币来说，这意味着相比于货币的质量和数量，其所代表的价值必须相对较高，因为只有这样，市场行为的参与者才能方便地将货币装在钱包里而不是用车拉着。对于虚拟货币来说，它不需要具有质量和数量，但是，在许多游戏的虚拟经济中，存在着一个类似的概念，即库存空间。上面提到的作为货币的沙发——相比于其所占的库存空间——能够提供很高的价值，而相同价值的塑料椅子则需要占用更多的库存空间。将那些椅子拖到交易窗口是一件苦差事，因此，高级货币单位出现了，例如一个唱片机的价值大约为 250 把塑料椅子。在采用库存空间机制的游戏中，相同种类的商品可以彼此堆叠在一起，临时性的实物货币通常具备这样的可堆叠性。

● 要承担起流通手段的职能，实物货币必须具备可数性，也就是说，它应该能够很容易地确定数量、质量、大小或是其他一些衡量标准。用贵金属制成的硬币的边缘通常具有纹路，这样一来，任何损坏、缺失都可以看出来。虚拟货币一般情况下都具有可数性。

● 要承担起流通手段的职能，实物货币必须具备可识别性，也就是说，它不会与其他东西混淆。一些市场活动的参与者会尝试着采用一些诈骗手段，例如以其他商品冒充应该用来交易的商品。虚拟商品有时也非常容易混淆，但是交易者通常可以访问元数据来弄清楚被交易商品是否为假冒的。

我们再来看一看要使某件商品变为货币并承担起贮藏手段的职能，它需要其具备怎样的属性。

● 要承担起贮藏手段的职能，实物货币必须具备耐用性，也就是说，它不能易变质、易过期，否则随着时间的推移，它将失去效用。理论上，在数字领域，虚拟商品应该具有极高的耐用性。然而，一些虚拟商品被设定为具有有效期限，它们会在一定时间之后失去效用，这一点限制了这类虚拟商品作为实物货币的效果。

● 要承担起贮藏手段的职能，实物货币的保存成本必须较低，也就是说，拥有或持有这类商品的成本不高。要安全地保存黄金，成本并不低。虽然储存虚拟商品的成本并不高，但也不是完全零成本的。在亚马逊 S3（Amazon S3）的云平台上存储 10 亿字节的数据，每月需要花费 10 美分的成本。假如一件虚拟商品的大小为 1 000 字节，那么在云平台上存储该商品的月成本仅为 1/100 000 美分。但是，要保存、分析大量的数据，其成本还是不低的。《网络创世纪》的设计者就曾经面对过由于玩家囤积过量的虚拟商品而导致的服务器瘫痪。因此，许多游戏已经开始对玩家能够储存的虚拟商品的数量做出限制。《冒险岛》（*MapleStory*）是一款采用横向卷轴画面模式的 2D 多人在线游戏，在这款游戏中，如果玩家要使用额外的储存空间，就必须向游戏开发者交一笔费用。在这种情况下，可堆叠的商品就显示出了独有的优势，它们可以更为充分地利用储存空间，降低储存成本。它们也更易于在数据库中保存，因此，开发者对这类商品的限制并不严格。

● 要承担起贮藏手段的职能，实物货币必须不易被盗取。相比于体积小而容易隐藏的商品，体积大而惹人注意的商品更不容易被安全地保存。现实生活中的旅行支票与其持有者绑定，这样一来，这张支票在别人手中将一文不值，这一性质可以有效地降低持有者需要承担的风险。

- 要承担起贮藏手段的职能，实物货币必须能够始终保持其交换价值，不应随交易标的的改变或是时间的推移而出现大的波动。任何具备有限的供应和稳定的需求的商品都有成为实物货币的潜力。在芬兰版的《哈宝酒店》中，唱片机能够非常安全地保值。2002 年，在一次活动中，只有数量有限的唱片机被制造出来。然而到了 2006 年，开发商发起了另一项活动，制造了更多的唱片机。所以，用唱片机交换其他商品时，其所代表的价值出现了大幅缩水，这给持有该商品的玩家造成了巨大的损失。
- 由上一条原则，可以推出另一条原则，即要承担起贮藏手段的职能，实物货币必须不易被仿造。原则上，在虚拟世界中，仿造商品并不容易实现，除非仿造者掌握了“制造”该商品的明确程序。然而，事实上，任何的软件或是游戏都存在错误和漏洞，一些人则会利用这些错误和漏洞来完成类似于仿造的行为。在早期的大型多人在线游戏中——例如《阿斯龙的召唤》、《网络创世纪》和《天堂 2》——都存在一些“复制漏洞”，玩家可以肆无忌惮地利用这些漏洞，无限地复制虚拟商品和虚拟货币。这样的行为损害了官方开发商的利益，造成了虚拟货币的贬值，于是，玩家开始自发地接受一些实物货币。这些被用作货币的商品必须满足两个条件，即不存在“复制漏洞”并可以保值。

要承担起价值尺度的职能，实物货币只需要满足一条属性：其相对于其他商品的价值应在一段时间内保持稳定。只要实物货币不出现贬值，它就可以很好地承担起贮藏手段的职能，但是，要成功承担起价值尺度的职能，实物货币也不能出现剧烈升值。其原因在于，如果一种货币的价值总在剧烈地浮动，那么它就无法用来衡量其他东西的价值。一旦其价值出现变动，用它表示的其他商品的价值就需要进行调整，而这种调整是要花费成本的。例如，商店中每一种商品的价格标签都需要重新调整，会计账簿中的记录也必须重新调整，已经达成的交易协议也必须重新谈判以改变条款。所有这一切都会耗费成本并且令人厌烦，甚至还会影响到经济的有效性。

针对虚拟货币的特别思考

硬币、纸币或贵金属被用来在交易中承担流通手段的职能，原则上，只有买卖双方了解交易的情况。在买卖中货币易主，但是，除非交易中的一方决定以收据、会计账簿等形式记录下这笔交易，否则将没有任何有关这笔交易的情况被保存下来。与之相反，任何一笔电子交易一般都会牵扯到第三方，甚至第四方。举例来说，假如你准备用信用卡从一家网店中购买某件商品，你的付款要求首先会被提交给信用卡处理公司，然后，该公司会将该要求提交给你的信用卡公司，后者会授权你的支付行为，在这之后，信用卡处理公司才会通知你的开户银行，将钱打给商户的开户银行。以上所有提到的第三方机构都会保留这笔交易的记录，有时这些记录甚至会被无限期地保留下来。

这些记录对于权力机关是非常有用的，一旦某笔交易被怀疑与偷税漏税、贩毒、洗钱或欺诈行为有关，权力机关就会利用这些记录展开调查。犯罪分子有可能伪造自己的账簿，但是他们无法销去保留在第三方那里的交易记录。正是出于这个原因，犯罪分子更喜欢使用那种无法被记录的货币形式进行交易，因为使用这种形式的货币无须通过第三方进行交易。如果我们完全取消其他种类的货币，仅仅保留使用借记卡支付、移动支付等能够被记录下来的交易方式，这对有组织的犯罪将是一个毁灭性的打击。

然而，只允许使用可记录的交易方式无疑会危害大众的金融隐私权。在许多文化中，隐私权被认为是最基本的权利，并且通常受到法律保护。即使没有什么可隐藏的秘密，我们也习惯于为卧室装上窗帘，在洗澡时关上门。更重要的是，隐私权赋予了你一种能力，即持有并发表不同于父母、老板、伙伴、政府所持有的观点的能力，有了这种能力，你就可以避免因为发表不同观点而受到惩罚。隐私权——至少从以上这个角度来说——是民主的基础。

人们在金融交易中也必须保有隐私权。有关某人购买了一本同性恋杂志或是支付了某个社会组织的会费这样的信息是非常敏感的，在某种情况下，这和一封私人信件中的内容一样敏感。从一个更加现实的角度来说，如果你希望给你的爱人一个生日惊喜，那么你不会希望自己的伴侣事先知道你要买什么；你可能也不想向别人透露你的收入。因此，那些处理我们信用卡支付信息的第三方机构一般都会遵守银行界传统的保密原则，即它们承诺不会向外人透露客户的私人收支表和交易信息。然而，这种保密原则并不会被完全遵守，在一个民主社会中，法院有权授予调查机构一项权力，即在调查违法案件时可以从银行和信用卡公司调用私人交易记录。在这种情况下，商业银行会在隐私权与交易的可记录性之间找到一个微妙的平衡。

当然，没有任何道德层面的理由可以阻止人们自愿地打破金融隐私权。这是一种合理的展示权（flauntability）：人们自愿打破金融隐私权，向别人公开自己的收支表和交易信息。展示权之所以重要，原因有二：第一，在一些情境下，人们需要展示自己拥有的财富，例如在申请贷款时。第二，货币除了具有交换价值，还承载着社会价值：它提供了进入某个社会阶层或是吸引仰慕者和婚姻伴侣的能力。在当代消费文化中，人们经常会通过自己的消费方式来展现自己的财富，而不是通过展示自己的银行结算单。但是，在历史上，人们会直接炫耀自己的财富：贝壳制成的项链、塞得满满的钱包。

通过由银行开具的令人讨厌的结算凭证，人们可以炫耀自己电子储蓄账户中的余额，然而一些电子货币或是在线游戏中的虚拟货币却无法拿来炫耀。所有游戏人物具备的特性——经验点数、技能、装备——都可以被其他人观察到，但是在哪家账户中的虚拟货币却无法被其他人直接查看。游戏开发商明显而强烈地内化了金融隐私权的概念。在《魔兽世界》中，玩家通过一对一的交易界面来向对方展示自己账户中的存款，但是，这种方式每次只能向一人展示。如果玩家想要向很多人炫耀自己的虚拟资产，他可以对自己的账户截屏，再将其发到论坛上。但是，截屏是可以造假的。我们认为这是当前虚拟货币方面的一个小缺陷。

理想货币的属性

理想的货币系统至少要具备 14 种属性。其中，有 11 种是常规属性，有 3 种是虚拟货币的属性。这些属性总结在表 10—2 中。

表 10—2　　理想货币的 14 种属性

1. 有价值：可以用于交换其他商品和服务。
2. 可替代性：每一单位的货币都必须是一样的。
3. 可拆分性：可以被分割成小部分而又不损失其原先具备的价值。
4. 可数性：可以很容易地确定货币的数量。
5. 可识别性：不容易与其他物品混淆。
6. 耐用性：其效用不随时间而降低。
7. 价值不变：既不会出现过于明显的升值，也不会出现过于明显的贬值。
8. 便于运输和打理。
9. 低保存成本：拥有或持有这类商品的成本不高。
10. 不易被盗窃。
11. 不易被伪造。
12. 隐私性：收支表和交易信息不易被第三方查看。
13. 展示性：玩家可以自己有意识地、有选择地打破隐私性。
14. 可记录性：合法的权力机关可以依照法律强制打破隐私性，查询私人交易记录。

什么让货币产生价值？

在之前的章节中，我们指出货币最重要的属性是它具有的交换价值，换句话说，就是能够让他人愿意用商品和服务与之交换的属性。我们提到，游戏《哈宝酒店》中的塑料椅子就是一种实物货币的例子，所谓实物货币，就是指一种其交换价值取决于其本身价值的货币。实物货币可以用来与法定货币作对比，例如纸币，它本身并不具有很高的价值，但是政府颁布的法律规定了其面值。在这部分内容中，我们要检验货币具有的不同的价值基础，然后分别讨论每种价值基础的优点和缺点。

实物货币

实物货币是最早出现的货币种类。从古代开始，金、银以及其他各种金属就开始被当做货币使用。在中世纪时期的日本，大米可以用来衡量一个人的财富，而古代的芬兰猎人和采集者则用松鼠皮作为货币。在许多种语言中，代表某种实物货币的词恰恰被用来表示“钱”这个词。

例如，德语中的“金”即为“钱”；法语中的“银”即为“钱”；芬兰语中的“兽皮”即为“钱”。实物货币并不仅仅存在于古代世界。在第二次世界大战中的战犯集中营里，香烟就扮演着货币的角色。在现代，美国的联邦监狱中禁止吸烟，所以囚犯们就把用塑料和锡纸袋装的鲭鱼鱼片作为一种货币。[①] 在线游戏中，一些虚拟商品，例如神奇的药剂，常被当做一种货币使用。

迄今为止，贵金属是历史上最为常见的实物货币类型。它们是有价值的、可分割的、易识别的，并且还可以长久保存。然而，使用贵金属作为货币需要面对的最大问题就是贵金属的纯度难以保证。两块相同重量的金锭，其中一块的含金量也许还不到另一块的一半。这一问题限制了以金属为基础的货币的可替代性和可数性。这一问题由于铸币的出现而得到了解决。铸币最早出现在古代地中海东部国家或是古印度。一位富有的王子或商人将大量金属铸造成了纯度均匀的小块，或硬币。不同的硬币被铸上不同的标记，以显示其在大小和纯度上的区别。这样一来，曾经在交易中评估金属的数量以决定其价值的复杂行为得到了简化，人们现在只要识别硬币的种类并计算其数量便可以准确判断价值了。正是因为硬币带来了这种便利，因此，在市场上，硬币所具有的价值会稍稍高于相等重量的未经铸造的贵金属。

代用货币

由黄金等相对较软的金属铸造的硬币会被逐渐磨损。这也许是因为自然损耗，还有可能因为不法商贩刮去了硬币上的部分黄金。其他的实物货币，例如谷物，并不适合大范围流通，原因在于这类物品的价值重量比太低。代用货币的出现解决了这一问题。代用货币实际上是一种证书，它本身的价值很低，但是法律赋予了它承载高价值的能力。在古埃及，农民出于安全因素的考虑，把谷物放在皇家仓库中保管，他们会得到一种书面凭证，上面标明了他们存放谷物的数量，凭此收据可以在以后赎回谷物。与此类似，在 19 世纪末的美国，银行和个人将黄金存放

---

① Scheck (2008).

在政府处，他们会得到一种黄金证书，上面标明他们可以在任何时候取走相同数量的黄金，因此，这种证书被认为“跟黄金一样值钱”。无论是谷物凭证，还是黄金证书，它们都承载着标的商品的交换价值；实际上，它们取代了实物商品，成为一种更为方便的货币形式。

历史上，西方主要国家和日本的法定货币都曾经多次与黄金或白银挂钩，其中最近一次这样的安排称为布雷顿森林体系，然而，该体系终结于 1971 年。今天，代用货币活跃于互联网上，网上有少数几家公司经营着各自的数字化金本位货币制度。在这样的货币制度下，经营者建立了一种黄金储备模式，它们维护着一个数据库，将每一盎司的黄金与其所有者联系起来。如果黄金的所有者想要将名下的一部分储备转到他人名下，他只需要通知经营者更新数据库中的信息，将名下黄金划走即可。而真正的黄金始终保存在保险库中。

代用货币还可以与其他有价值的东西挂钩，除了实物商品。中世纪的英格兰国王发行过一种账目棍（tally sticks），持有这样的木棍就可以拥有一项权力，即代替国王行使征税权。在国库中的黄金储备不足时，国王会将这样的木棍授予他的借款人。后者在拿到这种账目棍后，有两种选择：第一，行使征税权；第二，用它来抵税。由于存在价值，所以这种账目棍会易手，从而承担起流通手段的职能。

法定货币

虽然金币或黄金证书的交换价值来自于其所标的商品，但是，它们之所以在日常使用中存在实际价值，是因为有大量的商户愿意接受它们作为消费者购买商品或服务的支付手段。古代统治者意识到他们可以用非贵金属来铸造硬币，在上面铸上与金币一样的标志，然后发布法令规定这种新铸造出来的劣质币与原来铸造的金币具有相等的价值。类似地，美国政府也印制了大于其黄金储备的纸币，并颁布法令使这些纸币保持与原来一样的价值。这样一来，货币便不再与实物相挂钩，它们的价值基础变成了政府颁布的法令，这些法令强制市场接受这些政府印制的纸币作为支付手段。这种纸币成为一种得到法律授权的支付工具，我们称之为法定货币。

统治者是怀着自私的心理引入法定货币的。通过制造一种面值大于其本身价值的货币，古代君主可以获得大笔收入。货币的实物价值与其法定面值之间的差距通常称作铸币税（seigniorage）。类似地，政府也会出于获利的目的大量印刷纸币。然而，这样的做法实际上也是存在成本的。政府每多印发一张新的纸币，目前市场上流通的纸币的购买力就会削弱一点（见框 10—1）。因此，从这个角度来说，印发新的纸币实际上会产生一种效果，即将持有正在流通的纸币的人们手中的购买力转移到政府和其他那些目前未持有纸币的人手中。因此，我们可以将印制纸币看作是一种狡猾的税收手段，政府可以用它来征收无形的资本税。

框 10—1　货币数量学说

根据货币数量学说，商品的价格取决于经济系统中流通的货币数量。如果每个人钱包中的货币变多了，那么商品的价格也会相应上涨（通货膨胀）；如果每个人钱包中的货币变少了，那么商品的价格也会相应下降（通货紧缩）。下式可以更为精确地表示这一关系：

$$M \times V = P \times Q$$

等式中，M 代表流通中货币的数量；V 代表货币流通的速度（在某一段时间内，每单位货币的平均使用次数）；P 是商品的价格水平；Q 是一段时间内的商品交易量。假设流通速度和交易量保持不变，改变流通中货币的数量就会导致商品价格出现相应的变化。总购买力不会受到影响：花出去的钱购回的商品的数量与原来一致。然而，货币的价值受到了影响：流通中货币的数量越多，每单位货币的价值越低，其能够购买的商品数量越少。这样一来，商人就会把商品的价签上的价格调高。对于这种情况，我们称之为通货膨胀。

法定货币需要得到强大的政治权力的保障。货币的发行者必须能够强制或哄骗大众接受一种本身不具备价值的货币符号作为支付手段。此外，发行者还必须具有针对这种货币的垄断发行权，否则，其他发行者就会摄取一部分利益（这就是为什么政府以外的发行者均被视为造假者，即使它们发行的货币在外观上与政府发行的并无不同）。与之相反，实物货币——例如金币——不需要强制性的政治权威作为保障手段，金币的价值不会因其铸造者不同而发生变化（只要其含金量一样）。在游戏中，开发商通常可以强制玩家接受一种虚拟货币。例如，《魔兽世界》的“金币”就可以称为是一种法定货币。这些所谓的虚拟金币并无任何实物价值，比如，一位玩家不能将其融化再铸成戒指或是项链。因此，它们之所以具有价值，完全是因为在这款游戏中，没有其他任何东西能够用来完成交易。

站在最终用户的立场上看，法定货币本身存在着一个致命的缺陷，即一旦其背后的政治强制力变弱或消失，那么很快就不再有人愿意接受它作为支付手段，它也就不再具有价值了。有趣的是，的确存在一些罕见的例子，在这些例子中，在失去背后的政府强制法令或其他类似的力量之后，一些法定货币仍然继续保有一个稳定的交换价值。举例来说，即使在海湾战争后，伊拉克政府声明不再承认瑞士法郎的地位之后，在库尔德地区，这种纸币仍然扮演者流通货币的角色。这种纸币的价值之所以得以维持，其原因在于集体性的认可。我们可以称这类货币为共认法定货币。

与此同时，还有更好的理由可以说服最终用户使用法定货币。其中一个原因就是，法定货币不容易受到物理侵蚀或被不法分子损毁。无论一张纸币多么破旧，它的价值始终不会变化。从这个角度上说，法定货币与代用货币相似。

另一个使法定货币比实物货币和代用货币更受欢迎的原因是，它使得在流通中的货币数量——即货币供给——更容易受到控制。在之前的章节里，我们指出价值不变是理想货币必不可少的一种属性。但是，商品的价格每天都在经历着剧烈的波动。举例来说，黄金的价格就受到几种因素的影响：新矿藏的发现、提炼方法的改进、工业生产过程中的黄金需求。在近几年，黄金的价值增加到原来的三倍多，如果让黄金来承担价值尺度的职能，将会非常不方便（想象一下你的抵押贷款的价值提高了三倍，用盎司作为计量单位应是多少）。与黄金不同，法定货币可以被（相对）随意地制造或销毁，这一特点有利于政府稳定其交换价值，进而稳定商品价格（见框 10—1）。在第 12 章，我们会回来继续讨论这个话题，并进一步讨论货币政策。

在虚拟经济中，法定货币无须一定要比实物货币更具优势。虚拟商品可以被设计者赋予成抗侵蚀和抗损毁的特性。虚拟商品也可以被随意制造或销毁，这样一来，虚拟世界的管理者就可以有效地控制虚拟实物货币的交换价值，这类似于在现实世界中，中央银行可以控制法定货币的价值。另一方面，在一个典型的虚拟经济系统中，相比于法定货币，实物货币几乎没有任何优势。如果虚拟经济系统崩溃了，所谓的实物货币也会和法定货币一样变得毫无价值。在虚拟世界中，实物货币与法定货币的区别并不十分重要。

代币券

代币券之所以拥有交换价值，是因为某人承诺愿意接受它用来交换货币、商品和服务。考虑一下一张价值 10 美元的亚马逊礼品卡。虽然除了亚马逊以外，没有任何其他的公司接受这种礼品卡，但是，许多人都愿意接受别人用这种礼品卡来抵偿 9 美元或 10 美元的金额，因为他们知道这样的礼品卡必然可以在亚马逊使用。其他代币券的例子包括赌场筹码和街机代币。在芬兰，超市接受消费者用使用过的 1.5 升塑料瓶换取 0.4 欧元的代金券。代币券与那些可随时自由兑换金银的纸币不同，因为它们无法兑换金银。代币券体现的是一种有可能被实现也有可能无法实现的承诺。接受代币券意味着要信任发行它们的人或机构。

在那些缺乏现金的地方，例如 19 世纪美国的边境地区，代币券承担起了货币的职能。代币券在人们手中流通，也许永远不需要其原始发行者真的实现承兑。这一点对代币券的发行者很有益处，因为如果一种被接受并流通的代币券永远不需要被承兑，那么实际上它们就会给其发行者带来一笔不小的纯利润。19 世纪美国的边境地区存在着一种代币券类型，伐木公司会发给其员工一种凭证，这种凭证可以用来在该公司属下的餐厅或商店使用。直到 20 世纪，这种凭证仍然在伐木营地居民之间流通。

一些法定货币也具有部分代币券的属性：即使突然之间，没有人继续接受美元纸币作为支付手段，你仍然可以继续使用它来支付你欠美国政府的税款。从这个意义上来说，美元实际上是以税收为基础存在的。与之类似，在游戏《魔兽世界》中，一些需要由玩家支付的税收和费用实际上也支撑着在该游戏中流通的虚拟货币。

Facebook 信用币也是一种代币券：那些开发 Facebook 网站应用软件的第三方公司接受用户支付的 Facebook 信用币，因为它们知道，Facebook 公司会承兑这些虚拟货币，并将它们换成美元。然而，Facebook 公司不允许第三方开发公司将这些虚拟货币用于其他地方。结果，Facebook 信用币无法像上面提到的 19 世纪美国边境地区流通的凭证一样，承担起货币的职能。开发公司无法用它们来支付成本。这种情况并不是因为货币的属性造成的，而是由 Facebook 公司控制的市场造成的。我们在第 5 章讨论过有关市场设计方面的问题。虽然 Facebook 公司已经逐步淘汰这种系统，但是，亚马逊公司又设计了一个类似的系统，使用的是亚马逊币（一种完全不同的数字货币类型，见框 10—2）。

框 10—2　比特币：新的数字金矿？

大多数数字货币仅仅是储存在中央数据库中的记录，它们由发行数字货币的公司管理。为了实现付款，用户必须向这样的公司发送一个支付请求，后者则会确认用户是否具有使用虚拟货币进行交易的资质，然后再在数据库中更新付款人和收款人的账户信息。这种机制不仅仅适用于虚拟货币，还适用于诸如美元、欧元这样的真实货币。比特币则完全不同，它是一种分布式的数字货币。一份完整的有关比特币记录的备份会储存在每个持有者的电脑中，而不是仅仅储存在中央数据库中。每台计算机都通过一个对等网络相互连接起来。要实现一笔支付，涉及将交易的信息通知在此网络上的其他电脑。加密技术的合理应用保证了用户只能使用自己账户中的虚拟货币。如果某位用户尝试着使用没有进入权限的账户中的虚拟货币，该网络中连接的其他电脑会拒绝通过其支付申请。

比特币的拥护者常常将其比作黄金，因为二者的数量都是有限的。理论上只存在 2 100 万比特币。在作者写这本书的时候，已经发现有 1 110 万比特币存在。比特币的发现类似于一种“采矿”行为：

它需要运用一种严苛的算法，排查数以百万计的数字，找出其中一些符合具体标准的。越多的比特币被发现，其发现过程就会越困难。由于比特币有类似于黄金一样的属性，所以它们很受自由主义者的追捧，那些不信任中央银行或是不喜欢中央银行拥有的控制货币数量的强大权力的人们，也非常喜欢比特币。没有人可以管制比特币的数量，因为其数量是在设计时便确定下来的。

然而，与黄金——可以用来制作珠宝和电子产品——不同，比特币没有具体的实际用途。只有当有人愿意接受它们作为购买商品和服务的支付手段时，它们才具有价值。目前，许多商人都接受消费者使用比特币购买各种商品和服务。但是，一旦商户对它们失去信心，或是权力机构禁止继续使用它们作为支付手段，比特币就会变得毫无价值。从这个角度上说，比特币最准确的分类应该是法定货币，更具体地说是共认法定货币。它的价值取决于流通圈子。

互联网企业家和投资者詹森·凯拉卡尼斯（Jason Calacanis）将比特币称为“我们所见过的最危险的项目”。虽然比特币的交易记录是公开的，但是，交易者同样可以使用各种手段模糊自己的身份和交易。这意味着一个高水平的金融隐私权，这是好事。然而，在某些情况下，这种隐私权会过于强大，以致执法者都无法查到交易记录。这就像是瑞士的银行账户，只不过更加保密。由于缺乏问责机制，比特币被用于逃税、购买非法商品或服务，例如毒品或赌博。从这个角度来说，比特币又具备现金的性质，只有一点不同，那就是比特币是数字货币，所以它可以更为迅速地在全球范围内流动。因为比特币使用的是一种点对点的技术，所以想要禁止它非常困难。政府是否应该为此而担忧呢?

也许政府不必担忧。从一个角度来说，比特币最大的优势也是其最大的劣势。因为没有机构负责管理比特币的供应，所以其交换价值会单纯地随需求而变化。从短期来看，这将会导致投机性的价值泡沫，而这正是媒体关注的焦点。从长期来看，这意味着比特币具有内在的通货紧缩性：这种货币越是被使用，其每单位价值就会越高。举个例子，如果比特币达到目前经济活动中欧元使用量的

10%，那么一单位的比特币的价值将超过 50 000 欧元。要想从目前的价值 80 欧元（100 美元）增长到这一水平，比特币就要增值 62 500%。但是，这种通货紧缩性是不利的：它鼓励持有比特币，而不是花掉比特币，因此，这从一开始就阻碍了这种虚拟货币的广泛流通。无论是根据统计数据还是根据我们的观察都证明了一点，即大部分人之所以购买比特币，是出于期待其增值的心理，而不是真的打算将它们用在交易中。在交易中，人们会选择可能受到通货膨胀影响的主权货币。

尽管比特币有缺点，其他货币系统仍然可以从它身上借鉴不少有用的东西，无论是真实货币系统还是虚拟货币系统。与真实货币不同，比特币为软件开发商提供了一条更为简单的方法，让它们可以将各种付费的属性添加到自己开发的应用软件中，这为付费的创新提供了更大的平台。比特币还会促进金融机构之间的激烈竞争，以及快速的、低成本的跨境资金流动。与其他虚拟货币相比较，比特币最具吸引力的特点是其分散式的数据库，这意味着用户不必把钱交给一个单一的实体。虽然比特币注定是一种小范围流通的货币，更受网络阴暗面的青睐，但是，它的创新性以及它最初取得的成绩，所有这些对于新一代虚拟货币的开发都具有开创性的意义，这一点必将在未来有所体现。

真实货币与虚拟货币

在考虑是什么赋予了货币价值时，我们分析了四种不同的货币，如表 10—3 所示。

表 10—3　货币的类型及其价值来源

1. 实物货币	除了交换价值，它还具备其他的使用价值
2. 代用货币	其价值来源于可以用来兑换另一种有价值的东西（如黄金）的承诺
3. 法定货币	被广泛地接受用于购买商品或服务，其背后有法令或公约的支持
4. 代币券	有个人或机构承诺兑付其票面价值

那么虚拟货币呢？是不是只存在一种虚拟货币？在之前的章节

中，我们分析了游戏《哈宝酒店》中的塑料椅子，这是一种实物货币；虚拟黄金是一种代用货币；游戏《魔兽世界》中的金币是一种法定货币；Facebook 信用币则是代币券的例子。这些不正是虚拟货币的例子吗？

真实货币与虚拟货币的不同之处是什么？我们这里所说的不同之处，当然不仅仅是指真实与虚拟之分。许多虚拟货币以真实存在的卡或令牌的形式存在，而美元与欧元通常以数字化的记录方式存在于银行会计系统的账户中。这中间没有什么不同。读者也许会凭借直觉指出，最根本的区别在于真实货币比虚拟货币更值得信任，毕竟，真实货币是由政府或银行发行的，而虚拟货币则是由网络公司或其他小型机构发行的。一般来讲，经验法则告诉我们这样的论断也许是正确的，但这并不是最根本的区别。和虚拟货币一样，国家的法定货币也有可能完全丧失价值。这真的会发生。津巴布韦元——根据传统的想法，这是一种真实货币——从 2005 年起就开始经历剧烈的通货膨胀，2008 年时，通货膨胀率已经超过了 200 000 000%，2009 年时，该货币被废止。在这四年间，几乎所有的虚拟货币都比津巴布韦元更可靠，更适合承担贮藏手段的职能，即使是在线游戏中的“金币”。我们这里所说的不同之处指的是公共货币与私人货币之间的区别——政府发行的货币与私人发行的货币之间的区别。但是，如果我们将私人货币归为虚拟货币，那么私人铸币场中制造的金币也就成为了虚拟货币。

与流行的观点不同，虚拟货币与真实货币之间并没有根本性的区别。美元与《魔兽世界》中的货币同样都属于法定货币。这两种货币的主要区别是它们的货币区域存在差异。经济学家将货币区域定义为这样一个概念：即在一个地理区域内，某种货币承担着支付手段的职能。还有另外一种理解方式：即某种货币可以购买的、不同种类的商品和服务的集合。美元可以用来购买许多种商品和服务，各种各样的场所和商店都接受它作为支付手段。美元与欧元争夺着流通范围最广货币的称号。但是在一个地方，你无法使用美元购买商品，那就是在《魔兽世界》的拍卖行里。与美元不同，《魔兽世界》虚拟货币的货币区域很小，你可以用它在这款游戏中购买虚拟商品和服务，但是这种货币的适用范围也仅限于此。你可能听说在一些情况下，有人可以用这种虚拟货币买到非《魔兽世界》的商品和服务，但是，绝没有人愿意用实实在在的房子、食物换回《魔兽世界》的虚拟货币。正是由于这个原因，人们仍然用美元以及其他一些主权货币来支付劳动工资，这并不是因为它们更真实，而是因为它们的使用范围更广。货币区域的大小差异只是一种程度上的差异，而不是一种根本性的差异。在一些情况下，一种虚拟货币的货币区域与使用范围不广的主权货币的货币区域大小不相上下，比如我们在第 1 章中提到的中国的 Q 币。中国人民银行之所以采取措施应对这种虚拟货币，并不是针对它所具有的虚拟性，而是针对它所具有的真实性。当我们在这本书中使用“虚拟货币”和“真实货币”这样的词汇时，你应该这样理解它们的含义，即它们分别代指“流通范围小的货币”和“流通范围大的货币”。[①]

为虚拟经济设计货币

在之前的内容中，我们概述了货币的设计方法。想要使任何一种事物成为货币，首先要让它具备交换价值，我们列举了实现这一目标的四种策略（见表 10—3）。我们还确定了理想的货币应该具备的另外 13 种属性（见表 10—2）。那么，如何使用这些知识来为虚拟世界设计合适的虚拟货币呢？一个古板的经济学家会将这些性质杂糅在一起，因为货币越是理想，市场就越是有效。如果你设计的虚拟货币将被用在以下情况中，即一个承担着分配稀缺资源任务的市场，或是虚拟世界的开发者通过向用户出售虚拟商品来赚取利润的市场，那么，尽可能将货币设计得更为理想是一个不错的选择，因为你的目标是让市场更有效地运转。你需要做的是将以上的属性列表作为一个清单，确保你设计的货币具备

① 如果想深入地研究货币的历史、用途、种类和特点，Galbraith（1975）是一份不错的资料。John Kenneth Galbraith 是一位经济学家，他在 20 世纪末对北美学界产生了很大影响。关于数字替代货币系统的内容，可参见 Zorpette et al.（2012），North（2007），Ingham（2004）。

每一项特点。

但是，上面谈到的并不是虚拟货币需要面对的仅有的两种情况。你设计的虚拟货币通常被用在一种虚拟市场的用户对用户交易中，这种市场的目标是吸引用户并给他们提供快乐，它们并不一定要十分有效。为了实现这样的目标，设计者也许要将教科书中的经济学抛到脑后，努力设计出一种“不理想的货币”，而不是“理想的货币”。

设计不合理的货币

2006 年，芬兰版本的游戏《哈宝酒店》中，塑料椅子是最适合玩家使用的货币，但平心而论，它并不是设计最为合理的货币。它具备价值性、可替代性、耐用性等性质，但是同样存在一些缺点。它在可拆分性方面存在一些缺陷，这意味着在交易中找零存在困难。再者，它也不易操作，交易者不得不将椅子一把一把地拖到交易界面中来完成交易。这种货币还会占用大量的库存空间。在交易界面中和在库存中的椅子都无法显示出来，也就是说，在拖入时，玩家需要进行人工计数，这增加了错误出现的概率。这种作为货币使用的塑料椅子的外形还与另一种椅子——军椅——十分接近。此外，作为一种实物货币，制作椅子的塑料的价格也在不断变化，这就需要定期重新评估椅子所代表的价格。

2007 年，《哈宝》的开发商速雷克公司对这款游戏进行了调整，引入了一种在玩家对玩家的交易中使用的货币——哈宝信用币。事实上，在开发商对玩家的交易中，这种货币早就开始使用了。用户想从开发商手中买入新商品，就要使用这种货币。哈宝信用币实际上是一种代币券，它之所以拥有价值，是因为速雷克公司承诺接受这种货币作为支付方式；另一方面，相对于虚拟商品的价格，它的价值也是非常稳定的。作为一种精心设计的官方虚拟货币，无论从哪一方面来说，它都远远优于用来充当货币的塑料椅子，特别是在方便性方面（见表 10—4）。随着哈宝信用币在玩家对玩家交易中使用起来，它迅速取代了塑料椅子，为玩家们所接受。

表 10—4　　有关芬兰版《哈宝酒店》新旧货币的对比

	塑料椅子（实物货币）	哈宝信用币（代币券）
1. 有价值	是	是
2. 可替代性	是	是
3. 可拆分性	视情况而定	是
4. 可数性	视情况而定	是
5. 可识别性	视情况而定	是
6. 耐用性	是	是
7. 价值不变	视情况而定	是
8. 便于运输和打理	否	是
9. 低保存成本	视情况而定	是
10. 不易被盗窃	是	是
11. 不易被伪造	是	是
12. 隐私性	是	是
13. 展示性	是	是
14. 可记录性	是	是

好的货币能够带来更有效的市场，即不同的游戏内容能够被更合理地分配给最需要它们的玩家。总是需要将大量的塑料椅子拖进交易界面是一件令人讨厌的工作，取消这种货币，减少了交易过程中的摩擦。由于新采用的哈宝信用币既是一种更好的货币，其本身也是一种吸引人的游戏内容，因此，它还解决了其他一些造成市场无效的问题。用塑料椅子为不同的虚拟商品定价，以及因定价问题产生争论，这些都困扰着玩家。哈宝信用币的使用让这些难题迎刃而解。塑料椅子在可拆分性方面存在的缺陷，导致使用它的交易者无法给出精确合理的零钱，这意味着玩家不得不通过谈判和讨价还价来完成交易。哈宝信用币的使用同样解决了这个问题。

在《哈宝酒店》这款游戏中，新的货币优于旧的货币。这种提高市场有效性的变化，很好地减轻了一些交易者的负担，比如制造者和收藏家，对于这些人来说，交易更像是一种实现目的的手段而不是最终的目的。但是在道德层面，货币的设计者需要注意有效性和实用性之间的平衡，它们必须了解一点：有效性不是自然而然地成为最优选择的。举例来说，一个聪明的虚拟货币设计者也许会故意让货币容易被盗或被仿造，通过这种方式，他可以为游戏引入新的风险和信任机制。这种游戏内容上的创新，可以很好地抵消由于虚拟商品分配不合理带来的负面影响。对于玩家来说，虚拟商品之所以具有价值，不在于真正拥有它，而在于获取它的过程中所面对的挑战。从这个角度来说，货币不需要十分完美，而是需要能够为交易过程带来挑战，并保证这些挑战具有合理性。在第 9 章中，我们已经讨论过犯罪和信任。有关设计不合理货币的其他想法将在以下内容中进行讨论。

缺乏可替代性的货币

强制玩家使用一种缺乏可替代性的货币，将带来怎样有趣的情况呢？回想一下硬币的历史。在今天，两枚价值 1 欧元的硬币之间并没有什么区别，这一点使交易过程更加顺畅，因为你不需要认真地查看每一枚你准备支付或收取的硬币。但是，在历史上使用金币和银币的时代，即使是两枚所谓的等值硬币，它们之间也会存在价值差异。这其中的原因有二：第一，有不法分子磨去了硬币上的一些贵金属；第二，由于硬币使用年份过长，产生了自然磨损。除非你拥有衡量硬币价值的方法或设备，否则你就要冒被骗的风险。

想象一下这一情况发生在游戏中。同时存在着两种硬币：一种是好的，一种是坏的。它们看上去完全一样，但是，坏的硬币效用较低，因为由电脑控制的游戏角色可以识别并拒绝接受这类硬币。只有少部分玩家可以分辨出这两种硬币的区别。这样一来，一个全新的信用模式被引入到了游戏中，你是否相信你的朋友会付给你好的硬币？你是否相信由电脑控制的游戏角色？假如你真的收到了一些不好的硬币，你会不会想办法将它们花出去，把问题转嫁给别人？还是说你会选择正确的方式，选择用不好的硬币兑换价值仅为一半的好的硬币？由此，这款游戏变得更加社会化了。

缺乏可识别性的货币

如果你原本打算用虚拟货币购买一样东西，却不小心将超级稀有的装备兑换了出去，这一定不是什么好的回忆。但是，如果是有意设计的产物，缺乏可识别性也许会成为一种有趣的特性。在任何一款幻想类游戏——比如《天际》（*Skyrim*）——中，无论你接触的是多么怪异的对象，游戏中角色使用的货币总是一种圆形金属硬币，任何玩家看到这样的东西，马上就能认出它是钱。但是，如果仔细回顾一下硬币的历史，就会发现在古代有许多文化使用的货币都极富想象力，以今天的眼光看，我们甚至觉得其中的一些不能称为货币。举例来说，在古代的中国，人们会使用一种外形酷似小刀的硬币——刀币。又过了一段时间，古中国出现了一种模样类似自行车钥匙的金属货币。在一些颇具挑战性的冒险游戏中，玩家会发现有许多不同种类的东西被人们用于交换，凭借人类特有的敏锐，我们可以发现其中一些实际上是被用来充当货币的。

不易运输的货币

如果财富不方便被转移，比如黄金很重，那么会有什么情况发生呢？这一问题本身也许就是有趣的，也有可能不是。设计者可以增加一些有趣的安排来帮助玩家克服这一问题。例如，在游戏《无尽的任务》中，玩家可以获得一个魔法包，它能让任何东西失重（便于携带）。

以我们的经验来说，货币很重以至于不方便转移使之具有了一个潜在的用处，这一点在游戏设计领域还没有被探讨过，即重量这一属性可以通过替代或补充来平衡经济。游戏的经济系统普遍存在一个问题：通过一段时间的积累，玩家会变得非常富有，无论他们身处何地，都可以轻而易举地买下他们想要的任何东西，这一点既破坏了游戏本身，也损害了新玩家的游戏体验。限制大量财富被长距离运输可以解决这个问题，又不至于引起玩家的过度反感。就像迪士尼的动画人物史高治一样，玩家可以在家中储藏大量的金钱，但是，一旦前往陌生而遥远的土地冒险，他们的购买力就会受到限制，因为他们不可能随身带着金库。

缺乏耐用性的货币

15 世纪的西班牙历史学家安吉拉（Anghiera）对易损坏的货币曾经做过如下概述：

> 噢，金钱不仅可以为人类带来甘甜而有益的饮品，还能使其拥有者免受贪婪这一可怕瘟疫的折磨，因为它永远无法被长时间地埋藏在地下。

他所说的是可可豆，墨西哥当地的原住民将它当作一种货币使用。西班牙殖民者无法理解这种做法，因为可可豆只能保存数月，之后便会腐烂。然而，历史学家安吉拉却认为这一做法十分有益，因为它可以防止人们过度囤积金钱，并鼓励人们将用不出去的金钱——即可可豆——用来制作热巧克力。可以长时间保存的货币承担着贮藏手段的职能，在一些情况下，我们需要鼓励人们将手中的钱花出去，而用一种不易保存的东西作为货币，恰恰可以实现这个目的。但是，需要注意一点，这对于货币的可替代性也会产生影响，因为不同的货币单位，其留存时长也不同。

缺乏隐私性的货币

我们在之前的章节中已经讨论过可炫耀性的好处了，玩家可以有选择地向其他人展示自己的账户信息。那么，如果账户信息是完全公开的呢？任何人都可以看到别人的财富水平。这会产生一个负面影响（也可能是正面影响，这取决于你怎么看），公开性会导致玩家的信息更加容易被盗。它还会导致另一个有趣的结果，即促进社会交往和贸易活动。在《军团要塞 2》这款游戏中，别的玩家可以通过使用多种第三方软件看到你的库存信息。如果他们发现你很有钱，他们就会不断联系你，向你推销各种商品。而你却无法轻松地摆脱他们，即使你说你买不起某样商品，他们也不会相信，因为他们可以看到你账户中的信息。

就像以上这些真实的例子一样，通过了解究竟是什么因素使货币更加合理，设计者可以在设计货币时使用这些因素来完善货币职能，他们也可以故意放弃一些因素，让虚拟货币具有先天缺陷，这样可以提高游戏的可玩度。然而，在这里我们必须提醒读者注意一点。虽然可以有意地将货币设计成存在缺陷的状态，但是也要注意限度，不能过分。如果在玩家对玩家市场上使用的虚拟货币的缺陷过于明显，并且其使用成本过高，玩家就非常有可能转而使用法定货币进行交易。在游戏《网络创世纪》中，当伪造（欺骗）行为破坏了官方虚拟货币的价值后，玩家们发现，在交易大笔资产——如城堡——时直接使用美元似乎更加方便，于是，实物货币被放弃了。并不是所有未经授权的、使用真实货币进行的交易都是以欺骗为目的，其中一些仅仅是为了让交易行为变得更加有效。

第 11 章

宏观设计

目前为止，在本书中，我们已经探讨过多种不同的虚拟经济组成元素，包括经纪代理及其行为、商品、市场、机构、货币。在本章中，我们要思考一下如何使用这些元素组成宏观经济系统。沿着这个方向，我们还要进一步介绍另外两种对于虚拟经济来说必不可少的组成元素："水龙头"与"污水槽"。前者指一种将新的商品和货币引入经济的机制，后者指一种将旧的商品和货币淘汰出经济循环的机制。

宏观经济学隐喻："车轮"和"管道"

在学习经济学的过程中，我们会接触到一个整体经济的概念模型，它可以帮助我们理解政府的行为如何对市场和贸易产生影响。它称作财富车轮模型。在对虚拟经济有过一些了解之后，我们知道开发者和管理者会用不同的概念来定义自己的工作。他们会使用"水龙头"（或是通常情况下我们所说的资源）和"污水槽"（或是通常情况下我们所说的消耗）这样的词语。在这里，我们姑且称之为管道模型。这两个模型分别关注宏观经济的不同方面。

车轮模型

在财富车轮模型中，处于经济系统最顶端的是企业——制造商品的部门；处于经济系统最底层的是家庭——购买并消耗商品的部门。商品从企业流向家庭；为了购买商品，货币从家庭流向企业。这一过程正如

图 11—1 的右半部分所示。

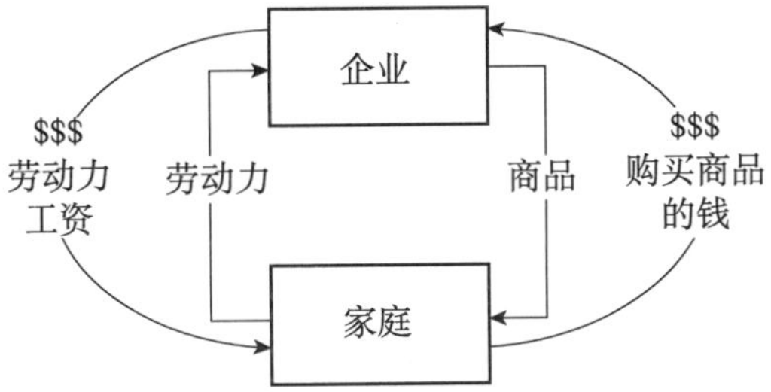

图 11—1　财富车轮模型

与此同时，如图 11—1 的左半部分所示，在家庭与企业之间还存在着另外的交易，其过程就像是右边的镜像。这一次，劳动力从家庭流向企业，货币则以工资收入的形式从企业流向家庭。商品流按顺时针方向向前滚动，就像是前进中的轮子一样，而货币流则向相反的方向流动。

轮子的比喻可以让我们更加形象地理解经济运行的原理。首先，从一定的高度来观察，我们可以说货币是无关紧要的。经济实际上指的是人们工作、生产商品并最终将其消费掉的过程。货币的作用只不过是促进生产和消费。不过，在实际生活中，我们往往会迷恋金钱，并赋予其社会价值。其次，企业和家庭只不过是一种标签，二者之间的冲突完全是没有必要的，它们都是人类活动的产物，只不过扮演了不同的角色。劳动力是消费者，企业的老板则是花钱换取劳动的顾客。

第三，轮子的比喻恰恰指出了在现实世界中，经济管理要面对的最复杂的问题——规模。无论轮子是大是小，它都会照常运转。在一笔简单的家庭交易中，一个种土豆的农民打算用土豆换取鹅卵石，交易的另一方则打算用鹅卵石换取土豆以充饥。70 亿人口通过劳动分别用多种多样的方法制造了巨大的价值，他们同时还会用数千种不同的货币购买通过劳动产生的商品。以上两个例子谈到的都是经济活动，唯一不同的就是规模。你怎样才能将轮子变大呢？围绕这个问题，经济学家们仍在激烈地讨论着，并没有一个始终正确的答案。[①]

① 想要了解车轮（循环流向）模型的全面介绍以及众多的经济增长理论，请参阅 Mankiw（2009）的标准宏观经济学教材。

管道模型

设计虚拟经济的人构建了另外一种有关宏观经济的模型——管道模型。在这个模型中，商品从上方的水龙头“流入”经济系统并在其中停留一段时间，然后从下方的污水槽“流出”经济系统。这一过程可参见图 11—2。

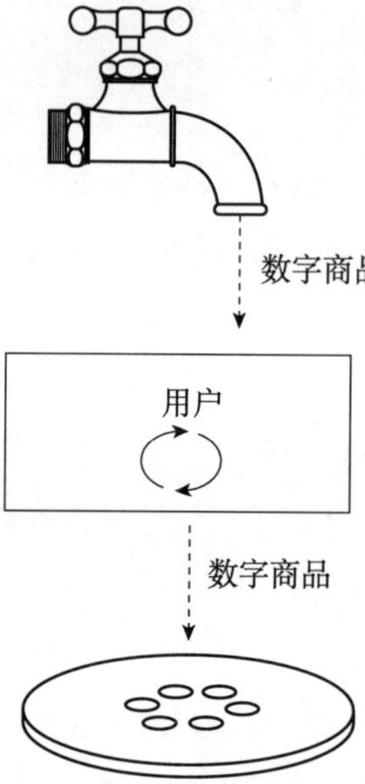

图 11—2　管道模型

管道的比喻很好地说明了在真实经济和虚拟经济中，管理者控制范围的显著差异。真实经济的管理者只需要关注“车轮”本身；虚拟经济的管理者不仅要关注“车轮”本身，还要进一步关注“车轮”所扮演的角色。虚拟世界的管理者可以打开水龙头，关上污水槽，改变虚拟商品流出经济系统的速率。现实世界的政策制定者无法控制水龙头和污水槽：他们没有能力随意创造或摧毁事物，现实世界就是它原本的样子，不会轻易改变。然而，虚拟世界的管理者能够随心所欲地创造或摧毁事物，因为事物都是虚拟的，所以这样做的成本很低。这两种情况之间存在着很大的不同。

管道模型让我们看到了，如果我们是虚拟经济的设计者，我们的控制力可以达到怎样的高度。我们可以控制虚拟世界中新事物产生的速度。我们还可以通过设计应用程序来决定某种事物具有怎样的作用。如果我们愿意，可以直接在虚拟世界中扮演某个角色，还可以通过代理角色控制经济系统。比如，那些看上去似乎正在由电脑控制的“商人”和“商店”进行自主买卖，实际上却是被我们设计好的人工智能所控制的傀儡。我们可以对某些事物征税，还可以决定它们的生命周期。管道模型展示了设计者在虚拟世界中拥有的巨大权力。

在下面的内容中，我们要进一步分析如何使用不同的元素来设计“车轮”和“管道”，以构建虚拟的宏观经济系统。

构建“车轮”

“车轮”是虚拟经济的内在部分。它涵盖了所有方面：从虚拟商品和货币经由“水龙头”进入虚拟经济系统，到虚拟商品和货币从“污水槽”流出虚拟经济系统。在一些虚拟经济中，这个过程并不会很复杂。举例来说，在一款街机游戏中，玩家在进入新关卡之前续命或购买装备，然后在游戏过程中将其消耗掉，在这个过程中，我们甚至看不到一个完整的“车轮”形态，“水龙头”与“污水槽”之间只不过存在着玩家的暂时性储备。但是，在一款在线社交游戏中，参与者使用虚拟点数来奖励彼此的贡献；或是在一款多玩家游戏中，虚拟的商业活动是游戏内容的一部分。在这些情况下，“车轮”将成为一个包含着多种元素的、极其复杂的系统。

现在，我们来假设一种情况，一位设计者定义了一系列的概念，包括代理、商品、货币等多种可供其构建虚拟世界的元素。现在还需要为这个虚拟经济加入一些元素使之运转起来，即玩家对玩家市场以及机构。市场和机构可以在代理之间创造商品流和现金流。它们的特性取决于设计者理想中“车轮”的功能。让我们先来考虑一下市场。在第 4 章～第 8 章的内容中，我们已经详细地讨论过不同种类市场的功能与设计。对那些内容逐一梳理后，我们列出了利用玩家对玩家市场能够实现的目标。

● 提供内容。从个体角度出发，玩家对玩家市场本身就是一个巨大的游戏内容。人们依据自己的喜好在 eBay 或跳蚤市场中买入或卖出商品。虚拟商品市场可以提供不同类型的快乐，包括：找到交易机会时的激动、发现交易机会时的喜悦、讨价还价过程中的兴奋、购买行为带来的快乐、销售带来的满足感、让客户满意带来的成就感。与真实的玩家交易能够使虚拟经济行为变得更加有意义，不会像纯粹的单人经济行为那样枯燥乏味。

● 鼓励用户自主创造游戏内容。在一个更高的层次上，市场可以将玩家的行为联系起来，让他们相互依存。这正是虚拟经济保持活力和新颖的源泉，它让不同群体之间进行竞争与合作，为了争夺市场力量，创造出多种多样的战略和对策。另一方面，颇具竞争性的玩家对玩家市场也与负面的游戏体验相联系，包括：单纯为了获利而不是娱乐、为了在竞争中胜出而放弃最喜爱的活动、与“数字”进行游戏而不是其他伙伴。

● 支持不同的喜好。不同的玩家自然偏好不同的游戏内容。玩家对玩家市场可以使虚拟商品流向那些迫切需要它们的玩家，同时还能保持商品的稀缺性。市场还会奖励在交易中展现出的特别的技能或经验，它鼓励玩家的专业化分工。举例来说，在一款游戏中，玩家对玩家市场可以自然地促成玩家分为不同的群体，由不同的群体生产不同的商品，然后从别的群体那里购买其他商品。

● 激励玩家做出贡献。在一个玩家可以创造事物——包括专家级的知识、虚拟商品——的虚拟经济系统中，玩家对玩家市场鼓励玩家对彼此做出的贡献进行奖励，这样就会形成良性循环，玩家将获得激励去做出更多的贡献。玩家还可以通过购买或提供赏金的方式来得到他们想要但目前不存在的内容，这提供了一种手段，激励他人去创造这些内容。相似的机制也被用来鼓励创造那些一旦出现就会给所有玩家带来好处的商品和公共物品。这种方式还可以应用于定制项目上，如为某位买家设计个人的论坛签名图片。

● 优化稀缺资源配置。当我们使用类似于“最优化”这样的词汇时，似乎同时也带来了无穷的问题。从最广义的概念出发，追求经济最优化的想法，在每位读者心中均有不同的定义。关于“最优化”这个词到底意味着什么，我们有足够的空间进行讨论。一个实现了财富最大化的社会？一个实现了完全平等的社会？一个对环境产生最小影响的社会？从最狭义的概念出发，实现资源的最优分配视乎是一个没有太大争议的论断。它指的就是“使资源能够去到最需要它们的地方”。抛开人类社会总体目标不谈，所有人都会同意这样一个观点，即愿意吃黄瓜的人应该能够获得黄瓜，他能够以一个可以反映种植黄瓜并将其运送到市场进行销售的成本价买到黄瓜。所有人都认为浪费资源是不好的，如果你打算使用水资源浇灌植物，那就不应该把水浪费在沙漠里。

除了在市场中流动，商品和货币同样会通过机构以及其他非市场分配机制在人与人之间流动。这一点我们曾在第 9 章中详细讨论过。总结前面的内容，并添加一些论述，我们认为机构可以实现以下目标。

● 提供内容。与市场一样，非市场机构本身就是一种非常不错的内容。创建一个新的组织、与其他人一起工作、在团队中进步、成为更大的团体的一部分、融入其他团队、为他人提供物质支持，这些都可以带来有意义和愉快的游戏体验。

● 鼓励用户自主创造游戏内容。与玩家对玩家市场一样，玩家对玩家机构也将玩家的行为联系起来，让他们相互依存。个体玩家寻求让组织发展壮大的方法，重叠的机构通过互相斗争来维护自己的权力，个体玩家挣扎着摆脱机构的强制控制，这正是带来活力和创新的永动机。举例来说，玩家协会和联盟通过政策实际上控制着不少大型多人在线游戏的玩家。另一方面，机构同样也会带来负面的游戏体验，包括：遵守协会规定的压力、出于义务而非娱乐参与协会的集体活动、变得过于依赖他人。

● 提高玩家对游戏的忠诚度。由于机构带来了责任和义务，它们也就增加了玩家参与游戏的频率和时间长度。如果新玩家刚一开始游戏就与一个组织产生了某种社会关系——例如，收到了一份来自其他玩家的礼物，觉得不得不还掉这个人情——并承担起了某项责任，那么他继续玩下去的可能性就会很高。参加了协会的玩家通常认为他们有义务定期出现，这样做的目的就是不让自己的队友失望。而一般情况下，团队的领导者在对游戏失去兴趣之后，在很长一段时间之内，仍然会继续登录游戏，这样做的目的则是为了承担起自己对这个团队所负有的责任和义务。虚拟组织中存在的责任也会带来负面影响，由于需要花费大量时间参与团队活动，这对玩家个人并不十分有利。

- 弥补设计中的空白。在一些案例中，玩家自主创建的机构帮助设计者弥补了虚拟世界中存在的严重问题。其中最突出的例子就是虚拟旅行办事处，这个机构致力于提高新玩家的游戏体验，同时推动用虚拟实物货币来替代已经高度通货膨胀的官方虚拟货币。

组装“车轮”

现在，我们要用市场和机构来组装“车轮”了。想象一下，在一个游戏中存在着两种类型的玩家：猎龙者和龙甲制造者。游戏中存在着两种商品：龙鳞和龙甲。还存在着一种虚拟货币：黄金。现在，让我们引入两个市场：一个龙鳞市场和一个龙甲市场。在实际操作中，构建一个简单的、能够交易多种商品的拍卖市场就可以将这两种市场同时囊括进去。这个“车轮”的运转方式如下：猎龙者收集龙鳞并将其卖给龙甲制造者，后者则将龙鳞制成盔甲并将其卖给猎龙者。商品在交易者手中流动，货币在交易者手中流通。从这个角度来说，构建两个市场的目的就是要为玩家找些事做，并让他们的经济行为更有价值，因为的确有人愿意要他们的商品。

现在，我们向这个经济系统中加入一个机构：家族。家族即为一种玩家间的互助组织，它可以在参与其中的玩家面对困难的时候提供帮助，例如当某位成员的装备被损毁时。新加入家族的玩家还可以获得一笔启动资金，为了补充这笔资金，每一个成员都需要缴纳一笔税款。少数家族成员负责收集税款并分配启动资金。从这个角度来说，机构有助于提高新玩家的游戏体验，就像是虚拟经济的润滑剂。它建立起社会纽带和责任，增加了玩家对游戏的依赖度。

家族这个机构并不像看上去那么简单。家族的规模越大，其成员的金融安全性就越高，其首领获得的声望也越大，家族之间还存在着激烈的竞争。同盟可能被建立，诺言也可能被违背。一种全新的内容出现在游戏中，即家族制度。创建家族的表面原因——成员之间相互帮助——可能只是一个借口。也许设计者从一开始就有意为家族以及家族制度的产生创造了适宜的环境。

有关“猎龙者”的经济“车轮”的运行情况，可以参见图 11—3。

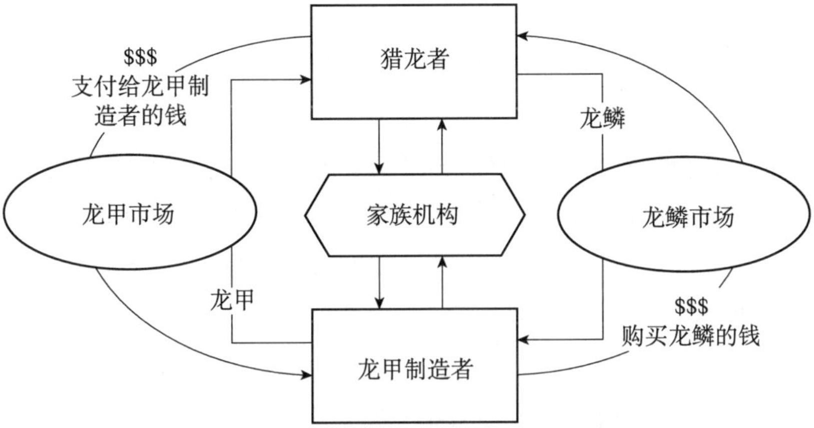

图 11—3　“猎龙者”的经济“车轮”运行情况

构建“管道”：“水龙头”和“污水槽”

在之前的内容中，我们讨论了如何使商品和货币在经济系统中循环流动，但是我们没有提到它们是如何进入经济系统，又是如何流出经济系统的。理论上，虚拟经济中存在着一定量的虚拟资源储备，它们处于一种封闭循环的状态。但是在实际操作中，想要实现这一点并不容易。因为，无论“车轮”中哪一个环节出现了瓶颈，都会影响到其他环节，不同环节间的摩擦也会导致停顿。游戏《网络创世纪》的设计者发现了这一问题，他们意识到游戏中的玩家开始囤积商品，这样的行为会导致循环中资源的数量下降，而这反过来又会促使玩家进一步囤积资源，最终，游戏的虚拟经济系统会完全停止下来。为了解决这一问题，这款游戏改变了运行模式，今天大多数游戏都使用了这一模式：设计一个“水龙头”引入新的事物，同时设计一个“污水槽”排走旧的事物。

设计者使用“水龙头”和“污水槽”的目的是不同的：有可能是出

于调整奖励机制的目的；有可能是出于调节游戏难易程度的目的；有可能是为了调整经济系统中正在流通的商品的数量，使之与玩家交易的速度相契合；有可能是为了通过向玩家销售虚拟商品以赚取利润；还可能是为了激励某种行为，等等。在下一章中，我们会重新提及以上这几个目标，讨论如何平衡虚拟经济中“水龙头”和“污水槽”的作用。在本章中，我们将非常详细地介绍在游戏和其他虚拟经济形式中使用的“水龙头”和“污水槽”的种类，并简要地了解它们的优点和缺点。

在选择使用何种“水龙头”和“污水槽”时，可以用三个维度来衡量其优劣。首先是有效性：它们将虚拟事物引入和移出虚拟经济系统的能力。其次是可调整性：虚拟经济运行操作者可预见地调整虚拟事物引入和移出速度的能力。第三是用户的接受度：用户通常很难接受这样一种模式，即获得虚拟事物很难，失去却很容易，即使他们意识到设计者这样做的目的是为了使虚拟经济系统更为长久地良好运行。一般来说，最具有效性和可调整性的“污水槽”反而最不受用户欢迎。最好的“污水槽”应该不仅能被用户接受，还能为他们创造乐趣，成为对游戏内容的很好补充。大多数虚拟经济系统会同时存在多种不同类型的“水龙头”和“污水槽”，其目的是在更好地实现有效性、可调整性的同时为更多的用户所接受。

用于引入商品和货币的“水龙头”

在大型多人在线游戏中，随机掉落是最为典型的“水龙头”机制：玩家打败游戏中的怪物后，某种虚拟商品或一笔虚拟货币会作为奖励掉落下来供玩家捡取。虚拟商品和虚拟货币也会作为任务奖励发放给玩家。在其他种类的游戏中，例如在手机和平板电脑游戏中，随机掉落会以另一种形式出现，玩家可以在建筑物中或旷野上拾取各类虚拟物品。无论哪一种方式，其本质是一样的：通过游戏行为获得新的虚拟商品和虚拟货币。设计者可以通过三种方式来调整这类“水龙头”机制。第一，使游戏过程变得更加困难，比如设置更强大的怪兽供玩家挑战。第二，调整玩家可以操作的、获得奖励行为的几率，比如让怪兽出现的频率降低。第三，调整玩家通过游戏行为获得虚拟商品和虚拟货币的几率。针对这些参数进行的小幅度的调整并不容易被玩家察觉到。这些调整面对的真正挑战在于，它们会对不同的玩家产生不同的影响。

无论是在社交游戏、手机游戏还是其他一些非游戏服务中，虚拟商品和虚拟货币的发放机制都会为玩家或用户提供一种激励，鼓励他们操作一些与玩游戏无直接关系的内容，比如邀请好友加入自己正在玩的游戏、坚持每天登录、浏览一些第三方的广告内容等。根据我们设计虚拟经济的三个目标，提供这些奖励的目的是吸引更多的用户、留住尽可能多的用户、实现盈利，而不是仅仅为了提高用户的体验。这其中存在的挑战在于如何根据虚拟经济的需要平衡这些目标，这一点通常与如何把握合理的奖励标准有关。

在一些虚拟环境中，用户可以从头开始设计新的虚拟商品。在本书之前的内容中，我们曾经介绍过一些例子，包括《第二人生》、*IMVU*、《军团要塞 2》。在《第二人生》中，一些由玩家设计的新内容为设计者所接受，成为新的游戏内容，如果创造该内容的玩家授权给设计者，那么它们就可以被一直使用下去。因此，从这种意义上来说，《第二人生》的设计者给予了玩家一部分控制商品稀缺性的权利。那些原本就希望通过出售自己创造的内容赚取利益的玩家通常会选择保持这些内容的稀缺状态。在《军团要塞 2》这款游戏中，玩家的设计则不会直接转化为存在于虚拟经济中的内容。如果一个玩家的设计得到了批准，其会通过常规的途径进入虚拟经济系统，对于这款游戏来说就是通过随机掉落的形式。换句话说，由玩家完成的设计可以通过两种途径进入虚拟经济系统，即借助于“水龙头”或直接进入。对于一个虚拟经济系统而言，后者更为稳妥，因为游戏的开发者可以始终控制游戏内容的稀缺性。对于非游戏服务来说，前者则是一种更为有趣的选择。

从商业的角度出发，对于当今采用免费模式的网络游戏和在线服务来说，最重要的一种“水龙头”机制就是利用开发商对玩家市场，在这个市场中，开发商向玩家出售虚拟商品和虚拟货币。我们在第 5 章和第 6 章中讨论过这类市场的设计与运行模式。在本章中，我们主要讨论它在管道模型中的作用。所谓的现金商店，就是指开发商向玩家出售虚拟商品和虚拟货币并赚取真实货币的地方，它承担着双重角色，既是玩家们真实货币的“污水槽”，又是虚拟货币的“水龙头”。设计者可以通过调整商品的价格和供货量来调整现金商店中的商品流。在青少年社交游戏《哈宝》中，可以购买的物品往往是有时间限制的，从几小时到几周不等。这样的设计会使玩家感到不安，迫切地想要购买商品，但是，这也会给开发商带来一些问题，比如商品销售量将变得难以预测，玩家不安的情绪有可能导致需求量的猛增。另外一种控制商品流的方法是直接控制可销售商品的数量，任何商品都售完即止。

还有一类开发商对玩家商店，它们同样向玩家出售商品，但是不同之处在于这类商店收取的是虚拟货币而不是真实货币。因此，它们是虚拟商品的“水龙头”，虚拟货币的“污水槽”。从平衡的角度来说，这类虚拟商店会带来一些问题。此时，使用改变商品售价的方法来调整流入虚拟经济系统的商品流会产生一些副作用，因为这样的做法会同时改变流出虚拟经济系统的虚拟货币流。根据需求弹性理论，提高价格有可能导致更多的虚拟货币流出系统（购买商品要花费更多的钱），也有可能导致更少的虚拟货币流出系统（购买商品的人数降低）。这恰恰证明了，设计者需要使用不同类型的“水龙头”和“污水槽”，来实现对经济的有效控制。

用户也会将虚拟商品卖还给开发商，例如在一些大型多人在线游戏中，玩家将无用的物品卖给由电脑控制的角色，这样的行为实际上承担着虚拟商品的“污水槽”、虚拟货币的“水龙头”的职能。

最后，我们要介绍新玩家禀赋（new user endowments），虽然规模不大，但却是一种“水龙头”机制，无论是对虚拟商品而言还是对虚拟货币而言。一般情况下，新玩家会获得一些虚拟货币和虚拟装备。Quora 是一个知识交流平台，使用它的新用户会获得 500 个点数，他们可以用这些点数来奖励他人对自己的帮助。

货币的“污水槽”

如果你忘记向自己设计的虚拟经济系统中添加“水龙头”机制，这一疏漏会很快就变得极其明显。没有足够的“污水槽”会带来更微妙的问题。最初，玩家会因为经济系统中没有流出机制而感到高兴。但是，随着系统中虚拟事物的增加，问题也开始慢慢积累起来。对于出售虚拟商品和虚拟货币来赚取真实货币的开发商来说，“污水槽”实际上是最终为他们带来收入的机制，因为只有系统中的事物不断流出，用户才需要不断地从开发商手中购买新的虚拟事物。如果征询我们的意见，我们会给虚拟经济的设计者提一个建议：多建一些“污水槽”。设计更多的流出机制并不是什么难事，真正的挑战是设计一些不会被玩家反对的流出机制。

从本质上讲，玩家支付给开发商或是其代理者（如由电脑控制的游戏角色）的货款、税金、费用都是不同形式的“污水槽”机制。开发商对玩家市场就是一个明显的货币“污水槽”，开发商在这里将商品卖给玩家。根据使用货币种类的不同，这些由开发商操纵的商店可以使货币从虚拟经济系统中流出。从真实货币本身到使用真实货币购买的“硬通货”再到在游戏过程中赚取的“软通货”，没有哪一种货币能够免受这一机制的控制。从平衡的角度来说，使用开发商对玩家市场作为唯一的“污水槽”会带来一个问题，即它本身还同时扮演着“水龙头”的角色。在虚拟经济系统中，如果货币“污水槽”机制与商品库存相互独立，那么它将可以为设计者提供更多的调整空间。

一些常见的、独立于开发商对玩家商品销售的货币“污水槽”机制包括：付费服务、基于时间收取的费用、交易税。付费服务包括：《魔兽世界》中的虚拟装备维修费、航空运输费；通过付费让更多的人看到你在 Quora 平台上提出的问题；在芬兰的社交网站 IRC-Galleria 上付费，使自己在社交网站上获得更高的知名度。基于时间收取的费用是指每月支付的会员费和保存虚拟商品的费用。交易税是指运营商收取的用户对用户的虚拟物品交易税。从用户可以接受的视角出发，对通过涉及媒介机构（如拍卖行）的交换机制实现的交易收取费用和税收是正常的。然而，针对交易者之间进行的直接交易行为收取费用和税收是不能为玩家们所接受的。

在不同的平台上，交易税的结构亦不相同。在《魔兽世界》中，不同的拍卖行通常会从每笔交易中抽取 5%～15%的交易税，税率因拍卖行而异。在《星战前夜》中，任何通过交易所进行的交易都将被抽取

1.5%的交易税。如果玩家没有接受交易所现存的交易机会，而是发布了新的交易机会，则还需要另外支付一笔不到交易额1%的经纪人费。在《哈宝》中，玩家的每笔买断交易都需要支付1%的交易税和上市费。①

货币也是存在生命周期的。许多游戏和在线网站都存在季节性的货币，例如有一种“圣诞节雪花”，用户可以在活动期间赚取并使用这种物品。还有一些更复杂的、建立在永久基础上的系统，该系统内的每一单位货币都有自己的使用期限。在第10章中，我们曾经谈到过这类不易保存的货币。历史上存在着许多不易保存货币的例子，例如，人们曾经使用可可豆和鸡蛋作为实物货币。但是在虚拟经济中，我们几乎没有遇见过类似的情形。这种货币的主要特征是它们无法被长久保存，这会鼓励货币持有者进行消费。不易保存的货币也欠缺可替代性，一枚新鲜的鸡蛋和一枚已经放了几个月的鸡蛋所具有的价值并不相同。这样一来，支付行为便更加复杂。历史上还曾经出现过一类纸币，其持有者必须每年前往指定地点为纸币盖章以保持其有效性，为了鼓励消费，每加盖一次印章，纸币的票面价值便降低一点。这就类似于一种每年支付的产权税，它可以降低一部分流通中的货币价值。这是一种非常有效的货币的“污水槽”机制，它可以帮助实现经济的有效运行，但是却很难被大众所接受。

商品的“污水槽”

游戏的开发者有多种多样既聪明又有趣的方法，可以将虚拟商品从虚拟系统的循环中淘汰出去。虽然，影响这些方法被用户接受程度的决定因素来自于内容层面，但实际上用户对它们的接受度存在着巨大的差异。下面，我们介绍一些最常见也最有趣的商品“污水槽”，其中还包括一些作者自己设计的方式。

- 让商品存在使用期限。Cyworld是一家韩国社交网站，它开创了

① 针对大量交易行为征收上市费比较容易，而对少量、经常性的交易征收上市费比较困难。有趣的是，《哈宝》中使用的交易模式——买断交易——更适合针对少量、经常性的交易征税。这其中似乎存在着轻微的错配情况。在第7章中有针对交易机制的详细论述。

一种虚拟商品营收模式，该网站出售网页虚拟装饰品，但其使用期限只有 90 天。这是一种简单有效的移除虚拟商品的方法，具有一定的可预见性，且易于调整。然而，用户对这种方法的接受程度却不理想，甚至会降低用户为之付款的意愿。这种让商品存在使用期限的规定可以打消一部分玩家出于希望收藏的目的而怀有的购买动机，并且防止出现有价值的“虚拟古董商品”，与此同时，用户也更容易转投其他虚拟服务。在现实世界中，使用期限同样被用来作为商品的“污水槽”，经济学家们称之为“人为折旧”或“人为耐用”。

- 让商品在使用时存在损坏或消耗的可能。在《网络创世纪》这款游戏中，所有的虚拟商品都会在使用过程中被逐渐磨损，直至完全消失。这样的特性使得玩家对各种商品存在一种持续不断的需求。在街机游戏中，某种能力提高剂通常只能使用一次，之后便需要再次购买。正是由于这一特性，尽管街机游戏中可购买的商品种类很少，这类游戏在赚钱方面却并不逊色于大型游戏。这种方法与限制商品的使用期限存在着类似的优点和缺点。如果某种虚拟商品——无论是工具、炸弹还是食品——的损耗和游戏本身的情节有关，那么它就更容易为玩家们所接受。

- 让商品存在过时或被淘汰的可能。这是一种隐含性的商品“污水槽”机制，它并不会直接损害商品的完整性和可用性，但是却会调整游戏的整体环境，使得该商品失去原有的价值。在第 3 章中，我们曾经提到过，虚拟商品的使用价值与它所处的环境以及它相对于其他商品的“地位”息息相关。在一款玩家对抗型的游戏中，开发商会为玩家提供一种新型的、更为强大的武器，但是玩家原来储存的弹药却不再使用于新武器。在一款青少年扮装社交网站上，开发商会每季度推出新的流行服饰，使得玩家们的服装风格每三个月便过时一次。虽然这样的设计并不会直接损害商品，但是，它却可以让玩家们心甘情愿地接受其他一些种类的商品“污水槽”机制，比如限制存货数量和旧货回收。这种商品淘汰机制在现实世界也很常见，我们称之为“认为过时”机制。

- 让商品存在保存成本。这既是一种商品“污水槽”机制，又是货币“污水槽”机制。玩家必须为保存商品付费，或者有选择地放弃一些普通商品以保存更多价值更高的商品。如果玩家未能支付保存成本，则被保存的商品就会消失。玩家可以选择放弃保存商品，以节省一笔开支。一般来说，玩家们并不喜欢保存成本这一设定。一种典型的保存成本就是为宠物购买食品（见框 11—1）。保存成本可以设计得更为隐蔽，例如，想要承载更多的商品，玩家需要购买更多的燃料和更大的星舰。

框 11—1　《哈宝》中的宠物系统

以下是一段介绍《哈宝宠物》的摘录：

你需要照料自己的宠物，让它们开心并健康。在目录中有关宠物配件的部分，可以找到不同种类的配件，它们可以满足你照顾宠物的需要。你的宠物一天中需要进食几次，你可以每次买一份食物，也可以一次性购买一套经济装，其中包含六份食物。宠物进食需要一段时间。健康的宠物一天只需要吃一份食物。如果你的宠物感到饥饿或口渴，它就会寻找食物或水，然后吃掉食物或喝掉水。如果房间中没有任何食物，它就会出现在你的《哈宝》中，希望引起你的注意。你的宠物不会得感冒或者感染病毒，但是如果你没有好好照看它，它就会表现出生病的状态。如果宠物挨饿，它就会变得虚弱和沮丧，并一直沉睡。

- 限制存货数量。在大多数游戏中，因为存货空间有限，玩家们通常需要舍弃一些旧的物品，从而获得空间储存新的物品。这一设计可以有效地限制流通中商品的数量，然而，它同时也会打击玩家购买或通过其他渠道获得新商品的积极性。这一限制可以更加“灵活”，在一些游戏中，玩家可以购买额外的储蓄空间，或是为保存额外的物品支付一笔费用。在很多游戏中，我们都可以看到这一设定，它是开发商与玩家达成的一种“默契”。相较于其他的“污水槽”机制，限制存货数量会鼓励“带练”行为，即高等级玩家作为陪练帮助低等级玩家，或是直接将自己淘汰的装备赠予新手，这样的形式并不是设计者希望看到的。
- 开发者从玩家手中回购虚拟商品。在大型多人在线游戏中，由电脑控制的角色通常会从玩家手中购买一些价值不高的商品，这样的设计是为了让玩家感受到自己的游戏行为具有意义。[①] 这一方式显然很容易为玩家所接受。然而这会创造一种新的货币“水龙头”机制，向游戏的虚拟经济系统投放新的货币，为了保持游戏的平衡，必须要相应地设计货币流出机制。在免费游戏模式下，开发商可以选择用真实货币以一定的折扣购买玩家手中的虚拟商品，或是接受以旧换新的行为。

● 用户可以以旧换新。在一些游戏中，玩家可以用数量较多的旧物品换取数量较少的新物品。这样一来，在虚拟经济系统中流通的商品总数就会下降。为了让这一机制更加吸引人，用来交换的新物品必须是受欢迎的，无法轻易得到。这一模式本质上就是我们在之前章节中提到过的转换机制，设计者可以利用它来降低流通中商品的数量。这类商品回收存在三种模式。第一类是透明的回收，即玩家可以预先知晓以旧换新得到的是什么。在实际运作中，包括使用原材料制造商品并与由电脑控制的商人进行交换。第二类是非透明的回收，即玩家无法预先知晓以旧换新得到的是什么，但是却可以通过交易掌握规律，这就像是用已知的魔法药剂混合来发现新的药剂。第三类是蒙特卡罗回收，即以旧换新得到的商品是非固定的，遵循一定的概率模式，获得高级商品的概率要低于获得低级商品的概率（见框 11—2）。这就像是在玩乐透彩票，有经验的开发商都知道，经过精确调整的蒙特卡罗回收是最有效的方法，它可以让玩家自觉地处理手中的商品储量。这并不令人意外，基于概率的回报会激起人们赌博的欲望。而非透明的回收方式可以更好地鼓励玩家进行竞争和合作，努力发现以旧换新的规律。

框 11—2　电子生态系统——虚拟回收机

2007 年，《哈宝》引入了电子生态系统，即一种虚拟回收机。玩家可以将虚拟家具的一部分或是其他一些用真实货币购买的虚拟物品投入虚拟回收机的输入口。在投入原料一个小时之后，虚拟回收机会产出一个包装精美，新物品作为奖励。最初的电子生态系统

---

① 在第 5 章中，我们讨论过使用由电脑控制的角色扮演商人来为游戏增加可玩性。

是一种透明回收机制，它有可能提供五种回报。而玩家可以投入10、20、30、40或50件虚拟物品以获得他们想要获得的奖励。2009年，这个电子生态系统被重新修正成为蒙特卡罗回收机制：玩家可以投入五件物品，然后根据一个概率表随机获得一件物品作为奖励。投入的物品与产出的物品之间没有任何关联。下面列出了从《哈宝》官网上获取的概率表。“都市传奇”级的物品是最受玩家欢迎的。

一级——常见物品（这些物品出现的概率最高）

二级——罕见物品（你有1/5的概率获得这类物品）

三级——神秘物品（你有1/40的概率获得这类物品）

四级——异常物品（你有1/200的概率获得这类物品）

五级——“都市传奇”物品（你有1/2 000的概率获得这类物品）

● 废弃的用户账户，或者称为“和埋藏起来的金子一起死去”。一些不再使用某一服务或不再玩某一游戏的玩家会遗留一些账户，以及账户里的虚拟物品和虚拟货币。这实际上是一种消极的“污水槽”机制，然而，在测算衡量经济指标时，不能忽视这些“幽灵账户”的存在。

● 玩家可以用虚拟资产换取一些现实利益。在一些情况下，玩家决定不再玩某款游戏后，会将他们账户中的虚拟财产留给自己的朋友或者其他新手玩家。通常，设计者并不希望看到这种情况，因为它会导致玩家轻而易举地得到一些原本需要付出努力才能得到的虚拟物品。为想要离开的玩家提供一种用虚拟财产套现的机制可以有效地缓解以上这种情况。具体做法如下：为了鼓励将要离开的玩家放弃自己的虚拟资产，设计者愿意为他们提供一些在游戏外仍然具有价值的物品作为交换，例如，允许他们进入本游戏的在线名人堂；奖励他们一些由与游戏合作的广告商提供的礼物；由游戏开发商做出的向慈善机构捐款的承诺；用3D打印技术为玩家提供他在游戏中人物的模型。

转换

在虚拟经济世界中，一些游戏过程本身可能同时兼有“污水槽”和

“水龙头”的职能。我们称这样的过程为转换。我们之前已经讨论过开发商对玩家商店了，这类机构将货币转换为商品。在游戏所谓的制造系统中，我们可以找到许多转换机制，包括一些虚拟生产流程，如烘焙面包或是冶炼金属。举个例子，在《魔兽世界》这款游戏中，一名掌握适当的冶金技艺的玩家可以将铜矿石转换为铜锭。他们还可以用一块铜锭和一块锡锭作为原料冶炼出一块青铜锭，然后再用一块青铜锭和两块虎眼水晶冶炼出一个飞虎护目镜。在诸如此类的转换链中，一些虚拟物品会消失，另一些则被制造出来。从一张投入产出表中，我们可以清楚地看出转换链的净效应。

表 11—1 是一张投入产出表的示例。根据的是《魔兽世界》中制造一个飞虎护目镜的流程，我们在其中添加了作为原料的煤，使整个流程更为有趣。这张表中内容的运行机理如下：设计者需要估计出某种最终产品的玩家需求量，并将这一信息填入“最终需求”一栏。然后，设计者需要根据最终以及中间产品的原料需求量，填入“中间需求”这一栏的信息。而“总需求”一栏中的数据则会告知设计者到底需要多少原材料。在这个例子中，我们估计玩家需要 1 000 副飞虎护目镜以保护他们的眼睛，除此之外，还需要 500 副飞虎护目镜作为礼物送给其他玩家。表 11—1 显示为了满足这一需求量，将会有4 000 单位的煤被消耗掉。设计者需要设计出一套与此匹配的煤炭资源的“水龙头”机制。

表 11—1　　投入产出表示例

		最终需求	中间需求								总需求
			飞虎护目镜		青铜锭		锡锭		铜锭		
			每单位的原料需求	总原料需求	每单位的原料需求	总原料需求	每单位的原料需求	总原料需求	每单位的原料需求	总原料需求	
供给	飞虎护目镜	1 000									1 000
	虎眼水晶	500	2	2 000							2 500
	青铜锭		1	1 000							1 000
供给	锡锭				1	1 000					1 000
	铜锭				1	1 000					1 000
	锡矿石						1	1 000			1 000
	铜矿石								1	1 000	1 000
	煤炭				2	2 000	1	1 000	1	1 000	4 000

构建虚拟宏观经济

在表11—2中，我们总结了之前介绍的“水龙头”和“污水槽”机制。

表11—2　虚拟商品和虚拟货币的“水龙头”和“污水槽”机制

	虚拟货币	虚拟商品
“水龙头”机制	随机掉落、奖励、现金商店、玩家向开发商出售虚拟商品	随机掉落、奖励、现金商店、虚拟商店、转换
“污水槽”机制	虚拟商店、付费服务、交易费、使用时间费用、保存成本、使用期限、财产税	使用期限、损坏、损耗、落伍、保存成本、存货数量限制、开发商回购、回收、赎回、废弃的用户账户、转换

现在，让我们回到本章开始时提到的猎龙者经济中。我们已经构建了虚拟经济系统的“车轮”结构，现在需要向其中加入一些“水龙头”和“污水槽”机制，以使其更加完整。游戏的背景设定使我们可以从龙身上获得龙鳞，这就是该系统中的第一个“水龙头”机制。除此之外，我们还设计了龙甲制造者这一职业，他们拥有使龙鳞转换为龙甲的技能。在本质上，我们可以看出，这一转换过程一方面减少了龙鳞，另一方面增加了龙甲。最终，我们还需要为龙甲设计一个“污水槽”机制，使其适当流出虚拟经济系统，以此来控制数量，防止过多的龙甲出现在市场中，造成自身价值的下跌。看上去最合乎逻辑的设计是，将龙甲设定为可以被外力损坏的形式。现在，对于该经济系统中存在的两种商品，我们分别提供了一个“水龙头”机制和一个“污水槽”机制。

在游戏中，玩家们会使用金币进行交易，因此，我们还需要为金币设计一个“水龙头”机制。最简单的方法就是让玩家在杀死龙之后可以随机获得一些金币。毕竟，很多人都熟悉英国作家托尔金笔下的恶龙史矛革；不仅如此，龙一直以来都是财富的掠夺者，所以杀死它们可以获得一些金币也是情理之中的安排。至于金币的“污水槽”机制，只需要针对玩家对玩家市场征收交易税，我们就可以减少一部分流通中的货币了。现在，在我们设计好的虚拟经济系统中，分别存在着商品与货币的两套流出与流入机制，也就是说，我们已经为该系统提供了一个最基础的管道模型。表 11—3 对此做了总结。

表 11—3　　“猎龙者”游戏中的“水龙头”和“污水槽”机制

	金币	龙鳞	龙甲
“水龙头”机制	猎龙时得到	猎龙时得到	由龙鳞转换
“污水槽”机制	交易税	转换为龙甲	猎龙时损坏

我们基本完成了虚拟的宏观经济设计。图 11—4 是一幅该系统的流程图，里面涵盖了我们之前设计好的车轮模型和刚刚介绍过的管道模型。

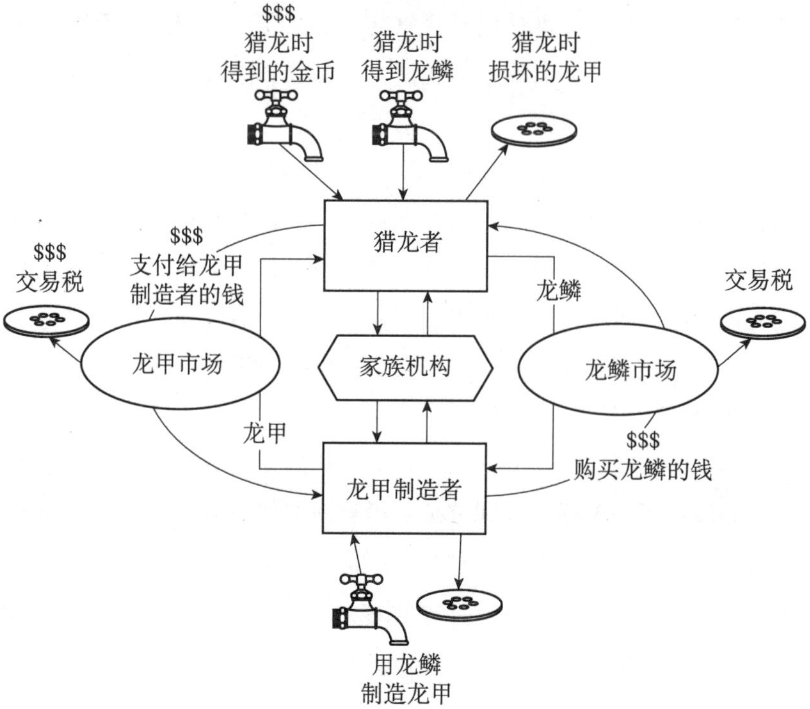

图 11—4　　“猎龙者”游戏中的宏观经济设计

请注意这仅仅是一个最简单的虚拟宏观经济“骨架”。一款真实的游戏必然会包含更多的、更为复杂的“水龙头”和“污水槽”机制。举例来说，游戏也许会为每一位玩家提供一笔基础的启动资金，包含一些虚拟商品和虚拟货币。它还会包含一个商店，专门从玩家手中购买旧的、价值不高的装备。另外，毋庸赘言，这样的游戏中必然存在着更多种类的商品，以及更多种类的角色与等级，从而也就具备一个更为繁复的车轮体系。想要详细地描述这样一款游戏的整个经济系统将更加困难（虽然非常困难，但是我们可以用图 11—4 这张相对简单的流程图作为基础，想象一下更加复杂的流程图）。设计虚拟经济系统时，设计者面对的最关键的问题就是系统规模问题。

1. 将虚拟宏观经济设计分解为一些简单的组件。整体的设计可以分解为两部分：车轮模型和管道模型。车轮模型可以进一步分解为市场设计和机构设计两部分，管道模型也可以进一步分解为“水龙头”机制设计和“污水槽”机制设计两部分。分组件思考的方式可以帮助设计者更好地管理整体设计。即使面对最复杂的虚拟经济系统，也可以将其分解为若干子系统，然后利用之前我们介绍过的方法来分别设计这些子系统。每一个子系统都可以总结成一幅流程图。

2. 充分理解每一个组件最终要在整体虚拟宏观经济系统中扮演的角色。市场、机构、“水龙头”和“污水槽”，这些元素可以用来实现纷繁复杂的目标，但无论是什么元素，最终都会归结为我们始终强调的三点：创造内容、吸引用户和实现盈利。当每一种组件被有目的地组建到一起时，我们就可以评价它们最终是否可以实现设计目标了。我们在下一章中还会继续讨论这一问题。

在本章中，我们分步骤介绍了如何设计虚拟宏观经济系统。车轮模型向我们展示了虚拟商品流和虚拟货币流是如何在虚拟经济系统中流动的。管道模型则向我们展示了经济系统构成元素的流入与流出。在下一章中，我们要讨论以下内容：如何管理一个正在运行的虚拟经济系统，以及如何保持“水龙头”机制和“污水槽”机制之间的平衡。

第 12 章

宏观经济管理

在上一章中，我们介绍了如何使用不同的组件构造虚拟宏观经济系统。在这一章中，我将要讨论如何管理一个正在运行的虚拟经济系统。我们面对的主要问题是如何正确评价虚拟经济系统的现状，如何引导它向我们希望的方向运行，以及究竟什么方向是正确的。与此同时，还要看一下实体经济和公司层面的衡量与管理方式。

绩效管理

首先，我们要从企业绩效管理的视角入手，进而思考虚拟经济管理的方法。在这里，我们可以借鉴会计和管理领域的研究成果，许多绩效管理框架用于研究企业绩效管理，其中最有名的就是平衡计分卡。[①] 这一概念告诉我们，要想管理某一事物，首先要找到一些目标：对我们希望实现的目标进行具体的阐述。在第 1 章中，我们列出了虚拟经济设计最重要的目标。下面我们要再次对这些目标进行扼要回顾。

1. 创造内容。虚拟经济能够形成较有趣的单一玩家内容（single-player content），或是构成玩家自主创造内容的生成框架。虚拟经济的属性还能够提供一种直接的激励，促进玩家以及第三方开发者创造新的内容。虚拟经济的属性——特别是在合理定义虚拟产权和市场的情况

---

① Kaplan and Norton (1996). Robert Kaplan 是一位美国管理学教授，David Norton 是一位咨询顾问兼商业图书作家。

下——还可以确保稀缺的资源，例如游戏内容和玩家的关注度，能够得到最充分的利用。

2. 关注度：吸引并留住用户。虚拟经济的属性还可以用来为玩家提供一些完全免费的内容以吸引其关注，同时保留另一些更好的内容卖给愿意支付费用的玩家。如果一位玩家愿意将游戏推荐给好友或是一直坚持玩这款游戏，那么可以为其提供一些虚拟商品或虚拟货币作为奖励。虚拟商品通常会起到留住用户的作用，其原因在于，一旦玩家离开某款游戏，那么他在游戏过程中花费的时间与金钱都将付诸东流。

3. 实现盈利。通过向玩家销售虚拟商品和虚拟货币赚取真实货币，虚拟经济的属性还可以用来将游戏内容与用户关注度转换为收入。对于一些使用其他盈利模式——例如通过点卡费和广告费盈利——的在线服务，通过调整玩家获得新内容所需付出的费用，虚拟经济同样可以为设计者谋利。如果游戏内容更新过于缓慢，玩家就会感到厌烦并离开游戏。但是，如果游戏内容更新得过于迅速，新的内容就会被过快地消耗掉，这同样不利于留住玩家。

也许对于不同的虚拟经济系统，需要关注的要点并不相同，不同的开发者的关注点亦不相同，但是如果不遵循以上三个要点，虚拟经济系统的大部分目标都将无法实现。因此，一旦确立了目标，我们如何才能找到有效的方法，合理地判断出经济系统的运行是否可以很好地实现这些目标？又如何找到一些能有效地改进虚拟经济运行的方法呢？有关绩效管理领域的研究告诉我们：每一个具体的目标必须要与一项衡量标准（或称为度量标准）相联系，后者是一种具体的数据源，可以帮助我们了解前者的实现情况。举例来说，想要衡量关注度，可以观察用户一周内在某一项服务上花费的时间。也许这样的衡量标准无法准确地测量某一目标的每一个维度，但是这种方法总好过仅仅片面地考量目标的执行情况，虽然存在局限性，但至少优于完全不去衡量。还需要为每一种衡量方法找到一个合理的对比标的：即在一个特定的衡量水平上对比绩效。举例来说，我们也许通过市场中的信息了解到，市面上有一款类似我们提供的虚拟服务，用户每周花费在该服务上的时间为 5.5 小时，我们就可以将自己的目标定为 10 小时。

那么，怎样找到这样的衡量标准并借以优化虚拟经济系统呢？根据相关文献，我们应该找出一条因果关系链（causal chains），通过它来提高绩效。举例来说，要想在关注度上取得好的表现，相较于其他方面，设计者首先要努力获得更多的新用户。而要想获得更多的新用户，设计者首先要设计出一个好的用户推荐系统。由此，我们推导出，关注度的次级目标就是获得更多的新用户以及设计出一个好的用户推荐系统。这条因果关系链还告诉我们，如果希望获得更多的新用户，我们首先需要改进用户推荐系统。为了更具体地实现这些次级目标，我们需要为它们找到自己的衡量标准和对比标的。再举一个例子，想要衡量用户推荐系统的表现，可以根据用户点击“邀请好友”键的频率这一指标来判断。然而，通常情况下，优化一个次级目标后，要使其影响作用于高级目标，这中间存在一个时间上的滞后。因此，我们称测量好友邀请率是一个前置衡量指标，而测量新用户的数量是一个滞后衡量指标（或者说，好友邀请带动新用户获得，新用户获得滞后于好友邀请）。这一知识使我们能够在高级目标实现前就预测其变化趋势。高级目标衡量，例如每周新用户获得量，有时也称为关键绩效指标（KPI）。每一种衡量标准和对比标的都需要与初始动机有关：一个旨在实现最终目标的策略或行动计划。在宏观经济层面，这通常被称为一种干预行为。

虚拟平衡计分卡

通过识别目标、衡量标准、对比标的并找出它们之间的因果关系链，我们可以为虚拟经济创造出一个绩效评估框架——一个虚拟平衡计分卡。图 12—1 中显示的便是这样一个计分卡，其依托的背景为之前一章中提到过的“猎龙者”虚拟经济系统。为简洁起见，在我们的例子中，每一个目标只有一种衡量标准，同时省略了对比标的。这张计分卡最上方是三大终极目标：内容、关注度、盈利。在下面，是一些被认为与三大目标存在因果关系的次级目标。这些次级目标是一些假设：它们以本书呈现过的理论与经验为基础，但是，要想了解它们在一个给定的条件下，是否真的与终极目标存在紧密的联系，则需要通过实践来检验。这个绩效评估框架同样适用于付费广告领域，从而评估全面的数字

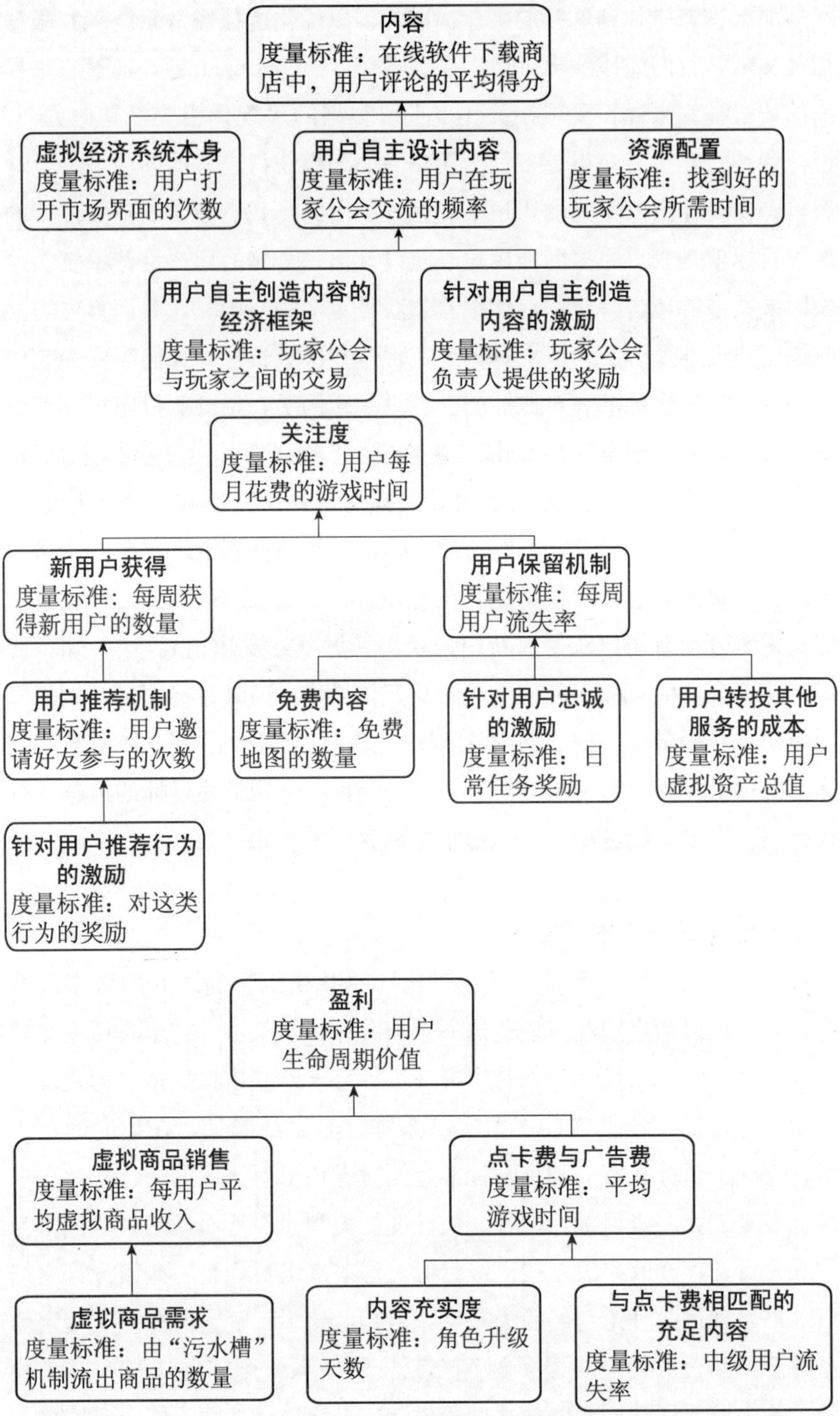

图 12—1　虚拟平衡计分卡示例

内容业务。但是，在这个例子中，我们将主要的关注点放在与虚拟经济有关的方面。

在我们给出的例子中，涵盖了三大终极目标。实际上，可以找到一条因果关系链，从内容到关注度、从关注度到盈利都能够串联起来，从而构建一个以盈利为最高目标的分层结构。毕竟，好的内容会吸引更多的关注度，更多的关注度则会带来更多的收益。然而，究竟需要在多大程度上将盈利作为目标，这取决于开发商的策略。过度关注眼前的收入将影响到游戏内容的质量，损害长期的盈利前景，破坏其他一些对成功至关重要的因素。这些终极目标及其优先地位关乎政策的制定，不能仅仅将目光局限在理论模型上。

我们在例子中提到的衡量方法是对应用于手机平台和电脑平台上的免费在线游戏中的典型衡量方法的模仿。举例来说，我们使用用户人均消费来衡量收入水平，即一位玩家在游戏过程中消费的总额度，或者一位玩家在某一时间段内消费的总额度。成本的计量模式则基本一致，即玩家获得成本，或是每吸引一位新玩家所付出的广告费用。这些衡量方法都是经过实践并取得了成功的。然而，如果你可以找出一种方法，从边际的角度而不是从平均的角度来计算相关数据，那么这些方法将变得更为有效。先要理解其中的原因所在，我们需要重新回到本书第 2 章中提到过的内容。我们曾经解释过，要想做出理性的行为，必须要实现边际收益与边际成本的平衡。我们不应该问自己："每一位用户平均花了多少钱?"而应该问："最近一个加入游戏的玩家花了多少钱？将他引入游戏又花了多少成本?"相比于衡量与已经完全陷入你设计的游戏中的玩家相关的收入和成本，衡量与处于若即若离状态的玩家相关的收入和成本更为重要。因此，在衡量对象的选择上，我们应该将更多的注意力放在新进入游戏的玩家身上。

出于同样的原因，我们在衡量"用户自主设计内容"这一功能的效率时，也应该侧重于收集实现与运作该功能的成本，并合理地管理它。最近引入游戏的一项新内容耗费了多少边际成本？它的引入对边际收入的影响如何？通过对比边际成本与边际收入，设计者可以决定是否继续保留该内容。

非管理衡量方式

虚拟平衡计分卡为我们了解如何对正在运行的虚拟经济系统进行管理开了个好头，但是，它并不能全面地分析虚拟经济管理。其原因在于，相比于分析一家具备层级结构和管理链的公司来说，分析虚拟宏观经济更为复杂。我们这里所谈的并不是一家简单的电子商务网站，无法通过每用户平均金钱花费和时间花费就准确地衡量客户与供应商互动的效率。虚拟经济也是经济，这意味着我们不可能通过绩效管理和网络分析，便将各个经济主体纷繁复杂的相互作用机制分析透彻。

最重要的一点就是，衡量虚拟经济可以在多大程度上为用户提供快乐的体验（我们称之为内容）。在虚拟平衡计分卡的例子中，我们衡量了花费在市场界面上的时间，并且假设，在市场上花费的时间越多意味着交易行为可以为玩家带来的快乐越多。更好的方法是开展一个定期调查，建立一个用户的面板数据来调查他们从虚拟经济中获得了多少快乐。虽然这样做的成本更高，但是不失为一个可行的方法，它实际上是一套标准绩效管理方法的一个组成部分。但是，问题来了，如果调查结果显示玩家对虚拟经济的满意度在下降，我们如何找出问题发生在哪里？又应该采取怎样的措施来解决问题呢？

我们可以直接询问玩家他们不满意的地方在哪里，并对其进行改进。例如，网络社交游戏《盖亚在线》（*Gaia Online*）的玩家抱怨没有足够的虚拟货币在玩家对玩家市场中购买虚拟商品。这款游戏的开发商听到了这样的抱怨，并且采取了措施，为玩家们提供了更多的虚拟货币。然而，在虚拟商品数量不变的前提下，虚拟货币数量的增加会引发商品价格的上涨。也就是说，玩家提出的问题并没有得到实际解决。

追踪经济指标是一种更好地管理复杂的虚拟经济的方法。理解了这些指标之间的因果关系，以及它们与关键绩效指标——例如用户满意度——之间的因果关系，便可以对虚拟经济进行合理的干预。经济指标可以将整体经济系统中某一方面的表现概括为一组数字。我们还可以计算出某一具体对象——例如某一用户组或商品种类——的经济指标。在下面的内容中，我们要从宏观经济层面出发，借鉴真实的会计手段以及虚拟经济学领域的相关研究，对典型的虚拟经济系统中的经济指标加以介绍，包括与货币、商品、非公平、经验等方面有关的经济指标。我们还会介绍一些利用“水龙头”机制和“污水槽”机制对虚拟经济进行干预的具体方法。最后，我们还会介绍一些与数据管理和分析有关的实践问题。

货币政策

在第 10 章中，我们从微观经济层面介绍了货币的功能，但是却没有从宏观经济层面分析货币。现在，我们要转而研究宏观经济层面的货币，以及如何管理经济系统中的货币。经济系统中的全部货币称为货币供给，试图调整货币供给量的行为称为货币政策。首先，我们要考虑货币政策的目标（为什么要调整货币供给?）。然后，我们要介绍衡量货币供给量的方法，以及通货膨胀的概念。最后，我们要展示如何使用货币的“水龙头”机制和“污水槽”机制来调整货币供给。

货币政策的目标

在现实生活中，中央银行肩负着管理货币供给的职能，它主要有两个目标：第一个是稳定物价。我们曾在第 10 章中讨论过这方面的问题。通过调整在经济系统中流通的货币数量，中央银行可以影响一般物价水平。其间的联系可以通过货币数量理论解释清楚（见框 10—1）：一方面，发行的货币越多，物价水平就会越高，因为有过多的钱在追逐数量有限的商品（通货膨胀）；另一方面，使一部分货币退出流通则会降低物价水平，因为剩余货币的价值得到了提高（通货紧缩）。换句话说，提高货币供给，则每一单位货币的交换价值就会下降；降低货币供给，则每一单位货币的交换价值就会上升。物价水平和货币价值就像是一枚硬币的正反两面。

为什么我们要努力使货币的价值保持稳定？在第 10 章中，我们曾经介绍过一些原因。为了让货币更好地承担起贮藏手段的职能，它的价值不能随时间的推移而下降。这意味着我们并不希望看到严重的通货膨胀。因为货币可以很好地衡量价值，所以它的价值也不能上升过多，因为一旦货币无法继续承担价值尺度的职能，那么所有商品的价格都必须重新评估。这意味着我们也不希望看到严重的通货紧缩。除了这些非常现实的原因，主流经济学者一般都认为价格水平越稳定，越有利于经济发展。通货紧缩对经济活动有害，因为它会鼓励储蓄而不是消费。如果每一个人都觉得同样数量的货币在明天可以买更多的东西，谁还会在今天就把钱花出去呢？而一旦通货膨胀失去控制，它就会摧毁人们对货币的信心，但是，轻微的通货膨胀有益于鼓励消费。因此，欧洲中央银行尝试着让欧元的价值保持一种相对稳定但又不是完全固定的状态，尽量使其以每年2%的速度缓慢贬值。美联储也执行类似的政策。

除了稳定价格水平，货币政策的另一个目标就是直接控制经济增长速度。在经济繁荣时期，中央银行会减少货币供给，尽量避免出现经济泡沫。而在经济萧条时期，中央银行则会通过增加货币供给来鼓励消费。通常情况下，这一目标与稳定价格水平的目标是一致的，但也有例外的时候。一些赞同米尔顿·弗里德曼（Milton Friedman）观点的经济学家对货币主义传统抱有好感，米尔顿主张保持价格水平稳定是最为重要的目标。另外一些推崇约翰·梅纳德·凯恩斯（John Maynard Keynes）观点的新凯恩斯主义学派的经济学家则认为，积极的货币政策可以用来抵消经济波动带来的冲击，即使暂时偏离稳定价格水平这一目标也是值得的。经济近一段时期的表现支持新凯恩斯主义学派的观点，该学派认为价格是具有黏性的，价格水平不会像货币数量学说主张的那样直接反映出货币供应量变化带来的影响。

这两个目标——稳定价格水平以及控制经济增长率——恰恰是进一步思考虚拟经济系统中货币政策的切入点。在虚拟经济系统中，许多价格都是固定的：开发商设定的商品目录上的价格，电脑控制的商人角色购买商品的价格，猎杀怪物得到的回报。此外，其他一些开发商拥有垄断出售权的物品的价格也是保持不变的。在一个不存在玩家对玩家市场的简单的虚拟经济系统中，所有物品的价格都是不变的。在这样的例子中，保持价格水平稳定显然并不是什么问题。但是，从另一个角度来看，要想保持货币的价值则不那么容易。如果一个装备的价格被开发商定为 1 000 枚金币，但是过量的货币供给会造成玩家手中持有过多的虚拟金币，那么该装备就不可能继续保持其稀有性了。在一款物品价格保持不变的游戏中，管理货币供给是一种控制游戏难度的方式（也是控制游戏内容消耗速度的方法）。

如果在你设计的虚拟世界中不存在受到管制的市场，商品的价格也不是固定的，那么改变价格水平或者货币价值则不会给虚拟世界带来什么危险。保持虚拟货币价值相对稳定，能够使货币很好地承担起贮藏手段和价值尺度的职能，也能使虚拟经济更加人性化。当然，如果你觉得你的用户都非常喜欢激情与挑战，那么你也可以让你的虚拟货币价值水平尽可能地浮动。从货币供给管理的角度出发，保持价格水平稳定意味着根据经济行为的活跃程度保持货币供给稳定。因为更多的用户意味着更多的经济行为，所以最简单的方法就是追踪人均货币供给并尽量保持它的稳定。在经济刚刚起步或是刚刚从经济危机中恢复时，稍稍增加货币供给是不错的选择，即使这也许会带来一些通货膨胀的压力。这样做可以确保经济有足够的流动性，并为其发展奠定一个不错的基础，因为每一个人都有足够的货币可供支配。

计算货币供给

为了能够控制货币供给，我们首先必须学会衡量它。在现实生活中，想要衡量一个国家的货币供给并不是一件易事。其原因在于，货币的种类很多：硬币、纸币、旅行支票、不同种类的银行存款、流动性不同的资产。在某种程度上，任何具有流通手段和贮藏手段职能的物品都可以被看作是宏观概念上的货币。因此，经济学家不得不做出一些选择，决定究竟哪些货币应该计入货币供给的衡量范围。通常，几种衡量范围不同的方法在同时使用。举例来说，欧洲中央银行的报告指出，截至 2013 年 4 月，在欧元区内流通的狭义货币（或者称为 M1）数量为 52 330 亿欧元，而广义货币（或者称为 M3）数量为 98 190 亿欧元。该报告中的狭义货币包括现金和隔夜存款，广义货币则包括一些有价证券。

如果虚拟经济系统中存在着一种官方货币，那么衡量货币供给将比较容易。没有私人银行通过存款和贷款创造新的货币。[①] 在许多情况下，虚拟货币只与一个变量有关，那就是虚拟中央银行的账户余额。虽然对货币的称谓不同，可能是“你钱包里的金币”，也可能是“你的一般信用”，但是无论叫什么，它们实际上都是存在于虚拟银行中的电子货币。因此，要想计算货币总供给，实际上只需要简单地将所有用户账户中的余额相加即可。在虚拟世界中衡量货币供给需要面对的唯一问题就是，究竟哪些用户应该被包括在衡量范围内：是每一位用户，还是仅仅那些仍在使用服务的用户？在测算经济指标时，衡量范围应该只包括还在使用服务的用户。而判断是否仍在使用服务的标准则不尽相同，以每月的登录数来衡量是行业标准。

在虚拟世界中，官方货币的种类很多，这一点就和现实世界中的欧元一样。在《哈宝》这款游戏中，设计者引入了一系列的物品，例如金锭、蓝宝石，这些东西都能以一个固定汇率兑换为哈宝信用币。因此，玩家们也就自然而然地开始在交易中将它们作为货币使用，就像是直接使用哈宝信用币一样方便。唯一的问题是，如果玩家希望从开发商手中购买某件商品，则必须使用哈宝信用币，并且兑换行为会被征收一笔税款。因此，这些作为“准货币”存在的物品的“票面”价值要比其实际价值略低。如果非要在现实世界中找出一样与之类似的东西，那么旅行支票是一个不错的选择。在计算货币供给时，除非是在最狭义的标准下，否则流动性如此之好的交易工具必然要划入货币的范畴之内。

一些虚拟世界中，特别是一些游戏中，存在着多种官方虚拟货币。如果这些货币之间可以实现方便而低成本的兑换，那么在计算货币供给时，只需要将各种货币累加即可。然而在许多情况下，一款游戏中有可能同时运行着两个或多个虚拟经济系统。在这种情况下，货币供给需要分开核算。如果在游戏中存在着实物货币，就像是早期阶段的《哈宝》

① 之所以会发生这样的情况，是因为缺乏一个司法体系来强制偿还贷款。详情请参见第9章。

一样，那该怎么办呢？只需要计算在市场中流通的该实物货币的数量即可。

衡量通货膨胀与通货紧缩

除了可以持续关注货币供给，直接衡量价格水平也是一个不错的方法。通常，改变货币供给产生的效果要在一段时间之后才会反映在价格水平上，况且，价格水平还会受其他一些因素的影响。

要想跟进价格水平的波动，通常人们会选择观察消费者价格指数（CPI）的变化。设计者也可以为自己的虚拟经济系统创造一个 CIP。先选取“一篮子”具有代表性的商品，大约包含一位用户一周内需要购买的商品。在我们提到过的“猎龙者”经济系统中，“篮子”中应该包含一把剑和一副龙甲。然后记录下在固定的时间间隔内——比如一周之内——在市场中购买这些商品需要花费的金额。计算某一周的 CPI 的方法如下所示：

$$\text{CPI}=\frac{\text{某一周购买这些商品的成本}}{\text{基准周购买这些商品的成本}}\times 100$$

所谓基准周，即为开始收集数据的那一周，或是希望作为参照对象的任何一周。如果基准周的 CPI 值为 100，而本周的 CPI 值为 125，那么该指数就增长了 25%，这意味着明显的通货膨胀，因此你也许希望降低货币供给。

在一些虚拟世界中，消费行为是高度分化的。举例来说，在一款游戏中，等级不同的玩家的消费行为也不一样，新手会购买一些低层次的物品，而高等级的玩家则会竞争一些高层次的物品；职业为巫师的玩家会购买魔杖，而职业为武士的玩家则会购买武器。在这样的经济环境中，应该针对不同的玩家阶层设定不同的指数，分别分析不同层级的价格稳定性。举例来说，我们可以设定“巫师价格指数”和“武士价格指数”（在下面的内容中我们将进一步详细讨论不同的衡量方式）。

分层还会衍生另一个问题，那就是技术性增长。随着时间的推移，设计者会引入新的虚拟商品，这样一来，旧的虚拟商品就会过时。举例来说，过去玩家们会选择购买甲物品，可是当乙物品出现后，他们就会转而购买后者。因此，设计者必须要同步更新“篮子”中的物品，以使其尽可能地反映玩家真实的需求。

运用“水龙头”和“污水槽”机制实施货币政策

在现实生活中，中央银行想要调节货币供给是极其复杂的，因为这牵扯到多种类型的货币。一些货币不是由中央银行直接发行的，而是由商业银行在获得存款并将其转化为贷款的过程中派生出来的。当商业银行获得了某人100美元的存款后，它会将其中的70%当作贷款发放给另一个人，也就是说，原来的100元货币已经变成了170元，相当于货币供给增加了70元。因此，中央银行尝试控制货币供给的主要途径之一便是调整贷款比率，即用政策规定商业银行可以将多少比例的存款作为贷款发放出去，同时又不会影响到存款人的提款需求。

除此之外，中央银行还会使用另外一种更为直接的控制货币供给的方法，即创造更多的货币，或是在必要时使一些货币退出流通。这种方法恰恰也是目前虚拟经济管理者最常用的方法。在这部分内容中，我们描述了一种控制人均货币供给的方法——游戏设计者称之为平衡经济法。无论是在虚拟经济系统开始运转前，还是在其已经开始运转后，这种方法同样适用。设计者既可以在运转前设置初始参数，也可以在运行中调整参数。

这种方法的基础思想非常简单：首先衡量或是估算出虚拟经济系统在一段时期内——一天或一个月——可以通过“水龙头”创造出多少虚拟货币，然后再衡量或是估算出该系统在同一段时期内会流失多少货币，最后将二者进行比较。在前一章中，我们已经详细地介绍过“水龙头”和“污水槽”机制，这两种机制的叠加效果就是某种虚拟物品的人均净变化量。如果设计者对人均净变化量不满意，就可以通过调节这两种机制来达到预期的效果（见框12—1）。如果说存在什么诀窍的话，那就是要准确估计某一物品的流入和流出虚拟经济系统的数量。

框 12—1　存量与流量

在宏观经济层面，有两种衡量对象用于控制货币和商品在经济系统中的流动：存量与流量。为了阐述这两个概念，让我们先来将水比作货币。所谓存量，即为某一时点，在一个容器中盛放的水量。举例来说，在图 12—2 中，存量 S 即为盆中储存的水量，以升为计量单位。所谓流量即为流入或流出容器的水量。在这幅图中，流量 A 衡量的是从水龙头流入盆的水量；流量 B 衡量的是从污水槽流出盆的水量。它们均以升/秒（或升/分钟、升/小时）为计量单位，因为它们计量的是，在某一时点，水从容器中流入或流出的速度，而不是水量本身。通过对比流量 A 和流量 B，我们便可以判断存量 S 是增加了还是减少了。举例来说，如果水流入盆中的速度为 0.5 升/秒，而流出的速度为 1 升/秒，则其净变化为－0.5 升/秒，这意味着存量在减少。同样的方法也可以用来衡量货币和商品流入和流出经济系统的速度。

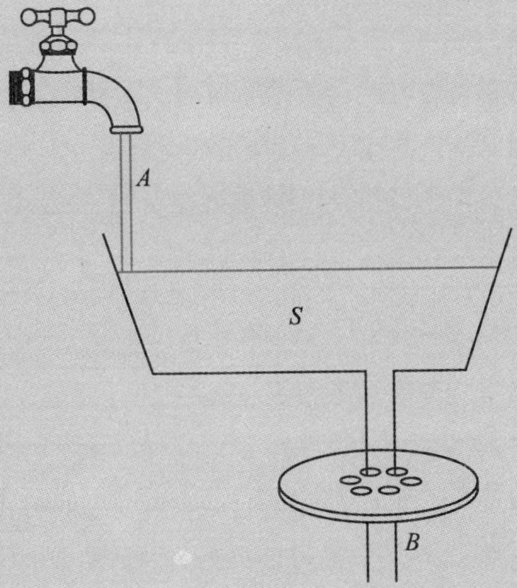

图 12—2　存量、流入量与流出量

我们在前一章中创造的“猎龙者”虚拟经济系统中，存在着一个货币“水龙头”机制，即猎龙过程中获得的虚拟货币。假设每猎杀一条龙可以获得100枚金币，那么我们怎样才能在该虚拟经济系统开始运转前，正确评估有多少货币会通过这一设计流入经济系统呢？我们通过预测玩家的行为——每位玩家每月平均猎杀多少只龙——来回答这一问题，将这个数字乘以100，便可以得到答案了。那么我们又如何才能知道玩家会采取什么样的行为呢？如果游戏设计师打算完成这一任务，他们就得想出一些好点子来。也许龙会被设定为游戏中的一个Boss，每月只出现一次；又或许它们仅仅是一些微不足道的小角色，玩家每天都可以杀死无数只。假设我们将预期标准设定为每位玩家每月平均猎杀10条龙。为了增加游戏的趣味性，可以再增加一个货币"水龙头"机制——每日登录即奖励10枚金币。假设每位玩家每月平均登录25次。表12—1中列出了一些数据，说明了我们对于每月虚拟货币流入量的估计。

表12—1 "猎龙者"虚拟经济系统下每月虚拟货币流入量（一位玩家）

"水龙头"机制名称	效果与实现方式	预期行为（每月）	虚拟货币流入量(每月)
猎龙时掉落奖励	100枚金币/杀死龙	杀死10条龙	1 000枚金币
每日登录奖励	10枚金币/每日登录	登录25天	250枚金币
			总虚拟货币流入量（每月）：1 250枚金币

接下来，我们再看看"污水槽"机制。在其中我们只设计了一个"污水槽"，即对每笔交易征收5枚金币的交易税。我们预计玩家每月会进行10次交易。这一机制的预期效果列在表12—2A中。

表12—2A "猎龙者"虚拟经济系统下每月虚拟货币流出量（一位玩家）

"污水槽"机制名称	效果与实现方式	预期行为（每月）	虚拟货币流出量（每月）
交易税	5枚金币/交易	10笔交易	50枚金币
			总虚拟货币流出量（每月）：50枚金币

根据我们的预测，每个月会有1 250枚金币经过玩家之手流入虚拟经济系统，同时有50枚硬币流出该系统。也就是说，每月的净变化量应该是增加1 200枚金币乘以玩家数。我们应该怎样考虑这个问题呢？如果我们即将推出这款游戏，其经济系统中的一切都是从零开始，那么多提供一些虚拟货币以增加流动性，同时增加货币供给，这并没有什么不好。然而，以96%的增长率增加，的确有些过快了。出于稳定物价的考虑，我们应该降低这一比率。

想要实现这一点，最节约成本的方式就是直接关闭“水龙头”，但是，考虑到我们手头还有一些研发预算，不如直接增加一个“污水槽”机制。我们可以添加一种飞行坐骑，它们看起来很酷，但价格却不便宜。现在有了一个更能吸引玩家花钱的途径，就没有必要直接削减货币供给，或是增加交易税。从经济学的角度来说，用户货币流入量可以称为收入，除去因为一些强制性的税收而流出的部分，剩下的部分可以称为可支配收入。调整后的流出预测可参见表 12—2B。

表 12—2B “猎龙者”虚拟经济系统下调整后的每月虚拟货币流出量（一位玩家）

“污水槽”机制名称	效果与实现方式	预期行为（每月）	虚拟货币流出量（每月）
交易税	5 枚金币/交易	进行 10 笔交易	50 枚金币
购买飞行坐骑	1 200 枚金币/购买飞行坐骑	购买 1 匹飞行坐骑	1 200 枚金币
			总虚拟货币流出量（每月）：1 250 枚金币

经过调整，该虚拟系统中每月虚拟货币流入量与流出量持平，因此每月的净变化量为零。货币供给保持稳定。如果有新玩家加入该经济系统，总的货币供给将会增加，但是相应地，该系统内的经济行为也会增加。理论上，我们设计的虚拟经济系统现在处于一种平衡状态。然而，在实际操作中，情况要复杂许多。首先，一些玩家会囤积货币，这会造成通货紧缩和流动性危机。采取积极的货币政策来应对 CPI 的变化可以帮助解决这个问题。其次，不同的用户组群——例如大型在线多人游戏中人物的不同等级——将可能产生完全不同的货币流入量和流出量。我们将在本章稍后讨论这一问题。现在，我们首先考虑一下如何管理除了货币之外的另一种存在于经济系统中的元素——商品。①

生产与经济增长

在虚拟经济背景下，生产的范畴包括所有制造一种新物品的行

① 若想深入了解货币政策，可以参考宏观经济学教材，如 Mankiw（2009，第 4、第 19 章）。

为。它可以通过前一章中提到过的任何一种商品“水龙头”机制得到实现：制造、收获资源、杀死怪物、从虚拟商店中购买商品，等等。无论通过哪一种方式，新物品都可以被制造出来，进入虚拟经济系统。

在现实世界，最常见的衡量经济情况的指标是国内生产总值(GDP)。但是，在虚拟世界中，这个指标并没有那么重要，特别是对于那些并不复杂的虚拟经济系统来说。然而，这却为研究一些有关生产、增长方面的理论性问题提供了一个很好的切入点，这也是为什么我们首先要关注这个指标。在接下来的内容中，我们要讨论一些更具实践性的衡量和管理虚拟经济生产的方法，包括“水龙头”机制和“污水槽”机制。

虚拟生产总值

国内生产总值衡量的是一年之内，一个国家的经济中生产出的商品和服务的总价值。更宽泛地说，我们谈论的是总产值（GP），即在一定时期内，某一范围所有产出的货币价值，这个范围既可以是一个国家、一个村庄，也可以是一个虚拟经济系统。苏联经济学家用生产的商品数量来衡量总产出。这一方法存在一个缺陷，即并不是所有的物品都是同质的，有些物品对人们更重要。总产值的概念解决了这一问题，因为它衡量的是货币价值而不是纯粹的产量。

总产值的公式如下：

$$GP = \sum_{i=1 \text{ to } N} (p_i \times q_i)$$

式中，N 表示在一段时间内，该经济系统中生产的商品种类。q 表示某一种商品的数量，将其与该商品的售价相乘，便可以得到生产该商品的货币价值。然后，将该经济系统中生产的不同种类商品的货币价值进行加总，便可以得到在这段时间内，该经济系统中生产的所有商品的总货币价值了。

举个例子，2010 年，乌克兰的国内生产总值大约为 1 270 亿美元。这意味着，在这一年中，乌克兰生产了价值 1 270 亿美元的商品和服务。如果你将这一数字除以乌克兰的人口数——大约为 4 600 万——便可以得到这个国家的人均 GDP，即约为 2 761 美元。

总产值的衡量范围应该仅仅包括最终产品，即那些被用于最终消费的产品，而不是用来充当生产其他产品原材料的产品。举例来说，出售给消费者的苹果派就是最终产品，而出售给面包烘焙师的苹果则只能算是中间产品，因此不能纳入总产值的计量范围。其原因在于，在计算苹果派价值的时候，其中包含了作为原材料的苹果的价值。换句话说，如果苹果与苹果派都纳入了总产值的计量范围，那么就相当于重复计入了苹果的价值。然而，如果消费者直接购买了苹果，那么它就是最终产品，应该计入总产值。①

为什么我们希望衡量总产值呢？在现实生活中，人均 GDP 被用来衡量物质福利。在其他条件保持不变的情况下，如果一个国家可以利用较少的人口生产较多的产品，那么它就能够更好地满足其居民的需求。拥有较高 GDP 的国家在战争中也更有优势，因为较高的 GDP 意味着它们有潜力生产更多的坦克和炸弹。

有一个与生产含义相近的概念——经济增长，通常对它的解释是：一段时期内总产值的变化百分比。总产值的变化标志着实体经济规模的变化（见框 12—2）。根据定义，如果某一经济体经历了经济增长，那么它在这一阶段的产值必定高于过去。人均总产值的增长标志着该经济系统中的各个主体变得更具生产力了。绝对增长与人均增长可能截然不同。通常情况下，新成员（移民、新玩家）的涌入会带来经济规模的绝对增长：更多的人力意味着更多的产品会被生产出来。然而，如果新成员是缺乏经验的个体，他们创造的产值就会相对较低，这就意味着人均总产值反而会下降。在现实生活中，上升的总产值常常象征着“繁荣”，它预示着好的时期；下降的总产值则常常象征着“衰退”和“萧条”，

① 将已经生产出来但还未出售的产品计入总产值是可行的。只需要将市场价格应用到该最终产品上即可，不必在乎它是否已经售出。这就相当于将市场数据应用在未进入市场的产品上。如果未经出售的产品与已经出售的产品非常近似（甚至完全一样），那么要做到以上这点是非常容易的，然而，如果某种产品从没有进入过市场，那么情况就变得非常复杂了。在这种情况下，需要对产品的价值进行估算，但是这已经超出了本书的内容范围，在此不予讨论。

它常与不好的阶段相联系。

框 12—2　实际 GDP 与名义 GDP

在 2007—2008 年期间，乌克兰的 GDP 从 1 420 亿美元增长到了 1 800 亿美元，实现了高达 27%的增长。然而，这却并不能说明，乌克兰生产的商品和服务比之前增长了 27%。GDP 的计算需要同时考虑生产商品的数量和价格这两个因素。在这一年中，由于原材料价格的上涨，乌克兰产成品的价格也变得越来越高。换句话说，这个国家出现了通货膨胀。要想确切衡量该国在这一年中生产力提高的幅度，我们需要使用 2007 年的价格水平计算 2008 年的 GDP。

实际 GDP＝2008 年生产商品的数量×2007 年商品的价格

使用以上公式计算出来的 GDP 被称为实际 GDP。计算实际 GDP，需要使用基年的价格水平，在本例中，即为 2007 年的价格水平。而使用本年的价格水平计算出来的 GDP 被称为名义 GDP。在本例中，经过计算，乌克兰 2008 年的实际 GDP 仅为 1 400 亿美元。换句话说，在 2007—2008 年期间，该国的真实生产力实际上不升反降。

任何没有被消耗或损坏掉的产品（例如，盔甲会在猎龙时被损坏）都会累积下来，从而提高该系统内的财富总量。如果在一段时间内，某一经济系统内生产出来的价值大于消耗掉的价值，那么该系统的财富总量就会增加。从这个意义上讲，经济增长一词指的是财富上的增长而不是生产能力上的增长。然而在经济学中，我们谈论的多为生产能力上的增长。

表 12—3 从绩效管理出发总结了我们在上文中讨论过的概念。在制定经济政策时，目标是十分清晰的：在其他因素不变的情况下，尽量提高生产能力、增加社会总财富。我们这里讲的虚拟经济系统的总产值称为虚拟总产值（gross virtual product，GVP）。如果说单位 GDP 和物质财富可以很好地表示实体经济的运行状况，那么单位虚拟总产值和虚拟财富总量是否可以很好地表示虚拟经济的运行情况呢？如果真是这样的话，那么我们就找到了一个能让用户满意的简单途径。我们只需要让制

造每种商品——包括货币——的过程都变得更加容易即可，然后看着GVP自己增长就万事大吉了。或者为什么不直接设置一个有“让我变得有钱”功能的按钮，然后“嘭”地一按，大家就都开心了。真的有这么简单吗？

表 12—3　与经济相关的衡量指标及其衡量对象（国家层面）

衡量指标	衡量对象	目标
GDP	国家的经济状况（与其他国家相比）	最大化
人均 GDP	物质福利	最大化
财富总量	物质福利、生产能力、储备	最大化

“地牢通货膨胀”

在“多玩家地牢类”游戏中，设计者创造了一些极为简单的物品：一把小刀、一顶帽子、一个角色发型。任何一位玩家，只要制造了虚拟物品，便可以拥有它们；物品的库存空间几乎可以算是无穷大；虚拟物品永远不会被消耗掉。随着时间的推移，玩家会得到虚拟物品，并可以将它们赠予或卖给其他玩家；不断有新玩家加入游戏；老玩家会告诉新玩家如何得到虚拟物品，因此，他们甚至不用花时间去学习如何获取物品。而设计者则不断地设计出新的角色技能来吸引玩家继续玩下去，从而，也就相当于允许玩家以更快的速度获得更多的物品。所有这些做法会导致两个结果：第一，越来越多的虚拟物品以越来越快的速度涌入虚拟经济系统；第二，每位玩家的库存量都达到了饱和状态。从经济学家的角度来说，这两个结果都可以称为经济上的增长，他们会祝贺设计者创造了一个完美的经济系统。然而，从游戏设计者的角度来说，这可不是什么好现象，它被称为“地牢通货膨胀”，没有设计者希望看到这种情况发生。

首先，让我们先来思考一下财富，为什么大量积累的财富会导致虚拟经济出现问题？现在回想一下第 3 章中提及的问题，虚拟商品具有地位价值，即它们的价值在很大程度上并不由其具有的内在品质所决定，而是由它们相对于其他商品或是在经济环境中的“位置”来决定的。曾经有一款游戏，在 400 000 名玩家中，只有三位拥有 100 级的厄运匕首，这使得其成为了极为稀有的物品。但是，现在，每位玩家甚至是他们的宠物都拥有一把这样的匕首。如果任何人都可以拥有任何物品，那么拥有这些物品就会变得毫无意义。再者，一旦你拥有了最强大的装备，就将在游戏中所向披靡，那么继续玩下去似乎也就没有任何乐趣可言了。这款游戏玩完了，所有的内容都被消耗殆尽，就该去试试其他游戏了。

然后，我们再思考一下 GVP 和经济增长。在某种程度上，高 GVP 可以给玩家带来满足感和兴奋感。某一虚拟经济系统的生产力越高，就意味着玩家可以持续不断地获得新的物品，他们也就可以在游戏中获得更强大的力量，探索新的领域，获得更多的乐趣。换句话说，高水平的生产力意味着玩家能够以一个更快的速度消费游戏内容。因此，在某种程度上，单位 GVP 显示了游戏内容的消耗速度。在第 1 章中，我们曾经阐述了为什么控制游戏内容的消耗速度非常重要。如果这一速度过慢，则玩家会感觉乏味；而如果这一速度过快，则又会使玩家来不及享受游戏内容带来的乐趣。而从开发商的角度来说，这一速度过快会迅速消耗游戏内容，以致无法从中充分盈利。这意味着，与现实世界的政策制定者希望尽量提高 GDP 的目标不同，虚拟世界的设计者不能一味追求更高的 GVP。实际上，后者希望实现游戏体验的强度和持久度之间的平衡。

然而，单位 GVP 并不是内容消费和玩家体验的完美衡量标准。其原因在于，即使游戏的内容被消耗殆尽，这一指标也未必会下降。当经济系统达到我们刚才提到的财富饱和状态时，生产行为仍将继续。如果玩家已经拥有了一把厄运匕首，那就让他再拥有一把新的。如果以虚拟货币作为衡量手段，则虚拟经济会继续增长。然而，每一单位虚拟货币的价值就会下降，因为玩家们失去了对这款游戏的兴趣。在这种情况下，高 GVP 会使你产生经济繁荣的错误印象。

用真实货币表示虚拟指标

因为 GVP 是使用虚拟货币表示的，所以它不能很好地衡量用户的满意度。对于玩家来说，虚拟货币的价值是变化的，甚至是有可能消失的。那么，我们是否可以用真实货币来表示 GVP 呢？例如美元。如果可以这样做，我们甚至可以比较虚拟经济系统与真实经济的生产力大小。

人们经常使用美元来表示不同国家的 GDP 数值，这样做有助于实现不同国家之间的比较。在上面提到过的例子中，我们用美元来表示乌克兰的 GDP，虽然乌克兰国家银行在计算 GDP 时会使用本国的官方货币——格里夫纳。我们用外汇市场汇率将格里夫纳转换为美元，无论是中央银行、企业还是投机者，每一个机构和个人都会利用汇率实现货币间的转换。然而，这样做却会带来两个问题。

第一个问题是，汇率无法准确反映不同国家的生活水平。在外汇市场中，2 美元可以兑换 15 格里夫纳。然而，2 美元买不起一个巨无霸汉堡，但是 15 格里夫纳却可以。2 美元也买不起一场古典音乐会的门票，而 15 格里夫纳却可以。因此，使用汇率换算之后，用美元表示乌克兰的 GDP，会使我们对乌克兰民众的物质幸福感做出一个过于消极的评价。

第二个问题是，国际贸易和金融市场的变化与环境决定着汇率的波动。2007 年，1 单位的格里夫纳可以兑换 20 美分；而到 2008 年年底的时候，同样数量的格里夫纳仅仅可以兑换 13 美分。这样一来，在 2007—2008 年，虽然以本国货币作为计量单位时，乌克兰的实际 GDP 实现了增长，但是一旦转换为以美元作为计量单位时，该国的实际 GDP 却出现了下滑。这种因为以美元计量而出现的“下滑”并不一定能反映乌克兰真实的经济状况。因此，使用汇率转换货币单位，并不是比较不同国家 GDP 指标最好的方式。

想要使用美元表示 GDP，还有一种更好的方法，那就是使用购买力平价（purchasing power parity，PPP）。计算购买力平价的方法如下：首先，选定“一篮子”具有代表性的最终商品和服务，可以包括食品、尿布、理发服务等。然后，分别使用不同国家的主权货币计算在该国国内购买这“一篮子”商品和服务所需的花费。两种货币之间的购买力平价系数即为分别使用这两种货币购买同样的商品和服务所需的花费之间的比例。世界银行公布的格里夫纳对美元的购买力平价大约为

0.5。也就是说，在乌克兰用1格里夫纳可以买到的东西，在美国需要使用50美分。

2001年，卡斯特罗诺瓦（本书作者之一）计算出了《无尽的任务》这款游戏的人均GDP（以美元表示），其数值大约在俄罗斯和保加利亚两国的人均GDP之间。他用类似于外汇市场的方式将虚拟生产力转换为以美元表示的形式，即将在二级市场网站上以美元交易《无尽的任务》虚拟资产的价格作为换算系数，用以转换虚拟GDP。

然而，这种方法有其自身的缺点，即影响二级市场交易价格的因素并不能反映虚拟经济系统的内部运行状况。那么，为什么不使用购买力平价呢？原因很简单，无法找到合适的最终商品和服务作为标的物加入“篮子”中，因为有些物品仅仅存在于虚拟世界中。也就是说，无法在现实世界中找到合适的替代品，使之与在《无尽的任务》这款游戏中的虚拟商品相对应；类似地，也无法在该游戏的虚拟世界中找到合适的替代品，使之与现实世界中真实存在的物品相对应。这一情况使得人们无法比较虚拟世界中的白金币与现实世界中的美元之间的购买力差异。

虚拟经济与真实经济无法相互替代，所以要实现两者之间的比较非常困难。而要想比较两个不同类型的虚拟经济系统也并不容易。在大多数情况下，我们最好继续使用GVP作为衡量虚拟价值的指标，但需要注意的是，它也许并不能总是很好地反映用户对虚拟经济的满意程度。假如在一个游戏中，充满活力并极其复杂的虚拟经济系统恰恰是游戏体验的重要组成部分，那么使用GVP这一指标将更为有效。它可以用来检验由于设计上的变化而导致的用户行为上的变化。它甚至可以用来比较同一经济系统中不同虚拟国家在经济表现上的异同。然而，要想从更细微的层面上研究用户福利和内容消费的情况，我们还需要找出其他的方式和工具。[①]

使用“水龙头”和“污水槽”机制管理生产行为

在前面的章节中，我们从现代宏观经济学的角度出发，讨论了生产

① 若想了解更多传统的衡量生产力和经济增长的方法，可参阅宏观经济学教材，例如Mankiw（2009，第3章，第7～9章）。

和财富的问题。其中，生产行为是以其创造的市场价值来衡量的，而不是以生产出的产品数量来衡量的。这一方法背后的理论基础是，使用货币价值作为计量单位，可以有效地将不同种类产品的生产数据进行加总。而如果我们使用数量作为计量单位的话，就不得不弄清类似于“一个橘子等于几个苹果”这样的问题，否则就只能对不同产品分别衡量，而无法得到一个整体的数据。在使用 GP 刻画经济状况时，我们让市场决定所有事物的相对价值，然后将这些价值加总。在下面的内容中，我们要使用的方法更近似于苏联经济学家所采用的方法，他们用产品的数量而不是其市场价值衡量生产行为。像计划经济政策的制定者一样，游戏的设计者通常认为自己知晓某种产品的最优数量，知晓在这一数量下，玩家可以得到最好的游戏体验。并且，他们会设法确保恰巧有这一数量的产品被生产出来。举例来说，设计者会确保珍惜的“地位商品”稀缺，同时确保基础性的原材料充足。他们的最终目标通常不是最大限度地提高产量，而是要保持虚拟商品产量处于一个平衡状态，在此状态下，该虚拟经济系统恰好可以在提供娱乐性（提供游戏内容）的同时实现收入最大化（实现盈利）。

要实现这些目标，我们的方法是追踪在经济系统中不断循环的虚拟商品，并在需要时据此调整“水龙头”和“污水槽”机制。从经济学的角度来说，“水龙头”机制就像是生产的过程，而“污水槽”机制则代表着消费和折旧。二者之间的差值便是虚拟经济系统中积累下来的财富。

调整商品“水龙头”和“污水槽”机制的方法与调整货币“水龙头”和“污水槽”机制的方法一致。首先，列举出不同的“水龙头”机制的数量及其效果，然后记录下某一段时间内，“水龙头”机制被触发的次数，将二者相乘，再根据预期的用户行为对这一数值进行调整，计算得出在这段时间内，有多少商品会通过“水龙头”机制流入该虚拟经济系统。然后，可以用同样的方法计算得出有多少商品会通过“污水槽”机制流出该虚拟经济系统。将二者对比，找出净变化值。再用以上方法，计算出每一种虚拟商品的净变化值。以上获得的数据均为根据预期的用户行为估算得出的数值。而在获得真实的用户行为数据之后，你可以据此调整预设的估算模型，然后检验对“水龙头”和“污水槽”机制进行调整最终会给虚拟经济带来怎样的影响。

在第 5 章中，我们曾经从市场结构的角度出发，探讨过类似的目标。我们展示了开发商如何通过在游戏中扮演买家或卖家来制定最高和最低限价，最终实现将市场价格保持在一个相对稳定的范围内的目标。而现在我们要介绍的方法与之前有两处不同。第一，这一方法注重的是积极动态的管理措施，而不是通过静态设计制定刻板的界限。第二，我们注重数量管理，而不是价格管理，虽然在市场中，这两者会相互影响。使用“水龙头”和“污水槽”机制的目的是保持虚拟经济系统处于一种平衡的状态。而之前提到过的市场结构法则可以确保，在虚拟经济运行失去控制时，其损害可以通过设计行为得到控制。

通过调整效用控制生产

从经济层面出发，有效的经济需求取决于消费者可以从购买某种产品的行为中获得多少效用。在第 3 章中，我们讨论过为什么人们可以通过购买虚拟物品获得效用。然而，这些效用通常会受到一定的限制。虚拟经济的管理者可以调整虚拟物品的效用，用玩家的术语来说，即削弱或增强其属性。这为设计者提供了另一种控制虚拟产品产量的途径。

举个例子来说，玩家的心理因素决定着“ZX—4000 轨道炮”可以给他们带来多少乐趣。作为一款游戏的内容，设计者可以很轻易地改变这种虚拟武器的威力。设计者可以使其成为一种对僵尸杀伤力很大的武器，这可以提高对它的需求。在短期，这会导致该商品相对其他商品的价格出现上涨。但是，在长期，由于越来越多的玩家会尝试制造这一商品，所以它的价格不会一直飙升。数量的增加将会导致价格的下降。在短期，如果你希望有更多的玩家拥有“ZX—4000 轨道炮”，那么你应该为他们提供更多的弹药。

不平等

除了乐于研究衡量货币和商品的方法，经济学家对判断不平等程度的方法也很有兴趣。不平等在这里指的是，人们获得或占有货币和商品的能力的差距。

在第 9 章有关“再分配”的一节中，我们曾经讨论过在虚拟经济中，特别是在游戏中，为什么需要存在不平等，以及它会带来什么。总的来说，为了提供好的游戏体验，设计者需要为每一位付出了同等努力的玩家提供相等的奖励，以此来体现游戏的公平性。但是，与此同时，设计者也需要为那些付出了更多努力的玩家提供更高的奖励。因此，“冰法师”和“火法师”希望拥有相同的赚钱能力，与此同时，玩家还认为，不同等级的法师应该拥有不同的赚钱能力。设计者还应该为玩家们提供一种“社会保险”，以防那些损失了所有虚拟财产的玩家流失。

除了提供完美的游戏体验（例如游戏内容），设计者还需要从虚拟经济系统中赚取利润。在有些情况下，为了实现盈利目标，有些设计者不得不损害虚拟世界的公平性与平等性。举例来说，通过花钱来取得游戏中的成功通常总被视为不公平的做法，它还会损害到其他玩家的游戏体验。然而，究竟什么才是公平和适当的设定，完全取决于不同的产品和用户。一位休闲类手机游戏的玩家也许认为花钱购买一些虚拟商品不是什么大不了的事，然而同样的事在竞争性电脑游戏的玩家眼中则是不可触碰的底线。因此，关键在于设计者能够清楚地识别什么种类和程度的不平等是恰当的，什么种类和程度的不平等是不合理的。

在接下来的内容中，我们首先要介绍一些判断不平等程度的方法，然后介绍一种经济指标，它是讨论不平等不可或缺的工具——失业率。

衡量不平等

判断不平等最好的方法就是，根据任何可以体现不同用户对于平等的重视程度的因素，将它们分为几个不同的组别。在一款游戏中，该因素可以是玩家的等级；在一款非游戏服务中，该因素可以是使用年限或是每周登录次数。然后，根据用户分组，分别计算在前文中提到的那些虚拟经济的衡量指标，例如人均货币流入量（收入）。将结果用百分数表示，以此对比不同组别之间的情况。举例来说，你也许会发现，“冰法师”的收入仅仅是“火法师”的72%。

这种方法也存在着一个问题，那就是我们无法在事先知晓不平等的程度是否会加剧。在一开始，“冰法师”和“火法师”的富裕程度也许一样，但是可能会出现一个日益增大的差距——1%的“法师”会获得很多的战利品，另外99%的“法师”获得的却很少。一旦这种情况发生，就可能愈演愈烈，因为钱能生钱。为了解决这一问题，我们需要找出一种方法，在跟踪监测一个给定变量的变化情况的同时，衡量不平等的程度。幸运的是，我们有一些可以借鉴的方法。

要想观察不平等的程度，不仅要估算给定变量 X 的平均值，还要估算其标准差。在一个标准的正态分布下，大多数用户应该获得的 X 应该处于平均值的两个标准差之间，如果在 X 值之上或之下的标准差与平均值差距很大，那么就说明存在着不平等。

然而，某些经济变量并不服从正态分布，而是遵循幂次法则，如10%的用户有可能占有一半的资源，并且随着分布的走势，每位用户占有的资源比例逐渐降低。幂次法则包括 80/20 法则和 90/10 法则。这两个法则说明了，处于底层的 80%或 90%人口，以及处于高层的20%或 10%的人口，分别可以拥有多少资源。这一分析模式可以概括为一个单一的度量指标——基尼系数。计算该系数的公式并不是本书想要讨论的内容，但是，该系数的确能够很好地表现分配上的差异。如果基尼系数为 0，则分配完全平等。而如果基尼系数为 1，则表示分配绝对不平等。在大多数发达国家，收入的基尼系数一般在 0.3～0.4 之间。

较高的基尼系数说明小部分的人占有了大部分的资源。对于基尼系数来说，出现 0.05 的变化并不常见，这样的变化幅度已经算是很大了。一般认为，基尼系数是一种关键的指标，它可以告诉我们，经济系统是不是已经出现了问题。

失业与未被利用的生产能力

在现实世界中，失业率是一个重要的经济指标，它可以很好地预测不平等情况的发生。然而，这一点似乎并不适用于虚拟世界。在现实世界中，失业率是根据调查数据计算得到的。一定数量的适龄劳动者会被询问是否有工作，而回答没有工作的人，会被询问是否正在找工作。有工作的人和正在找工作的人称为劳动力。正在找工作的人数占劳动力总数的比例称为失业率。因为在虚拟世界中，人们并没有真实意义上的“工作”，所以统计失业率是毫无意义的。

出于经济和心理上的原因，在现实世界中，失业是糟糕的。一个没有工作的人必然没有收入，也就无法购买物品；而无法购买物品的人越多，经济状况就会越差。更重要的是，没有工作的人也没有自己的事业，这可能对他们的幸福感产生一种毁灭性的影响。失业是滋生不满的温床。

经济学家关心失业率还有另外一个原因，它关系到效率。从经济学的角度出发，没有工作而又想要找到工作的人是在浪费时间。这些人有能力和意愿为他人创造价值，然而却无法这样做。从这个层面来说，失业的人就像是一个空的工厂或是没有耕种的田地：一种应该被利用的资源。未被利用的生产能力是经济效率低下的标志。当大量的资本（人力资本和物力资本）没有得到使用时，人们将无法得到充足的商品和服务。

从这个角度来说，我们可以了解到，虽然在虚拟经济层面失业率并不是一个实用的经济指标，广义上的未被利用的生产能力却适用于虚拟环境。到底有多少东西是没有被玩家利用起来的？该虚拟系统提供的投入和资源有多少是无用的？虽然在虚拟经济中不存在“就业”的概念，但是却存在“有价值的活动”这一概念。“失业”可以被转化为“无法找到有价值和有乐趣的活动”，或者是“无法找到好的赚钱方法”。明确这一点之后，我们了解到，失业这一概念对于虚拟经济系统的设计者与现实世界的政策制定者来说，同样重要。在现实世界中，失业会使人们感到沮丧；而在虚拟世界中，“失业”会使玩家感到无聊并不再玩下去。运用一些简单的调查手段，设计者就可以了解到玩家（哪一类玩家）是否难以找到“有价值的活动”。①

---

① 更多关于失业与未被利用的生产能力的内容，可以参见 Mankiw（2009，第 6 章）。

累进和累退的政策

利用累进和累退的政策可以解决不平等问题。“累进”（progressive）和“累退”（regressive）这两个词原本来源于税收政策，代表两种对立的课税类型。实行累进税，会增加富人税收负担，而穷人的税收负担则相对较轻。实行累退税则起到相反的效果。补贴政策同样可以分为累进和累退两种：累进补贴可以带给穷人更多的利益，而累退补贴则会让富人获利。在设计和管理虚拟经济时，用某种方式——例如拥有的财富——衡量出来的不公平问题，可以使用累进和累退的“水龙头”机制和“污水槽”机制进行解决。

使用累进和累退的政策还有一个优点，它们可以帮设计者找出不妥之处。设想一下，某个虚拟经济系统的管理者遇到这样一个问题：有犯罪分子利用该系统洗钱。赃款被用来购买虚拟货币，然后这些虚拟货币从一人手中流到另一人手中，后者再将这些虚拟货币转换成真实货币，从而达到洗钱的目的。想要实现类似的目的，交易量必须足够庞大。设定一个覆盖了99%交易行为的累进税政策，将可以杜绝这样的洗钱行为。类似地，利用系统漏洞制造大量非法虚拟商品的行为，也可以通过一个累进的惩罚体系得到解决。举例来说，对拥有大量库存商品的行为收取巨额费用，便可以解决这样的问题。

经验

到目前为止，我们讨论了管理虚拟经济的一些主要方面，包括：货币、商品、公平性。接下来，我们要介绍一些用于刻画用户满意度和对虚拟经济系统评价的方法。它们对于之前介绍过的其他方法是一种很好的补充，可以让设计者在了解虚拟经济系统中主观的理想状态后，再进一步了解其客观的物质状态。这一点对于虚拟经济十分重要，因为虚拟经济的产出大部分是虚构的、非物质的。

幸福感

无论是真实经济还是虚拟经济，其目标都是让人们获得更多的幸福感。经济学家绞尽脑汁思考如何提高人民的收入和财富水平，并尝试用更为直接的方式衡量快乐的主观状态。衡量幸福感最常见的标准是“生活满意度”。要想得到这一数据，方法十分简单，只要直接要求被调查者对自己生活的满意程度打分（0～10 分）即可。虚拟经济的设计者也可以使用这个方法，只需要设计一份调查问卷（仅需针对一定数量的用户），直接要求被调查者对自己的虚拟生活的满意程度打分即可。与基尼系数一样，生活满意度也不会剧烈变动。正常情况下，该数值应为 6～8。0.5 的变化程度就足够说明已经发生了需要关注的情况了。[①]

信心

市场分析者经常使用一个学术界不常使用的指标，那就是基于数据调查得到的消费者信心评估。与生活满意度类似，它也是一种主观的心理衡量指标。接受调查的人会被问到他们是否对自己的经济前景充满信心，以及他们在未来数月中希望购买哪些商品。消费者信心指数可以用来预测经济增长前景。这是因为信心会不断自我加强（这同时也是它的弱点所在）。如果人们担心经济前景恶化，他们就不会购买许多商品，这反过来对经济产生不利影响。如果人们相信经济环境会变好，这就会刺激消费，从而使经济升温，这反过来又会增加人们的信心。

在虚拟层面上，调查人们对未来虚拟经济形势的态度，也能得到类似的、可以用于预测真实情况的数据。

投资

经济学家使用收入水平来衡量人们的快乐程度，类似地，投资的总量也可以用来估测人们对经济是否抱有信心。人们之所以进行投资，是期待在未来获得回报。举例来说，一位玩家也许会花费大量时间建造一个虚拟的谷仓，它可以持续不断地产生微薄的回报。前期投入在建造谷仓过程中的时间就是一种投资。建造者要么享受建造的过程，要么希望

---

① 有关更多的衡量人们对于幸福感的主观评价的方法，请参见 Layard（2006）。Richard Layard 是一位杰出的经济学家，在学术生涯晚期，他开始醉心于研究各种经济变量与真实的幸福感究竟有怎样的关系，他的贡献推动了幸福经济学的发展。

在未来获得利益。通过衡量现在投资可能带来的预期收益，设计者可以判断玩家们是否已经被虚拟世界所吸引，并且满怀希望地等待着在将来获得投资回报。

撤资——和出售行为一样——象征着信心的减弱。撤资就相当于将未来的预期收益卖出以获得眼前的利益。如果某位玩家打算将预期收益贴现，那么说明他正准备离开这款游戏，设计者需要关注类似的行为。

工资

在现实生活中，工资用来衡量生产率、机会以及时间的价值。工资的定义是每小时的收入。对于被支付工资的受雇者来说，计算每小时工资最简单的方法就是用周收入、月收入、年收入除以工作的小时数。

工资水平可以告诉我们，雇主愿意支付多少薪水来雇人完成某项工作。因为在正常情况下，雇主不会愿意一无所获，所以，我们假设受雇者创造的价值必然高于其得到的工资。从而，就可以把工资水平当做一种衡量每小时生产率的标准。从这个角度上说，工资水平还应当与另一种衡量生产率的标准有关，那就是每小时的单位GVP。

之所以说工资水平可以用来衡量机会的价值，是因为它可以告诉我们，受雇者每工作一小时可以获得多少额外收入。工资水平的差异意味着，虽然每个人的一天都有24小时，但是收入水平低的人必须工作更长的时间，才能获得收入水平高的人在一小时内获得的收入。工资水平的差异——特别是对那些认为人与人之间不存在差异的人来说——正是不满的来源。

工资水平还可以用来衡量时间价值。一种观点认为，将时间花在某项活动上的人面对着另一个选择，那就是将这段时间用来工作。这样一来，他们就可以获得一笔收入。因此，我们可以说，进行某项活动花费的成本——机会成本——便是他们将这段时间用来工作所能得到的工资。使用工资水平度量时间价值可以帮助政府估计交通拥堵的成本：那些陷于交通拥堵中的人们必然损失了些什么，估量其损失的最好方法就是计算其浪费的时间价值。在劳动力市场上，人们用自己的时间换取收入，而工资体现的正是这些时间的价值。

与失业率一样，这些概念并不能很好地适用于虚拟世界。因为在虚拟世界中，不存在支付工资的劳动力市场。但是，在虚拟世界中，的确存在支付隐性工资的受雇者。在虚拟环境下，我们可以将玩家赚取的收入除以其花费的时间，从而得到其每小时收入。它也许并不是真正意义上的工资，但是它的确可以用来衡量这位玩家的生产率。它还与玩家在虚拟经济中获得收入的机会有关。

在虚拟经济层面，工资的时间价值是一种备受关注的因素。在多数情况下，玩家在虚拟世界的投入资源就是自己的时间。因此，弄清楚这些时间投资到底价值几何是极其重要。如果听说用户们在某一款虚拟服务上花费了 100 000 美元，设计师一定认为这是好消息；然而，如果用户们花费在这款虚拟服务上的时间为 35 000 个小时，这又说明了什么呢？如果在另一款类似的虚拟服务中，用户们花费了 20 000 美元和 120 000个小时，那么如何衡量这两款虚拟服务中用户的总体投资呢？究竟一个小时的价值是多少呢？为了让时间投资这一概念产生意义，就必须要估算出用户的时间价值。要实现这个目标，有两个步骤：首先，调查样本用户在现实世界中的收入水平和每小时生产率，然后尝试着使用真实货币将其表示出来。

工资水平可以透露出经济系统的“健康”程度，因为低收入会使人们丧失快乐感。薪酬水平不上升，人们的购买力也就不会上升。正如我们提到过的，工资水平不公平将导致人们产生不满情绪。

数据的收集和分析

表 12—4 汇总了我们在本章讨论过的所有经济指标。从绩效管理的角度出发，我们描述了这些经济指标之间的关系：它们是如何相互影响的。了解了这些指标之间的关系，就可以将它们运用到绩效管理框架或虚拟计分卡之中。当你再次遇到有关用户满意度、盈利或其他方面的问题时，就可以检查这条因果关系链，找出问题出现的环节，并对之进行干预。

表 12—4　　虚拟环境中的经济指标

经济指标	描述	与其他指标的关系
货币政策		
狭义货币供应量（M1）	流通中的虚拟货币。	影响消费者物价指数
广义货币供应量（M2）	流通中的虚拟货币以及其他可以当作货币使用的虚拟物品，以它们的货币价值计算。	影响消费者物价指数
消费者物价指数	衡量一组固定虚拟商品的价格水平的指数。可以用来判断经济是否处于通货膨胀/通货紧缩状态。针对不同的消费者群体，可以分别计算其消费者物价指数。	滞后于 M1 和 M2
货币流入总量	某一时间段内，“创造”出来的货币总量。该指标也可以用人均标准衡量（收入水平）。	影响 M1 和 M2
货币流出总量	某一时间段内，“消耗”掉的货币总量。该指标也可以用人均标准衡量。	影响 M1 和 M2（反比关系）
可自由支配的收入	货币流入量与货币流出量（税收）之间的差额。	相比于收入水平，该指标可以更好地衡量幸福感
汇率	虚拟货币与真实货币之间的交换比率。	滞后于消费者物价指数（反比关系）
生产力		
名义虚拟总产值（名义 GVP）	某一时间段内，制造出来的商品的总价值，以目前的货币价值计算。该指标也可以用人均标准衡量。可以显示经济状况的名义变化趋势。	影响财富水平；与消费者物价指数存在关联性
实际虚拟总产值（实际 GVP）	某一时间段内，制造出来的商品的总价值，以基年的价格水平计算。该指标也可以用人均标准衡量。可以显示经济状况的实际变化趋势。	影响财富水平
财富水平	经济系统中所有商品的价值。该指标也可以用人均标准衡量。	滞后于 GVP
商品流入总量	某一时间段内，某一类商品的制造量。该指标也可以用人均标准衡量。	影响市场价格

续前表

经济指标	描述	与其他指标的关系
商品流出总量	某一时间段内，某一类商品的消耗量。该指标也可以用人均标准衡量。	影响市场价格（反比关系）
市场价格	某一类商品的价格水平。	滞后于货币流入总量、货币流出总量，以及商品流入总量、商品流出总量；与消费者物价指数存在关联性
未被利用的生产能力	某种资源（矿产）未经使用的百分比。	影响 GVP（反比关系）
不公平状态		
相对收入水平或其他衡量标准	收入水平，或者其他一些可以显示某一群体相对于另一群体状况的指标。	不公平或极端的不平等将导致用户满意度的降低
标准差	基础的衡量方法，针对某一具体的衡量不公平状态的指标（如收入水平）。	
基尼系数	高级的衡量方法，针对某一具体的衡量不公平状态的指标（如收入水平）。	
失业率	无法找到有价值活动的用户占全部用户的比例。	导致不公平并降低用户满意度
体验		
满意度	用户对自己的虚拟体验的满意度，以 1～10 分计算。	可用于衡量幸福感
信心	衡量用户对经济状况的信心，或是对本阶段和下一阶段支出的比较。	影响 GVP、货币流入总量、货币流出总量、商品流入总量、商品流出总量
投资	与不具备高度流动性的资产结合在一起的财富。	其变化幅度可以衡量用户的信心
工资	用户时间的货币价值，以虚拟或真实货币计算。	可用于衡量幸福感

也就是说，在一个复杂的经济系统中，不同的经济指标和概念之间会产生关联。当经济运行出现变化时，这些指标之间的关系也会随着时间的推移出现变化。因此，我们必须意识到，要想管理好虚拟经济，并不仅仅是单纯地最大化某一经济指标。它关系到监测多种不同的经济指标，判断它们是否和我们认为的那样，相互之间继续产生影响。当经济

进入一个新的阶段时，设计者必须更新自己对它的理解，并改进自己调整经济运行的策略。十多年来，虚拟经济系统一直被很好地管理着。和《哈宝》、《星战前夜》这些游戏一样，《魔兽世界》的虚拟经济世界也在不断地调整着。

虚拟经济管理应当被看做是两个相互平行却又彼此独立的方面。首先是日常管理，其目标是，在已知目前虚拟经济运行情况的前提下，确保系统处于平衡状态，并尝试最大化某些经济指标。其次是经济分析，其目的在于了解每一种可以衡量经济状况的维度以及虚拟经济系统本身，确保它们得到更新和改进。在分析过程中得到的知识，可以用来改进目前的虚拟服务水平。同时它还可以用来设计更新，以提供更好的服务。以上这些方法可以运用在游戏和其他一些虚拟服务中，例如建立虚拟货币和激励系统。在本章的剩余部分，针对虚拟经济，我们将提出一些可用于实际操作的数据收集和分析方法。[①]

处理大数据

虚拟经济系统会产生大量的数据。社会科学家将这类有关人们的选择和行为的具体而详细的数据称为“大数据”，它为研究和决策提供了全新的可能性，但同时也导致了不合理的监控行为。[②] 大数据向虚拟经济管理者提出了现实的挑战：如何才能储存和管理如此巨大的数据量并合理地使用它们。下面，我们将简要地介绍一些最典型的问题及其解决方法。

举例来说，我们可以考虑一些关于虚拟物品购买方面的数据。原始数据可能包括数以百万计的，类似于“47 级的镶嵌了翡翠宝石的火剑”这样的虚拟装备的描述性数据。那么，针对这把剑的购买行为会不会影响虚拟经济的管理决策呢？答案是影响很小。为了得到有关市场表现的更为宏观的描述，我们需要用元数据（metadata）补充原始数据。举个

---

① 一些通用的处理宏观经济数据的方法，可参见 Mankiw（2009，第 2 章）。

② 有关大数据及其社会意义的介绍，请参见 Mayer-Schönberger and Cukier（2013）。Victor Mayer-Schönberger 是一位研究互联网治理与监管领域的教授，Kenneth Cukier 是一位数据记者（data journalist）。有关大数据研究的具体案例，可参见 Bollen，Mao，and Zeng（2011）。

例子，这把剑的元数据可能包括："47 级"、"介于 45～50 级之间"、"用于砍杀"、"剑"、"存在附加伤害"、"附加伤害属性：火"、"属性升级"、"属性升级原因：镶嵌了翡翠宝石"。这些元数据可以帮助我们从不同的角度分析市场。在一开始就拥有合适的元数据可以避免许多麻烦。在加总了大量数据并数次更换了数据库之后，再使用元数据将变得更加困难。在有些情况下，"大数据"仅仅意味着"一团糟"，带给你的除了麻烦，什么也没有。

拥有一个元数据框架不仅可以帮助你做分析，还可以减少用于分析的数据的存储量。以上这个例子中，一把剑最为关键的元数据（根据我们的游戏经验推测）是"武器"。通常，设计者会关心针对"武器"的交易市场，也许还会关心"介于 45～50 级之间的剑"的交易市场，但是，不会有设计者把注意力放在"47 级的镶嵌了翡翠宝石的火剑"的交易市场，因为这样的分类过于细化。为了减少用于分析的数据的存储量，设计者可以记录某一段时间内，玩家们对某一类商品的交易量，但是却不应该记录每一笔具体交易。然而，这样做也有缺点，那就是当设计者在未来希望应用那些细化的数据时，无法追溯到原始数据。

在现代分布式存储系统的帮助下，数据存储已不再是不可克服的问题。但是，检索和分析大量的数据仍然是非常困难的。想象一下，设计者希望通过一个快捷的点击式界面便可以访问数据。为了实现这一点，就需要让反应时间尽量短暂。根据不同的查询或分析目的，操作大量的数据集可能需要从几分钟到几天不等的时间。

在现实世界中，经济领域的统计学家利用样本来解决这一问题。如果你希望了解某一变量在一段时间之内的总体变化趋势，你不需要观察每一个对象，并计算出它们的平均值。想要知道巴伐利亚人的一般体重，不必测量每个巴伐利亚人的重量。在已知该地区人口总数（1 200 万）的前提下，我们需要做的是抽取其中的 1 000 人，测量其准确的体重数据。统计学家了解需要抽取的样本数量，一般来讲，一旦样本数量达到千位数，就能够利用它准确地估计出数量巨大的被研究对象的变化趋势。显然，一个样本无法满足设计者利用数据挖掘技术来识别个人用户的要求，但是，以开发和衡量经济指标为目的的管理行为，也不需要这种分析手段。

的确，使用样本来估测整体趋势会产生一些误差。然而，当尝试分析大量数据时，适当的误差范围（2%～4%）是可以接受的。在美国，人口普查的准确性一直是人们争论的话题。宪法中的相关内容规定每隔十年就要进行一次人口统计。由于一些人很难被找到，普查工作已知存在误差。统计学家认为（已通过数学方法验证），使用样本采集的方法可以提高数据收集的准确性。（这种方法的成本也相对较低，但这又是另一回事了。）大量采集数字化的数据看上去应该不存在误差问题——计算机能够顾及每一个个体——但是，最终这些数据还是会被人类使用，其数量之大必然导致时间延迟成本和简单的错误。

总的来说，尽管大数据提供了全新的研究方法，但是，在虚拟经济管理中，设计者并不需要收集所有的数据，甚至在通常情况下，最好只收集少量数据——从保护用户隐私的角度出发。虚拟经济变得越重要，我们就越应该注意虚拟数据的私人性和敏感性。从另一方面来说，虚拟数据还可以被用来进行前瞻性的分析，甚至是起到学术性的作用。从这个角度看，数据越多越好。但是，我们仍然需要在考虑到道德问题的情况下，收集和储存这些数据。

理论的重要性

大量的数据，再加上不同的分类方法，最终将带给我们发现数据之间相互联系的可能性。“啊哈！那些穿黑色裤子的玩家每月在我们游戏上的花费超过 40 美元!”一些关联性的确体现了两个变量之间真实存在的因果关系；一些关联性是由第三种变量导致的；一些关联性是人为地由收集和处理数据的方法造成的；还有一些关联性纯粹是随机出现的偶然现象。想要从观察到的相关性上推导出可操作的内容，就必须要弄清楚我们发现的关联性属于以上哪一种。

为什么穿黑色裤子的玩家会在游戏上花更多的钱？这不是一个有关数据的问题，而是一个有关理论的问题。所谓理论，就是一种试图解释我们所找到的数据情况的模型。在介绍经济指标时，我们提到了一些因果机制，它们可以合理地解释这些经济指标之间存在的联系。因此，当我们发现在某个虚拟经济系统中，CPI 和货币供给都在迅速上升，我们有理由相信，是货币供给的增加造成了 CPI 的上升，我们需要收紧货币供给。然而，在“穿黑色裤子”和“花更多的钱”这个问题上，我们很难找出合理的理论解释其中的联系，特别是那种可以被简单的研究和经验所支持的理论。但是，毕竟数据显示了二者之间的联系。我们可以进行粗略的猜测，猜想“穿黑色裤子”会导致“花更多的钱”，并且根据这样的逻辑，安排下一步的管理措施。但是，当我们发现的数据显示了数十个甚至上百个这样的联系时，我们显然需要找出一种方法来识别哪些是真实存在的联系，哪些又是表面上的、虚假的联系。理论本身就是这种方法。这就是为什么，即使在大数据时代，我们眼前真实发生着各种各样的状况，我们还是需要总结出抽象的经济学和社会学理论。

公开数据

理论不断被总结出来。就在我们写这本书的时候，经济学家们仍然在争论货币供给与价格之间的联系。新发现的数据检验、阐释、重新定义着理论。在本章的结尾处，我们呼吁虚拟经济的设计者们公开他们观测到的数据。

让设计者们公开数据，可能是出于一些比较自私的原因。学者、学生甚至是用户都会通过分析找到一些新发现，可以帮助设计者改进虚拟服务。数据还可以帮助经济更好地运行。数个世纪以来，人们一直在劝说政府公开（诚实地）发布经济数据。经济活动的参与者需要依靠这些数据来制定决策。隐藏这些数据会导致焦虑和危机。隐藏数据的行为还表明决策制定者怀有恐惧的心理，并且是不称职的。这并不是决策制定者希望传递给人们的形象。研究《星战前夜》的经济学家——艾容福·古芒德森（Eyjólfur Guðmundsson）——正准备向玩家公布有关这款游戏的数据和分析结果。

设计者公开虚拟经济数据的能力会受到一些因素的限制，包括：公开成本、商业机密数据（例如收入）、游戏奖励数据、涉及隐私的数据。要想解决这些问题，我们还有很长的一段路要走，要像政府一样，公开经济总体指标而不是原始数据。对大众公开的虚拟经济数据变得愈发重要，这不仅仅是对用户来说，因为不同的经济因素相遇时会产生摩擦。现实和虚拟经济以各种各样的方式彼此联系。现实世界中，政策制定者已经公布了大量的经济数据。如果虚拟经济的管理者也能公开经济数据，那么我们都将从中获益。

第 13 章

政策制定

在本章中，我们要讨论发生在虚拟世界中的实际问题。虽然虚拟经济设计者看似拥有更强的决断力，但是虚拟世界中存在着和现实世界相似的问题。虚拟经济管理者拥有的决断力并不一定真的可以帮上很大的忙。仅仅成为一个“独裁者”，并不意味着可以将虚拟世界治理得更好。制定良好的政策比单纯发布新的法律更为有效。

在第 12 章中，我们将看到更多的可用于管理虚拟经济的工具。这些工具本身并不能告诉管理者该如何解决问题。回想一下虚拟经济的基本目标：内容、用户、盈利。判断这些目标是否得到了实现是很困难的，特别是在面对成千上万的玩家时。到目前为止，我们已经介绍过诸如如何降低虚拟商品的售价之类的问题。但是，如何判断虚拟商品的售价是否过高了呢？如何掌握改变价格政策的方法呢？这一点可能是存有争议的：管理者如何才能说服用户接受改变呢？

本章中将要涵盖的话题包括：如何识别经济系统需要的政策？如何制定这类政策？如何实施这类政策？如何评估其效果？在结尾处，我们会回顾一些经典的经济政策问题，并研究它们是如何在虚拟环境中发挥作用的。

政策与设计的区别

乍一看，政策流程与设计流程似乎类似。一开始，设计者会思考一个系统所需的许多不同的概念；然后，设计者会想出一系列可以满足系统所需的规则和机制；接下来，设计者会尽量使这些规则和机制具体化；最后，通过立法实现这些规则和机制。在制定政策或进行设计时，一个团队会逐步执行上述的流程。这时，政策流程与设计流程最关键的区别便会显现出来，前者围绕玩家社团展开。实际上，一些设计者会将玩家作为中心来进行设计，在这种情况下，两种流程之间的区别就变得模糊起来。总之，政策制定以玩家开始，也以玩家结束。

玩家们会扮演不同的角色。在现实生活中，“玩家”便是被管辖的公众。公众可以用很多种方法来表达他们对于政府在做什么的关心。通过这些表达方式，政府了解了公众的想法。原则上，政府会设计出一些方法满足公众的需求。然而，在实际操作中，政府官员更注重自己的利益和资源。人们寄希望于，治理体制可以实现公众的需求与政策制定者满足这些需求的诱因两者之间的统一。最终，政策会被采用并施加于公众，而后者会表明自己的立场。如果公众很满意，则说明该政策取得了成功。

因此，在构想、设计、实施政策的过程中，公众的利益与之时刻保持着紧密的联系。此外，决策过程的有效性会约束政策。批判地看，公众的利益会改变或抵消政策的努力。因此，管理规则和机制的改变是一种降低失败风险的方法。

利益聚合的问题

政策流程以发现受影响的公众的需求为出发点。优秀的政治家对公众的偏好有敏锐的第六感，但是大多数人做不到这一点。相反，普通人必须依靠不同的方式了解公众的利益所在。政策要想取得成功，就需要某种利益聚合（interest aggregation）：不仅要弄清楚公众想要什么，还要弄清他们分别想要多少。这不是一个平凡的问题，目前政策分析者还没有能够很好地解决这一问题。

民意调查

有些情况下，可以通过问卷调查的方式了解不同公众的利益取向。

可以通过问卷调查询问公众他们认为目前最大的公共问题是什么，或者他们是否支持某一项政策。尽管看起来这种形式是最简单也最直接的了解民意的方式——只要肯张嘴问他们就行了，但是在实际操作过程中，问卷调查还是会产生一些问题。

问卷调查这种形式存在的其中一个问题是：接受调查的人会被提供一些相对自由的选择。没有人能保证他们会据实回答。有些时候，人们接受调查只是想“传递一种信息”，他们会尝试着按照自己希望看到的调查结果的方向答题。举个例子来说，也许有人会被问道，要支付给他多少钱，他才愿意让政府在自己家附近修建一座污水处理厂，他的回答也许是“100 万亿美元”，因为他根本不愿意让政府在自己家附近修建一座污水处理厂。接受调查的人给出的答案也许还会受到当天新闻的影响。这些不严肃的答案可能会扭曲调查结果。

问卷调查这种形式存在的另一个问题是非随机性。一个真正的随机（即具有代表性的）调查需要花费的成本并不低，因此，一些调查会采用“方便样本”。比如，向某一个电子邮件联系列表上的人发送问卷调查邀请。也许你仍然可以看到不同的利益取向，但是，如果这一列表上的人仅仅代表社会上某一特定群体的利益，那么我们得到的调查信息便是扭曲的。

最后一个问题是，调查的结果有时无法指导具体的行政操作。如果某一项调查的结果显示，人们最为担忧的问题是“犯罪”，也许这并不能说明人们希望简单地增加警力。在人们无法掌握充分的信息时，即使一些具体的有关政策的问题，例如，“您是青睐 A 政策还是 B 政策?”也有可能导致无效的调查结果。在试图比较一项已经存在的政策和一项尚未执行的政策的优劣时，人们很容易产生一种偏见。“请问，您更倾向于目前执行的每小时 30 英里的限速，还是更倾向于每小时 90 英里的限速呢?”对于那些没有体验过每小时 90 英里这样的速度的人们来说，他们只能运用自己的想象力，然而这种想象力是很容易出现偏差的。

媒体

还有另外一种可以了解公众利益取向的方式，那就是媒体报道。那些撰写关于政策问题的文章的记者很容易接触到民意，特别是当他们愿意走到人们中间，通过直接采访的形式获取资料时。不幸的是，这些文章一般依靠的只是极少量的采访信息。你甚至无法判断文章中提到的人是否真的可以代表大众。

媒体报道还存在另一个问题，它们通常会聚焦于一些细节和反应。它们的确可以帮助我们了解人们为什么不开心，但是却无法提出实际的解决方法。

尽管如此，媒体为我们呈现的情景是需要引起我们注意的，因为媒体报道有力量影响人们对某一项政策的看法。

公众讨论

一些政策制定流程包含公开会议这种讨论方式，也就是说，在制定某一项政策时，会邀请一些民众发表自己的意见和想法。在网上社区，这种形式的讨论一直存在于论坛中，虽然讨论的对象也许仅仅是某一款游戏中的一件虚拟物品。

公众讨论是很难评价的，所以这种形式需要小心对待。理论上，在论坛中勇于发言的人是最富激情也最有责任心的人。如果发言的人来自不同的社会群体，那么发言的内容就必然具有价值。而如果发言的人代表某一边缘群体的利益——这种情况更为常见——那么他们的意见将非常重要。但是，最热烈的公众讨论如果与媒体平台相结合，将影响更大范围内民众对某一项政策的看法。

即使与媒体平台相结合，公众讨论通常无法产生决定性的作用。即使是消息最为灵通的公众讨论，也无法意识到政策制定者们将会遇到的种种限制与约束。他们通常低估来自其他团体的声音，同时过分强调自己团体应该得到的利益。

投票

有些情况下，政策的选择会直接通过投票的方式做出。因为投票行为是自由的，所以这种方式也不免多多少少牵扯到一些做民意调查时会遇到的“偏见”问题。但是，一旦人们意识到自己的投票最终将真正影响到政策的实行，他们就会变得更为严肃一些。

当政客们呈现了政策的决策平台并接受通过投票作出决策时，投票行为还起到了利益聚合的作用（见框 13—1 中虚拟世界的例子）。然而，政策的表述通常是模糊的。并且，我们已经知道一些政客会有意识地误导公众，使他们无法做出自己原本希望做出的选择。

框 13—1　《星战前夜》中的利益聚合模式：恒星管理委员会

CCP 游戏公司有一种独特的方法可以实现玩家的利益聚合。每隔 12 个月，《星战前夜》的将近 50 万名玩家便会进行投票，选举出恒星管理委员会，由该玩家组织负责向 CCP 游戏公司转达玩家们的要求。这个由 14 位成员组成的委员会被授权通过特殊的在线频道或面对面的会议向游戏的开发者传达玩家们的愿望和不满。为了让自己的意见被听取，任何一位玩家都可以在一个专门为此建立的论坛上向委员会提出申请，支持某一位与自己观点一致的候选人，或者直接参选。与此同时，一个基于游戏内玩家联盟的“政党”制度也由此建立起来。为了体现该委员会的权威性，CCP 游戏公司会在做出决策时参考该委员会提出的意见。为了表示支持，在该委员会成员前往冰岛的雷克雅未克与 CCP 游戏公司进行面对面的会议时，后者还会负责承担往返机票。此外，这类面对面会议是完全向玩家们公开的。

这种管理委员会体制给 CCP 游戏公司带来了很多益处。该委员会不仅可以将原本需要公司管理者亲自面对的、来自玩家的抱怨和要求汇总起来，还可以为游戏的开发者提供一些有益的建议。同时，当开发者对游戏做出新的改变时，该委员会还可以充当媒介，向玩家传递消息，并进一步帮助开发者赢得玩家们的支持。该委员会还可以为玩家们提供一个官方的渠道，通过该渠道，玩家可以向开发商发泄自己的不满并提出合理的建议。

2013 年 10 月，第八届恒星管理委员会被选举出来，该委员会已经向 CCP 游戏公司的游戏开发者提出了数以百计的问题和建议，范围涵盖从用户界面修复到宏观虚拟经济调整等诸多方面。

行为

行为类似于“用脚投票”或者“把食物送到嘴里”。它大概是掌握利益聚合信息最全面的来源。与接受调查问卷不同，行为会耗费真金白银和时间。行为展示的是整个社会的情况，它与一小部分群体在某个论坛上发表的帖子完全不同。

通常，我们假设公众的行为会趋向于大多数人喜欢的事情，而不是大多数人讨厌的事情。公众对某样商品或服务表现出来的一时兴趣，会给销售这些商品或服务的人带来大量的利润，同时还会导致同类商品或服务的价格和产量上升。相反，如果公众对某样商品或服务不感兴趣，那么围绕它们的周边商业情况将慢慢衰退。利润（关注度、点击率、点赞数等）是反映利益聚合的标志。

通过大家的行为来判断公众的利益取向存在一个问题，即它很少能够直接表明公众的政策倾向。举个例子，假设大豆突然涨价，这是一种大范围的市场行为，它说明了社会对于大豆的需求和供给情况。通过一些调查，你也许能够证明，大豆的价格上涨是因为对其需求出现了上涨。那么这对政策制定有什么帮助吗？没有，因为它并没有清晰的指向性。也许是因为大家都喜欢吃大豆。也许是因为人们对更高的价格的承受能力比较好，也就是说，人们还是愿意继续以高一些的价格购买原数量的大豆。还有可能是因为，某项研究结果表明，大豆可以很好地预防某种疾病，所以人们才会争先恐后地去购买它。仅仅因为你可以观察到某种行为出现了激增，无法断定你应该采取什么样的措施应对该行为趋势。

特殊利益群体

上述内容提及的每一种形式的利益聚合，无论是投票、公众讨论、媒体、行为，还是其他一些类似的方式，都需要通过收集信息并向决策制定者报告来实现。这必然要经历一个官僚化、组织化的过程：有人控制着数据的采集，并有权解释这些数据意味着什么。对政策的结果特别感兴趣的人也会关注那些通过利益聚合制定政策的决策者。后者会试图使用最有说服力的手段来鼓励大家接受某项政策。有些时候，特殊利益团体带来的信息非常有用。举例来说，一项不全面的调查也许会忽视某一群体的重要性，然而，该群体也许可以通过媒体、公众讨论或者是与决策制定者的直接对话，参与到利益聚合流程中来，发出自己的声音。有些情况下，这样的方式的确可以带给决策制定者一些他们原本并不掌握的信息。

然而，我们都知道，特殊利益会导致信息聚合上的严重偏差。这种偏差的其中一种表现形式是影响利益的集中度。大多数政策对某些群体的影响必然大于另一些群体。事实上，在大多数情况下，政策的变化会在帮助一些人的同时损害另一些人的利益。如何实现这些正面的影响和负面的影响之间的平衡，对政策制定会产生很大的影响。如果某项政策对一小部分人产生巨大的正面影响，同时对大多数人产生不明显的负面影响，那么这一小部分人就会自然而然地快速组织起来，并大声说出对这一政策的强烈支持。与此同时，由于该政策对大多数人产生的负面影响并不明显，所以反对的声音也并不激烈。如果政策制定者将过多的注意力放在那些有强大话语权的人群，政策制定就会出现偏差（事实上，这种情况常常发生）。由于这种偏差的存在，治理行为常常为小部分的、有组织的、有话语权的群体送上利益，损害的却是大多数的、无组织的群体的利益。这样会使政策制定者受到那一小部分群体的拥戴，但是，从整个社会的角度来说，这样的偏差是不健康的。表 13—1 中给出了一些有关的例子。

表 13—1　　利益获得群体与利益受损群体

政策种类	利益获得群体	利益受损群体
养老保险	退休的人和年长者	正在工作的人
国防开支	国防工业体系雇员	所有公民
高级游戏内容	资深玩家	普通玩家
社交网络设计	经常进行网络社交的人	不经常进行网络社交的人
多用户在线环境	目前的用户	潜在的用户

在虚拟世界，利益聚合同样会遇到问题。某一虚拟系统当前的用户也许并不是开发商想要吸引的群体。举例来说，最早接受一款全新在线游戏的玩家都是乐于体验更难的游戏过程的玩家。如果设计者以这类玩家作为目标群体制定政策，那么就很可能丧失一大群现在的玩家。在这

个例子中，听取玩家的意见似乎对游戏的进步没有帮助，相反，还会阻碍游戏的进一步发展。

有三种方式可以帮助设计者绕过这一陷阱：第一，听取所有潜在用户（目标群体）的想法，而不是仅仅听取目前用户的想法。这种方法的缺陷在于，没有使用过该虚拟系统的用户无法准确地表达自己的想法。第二，听取目前用户的想法，但是给予设计者希望吸引的潜在用户的意见更大的比重。第三，设计者使用自己的直觉，这种方法成功与否取决于设计者是否可以很好地掌握潜在用户的需求。采用以上这三种方法均会承担一个风险：如果没能实现利益聚合，那么不仅仅无法吸引新的用户，还会失去已有的用户。

政策制定流程

尽管实现利益聚合存在种种困难，但是设计者还是可以收集到一些关于用户需求的有价值的信息。他们接下来需要面对的问题就是，如何设计出新的规则和机制来满足这些需求。

使用户参与政策制定

在游戏产业，一种常见的政策制定流程是，关起门来按照自己的想法设计政策，然后对其进行测试，并最终发布这一政策。在现实生活中，政府已经意识到应该让公众参与到政策制定的过程中来。虽然这被看做是一种混乱的模式，但是它却的确存在着一些不可否认的优点。

在现实世界中，公众可以通过几种不同的方式参与到政策制定的流程中。第一，在大多数国家，公众有权决定政策制定者的人选。民主制度可以确保，当政策决策者制定了一项不受公众欢迎的政策时，他就会失去公众的支持。在以营利为目的的虚拟经济系统中，存在着一个相似的流程。如果政策不合理，用户就会离开。通过投票选举政策设计者存在一个问题，即政策制定团队的成员分别代表着不同的利益群体，每个人都有自己的想法。政策的出台就像是一段一段的香肠，缺乏连续性。

有时候，公众能以更为直接的方式参与到新政策的制定流程中。公众可以在公民大会上讨论一些即将出台的法律草案，并对其提出建议。这就像是在推出一个新的设计前，通过反馈论坛征求用户的意见。

测试

游戏公司拥有一个优势，它们可以在正式推出新政策前，对其进行测试。这也许是在政策制定流程中体现玩家利益的最有效方式。当你对一个新系统进行测试时，被邀请进入的用户展现的是真正的行为，而不是在回答调查问卷上虚拟的假设。与此同时，用户不能干涉或扰乱政策制定流程。

测试某一政策最有效的方法就是模拟完全一样的环境，并将政策变化加入其中。随机选取一些对象试玩一段时间。采集这些对象的满意度信息以及相关数据，包括他们的支出情况、游戏时间等。如果这些对象表现得精力充沛、兴奋、热情，那么该政策就是成功的。这类针对不同群体，对环境做出细微调整的实验，称作 A/B 测试或对比测试。①

政策执行

研究政策的学者发现，在一个完整的政策规划中，政策的实施往往是被忽视的一个元素。对于那些天真的政策制定者来说，执行意味着“细节”，但殊不知细节决定成败。普雷斯曼（Pressman）和威尔达夫斯基（Wildavsky）研究了在 20 世纪 60 年代末出现的骚乱之后，推出的“拯救奥克兰市”计划的实施情况。② 政客们满怀热情地希望将新的工作机会和新的希望带给破败的城市贫民区。他们很快就投票通过了耗资巨大的公共设施计划。然后，计划交由行政系统实施，行政官员决定哪些群体可以得到资助并将这笔钱用在哪里。奥克兰市没有适当的行政系

---

① 关于如何使用 A/B 测试，请参见 Kohavi et al.（2009）。

② Pressman and Wildavsky（1984）.

统决定哪些公共设施需要被建设。没有任何方法可以了解，那些得到补助的人是否真的会雇用贫民区的人。在几年的时间里，这种信息上以及组织上的问题一直阻碍着资金被用在合适的地方。在此期间，导致骚乱的城市问题始终没有得到解决。这个故事告诉我们，政策的有效执行有多么重要。

沟通机制

在虚拟世界，决定政策成功与否的关键因素并不是政策的设计，而是用户期望。如果某一项政策的修改对他们产生了不好的影响，他们会对此表示极端不满。而如果某一项政策的成功取决于人们的支持，那么公众的反对态度将会导致严重的问题。举个例子，也许某款游戏的设计者希望玩家们组建一种互助小组。但是谣言四起，说这个改变并不会成功。于是，当该政策被推出时，没有玩家愿意尝试它，因为人们听说它并不成功。即使有小部分玩家真的愿意尝试一下，他们也会发现，由于人数太少，无法组建互助小组。事实上，这个政策并不一定会失败，但是由于谣言的出现，没有玩家愿意尝试，最终，它就会真的失败。

可以通过沟通机制来掌握用户期望。为了获得最终的成功，政策必须得到充分的解释。它必须是合理的。不同人群关注的问题必须得到解决。有可能出现的问题必须在事先得到描述。谣言必须被杜绝。以上几点必须得到贯彻，否则政策制定者将面对被质疑的境地。如果政策制定者不是由公众选举出来的，那么要实现以上几点就会非常困难。独裁的政策制定者不希望听到公众宣称违背自己意愿的想法。在虚拟世界中，从技术角度出发，用户们没有“权利”表达自己的观点，但是他们却可以选择退出。而成为一个空无一人的世界的独裁者并不是什么有意思的事情。因此，大多数设计者会以一种坦诚的、直接的、正确的方式，竭尽全力地实现与用户之间的沟通。

执行

事实上，执行政策也是有技巧的。希望通过一时之间的剧烈变化达到目的通常都是无益的。如果虚拟世界的设计者希望减少用户们建造的房子中房间的数量，没有必要凭空创造一场龙卷风，将所有拥有超过 5 个房间的房子全部毁掉。虽然这样的方式可以让设计者免于花时间听取用户喋喋不休的意见，甚至还能带来视觉上的快感，但是，它必将损害用户对该虚拟系统的信任，因为谁都无法保证明天不会有其他的“自然灾害”毁掉另一些虚拟资产。

如果某项政策会影响到不同群体，那么必须对他们一视同仁，否则就会被指责有失公允。并且，毋庸赘言，政策的执行必须被看作是政策的一个重要组成部分。如果政策的后果是虚拟货币的增加、价格的变化、某一区域被限制进入，那么所有这些都必须在政策被执行之前就得到妥善考虑。

政策评估

小心谨慎的评估过去政策的得失，是制定成功政策的关键所在。有些时候，某项政策会被评估为“明显无效”，但是这样笼统的描述是毫无意义的。如果你仅仅拒绝执行那些“明显无效”的政策，那么就说明，你执行了一些“效果不明显”的政策。再者，如果仅仅将“明显”与否作为判断标准，那么就很难保证不会否定掉一些原本有益的政策，例如，某项政策虽然“缺点明显”，却也存在着一些“不那么明显的优点”，并且优点可以成功弥补缺点。

小心地执行一套科学的评估方法，可以帮助设计者发现一些不那么明显的政策效果。这些方法就像是一个重要的“工具箱”。一位拥有良好的事后政策评估方法的设计者，可以更好地使用这个“工具箱”预测某一项政策的影响。

这个评估“工具箱”包含一些统计、分析方法，所有这些方法都必须围绕三点展开：政策的效果是什么？对象是哪些群体？它们什么时候会被执行？

效益成本分析

可以借鉴效益成本分析法（benefit-cost analysis，BCA）定量分析某一政策会产生的正面和负面影响。其基本步骤包括：

（1）列举：列出某一政策的所有后果。

（2）定量分析：以美元衡量每种后果可能产生的影响。

（3）结合：用效益（正面影响）减去成本（负面影响），得到净影响数值。

净影响数值称作该政策的净效益。如果正面影响超过了负面影响，则该政策是成功的。如果负面影响超过了正面影响，则该政策是失败的。如果正面影响等于负面影响，则该政策效果为中性。净效益的数值可以帮助政策制定者做出无偏差的评估。它是对抗特殊利益诉求的有力武器。

然而，计算出净影响数值并不是使用效益成本分析法的主要目的。通过列举这一步骤，某一政策的所有后果都将被列出，设计者可以获得许多有关政策所产生影响的清晰信息。实际完成这一步骤比看上去要困难。假设在一个虚拟经济系统中，设计者降低了铜矿的采集率，那么该政策带来的首要影响就是采矿工人生产率的下降：获得同样数量的铜矿需要花费更多的时间。这一首要影响会导致一系列附加影响。铜矿的价格会上升。使用铜矿石作为原料生产出来的商品的价格会上升。使用铜矿石作为原料生产商品的玩家会发现自己赚取的利润在下降。值得庆幸的是，这里有一条基本的规则可以依据：只计算首要影响。你不需要考虑次要影响的后果。其原因在于，所有次要影响产生的后果都是相对的：的确，使用铜矿石作为原料生产商品的玩家不得不付出更高的成本，但是他们可以将这一成本转嫁给消费者。事实上，所有的次要影响都是将设计者最初施加给经济系统的干涉传递下去。最初的干涉被施加给经济系统，它导致的后果会传递下去，其首要影响便是：采矿工人生产率的下降。通过认真对待列举这一步骤，设计者可以更好地掌握某一政策的所有后果。

定量分析同样是重要的一步。原则上，所有的影响都应该得到定量分析。但是在实际操作中，有些政策产生的影响是很难被定量分析的，或者是根本无法被定量分析的。有些情况下，需要使用特殊的定量分析方法。在现实世界中，经济学家和政策分析者已经设计出一系列用于对那些看似无法定量的事物进行定量分析的方法。举个例子，你可以量化的清洁空气的价值，其方法是对比两幢建在城市不同区域的、完全一样的房子的价值，它们的区别在于，一幢房子建在空气清新的地区，另一幢建在空气污浊的地区。通过衡量伤者所损失的收入，你可以对某一种伤残定价。通过假设一个公园需要收取的入园费，并估算人们愿意支付的价格，你可以了解这个公园的价值。通过类似的方法，学者们找到了定量分析某项政策的无形影响的方法。

尝试定量分析某事物的前提条件是，该事物对政策制定者来说是有价值的。特殊利益者会宣称，某项政策会产生不好的影响；如果真的和他们说的一样，那么任何一种合理的定量分析方法都应该计算出一个较高的成本（负面影响）。特殊利益群体的代表有充分的动机支持不采用定量分析的方法，而用感性的分析推论出一个较高的负面影响。但是，即使他们这样做了，政策制定者还是有机会通过正确的方式获得正确的定量分析结果。定量分析所采用的方法可能是合理的，也可能是不合理的，训练有素的中立专家可以比较容易地判断出某种方法的优劣。政策制定者可以观察，哪种方式是特殊利益群体所坚持的，哪种是他们不喜欢的。通过强制特殊利益群体将他们的观点以可定量评估的方式表达出来，而不是以纯粹的感性诉求的方式用语言表达出来，设计者可以更好地选出合理的、不偏不倚的政策。

定量分析还可以帮助政策制定者识别什么是他们真正关心的。在以上的讨论中，我们始终假设政策制定者关心的是对用户所产生影响的货币价值。如果你的目标是提高虚拟系统中人们的总体幸福感，那么定量分析正是你应该采用的分析方法。它是衡量你设计的系统能否在长期取得成功的重要手段：一个产生正净效益的虚拟系统必将在长期取得成功。然而，一些虚拟经济的设计者会设定完全不同的目标，例如提高自己的收入。又或者在现实世界中，一些政策制定者会从一些具体目标出发，评估某一政策会产生的影响。比如，是否可以获得给予政治候选人的一笔竞选资金。效益成本分析法也可以用来分析这样的情况，但是其中定量分析步骤的操作会完全不同。

最后一步用效益（正面影响）减去成本（负面影响）本身就有价

值。如果单纯使用语言来描述正面和负面影响，那么很多情况下，二者看似是可以持平的。下面我们来看看一个具体的例子。支持修建一条新铁路的人可能会说：

（1）修建新铁路可以促进贸易。

而反对者则会说：

（1）修建新铁路会增加事故的出现几率。

（2）修建新铁路会导致噪音污染。

（3）修建新铁路会造成拆迁问题。

（4）修建新铁路会导致野生动植物受到伤害。

从以上这组简单的影响列表来看，决策者应该放弃修建新铁路。然而，再让我们看一看经过效益成本分析之后，情况会怎样变化：

效益（正面影响）

（1）修建新铁路可以促进贸易：增加 72 亿美元收入。

成本（负面影响）

（1）修建新铁路会增加事故的出现几率：损失 300 万美元。

（2）修建新铁路会导致噪音污染：损失 500 万美元。

（3）修建新铁路会造成拆迁问题：损失 900 万美元。

（4）修建新铁路会导致野生动植物受到伤害：损失 2 000 万美元。

即使将第三点和第四点纳入考虑范围，修建新铁路带来的正面影响仍然明显高于负面影响（在本例中）。并且，鉴于效益与成本之间的差距如此之大，即使是使用标准更为宽松的方法重新估算负面影响，仍然不可能与正面影响持平。

通过列举、定量分析、结合这三个步骤，效益成本分析法为政策制定者提供了大量而详细的信息。此外，该方法还可以在正式推行某项政策之前，对其进行评估。在一些案例中，使用该方法计算出的净效益正是政策制定的决定因素。但是，一些决策者会严格地使用该方法，推行那些通过该方法测试的政策，放弃那些未通过的。我们并不推荐这样的做法。效益成本分析法存在适用范围。再者，一些净效益为负的政策还是有存在意义的。举个例子，假设在你设计的虚拟世界中，某一群体的用户处境很不好，不愉快的经历困扰着他们。于是，作为设计者，你希望通过某些方法帮助该群体，为他们提供一些补偿。比如，你可以提高该群体用户经常出售的商品的价格。经过效益成本分析，你发现，这样的做法给该群体带来的好处小于它给其他群体带来的坏处。你也许仍然愿意继续执行该政策。而效益成本分析法则可以告诉你，其他群体究竟需要付出多少代价。事实上，你可以使用效益成本分析法测试几种不同的援助政策，看看哪一种能以最小的代价产生最好的结果。

影响范围

事实上，从效益成本分析法中得到的最重要的信息是“谁”会因新政策受影响。这里的“谁”指的就是影响范围。通常情况下，影响范围并不会干扰效益成本分析，但是它对政策的最终成功至关重要。我们已经介绍了，如果某项政策的正面影响相对集中（受益者为少数人），而负面影响相对分散（受损者为大多数人），则会导致特殊利益群体误导政策制定者的决策。

相反的情况同样存在。如果一项政策的正面影响相对分散（受益者为大多数人），而负面影响相对集中（受损者为少数人），同样会招致反对。即使该政策的净效果为正，同样无法避免被攻击。想象一下，在一个虚拟世界中，一项针对拍卖行的改革能够使每一位玩家的交易过程更加简化，但同时却又损害到一小部分玩家的交易利润，进行日常交易是这一小部分玩家玩游戏的主要方式。这样的改革会招致这一小部分玩家的强烈抵制，而真正站出来支持它的玩家同样也不多。这项改革也许是好的，但是它要面对困难的政治挑战，甚至面对要比受损者为大多数人的政策更大的挑战。

能否处理好影响范围关系到政策的成败，效益成本分析同样可以在这方面起到作用。影响范围应该是沟通机制的一个组成部分。在上面的例子中，整个用户群体都应该事先被告知改革会带来的影响。设计者应该坦率地承认改革会损害一小部分玩家的交易利润。这样一来，所有的玩家都可以权衡改革带来的正面影响和负面影响。设计者有机会在实行改革的同时收获关心所有玩家的良好声誉。效益成本分析法与影响范围分析可以避免虚拟世界的设计者被看成反复无常的独裁者。

影响范围分析还可以让设计者为那些在政策改革中利益受到损失的群体提供一定的补偿。在上面这个例子中，设计者可以与那一小部分利益受损的玩家达成一项协议，允许他们获得拍卖行的一部分收益，以弥补交易利润上的损失。这样的协议可以使一部分由于改革产生的好处流回那一小部分利益受损的玩家那里，从而降低这部分玩家的不满程度。同时，从整体出发，在保证虚拟社会仍然可以获得正的净效益的同时，控制了那一小部分玩家受到的损失。

时间的影响

政策评估的另一个维度是时间。一些政策的收益与成本在时间上是脱节的。一座体育场在建设阶段的投资是巨大的，但是却可以在建成后的很长一段时间内，不断地获得收益。如果一笔资金中的很大一部分被用来举办一场大型庆典，那么就不得不牺牲未来很长一段时间运用该资金投资能够获得的收益。

效益成本分析借用了金融分析使用的方法来解决有关时间的问题。核心的概念是现值（present value，PV）。现值指的是未来的现金流在今天的价值。从政策影响的角度来说，就是将在未来的影响加总，将其与现在的影响相比较。再回过头来看一看体育场的例子，假设建设该体育场的成本为 5 000 万美元，建成后的 20 年中，该场馆每年都可以获得 500 万美元的收入。将这些收入逐笔相加，便得到 1 亿美元的总收入，大于 5 000 万美元。

然而，需要指出的是，单纯将未来的收益逐年相加是不正确的。计算现值时，必须要考虑到两个极其重要的因素。

（1）未来未知。

（2）未来不是现在。

这两条性质使未来的影响在今天的价值变小了。未来的不可知性意味着我们现在做出的有关未来的猜测也许都是不正确的。体育场会不会建在地震带上？地震会不会毁掉该体育场？随着时间的推移，该体育场每年获得的收益是递减的。假如发生灾害的可能性为 5%，那么 20 年后，该体育场继续伫立在这里的可能性还不到 50%。这意味着不能将第 20 年的收益记为 500 万美元，而应该是不到这个数字的一半。

即使某个项目不存在任何风险，但时间本身就是一个问题。一个苹果在明天的价值必然低于其今天的价值。原因很简单：我现在就可以把这个苹果吃掉，也可以等到明天再吃，但是“等待”本身就是一种成本。

在现实世界中，我们为“等待”设定了价格，即利率。所谓利率，指的是你现在将钱存在银行里，等到将来使用，银行需要支付给你的利息与你存入的本金之比。利率的存在说明时间具有价值，时间就是金钱。因此，某项政策在未来产生的影响不如现在的影响有价值。效益成本分析者（或金融领域专家）使用折现率来校正未来产生的影响在今天的价值。如果年化利率为 3%，那么你手中的美元在明年就会贬值 3%。所以，在计算明年产生的影响在今天的价值时，要考虑这 3%的价值缺失。而考虑未来若干年产生的影响在今天的价值时，其缺失的幅度将更大。在这里我们不会列出具体的公式，但是有关折现的基本概念对于每一位希望了解经济政策效果的人来说，都是非常重要的。

作为一条基本原则，每一位政策制定者都应该明白，发生在未来超过十年的事情，其效果必须极其显著，否则就不应该影响今天做出的决策。假如未来的影响真的十分显著，那么你就应该去咨询金融领域的专家或者是熟悉效益成本分析法的人，它的折现率究竟应该是多少。

政策和游戏测试

政策制定本身就是一门科学。它将经济学、政治学的知识与设计结合在了一起。设计的元素构成了规则；经济元素量化了规则产生的影响；政治元素则起到了与用户沟通的作用。专业的政策分析已经存在了超过一个世纪，而相关研究则一次又一次地证明了“一劳永逸”的行为方式是不可能带来长期成功的。游戏产业和软件开发产业的专家同样意识到了这一点，所以他们都明白用户是新产品开发的关键所在。在未来，政策分析领域会将研究过去政策效果的专家的观点与以用户为中心的软件开发理念相结合。相比于仅仅使用了效益成本分析法或场景测试验证的政策，那些既使用效益成本分析检验，又经过不同场景测试的政策，其效果必然更好。[①]

① 若想了解更多有关以用户为中心的理念在现代虚拟领域的应用，可参见 Johnson (2013)。

第 14 章

为什么现实世界需要虚拟经济设计？

全球经济正处于困境之中，除了金融危机、经济发展停滞、失业与贫穷，还出现了一组更为深刻的问题：自然资源的减少和全球环境灾难。据气候变化专门委员会（International Panel on Climate Change）估计，为了避免出现灾难性的全球变暖，到 2050 年，全球碳排放量需要减少到 1990 年水平的 15%，不是减少四分之一，也不是一半，而是减少 85%。[①] 但是，可以想见，在此之前，我们还会见到越来越多的、为了争夺稀缺的自然资源——例如石油、稀土，甚至是清洁的水资源——而发动的战争。这就是问题所在：解决第一组问题的方法通常会使第二组问题恶化，反之亦然。我们越是努力发展经济，我们生活的生态系统就越接近崩溃的边缘。反过来，我们付出更多精力保护环境，则会更难以促进经济发展并创造繁荣。这使我们陷入了一个困境，却似乎看不到解决方法。在作者写这本书的时候，加拿大刚刚退出了《京都议定书》(Kyoto Protocol)，而世界主要经济体也陷入了混乱之中。

在经济研究和政策史上，存在着一个众所周知的模式，即每逢一次经济危机，原本占主导地位的经济学说便会被新的理论学派取代。20 世纪 30 年代的大萧条导致新古典主义被凯恩斯主义取代；70 年代的石油危机导致凯恩斯主义被货币学派取代。在最近、或许也是最严重的全球性经济危机之后，也许也会出现相似的结果。一方面，现在的主流经济学说被指责是造成频繁发生的危机的罪魁祸首，它还导致了世界范围内的非均衡增长。另一方面，还有人站出来谴责它试图将我们锁在一个

---

① IPCC (2007).

困境之中，即在一个资源有限的星球上竭力实现无限的增长。

这场混乱的结果还无法让人看清，但至少一些经济学家相信，解决问题的途径之一是从一种更为人性化的角度出发理解经济学。诺贝尔奖得主乔治·阿克尔洛夫（George Akerlof）和耶鲁大学经济学家罗伯特·希勒（Robert Shiller）对此做出了以下表述：

> 为了了解经济的运行规律，并以合适的方法对其进行管理以实现繁荣，我们必须要关注那些能够活灵活现地展现人们的感受和意见的思维模式……如果我们不面对这样一个事实，即经济问题的本质与人的心理息息相关，那么我们就永远不能真正理解这些经济问题。[①]

贫穷和污染的确是无形的问题，然而，归根结底是受到人类的思想控制的经济引发了这些问题。我们希望，通过更好地了解经济中更为人性化的一面，我们可以找到一种方式，能够克服或规避这些僵化的发展套路，从而使经济繁荣与生态平衡不再相互冲突。

在本章中，我们要大胆地提出见解，即我们也许可以从虚拟经济中借鉴一些方法，解决现实世界中全球经济的问题，也就是从“苹果—半兽人”经济谈到现实经济。虚拟经济可以教会我们哪些知识？毕竟，在虚拟经济中，贫穷和污染是非常容易解决的。因为设计者可以凭空创造一切，也可以不动声色地毁掉一切。但是，虚拟经济与现实经济都有一个共同的影响因素——人。在虚拟经济中做出决策的玩家，同样会在现实经济中做出决策。如果说我们可以从虚拟经济事件窥探到决策者心理层面的变化，我们就可以将其运用到现实生活中。

你可能认为，在虚拟世界中，人们的表现与在现实世界中大不相同。在虚拟世界中，人们愿意冒更大的风险、更多地凭直觉办事、更重视短期利益。你也许是对的，但这些都是程度上的差异，而不是种类上的差异。实证研究表明，在虚拟世界和现实世界中，人们基本的行为方式并不存在差异。事实上，也不存在任何理论原因能够说明差异确实应

① Akerlof and Shiller（2009，p. 1）.

当存在。[①] 因此，在下面的内容中，我们会对虚拟经济现象的心理和社会基础进行讨论，并且考虑它们对于全球经济的启示。平心而论，几乎每一种心理和社会基础都早已被社会学家发现过了。我们所能做的，是重申和强调其中那些重要的部分，并且帮助读者运用最近所学到的虚拟经济知识去理解全球经济的走向。

作为消费对象的经济制度

在第 2 章中，我们曾经告诉读者，在虚拟经济世界，经济活动也许不仅仅是实现目的的方法，其本身也许就是目的。玩家们制造虚拟商品，也许不仅仅是为了获取利润，这一点与主流经济学的观点不同。玩家制造商品也许是因为乐在其中，又或者因为这是他们扮演的游戏角色的任务，还有可能因为通过制造过程，玩家们可以提高自己在游戏中的地位。换句话说，虚拟经济行为本身就是目的，就是消费对象。如果一个理论没能将这一情况考虑进去，那么它就无法解释虚拟经济参与者的行为。

现实世界当然与游戏不同。当人们的收入受到威胁时，他们必然会将注意力集中在获取利润上，此时，经济制度便成为一种获取利润的工具，其本身不再是目标。来看一个例子：股票市场。在芬兰，大约有三分之一的家庭拥有股票。[②] 由于在线交易平台的出现，人们能够更积极地管理自己的投资组合，也就是更积极地买卖手中的股票。这类投资活动的直接目的就是获利。根据金融理论，投资者的目标是通过对预期收益、风险、自身风险承受能力的完美搭配，实现价值的最大化。

在将这个理论付诸实践时，会出现一个问题。对于大多数人来说，

---

① Castronova et al. (2009a, 2009b). 请注意，我们并没有宣称，以计算机为媒介的社会互动与面对面的社会互动完全一样。问题的关键不是虚拟互动与现实互动的区别。无论在线消费的是虚拟商品还是真实商品，其使用的媒介都是计算机。问题的关键在于，人类的决策机制会不会因为购买的是虚拟商品——不是真实商品——而出现差异。事实上，并不存在这种差异。

② 来自 2011 年 Finnish Foundation for Share Promotion 的调查研究。

积极的股票交易并不是什么好的策略。有研究显示，平均来说，采取积极交易策略的人做出的决策通常与市场的走势相反。① 换句话说，“购买并持有”这样的消极策略的回报甚至高于积极而频繁买卖的交易策略。一项研究表明，那些采取最积极的交易方式的投资者取得的回报低于市场平均水平达5个百分点。于是研究者得出结论：投资行为甚至会对你的财富形成威胁。②

收益的不尽如人意是因为投资者采取的过于积极的交易方式造成的。投资者倾向于直接投资个股，而不是通过投资共同基金来进行多样化投资，从而降低自己的风险。由于经常采取操作，致使交易成本上升。此外，投资者还会经常采取投机性的投资方式，这将大大增加他们面对的风险。尽管有些投资者对这种投资方式将导致的问题心知肚明，但是，他们还是会这样做。研究者希望通过行为经济学解释这样的行为，他们假设，在人们采取决策时，具体的偏好将会导致追求利益的个体犯下系统性的错误。

根据对于虚拟经济的研究，我们得出了一个补充性的解释：我们认为股票市场不仅仅是人们追寻利润的方式，对于投资者来说，它本身就具有某些价值。最近的一系列研究支持了这一发现。这些研究试图在金融理论框架之外，探索个人投资者的动机。③ 研究的结果与金融理论相违背，发现投资者追寻的不仅仅是财富价值。在投资过程中体验到的积极的心态，包括享受、刺激、兴奋，以及通过投资获得的自信和他人的尊重，这些都是投资者的投资动机。换句话说，投资行为本身就是一种消费对象，它就像是一种游戏或是体育活动。

从这个角度出发，投资者的一些古怪行为一下就得到了解释。选择投资个股而不是共同基金是为了证明自己是一个有独立想法的人，甚至是一位投资专家。通过承担巨大的风险来寻求刺激，就像是赌博带来的快感。过度交易正是为了更频繁地体验这种感觉。或许，由于这类行为而损失的财富可以看做是投资者为了体验兴奋感而付出的费用。购买并

① Barber et al.（2009）以及 Barber and Odean（2000）。

② Barber and Odean（2000）.

③ Puustinen（2012）.

持有的投资策略也许更为稳妥，但是这种方式难免过于无趣。

如果人人都采取这种类似于玩游戏的态度，那么会对实体经济产生怎样的影响呢？一种看待金融市场的新的视角出现了。思考一下以下这个例子。我们在一家银行开立了账户，这家银行正在推广一种产品：如果在投资期结束时，三家毫不相干的公司——中国建设银行、麦当劳和一家小型保险公司——的股票都上涨了，那么投资者就能够获得一笔额外的奖励。但是，如果某一家公司的股价跌破了购买价格，奖金就会被取消；同时，投资者还会损失一些本金。从金融的角度出发，这样的产品毫无意义。这就好像是在玩掷骰子的游戏。最终的赢家只可能是庄家。然而，从游戏心理学和社会学的角度来说，这样的产品却很有意思：它可以让投资者获得某种声誉（能够很好地判断股票价格）；或者是带给投资者一种冒险的快感，等等。

事实上，银行的一些产品同样会被移植到虚拟游戏中，只是名称不同。至少，一些在线赌场网站允许人们对股票市场指数的变化下注，难道这与银行提供的产品不相似吗？和游戏公司一样，银行也开发出了一些手机应用，因为这样可以吸引一些在线客户。虽然有这样或那样的相似之处，但是，银行和游戏公司还是有很大不同的。金融制度遵循的是金融理论，它们寻求的是更准确地向消费者解释某种产品的情况，而投资的决策权则留给消费者，这些消费者被假设为理性的决策者。赌博制度遵循的则是“痴迷理论”，无论将赌博行为描述得多么合理，它们始终不是被推广的对象。在这里我们不需要讨论哪一种方式更为合理，这并不是一个容易回答的问题。无论你是一个崇尚规则的人，还是一个自由的“玩家”，通过使用看待虚拟经济的视角看待实体经济，我们可以抛开已经建立的固有思维，重新审视这两种制度，

了解你使用的衡量方式

现在，让我们离开制度的层面，讨论一些有关宏观经济的心理和社会基础的内容。在第 12 章中，我们讨论了一些衡量虚拟经济运行状况

的经济指标，其中之一是 GVP，它可以用虚拟货币作为计量单位，衡量虚拟经济系统中生产的虚拟商品的总价值。在现实世界中，与之对应的是 GDP，后者衡量的是现实世界的生产总值。尽管衡量的对象有相似之处，但是在进行经济管理时，这两种经济指标的使用却适用于不同的情况。在虚拟经济系统中，管理者试图保持人均 GVP 相对稳定。在现实世界中，政策制定者则会竭尽全力保证人均 GDP 实现稳定的增长。通过比较二者的不同之处，我们可以梳理出一些关于现代社会宏观经济基础的有趣事实。

对于经济学家和政策制定者来说，GDP 大概是最受重视的经济指标了。这是一种非常重要的衡量经济状况的方法，因为它可以反映出一个国家满足民众物质需求的能力。如果一个国家能够生产出大量的商品，那么相比于生产能力低下的国家，前者能够更好地满足其居民的需求。因此，如果政策制定者将国家的繁荣放在首要位置，那么他们就会尽可能地提高 GDP。甚至在有些情况下，即使这一目标与生态上的可持续发展相违背也在所不惜。GDP 之所以重要，还有另外一个原因：如果一个国家的生产能力非常突出，那么它就将在战争中处于强势地位，因为相较于对手，该国可以制造出更多的武器。然而，显然这种生产能力与满足人民的需求并没有太大关系。在最坏的情况下，这种能力甚至会危害到国民的安全。

GVP 衡量的不是满足物质上需求的能力。它衡量的是生产虚拟商品的能力，这些商品满足的是精神上的需求。虚拟商品被用来满足人们的想象力、稳定他们在游戏中的地位、创造沟通价值。在追逐时尚的感觉以及虚拟社会地位和尊严的过程中，虚拟商品发挥着巨大的作用，玩家们都希望与和自己地位相当的人保持一致。虚拟商品还可以被用来克服虚拟世界的挑战，用放松与满足的感觉来奖励玩家。

要起到以上这些作用，虚拟商品就不能随意增加，无论是效果还是数量。威力更大的虚拟商品会导致游戏中的挑战过于简单。数量过多又会导致那些能够显示社会地位的商品贬值。每一个随意的调整，都会引发潜在的问题，导致我们需要修补自己的虚拟形象。基于以上原因，虚拟生产力与用户满意度之间的关系可以刻画为一个抛物线的形状。在最高点之前，用户满意度会随虚拟生产力的提高而提高，但过了该点之后，虚拟生产力的提高反而会损害用户满意度。虚拟经济的管理者了解这一点，这就是为什么他们会竭力保持人均 GVP 相对稳定，而不是使其最大化（在长期，使其与折旧相匹配）。提高虚拟生产力并不困难，只需要对游戏重新编程，创造出成百上千的新虚拟商品即可。但这样做可能会让用户满意度急剧下降。

因此，在现实世界中，政策制定者努力提高 GDP，因为这样可以通过提高物质生产力达到缓解贫困的目标；而在虚拟世界中，管理者会努力保持 GVP 稳定不变，因为该指标显示的是生产满足精神需求的虚拟商品的能力。但是，又有一个新问题出现了。GDP 可以在多大程度上衡量物质生产力？在后工业化时代，GDP 是否已经成为了一种衡量虚拟生产力的指标？这里列举了一些全球 GDP 的组成因素：奢饰品的生产与销售、新品种的冰淇淋和碳酸饮料的销量、成为 Twitter 的粉丝或在 Facebook 上点赞，这类已被明码标价的行为的买卖情况、可以模拟真实行走场景的跑步机的销量。

很明显，最富裕国家的人们的生活都或多或少地与虚拟经济存在者联系。在这样的国家，人们的幸福感已经不再受到物质生活的限制，他们追求的更多的是精神上的愉悦。建立在消费主义之上的愉悦体验也就成为了他们的目标。在这种情况下，GDP 的增加已经无法完全体现出人们对生活的满意度了，它逐渐成为一种单纯的符号性的增长，就像是 GVP 一样。之前我们谈到过，在达到最高点之后，GVP 的增加并不能提高用户的满意度。处于萌芽期的幸福经济学领域的实证研究证实了这一论断。[①] 国与国之间的横向比较、一国之内的纵向研究以及针对个人的调查都已经证明，在到达某一点之后，生产能力和收入的增加将无法提高人们的快乐程度。[②] 通过研究虚拟经济学内部发生的情况，我们可以对社会和心理机制作出更为准确的判断，这正是我们研究虚拟经济学的原因。

---

① 参见 Layard（2006）对这一领域的介绍。“快乐”这一概念非常重要，令人吃惊的是，直到最近，社会学家们才开始严肃地研究衡量“快乐”的方式。

② Inglehart et al.（2008），Easterlin et al.（2010），Kahneman and Deaton（2010）.

在虚拟经济学领域，GVP 并不是一个非常著名的衡量经济状况的方法，无法与现实生活中的 GDP 相提并论。大多数虚拟经济系统的管理者甚至不会去计算 GVP，因为还有更简单的方法可以用来衡量经济状况。管理者相信他们应该将更多的注意力放在那些可以衡量游戏的趣味性和玩家的满意度的指标上。与此相似，在现实生活中，社会学家们也在尝试发展出一些新的指标，以便可以更好地追踪社会的健康度。GDP 出现在美国，它曾经帮助这个国家的政策制定者带领国家渡过两次重大危机：大萧条时期和第二次世界大战。它取代了之前使用的一些衡量方式，包括钢铁的生产量、铁路货车的运输量，这些衡量方式曾经满足了工业革命的需要。现在，经济持续不断地发展，对其的衡量方式也必然迎来更新换代。

唯物主义的终结？

虽然，在今天，我们对商品的使用以及参与经济的原因都存在精神上的和社会上的属性，从这个角度来说，我们身处的现实经济已经部分虚拟化；但是，在自然环境方面，经济带来的影响却是实实在在的。我们在使用这个星球上的消耗性资源，创造各种各样的象征性物品。而一旦这类物品失去象征意义，它们就会在我们眼中沦为垃圾，即使它们的功能价值还完好无缺。即使经济制度已经无法继续维持，我们仍然希望不断扩充它。所以这个循环一直在继续。生态经济学家指出，消费主义是我们继续坚持不可持续的经济发展模式的主要原因。[①]

有一些迹象表明，人类已经意识到了问题的严重性，并且改变也正在悄然到来。在过去的几十年，发达国家的碳排放量已经停止增长，甚至出现了小幅下降。但是，下降的幅度过于微小，并且无法产生实实在在的影响，因为很大一部分会产生污染的经济活动都已经转移到了发展

① Jackson (2009). Tim Jackson 是一位有影响力的英国环境经济学家。在他的著作 *Prosperity without Growth: Economics for a Finite Planet* 中，一条关键的理论是：“繁荣——无论从这个词的哪一种含义出发——都不应该仅仅停留在对物质的关注上。”

中国家。全球的碳排放量仍然在随着 GDP 的上升而增加。也许，一个更为实际的希望是社会学家指出的，物质主义价值观正在为人们所抛弃，特别是在富裕的北欧。[①] 在芬兰，人们已经不再依靠购买昂贵的奢侈品手包来体现自己的价值；而正在崛起的中国，人们却还习惯通过这样的方式来表现出与众不同。北欧的人们越来越多地将注意力转移到可自由支配的时间、家庭以及健康这些方面。也许，我们放弃追求商品轻浮的象征价值，让经济重新成为一种简单地满足生活所需的系统，正是解决经济—环境困境的途径。

但是这个概念存在两个主要问题。第一，资本主义经济制度的前提是经济增长。停滞甚至是由于任何原因引起的经济规模的萎缩，都会导致高失业率。一些人指出，单纯依靠服务业和文化活动不可能实现稳定的经济增长和充分就业。[②] 正是不断增长的商品经济为今天的世界带来了充沛的物质基础。需要指出，在许多地方，这种经济模式无法继续为提高人类福祉做出贡献。并且，在不破坏维护该经济模式的现有基础的前提下，已经无法对该模式做出优化。然而，不论是因为政策调整还是经济危机，现有经济系统还是会作出调整的。也许，虚拟经济和虚拟货币恰恰是这种调整的催化剂。

第二，更为基础的问题是，使用商品来构建价值体系也许是人类社会的关键特征。虽然成熟的消费者社会出现的时间并不长，但是，考古学和人类学的研究表明，在某种程度上，商品一直在人类文化中扮演着不可或缺的角色。纵观历史，商品一直蕴含着丰富的象征意义，人类对物质的追求已经超越了其本身具有的功能属性。商品已经成为了一种语言，人们不仅可以通过商品相互交流，而且还能清楚地表达自己的价值。考虑到人类是一种在一个充满物质的世界中发展起来的有意识的物种，也许我们不应该对此感到惊讶。要求某人不再为了追求商品的象征属性而购买它，就像是要他放弃一种与生俱来的心理习惯。对于商品和消费的强调会随着社会经济条件的变动而波动，经历一个此消彼长的过程。但是，希望完全的后物质主义文化取代现有文化也

---

① Inglehart (1997).

② Jackson (2009).

许是不可能的。

网络空间（cyberspace）的发展历程恰恰生动地阐释了人类对于物质文化的追求。作家威廉·吉布森（William Gibson）因在1982年创造了这个词而闻名于世，它描述的是，用户可以在其中漫游的数字化空间的图像化展示。诸如约翰·佩里·巴洛（John Perry Barlow）这样的数字理论者采用这个词来描述数字化环境，并且预测因为网络空间不再受到物质稀缺性的限制，所以一个后物质主义时代即将到来。在其著作《网络空间的独立宣言》（*A Declaration of the Independence of Cyberspace*）中，他写道：

> 你那种产权的法律概念……并不适用于我们。这些概念是建立在物质之上的，而这里没有物质……在这里（虚拟世界），只要是人类能够想象到的事物，都可以被无限地制造出来，并且不花费任何成本。想法的传播不需要实实在在的工厂。①

今天，十几年过去了，与吉布森提出的网络空间这一概念相似的虚拟空间（virtual spaces）的确出现了，一切都与他曾经设想的极为相似。但是，与巴洛的论断相反，由于引入了稀缺性的概念，虚拟世界中同样存在着产权的概念。事实上，稀缺性与拥有某物的能力已经成为了某个虚拟环境是否受欢迎的先决条件。完全开放的3D环境已经建立起来，但是它们没能成功吸引用户。在文字性内容上，文本以及2D的可视化交流更符合巴洛的论断。但即使是在论坛、社交网站以及2D在线交流这些形式下，不同种类的虚拟产权——从点数到徽章——都在增长而不是下降。在这里，稀缺性就像是一种消失了之后又被重新发现的特性。也许，我们身上一些在现实世界中形成的社交能力和性格，需要真实的特性进行表达。

然而，虚拟空间的物质文化与现实生活中传统的物质文化的确存在显著的区别，这一点体现在二者对生态环境造成的不同影响上。显然，数字网络和硬件同样会产生生态足迹，据估计，其对于生态环境的影响与航空旅行一样大。在大体上，用新的硬件不断地取代陈旧的设备与

① Barlow (1996).

“快餐式的”消费一样难以长久。但是，产生于虚拟环境之中的虚拟消费主义却大不相同。新的虚拟商品被创造出来、被使用，在其象征价值消失之后，被丢弃——所有这些几乎都不会对环境产生影响。如果我们愿意，甚至可以无限地加快这种消费主义的循环，但是它对于环境的影响仍然会保持在较低水平上。换句话说，在虚拟经济之中，我们第一次实现了经济增长与环境恶化的分离。

这也许是我们解决经济—环境困境的希望所在。如果我们没能成功地实现全球经济系统的转型，或者是发现我们自身仍然沉迷于消费主义，那么我们至少可以将这些问题虚拟化。正如前文中提到的，因为我们身边的经济中的很大一部分满足的是我们精神上的需求，所以从这个意义上说，经济实际上已经出现虚拟化的趋势。我们需要做的就是将虚拟化运用到实际中，用虚拟市场取代物质市场。事实上，这一过程已经在进行了。随着人们将越来越多的时间放在数字网络中，个人的以及社会的虚拟财产和成就的重要性不断增加；与此同时，至少是在相对层面，实体财产的重要性却在不断降低。当我们这代人还是孩子时，邻居的男孩总会相互之间吹嘘自己的运动天赋；而现在的孩子们则会攀比他们在《魔兽世界》中取得的成绩。过去，人们根据对方的服装和驾驶的汽车判断其地位；现在，人们根据对方使用的操作系统判断其地位。那些被看做物有所值的消费和休闲活动在很大程度上已经被虚拟化了。

这一趋势并不意味着，在未来，我们只能坐在电脑桌后面，在虚拟环境中进行交流。移动和增强的现实技术已经以游戏和社会媒体应用的形式，将虚拟经济带入了日常生活中。即使我们不喜欢，硬件的更新换代还是会持续一段时间，以此来确保计算机桌面、其他界面，甚至是（在不久的将来）服饰等物品都能够与网络连接。数字世界已经与日常生活交织在了一起，人们对虚拟经济早已习以为常，它与实体经济已经没有什么分别了。在这种情形下，我们那种追求彰显地位的消费主义观以及各种地位标志也许可以转变为另一种虚拟的形式，这样一来，这些就不会对环境造成负面影响了。

虚拟如何预示真实

我们感觉到，上面提到的这些可能性只不过是信息技术将带给我们的更多变化的一个侧面。当暴风雨将要来临时，乌云会一点点地积聚起来。追踪这些变化将给社会带来的影响，是虚拟经济所能起到的另一个作用。这一点可以体现在许多方面。

学者们已经开始使用从虚拟世界获得的数据对经济和社会进行基础性研究了。南加州大学的德米特里·威廉姆斯（Dmitri Williams）从游戏《无尽的任务 2》中获取了数据并将它们提供给专业的学术研究人员使用。到目前为止，已经有超过 30 篇基于这些数据完成的学术论文发表，其中还包括一篇在世界领先的社会学期刊上刊登的文章。[①] 莱顿维塔（本书的作者之一）同样调查了游戏《星战前夜》的数据，并且已经有至少 5 篇论文使用了这组数据。举例来说，赫尔辛基信息技术机构的尤哈·托尔瓦宁（Juha Tolvanen）使用《星战前夜》的数据研究了一个非常难的保险市场问题：如何区分道德风险与逆向选择。在虚拟经济世界以外，根本没有全面而有效的数据可以用来研究这一问题。虚拟经济数据可以帮助学者研究一些之前无法研究的问题。它们还可以用来发现有关人类行为和社会的基本事实。[②]

再者，电子游戏和社交媒介的开发者本身也在进行大量的研究。管理虚拟经济的人已经创建了一套研究它的方法，通常，这些方法与现实生活中的基础研究方法没有什么不同。因此，如果虚拟经济学家通过这类方法得出了一些重要的发现，并且这些发现同样适用于现实世界的经济系统，我们不会为此感到惊讶。此时此刻，成千上万的公司和个人拥有着自己的虚拟社交方式，人们有意愿去改进这些方式。在过去几年，不难发现，在游戏和社交媒介的数据分析领域，人们的这类意愿变得越来越强烈。所有这些都必然有助于我们更好地了解人类行为和社会。这

---

① Burt（2012）.

② 亦可参见 Schroeder（2011，第 7 章）。

只是时间问题。

原理从未改变

在写这本书的时候，我们曾经留意到虚拟世界的元素变化非常之快，我们还尝试着关注一些我们认为不会变化的东西。在我们看来，看不见的手是不会突然停止对价格产生影响的。我们希望人们可以不去关心他们的商品和财富——无论是现实的还是虚拟的。我们怀疑，会不会有一天，人们会对交易、积累和比较感到厌倦。我们并不希望世界经济衰退到仅仅只有少数几种商品能够被交易的地步；相反，我们希望产品的多样性进一步提高。在可预见的未来，宏观经济将得到进一步发展，由成千上万的市场组成，受人们的欲望驱动。这些就是我们想在本书中阐述的主题，因为我们相信，不管世界朝着哪个方向发展，知晓这些对读者都是有益的。

参考文献

Aarseth, Espen. 1997. *Cybertext: Perspectives on Ergodic Literature*. Baltimore, MD: Johns Hopkins UniversityPress.

Akerlof, George A., and Robert J. Shiller. 2009. *Animal Spirits: How Human Psychology Drives the Economy, and Why It Matters for GlobalCapitalism*. Princeton, NJ: Princeton University Press.

Allais, Maurice. 1953. Le comportement de l' homme rationnel devant le risque: critique des postulats et axiomes de l' é cole Am é ricaine. *Econometrica*21 (4): 503-546.

Anderson, Chris. 2010. *Free: How Today' s Smartest Businesses Profit by Giving Something for Nothing*. NewYork: Hyperion.

Ariely, Dan. 2009. *Predictably Irrational: The Hidden Forces That Shape Our Decisions*. London: HarperCollins.

Atkins, Barry. 2003. *More Than a Game: The Computer Game as Fictional Form*. Manchester, UK: Manchester UniversityPress.

Au, W. James. 2010. *Snoop Dogg Sells $ 200K+ in Virtual Items, Demonstrating Value of Branded Goods*. http://socialtimes.com/snoop-dogg-sells-200k-in-virtual-items-demonstrating-value-of-branded-goods_b19293.

Balkin, Jack. 2004. Virtual Liberty: Freedom to Design and Freedom to Play in Virtual Worlds. *Virginia Law Review*90 (8): 2043-2098.

Barber, Brad M., Yi-Tsung Lee, Yu-Jane Liu, and Terrance Odean. 2009. Just How Much Do Individual Investors Lose by Trading? *Review of Financial Studies*22 (2): 609-632.

Barber, Brad M., and Terrance Odean. 2000. Trading Is Hazardous to Your Wealth: The Common Stock Investment Performance of Individual Investors. *Journal of Finance*55 (2): 773-806.

Barlow, John Perry. 1996. A Declaration of the Independence of Cyberspace. http: //homes. eff. org/~barlow/Declaration-Final. html.

Barnard, Malcolm. 2002. *Fashion as Communication*, 2nd ed. London: Routledge.

Bartle, Richard. 2003. *Designing Virtual Worlds*. San Francisco: New Riders Games.

Bauman, Richard. 1975. Verbal Art as Performance. *American Anthropologist*, 77 (2): 290-311.

Bauman, Zygmunt, and Tim May. 2001. *Thinking Sociologically*, 2nd ed. Oxford: Blackwell.

Belk, Russell W. 1995. *Collecting in a Consumer Society*. London: Routledge.

Belk, Russell W. 2004. The Human Consequences of Consumer Culture. In*Elusive Consumption*, edited by K. M. Ekström and H. Brembeck, 67-86. Oxford: Berg.

Bloomfield, Robert, and Young Jun Cho. 2011. Unregulated Stock Markets in Second Life. *Southern Economic Journal*78 (1): 6-29.

Bogost, Ian. 2006. *Unit Operations: An Approach to Videogame Criticism*. Cambridge, MA: MIT Press.

Bollen, Johan, Huina Mao, and Xiao-Jun Zeng. 2011. Twitter Mood Predicts the Stock Market. *Journal of Computational Science*2 (1): 1-8.

Bourdieu, Pierre. 1984. *Distinction: A Social Critique of the Judgment of Taste*. New York: Routledge.

Bourdieu, Pierre. 1998. *Practical Reason: On the Theory of Action*. Stanford: Stanford University Press.

Braithwaite, Brenda, and Ian Schreiber. 2008. *Challenges for Game Designers*. Newton Center, MA: Charles RiverMedia.

Burt, Ronald. 2012. Network-Related Personality and the Agency Question: Multi-Role Evidence from a Virtual World. *American Journal of Sociology*118 (3): 543-591.

Castronova, Edward. 2002. On Virtual Economies. *CESifo*working paper series no. 752. http: //ssrn. com/abstract=338500.

Castronova Edward, Mark W. Bell, Marc Carlton, Robert Cornell, James J. Cummings, Will Emigh, MatthewFalk, Michael Fatten, Paul LaFourest, Nathan

Mishler，Justin Reynard，Sarah Robbins，et al. 2009a. A Test of the Law of Demand in a Virtual World：Exploring the Petri Dish Approach to SocialScience. *International Journal of Gaming and Computer-Mediated Simulations*1 (2)：1-16.

Castronova，Edward，and Joshua Fairfield. 2007. Dragon Kill Points：A Summary Whitepaper. http：//dx. doi. org/ 10. 2139/ssrn. 958945.

Castronova，Edward，Dmitri Williams，Yun Huang，Cuihua Shen，Brian Keegan，Rabindra Ratan，LiXiong，and Noshir Contractor. 2009b. As Real as Real? Macroeconomic Behavior in a Large-Scale VirtualWorld. *New Media and Society*11：685-707.

China Internet Network Information Center. 2009. 中国网络游戏市场研究报告 2009 年度 [Chinese Online Game Market Research Report 2009]. Beijing：China Internet Network Information Center.

Crawford，Chris. 1984. *The Art of Computer Game Design*. New York：McGraw-Hill.

Davenport，Thomas H.，and John C. Beck. 2001. *The Attention Economy：Understanding the New Currency ofBusiness*. Boston：Harvard Business School Press.

Dibbell，Julian. 2006. *Play Money. Or，How I Quit My Day Job and Made Millions Trading Virtual Loot*. NewYork：Basic Books.

Dijkman，Jessica. 2011. *Shaping Medieval Markets：The Organization of Commodity Markets in Holland，c. 1200-c. 1450*. Leiden：Brill.

Douglas，M.，and B. Isherwood. 1978. *The World of Goods*. New York：Basic Books.

Dovidio，John F.，Jane A. Piliavin，David A. Schroeder，and Louis A. Penner. 2006. *The Social Psychology of Prosocial Behavior*. Hillsdale，NJ：Erlbaum.

Duranske，Benjamin. 2008. *Virtual Law：Navigating the Legal Landscape of Virtual Worlds*. Chicago：American BarAssociation.

Easterlin，R.，L. Angelescu McVey，M. Switek，O. Sawangfa，and J. Smith Zweig. 2010. The Happiness-Income Paradox Revisited. *Proceedings of the National Academy of Sciences of the United States of America*107 (52)：22463-22468.

Eskelinen，Markku. 2004. Towards Computer Game Studies. In*First Person：New Media as Story，Performance，and Game*，edited by Noah Wardrip-Fruin and Pat Harrigan. Cambridge，MA：MIT Press.

Espey, Molly. 1996. Explaining the Variation in Elasticity Estimates of Gasoline Demand in the United States: A Meta-Analysis. *Energy Journal* 17 (3): 49-60.

Fairfield, Joshua. 2005. Virtual Property. *Boston University Law Review*, 85: 1047-1102.

Farrell, Graham, and John Roman. 2006. Crime as Pollution: Proposal for Market-Based Incentives to Reduce Crime Externalities. In *Crime Reduction and the Law*, edited by Kate Moss and Mike Stephens, 135-155. New York: Routledge.

Featherstone, Mike. 1991. *Consumer Culture and Postmodernism*. London: Sage.

Flegal, K. M., M. D. Carroll, C. L. Ogden, and L. R. Curtin. 2010. Prevalence and Trends in Obesity among US Adults, 1999-2008. *Journal of the American Medical Association* 303 (3): 235-241.

Frederick, Shane, George Loewenstein, and Ted O' Donnel. 2002. Time Discounting and Time Preference: A Critical Review. *Journal of Economic Literature* 40 (2): 351-401.

Fullerton, Tracy. 2008. *Game Design Workshop*, 2nd ed. San Francisco: Morgan Kaufmann.

Gabriel, Y., and T. Lang. 1995. *The Unmanageable Consumer. Contemporary Consumption and Its Fragmentations*. London: Sage.

Galbraith, John Kenneth. 1975. *Money: Whence It Came, Where It Went*. Boston: Houghton Mifflin.

Granovetter, Mark. 1985. Economic Action and Social Structure: The Problem of Embeddedness. *American Journal of Sociology* 91 (3): 481-510.

Greene, William H. 2011. *Econometric Analysis*, 7th ed. Upper Saddle River, NJ: Prentice Hall.

Hamari, Juho. 2011. Perspectives from Behavioral Economics to Analyzing Game Design Patterns: Loss Aversion in Social Games. Paper presented at the CHI ' 2011 Social Games Workshop, Vancouver, Canada. http://www.hiit.fi/u/hamari/2011-perspectives_from_behavioral_economics.pdf.

Hamari, Juho, and Vili Lehdonvirta. 2010. Game design as marketing: How game mechanics create demand for virtual goods. *International Journal of Business Science and Applied Management* 5 (1): 14-29.

Harris, Larry. 2003. *Trading and Exchanges: Market Microstructure for Practitioners*. New York: Oxford UniversityPress.

Hawdon, James, Pekka Räsänen, and Atte Oksanen. 2013. Social Responses to Collective Crime: Assessing the Relationship between Crime-Related Fears and Collective Sentiments. *European Journal of Criminology* 10. doi: 10. 1177/1477370813485516.

Hotelling, H. 1929. Stability in Competition. *Economic Journal* 39 (153): 41-57.

Huhh, Jun-Sok. 2005. Empirical Study on the Decline of Lineage 2 in Korea. http: //ssrn. com/abstract=833847.

Ingham, G. 2004. *The Nature of Money*. Cambridge: Polity Press.

Inglehart, R. 1997. *Modernization and Postmodernization: Cultural, Economic, and Political Change in Forty-ThreeSocieties*. Princeton, NJ: Princeton University Press.

Inglehart, R. , R. Foa, C. Peterson, and C. Welzel. 2008. Development, Freedom, and Rising Happiness: A Global Perspective (1981-2007). *Perspectives on Psychological Science* 3 (4): 264-285.

Intergovernmental Panel on Climate Change (IPCC). 2007. *Climate Change 2007: Synthesis Report*. Geneva, Switzerland: Intergovernmental Panel on Climate Change.

Jackson, Tim. 2009. *Prosperity without Growth: Economics for a Finite Planet*. London: Earthscan.

Johnson, Mikael. 2013. How Social Media Changes User-Centred Design: Cumulative and Strategic User Involvement with Respect to Developer-User Social Distance. Helsinki: Aalto University. https: //aaltodoc. aalto. fi/handle/12345678 9/8842.

Juul, Jesper. 2005. *Half-Real: Video Games between Real Rules and Fictional Worlds*. Cambridge, MA: MITPress.

Kahneman, Daniel. 2011. *Thinking, Fast and Slow*. New York: Farrar, Straus and Giroux.

Kahneman, D. , and A. Deaton. 2010. High Income Improves Evaluation of Life But Not Emotional Well-Being. *Proceedings of the National Academy of Sciences of the United States of America* 107 (38): 16489-16493.

Kahneman, Daniel, and Amos Tversky. 1984. Choices, Values, and Frames. *American Psychologist* 39 (4): 341-350.

Kaplan, Robert S. , and David P. Norton. 1996. *The Balanced Scorecard: Translating Strategy into Action*. Boston: Harvard Business School Press.

Klemperer, Paul. 2004. *Auctions: Theory and Practice*. Princeton, NJ: Princeton University Press.

KOCCA. 2010. 2010 대한민국 게임백서. [White Paper on Korean Games]. Korea Creative Content Agency: Seoul.

Kohavi, Ron, Roger Longbotham, Dan Sommerfield, and Randal M. Henne. 2009. Controlled Experiments on the Web: Survey and Practical Guide. *Data Mining and Knowledge Discovery* 18 (1): 140-181. http://link.springer.com/content/pdf/10.1007%2Fs10618-008-0114-1.pdf.

Koster, Raph. 2004. *A Theory of Fun for Game Design*. Scottsdale, AZ: Paraglyph.

Krebs, B. 2009. The Scrap Value of a Hacked PC. *Washington Post Security Fix*. http://voices.washingtonpost.com/securityfix/2009/05/the_scrap_value_of_a_hacked_pc.html.

Lanham, Richard A. 2007. *The Economics of Attention: Style and Substance in the Age of Information*. Chicago: University of Chicago Press.

Lastowka, Greg. 2010. *Virtual Justice: The New Laws of Online Worlds*. New Haven, CT: Yale University Press.

Lastowka, Greg, and Dan Hunter. 2004. The Laws of the Virtual Worlds. *California Law Review* 92 (1): 1-73.

Layard, R. 2006. *Happiness: Lessons from a New Science*. London: Penguin.

Lehdonvirta, Vili. 2009a. Virtual Item Sales as a Revenue Model: Identifying Attributes That Drive Purchase Decisions. *Electronic Commerce Research* 9 (1): 97-113.

Lehdonvirta, Vili. 2009b. *Virtual Consumption*. Turku: Turku School of Economics. http://info.tse.fi/julkaisut/vk/Ae11_2009.pdf.

Lehdonvirta, V., and M. Ernkvist. 2011. *Knowledge Map of the Virtual Economy*. Washington DC: World Bank. http://www.infodev.org/en/Document.1056.pdf.

Lehdonvirta, V., and E. Joas. 2012a. *Social Games Virtual Goods and Currencies Pricing Report* 2012. Helsinki: Virtual Economists Ltd. http://virtualeconomists.com.

Lehdonvirta, V., and E. Joas. 2012b. *Mobile Games Virtual Goods and Currencies Pricing Report* 2012. Helsinki: Virtual Economists Ltd. http://virtualeconomists.com.

Lehdonvirta, V., and E. Joas. 2013. *PC F2P Games Virtual Goods and Currencies Pricing Report* 2013. Helsinki: Virtual Economists Ltd. http: //virtualeconomists. com.

Lehdonvirta, Mika, Yosuke Nagashima, Vili Lehdonvirta, and Akira Baba. 2012. The Stoic Male: How Avatar Gender Affects Help-Seeking Behaviour in an Online Game. *Games and Culture* 7 (1): 29-47.

Lehdonvirta, Vili, and Perttu Virtanen. 2010. A New Frontier in Digital Content Policy: Case Studies in the Regulation of Virtual Goods and ArtificialScarcity. *Policy and Internet* 2 (3): 7-29.

Lehdonvirta, Vili, Terhi-Anna Wilska, and Mikael Johnson. 2009. Virtual Consumerism: Case Habbo Hotel. *Information, Communication and Society* 12 (7): 1059-1079.

Lury, Celia. 2011. *Consumer Culture*, 2nd ed. Cambridge: Polity.

Malaby, T. M. 2006. Parlaying Value: Capital in and beyond Virtual Worlds. *Games and Culture* 1 (2): 141-162.

Mankiw, N. Gregory. 2009. *Macroeconomics*, 7th ed. New York: Worth.

Mankiw, N. Gregory. 2011. *Principles of Microeconomics*, 6th ed. Boston: South-Western.

Mauss, Marcel. 1990. *The Gift: The Form and Reason for Exchange in Archaic Societies*. New York: Norton.

Mayer-Schönberger, Victor, and Kenneth Cukier. 2013. *Big Data: A Revolution That Will Transform How We Live, Work, andThink*. Boston: Houghton Mifflin Harcourt.

McConnell, Campbell, Stanley Brue, and Sean Flynn. 2011. *Microeconomics*, 19th ed. New York: McGraw-Hill.

Mercuro, Nicholas, and Steven G. Medema. 2006. *Economics and the Law: From Posner to Postmodernism and Beyond*. 2nd ed. Princeton, NJ: Princeton University Press.

Mnookin, Jennifer L. 1996. Virtual (ly) Law: The Emergence of Law in LambdaMOO. *Journal of Computer-Mediated Communication* 2 (1). http: //jcmc. indiana. edu/vol2/issue1/lambda. html.

Murray, Janet. 1997. *Hamlet on the Holodeck: The Future of Narrative in Cyberspace*. Cambridge, MA: MITPress.

Nash, J., and E. Schneyer. 2004. *Virtual Economies: An In-Depth Look at the Virtual World of Final Fantasy XI: Online.* http://lgst.wharton.upenn.edu/hunterd/VirtualEconomies.pdf.

Nicolas, Gaelle, Benoit Durand, Rene Rakotondravao, and Veronique Chevalier. 2013. Description and Analysis of Cattle Trade Network in the Madagascar Highlands: Potential Role in the Diffusion of Rift Valley Fever Virus. *Acta Tropica* 126 (1): 19-27.

North, Peter. 2007. *Money and Liberation: The Micropolitics of the Alternative Currency Movement*. Minneapolis: University of Minnesota Press.

Polanyi, Karl. 2001. *The Great Transformation: The Political and Economic Origins of Our Time*. Boston: Beacon Press.

Pressman, Jeffrey L., and Aaron Wildavsky. 1984. *Implementation: How Great Expectations in Washington Are Dashed in Oakland; Or, Why It's Amazing that Federal Programs Work at All*. Berkeley: University of CaliforniaPress.

Puustinen, Pekka. 2012. Towards a Consumer-Centric Definition of Value in the Non-Institutional Investment Context— Conceptualization and Measurement of Perceived Investment Value. Academic Diss. *Acta Electronica Universitatis Tamperensis* 1195. Tampere, Finland: Tampere University Press.

Robischon, Noah. 2006. *Station Exchange: Year One*. http://vili.lehdonvirta.com/files/oosa8403/SOEStationExchangeWhitePaper1.19.pdf.

Rollings, Andrew, and David Morris. 2003. *Game Architecture and Design*. San Francisco: New Riders.

Rubin, Paul H., and C. Monica Capra. (2011) The Evolutionary Psychology of Economics. In*Applied Evolutionary Psychology*, edited by S. C. Roberts. New York: Oxford University Press.

Rubinstein, Ariel, and Yuval Salant. 2008. (A, f): Choice with Frames. *Review of Economic Studies* 75 (4): 1287-1296.

Salen, Katie, and Eric Zimmerman. 2003. *Rules of Play: Game Design Fundamentals*. Cambridge, MA: MIT Press.

Scheck, Justin. 2008. Mackerel Economics in Prison Leads to Appreciation for Oily Fillets. *Wall StreetJournal*, October 2. http://online.wsj.com/article/SB12229072 0439096481.html.

Schell, Jesse. 2008. *The Art of Game Design: A Book of Lenses*. San Francisco:

Morgan Kaufmann.

Schroeder, Ralph. 2011. *Being There Together: Social Interaction in Shared Virtual Environments*. Oxford: Oxford University Press.

Shapiro, Carl, and Hal Varian. 1999. *Information Rules: A Strategic Guide to the Network Economy*. Boston: Harvard Business School Press.

Simmel, Georg. 1957. Fashion. *American Journal of Sociology*62 (6): 541-548.

Taylor, Greg. 2013. Scarcity of Attention for a Medium of Abundance: An Economic Perspective. In *Society and the Internet: How Information and Social Networks are Changing Our Lives*, edited by W. H. Dutton and M. Graham. Oxford,: Oxford University Press.

Tversky, Amos, and Daniel Kahneman. 1981. The Framing of Decisions and the Psychology of Choice. *Science*211 (4481): 453-458.

Varian, Hal. 2009. *Intermediate Microeconomics: A Modern Approach*, 8th ed. New York: Norton.

Veblen, Thorstein. 1899. *The Theory of the Leisure Class: An Economic Study of Institutions*. New York: Macmillan. http://www.gutenberg.org/etext/833.

Wilkinson, Richard G., and Kate Pickett. 2009. *The Spirit Level: Why More Equal Societies Almost Always DoBetter*. London: Penguin.

Yee, Nick. 2005. *The Daedalus Project*, vols. 3-5 (10/19/2005). http://www.nickyee.com/daedalus/archives/pdf/3-5.pdf.

YomiuriShimbun. 2012. "Kompu gacha" [Online Games May Be Illegal]. May 6. http://www.yomiuri.co.jp/dy/national/T120505002978.htm.

Zorpette, G., ed. 2012. The Beginning of the End of Cash. *IEEE Spectrum*49 (6): 27-72.

致谢

2010年在旧金山举办的游戏开发者大会（Game Developers Conference）上，我们第一次产生了写作本书的念头。在由 William Grosso 任主席的研究小组中，一位游戏开发商（我们始终没能知晓他的姓名）提出，希望我们可以推荐一本有关虚拟经济设计与分析的书。当然，那时还没有关于这方面的著作。

经过多年研究，以及与该领域的开发者们进行了广泛的接触之后，我们写了这本书，希望能够为读者呈现虚拟经济领域的研究成果。多年来，许多人帮助过我们，并为我们提供了不少的想法。在此，我们要特别感谢以下各位：Annie Lang，Juho Hamari，Kai Huotari，Mikael Johnson，Tuukka Lehtiniemi，Olli Pitkänen，Marko Turpeinen，Antti Ukkonen，Sulka Haro，Marjoriikka Ylisiurua，Thor Olof，Eino Joas，Patrick Geuder，John Buckman，Tatsuo Nakajima，Yoshiaki Hashimoto，Mirko Ernkvist，Tim Kelly，Hiroshi Yamaguchi，Koji Fukada，Pekka Räsänen，Harry Barkema，Jun-Sok Huhh，Sang-Min Whang 以及 Taiyoung Ryu。

以下各位在不同的阶段阅读过本书的手稿，并且提出了有益的反馈：Robert Bloomfield，Ian Bogost，Yanis Varoufakis，Juha Tolvanen 以及 Ning Wang。我们同样还要感谢来自麻省理工学院出版社的丛书编辑 Sandra Braman 以及本书编辑 Marguerite Avery。此外，我们还要向本书的校对 Dominic Zou 表示感谢。

多年来，CCP 游戏公司的 Eyjólfur Guðmundsson 为我们的研究做出了多方面的贡献，因为我们可以获得一些《星战前夜》这款游戏的数据，从而利用它们证明书中的一些概念。我们对此深表感谢。

我们还要感谢那些雇用我们的机构，是它们使得我们可以朝着这个方向研究：罗切斯特大学、加州大学富勒顿分校、印第安纳大学、阿尔托大学、伦敦政治经济学院以及牛津大学。我们的研究得到了来自以下机构的至关重要的经济支持：芬兰经济教育基金会、科恩基金会以及泰克斯机构。

最后，我们还要感谢我们各自的夫人——不仅仅（如同大多数书中的致谢所写）为了她们提供的支持以及对于我们突发奇想的容忍，还要感谢她们作为生活上的伴侣对于本书内容所作的重要贡献。

图书在版编目（CIP）数据

虚拟经济学/（美）莱顿维塔（Lehdonvirta，V.）等著；崔毅译.
—北京：中国人民大学出版社，2015.5
ISBN 978-7-300-21238-8

Ⅰ.①虚… Ⅱ.①莱…②崔… Ⅲ.①虚拟经济-研究 Ⅳ.①F019

中国版本图书馆 CIP 数据核字（2015）第 097952 号

虚拟经济学
威利·莱顿维塔
爱德华·卡斯特罗诺瓦 著
崔 毅 译
Xuni Jingjixue

出版发行	中国人民大学出版社		
社　　址	北京中关村大街 31 号	**邮政编码**	100080
电　　话	010－62511242（总编室）		010－62511770（质管部）
	010－82501766（邮购部）		010－62514148（门市部）
	010－62515195（发行公司）		010－62515275（盗版举报）
网　　址	http://www.crup.com.cn		
	http://www.ttrnet.com(人大教研网)		
经　　销	新华书店		
印　　刷	北京中印联印务有限公司		
规　　格	165 mm×245 mm　16 开本	**版　　次**	2015 年 6 月第 1 版
印　　张	22	**印　　次**	2015 年 6 月第 1 次印刷
字　　数	316 000	**定　　价**	49.00 元